国家级高等学校特色专业建设丛书
总主编:单承彬

U0845052

古代汉语教学与研究

主　编　王　群
副主编　阚景忠　张诒三

山东大学出版社

总 序

2007年，教育部设立国家高等师范院校特色专业建设点，第一批遴选50个，曲阜师范大学汉语言文学专业有幸入围。根据国家特色专业建设要求，结合曲阜特有的地理、文化环境和我校的实际情况，经多方论证，我们最终确立了曲阜师范大学汉语言文学专业的特色建设目标：紧紧围绕中国传统文化特别是儒家文化这一宏大课题，各学科、各方向分工协作，把研究和弘扬传统文化尤其是儒家文化、儒家思想这一工作渗透到每一门课程、每一个研究课题中去，突出师范性和人文性两个特色，最终将汉语言文学专业打造成全国同类院校中有较高知名度的品牌专业。

目标明确之后，我们将特色专业建设任务分解为教学改革和教育理念创新、课堂教学和师资队伍建设、课外实践实训和学生素质养成三个模块。在教学改革和教育理念创新模块中，重点突出人文性特色，探索利用特有的区域文化资源推动高等教育的新思路，将以儒家文化为主干的优秀传统文化引入课程教学和人才培养各环节。在课堂教学和师资队伍建设模块中，重点突出综合课程和小课程建设，引导教师在一个较小的专业点上寻求突破，避免大而全、大而空。例如，像"红楼梦研究"这样的选修课，采用一名教师为主、多名教师参与的模式，主讲教师利用课程1/2的时间，系统介绍《红楼梦》和"红学"研究，其他教师每人安排一两次课，侧重个人对《红楼梦》的独特理解。设置像"孔子""曲阜名胜古迹"这样的小课程，安排9个课时，三次讲完，类似三场专题报告。课外实践实训和学生素质养成模块中，重点突出师范性，延聘海内外语文教育名家和山东省语文教学名师，从不同专题、不同角度对学生进行职业素质辅导，结合各种类型的教育教学实践基地，进一步将素质、知识转化为教育教学能力。

按照最初的计划安排，特色专业建设的所有工作，在最终结项的时候要形成专题著述或资料文献汇编。当时我们拟定了一个编撰、出版规划，列出了如下目录：

第一，人文素质教育研究系列，包括《〈龙文鞭影〉笺注》《〈幼学琼林〉笺注》《〈三字经〉〈百家姓〉〈千字文〉笺注》《〈增广贤文〉笺注》《〈声律启蒙〉解析》《古代山东文化大家》《孔子与曲阜》《齐鲁文化与山东人》《节日民俗事象与文学书写》《传统文化与现代中国文学名家》等10种。

第二，专业技能教育研究系列，包括《现代汉语教与学的新探索》《古代汉语教学与研究》《国际汉语教师自主发展的理论与实践》《山东方言区普通话"被试"的语音面貌研究》以及各学科自学自修指南类等10种。

第三，教学与社会实践研究系列，包括《汉语言文学专业教学研究与改革探索》《走进中学语文教学》《语文教材研究成果选萃》《大学生优秀教育教学实习报告集》《大学生社会实践调查报告选萃》《语文新课程名家访谈》《语文教学名师演讲录》《优秀毕业生学习体会交流文集》《实践实习基地开发建设资料汇编》等10种。

所有工作都是依据教育部特色专业建设指导意见论证、规划的。只是后来出现了一些变化，总体建设经费80万元，最终到位了一半，许多任务半途而废，有些甚至来不及开展，编撰出版规划也只落实了13种。每念及此，总是感到十分遗憾。

今天，距离国家级首批特色专业设立已近七年，感谢各位同仁在这么漫长的时间里依然坚守着当初的承诺，对自己承担的任务不离不弃。这部分成果能够按计划出版，完全是他们努力的结果。请允许我不吝篇幅，写下这些编著者和著作的名字：

单承彬《〈龙文鞭影〉笺注》

刘富伟《〈幼学琼林〉笺注》

杨峰《〈三字经〉考辨溯源》

徐雪辉、单天罡《节日民俗事象与文学书写》

李钧《传统文化与现代中国文学名家》

李彦苓《现代汉语教与学的新探索》

王群《古代汉语教学与研究》

王恩旭《国际汉语教师自主发展的理论与实践》

秦海燕《山东方言区普通话"被试"的语音面貌研究》

曹志平《汉语言文学专业教学研究与改革探索》

桑文波《走进中学语文教学》

许怀祥《大学生社会实践调查报告选萃》

桑哲《语文新课程名家访谈》

这些著作是我们在国家特色专业建设过程中的工作总结，粗疏、讹误在所难免，恳请大家批评、指正。

单承彬

2014年5月21日于曲阜师范大学文学院

目　录

第一编　学有所本

第二编　方法经验

第三编　探究争鸣

第四编　学以致用

第一编
学有所本

近年来《古代汉语》教材的新变化

一、新中国成立后《古代汉语》教材编纂的历史回顾

新文化运动，彻底改变了汉民族的书面语言系统，"我手写我口"式的白话文运动取得了最后的胜利。随之而来的问题是：记载中华民族历史文化的文言文需要通过专门的学习才能够阅读和理解。在这种历史背景下，高校文科"古代汉语"课应运而生。中华人民共和国建立以后，大学"古代汉语"课程成为文科许多专业的必修课程。与此相适应，《古代汉语》教材建设也进入了一个新的历史时期。最早的有代表性的教材是王力主编的《古代汉语》，这套教材确立了大学文科"古代汉语"课的教学目的是"培养学生阅读古书的能力"，明确了"古代汉语"的研究对象是"历代文言文"，奠定了"古代汉语"课由"文选""常用词"和"通论"三部分组成的知识框架。王力主编的《古代汉语》教材至今仍是同类教材中的经典之作。此后众多的《古代汉语》教材都是在这套教材的影响下编纂的。这套教材初版于 20 世纪 60 年代，在 20 世纪 80 年代初期进行了一次修订，从而更加臻于完善。但是，随着汉语史领域文字、语法、词汇等各个分支学科研究的深入以及教学中问题的涌现，这套教材容量过大、观点传统等问题也渐渐凸显出来。因此，在进入 20 世纪 80 年代后，新编的教材越来越多，主要有以下一些类型：

第一类，保持王力主编的《古代汉语》的结构框架，内容作了一些调整，如郭锡良等主编的《古代汉语》(北京出版社 1983 年 6 月第 1 版，天津教育出版社 1996 年 2 月第 2 版，商务印书馆 1999 年 1 月第 3 版)、马汉麟等主编的《古代汉语读本》(中州书画社 1982 年 6 月第 1 版)、许嘉璐主编的《古代汉语》(高等教育出版社 1992 年 1 月第 1 版)、解惠全主编的《古代汉语教程》(南开大学出版社 1992 年 12 月第 1 版)等等。

第二类，内容分“文选”和“通论”两部分，如张之强主编的《古代汉语》（北京师范大学出版社 1984 年 11 月第 1 版），该教材分上下两册，一册为“文选”，一册为“通论”。类似的还有张世禄、严修主编的《古代汉语教程》（复旦大学出版社 2000 年 7 月第 2 版）、朱振家主编的《古代汉语》（高等教育出版社 1988 年 4 月第 1 版）等等。有的教材虽然只有一册，但是把“通论”与“文选”分为两部分，如王宁主编的《古代汉语》（北京师范大学出版社 2002 年 5 月第 1 版）和殷国光主编的《古代汉语》（中国人民大学出版社 2003 年 9 月第 1 版）都是这种形式。

第三类，只有“通论”内容，“文选”则在教学中临时补充，如殷孟伦等主编的《古汉语简论》（山东人民出版社 1979 年 11 月第 1 版）、周秉钧等主编的《古汉语纲要》（湖南人民出版社 1981 年 1 月第 1 版，后更名为《古代汉语纲要》，由湖南教育出版社于 2002 年重印）。类似的还有王宁等主编的《古代汉语通论》（北京师范大学出版社 1996 年 9 月第 1 版）、张双棣等主编的《古代汉语知识教程》（北京大学出版社 2002 年 8 月第 1 版）等等。

以上三种类型的教材各有利弊。从知识的系统性来看，把“通论”和“文选”两部分分开比较好；但从教学的实际效果来看，如果两部分内容互相穿插，则更有优势。根据初步了解，在教学中使用上述第一类教材的院校比较多。

二、近年来《古代汉语》教材的新变化

随着教育事业的发展和汉语研究的深入，近几年的《古代汉语》教材编纂进入一个新的历史时期。总的来看，体现出专业化、成熟化、系统化、合理化的特点。具体说来，有以下几个方面的变化：

1.《古代汉语》的使用对象和“古代汉语”教学目的的变化

王力等在编纂《古代汉语》教材的时候，并不只是针对中文系，而是针对所有需要阅读古文、古籍的专业，包括中国古代史专业、中国哲学史专业以及其他需要跟古籍打交道的专业。这就决定了“古代汉语”的教学“目的是培养学生阅读古书的能力”①。近几年，随着高校“古代汉语”教师队伍的充实，《古代汉语》教材编纂体现出专业化、多元化趋向，比如有的《古代汉语》教材就特别注明“艺术专业用”等，历史系的“古代汉语”教学基本上被“历史文选”代替，一些法学院校和专业开设了“法律古文”，中医药院校开设了“医

① 王力主编：《古代汉语》第 1 册，中华书局 1962 年版，第 15 页。

古文”……在这种形势下，“古代汉语”课就几乎成了大学汉语言文学专业和古典文献专业的基础课，《古代汉语》教材也渐渐为中文系专用，不再或者很少与历史专业、哲学专业等其他专业兼用。这样，“古代汉语”课在“培养学生阅读古书的能力”大目标没有改变的情况下，也针对汉语言文学专业的要求，更加注重汉语史基础知识的介绍，为学生深入学习和研究打下一个基础。因此，有的“古代汉语”课的教材就直接更名为《古汉语文献导读》[①]，近年又出版了《近代汉语读本》[②]、《中古汉语读本》[③]。这些基础读物的出现，体现了“古代汉语”课的教学目的不再仅仅是“培养学生阅读古书的能力”，同时也为进一步学习和研究汉语史打下基础。

2.“古代汉语”观念的变化

在“古代汉语”课程中的“古代汉语”，以往指的是文言文，包括汉代以前的所有文献以及汉代以后的仿古的文言文。郭锡良等在《古代汉语·绪论》中说：“汉语的古代书面语大致有两个系统：一个是以先秦口语为基础而形成的上古汉语书面语以及后代用这种书面语写成的作品，即通常所说的文言；一个是六朝以后在北方话基础上形成的古白话。……本书所研究的对象是文言。”[④]这一观念中的“古代汉语”并不能扩展为“古代的汉语”。这与可以和“现代的汉语”相对立的、意义接近“古代的汉语”的“古代汉语”（包括上古、中古、近代）所指是不同的，与“汉语史”中作为汉语一个早期阶段的“古代汉语”所指也是不一样的。“古代汉语”课程中的“古代汉语”基本上是指文言文，可以作为和“白话文”相对立的概念；而一般意义的、可以和“现代的汉语”相对立的、意义接近“古代的汉语”的“古代汉语”（包括上古、中古、近代）是专门和“现代口语”相对立的概念，指以往的所有的汉语书面材料；而“汉语史”课程中的“古代汉语”是和“中古汉语”“近代汉语”“现代汉语”等相对立的概念，指汉语的一个历史阶段、特定分期。以上三种语境下的“古代汉语”的所指和内容都有很大的不同。20世纪80～90年代所编纂的大部分《古代汉语》教材，基本上都是在这种“古代汉语＝文言文”的观念下编纂的。如上述王力主编的《古代汉语》、郭锡良主编的《古代汉语》，还有张世禄、严修主编的《古代汉语教程》[⑤]等。

---

① 韩峥嵘主编：《古汉语文献导读》，吉林大学出版社1994年版。

② 刘坚：《近代汉语读本》，上海教育出版社1985年第1版，2005年修订版。

③ 方一新、王云路：《中古汉语读本》，吉林教育出版社1993年第1版，上海教育出版社2005年修订版。

④ 郭锡良等编：《古代汉语》上册，天津教育出版社1996年版，第1～2页。

⑤ 张世禄、严修主编：《古代汉语教程》，复旦大学出版社2000年版。

但是，“古代汉语＝文言文”的观念受到了挑战，因为随着以汉译佛典为主要研究对象的中古汉语和以敦煌文献、禅宗语录、宋儒语录等近代白话文献为研究对象的“近代汉语”研究的深入和发展，人们普遍认识到那种“白话文”比文言文好懂、“读懂文言文就能读懂白话文”的传统认识是不符合实际情况的。魏晋南北朝时期的汉译佛典、唐五代时期的敦煌文献等“古白话”，其理解难度绝对不亚于文言文。一个具有中等文化程度的人，可以借助注解顺利阅读“唐宋八大家”的散文，但是要阅读汉译佛典、敦煌文献等“白话文”，却困难重重。

汉译佛典、敦煌文献、禅宗语录等白话文献也是“古书”，如果学生在学习了“古代汉语”之后，对诸如《金刚经》《妙法莲华经》《景德传灯录》以及敦煌变文等“古书”不能顺利阅读的话，那么“古代汉语”课就没有达到它应该达到的目的。

因此，近几年的一些《古代汉语》教材，更新了“古代汉语＝文言文”观念，把汉魏以后的白话文献也纳入到“古代汉语”的教学领域中。这样，“古代汉语”的概念内涵更接近于“古代的汉语”了。如周光庆、杨合鸣主编的《古代汉语教程》中说：“我们选编了上古、中古、近代文献而以上古文献为主，选编了文言、白话文献而以文言文献为主，选编了传世文献和出土文献而以传世文献为主。”①

3.“通论”部分知识系统的变化

王力等主编的《古代汉语》教材，开辟了《古代汉语》教材编纂的道路，也奠定了后来《古代汉语》教材中“文选”“常用词”“通论”三部分内容相互穿插又各成系统的知识框架。王力等主编的《古代汉语》的“通论”部分，共分32个专题，介绍了阅读古书所需要的文字、音韵、古书注解、词汇、语法、修辞、文体、古代文化常识、诗律、词律、曲律等方面的知识。郭锡良等主编的《古代汉语》教材的“通论”部分，基本上继承了王力等的传统，除了在“古代文化常识”方面进行了删减之外，其他方面也进行了一定的调整。

近几年新出的《古代汉语》教材，在“通论”部分的调整主要有以下几个方面：

第一，内容更加专业化。大多《古代汉语》教材删除了“古代文化常识”，因为这部分内容包括天文、历法、地理、职官、科举等，每一部分都是专门学问，很难在“古代汉语”课上讲授。

① 周光庆、杨合鸣主编：《古代汉语教程》上册，华中师范大学出版社2001年版，第9页。

第二，知识系统的更新。新《古代汉语》教材重点讲解文字、音韵、训诂、语法、词汇、修辞、工具书等，每一部分的知识都相应地补充了新的知识。以"工具书"部分为例，20 世纪 90 年代以前，《汉语大词典》《汉语大字典》《故训汇编》《古代汉语词典》等重要工具书还没有编纂、出版，所以"工具书"部分只能介绍《康熙字典》《辞源》和《辞海》等几部旧工具书。如今，既然《汉语大词典》《汉语大字典》《故训汇编》等已经出版了，自然应该补充到《古代汉语》教材中。如果今天的"古代汉语"课，只是介绍《康熙字典》《辞源》和《辞海》，而不介绍《汉语大词典》和《故训汇编》的话，显然就跟不上时代的步伐了。因此，新出的《古代汉语》教材，都在这些方面进行了补充。

第三，学术观点的更新。比如"语法"部分，早期的《古代汉语》教材受当时语法史研究水平的制约，往往用"词类活用""使动用法""意动用法"等概念解释古代汉语的特殊语法现象。近年来，随着古汉语语法研究和汉语语法史研究的深入，对这些提法进行了更新。比如以往所说的"词类活用"，其实包含了"一词多义(如'名动同词')""变调构词(传统所说的'破读')""临时修辞用法"等几个方面；至于"使动用法"和"意动用法"，也已经作为古代汉语中特殊的述宾关系来对待。再如洪波主编的《立体化古代汉语教程》，放弃了"使动用法"和"意动用法"等概念，专列"特殊述宾关系"一节，介绍了"使动关系""意动关系""服务关系""与事关系""目标关系""工具关系""原因关系"等七种。[①] 这样处理，不仅概括得更加全面，也更能突出古代汉语语法的特点，彰显古今汉语语法的差异。在这本教材中，关于古代汉语的句法部分，打破了以往只介绍"判断句"和"被动句"的做法，还介绍了"比较句""回指与关联"等内容，吸收了新理论和新成果，体现了与时俱进的作风。

4."文选"部分取材范围的变化

随着"古代汉语＝文言文"观念的变化，《古代汉语》教材中"文选"部分也有很大的调整，主要体现在以下三个方面：

第一，对出土文献的重视。王力等主编的《古代汉语》和郭锡良等主编的《古代汉语》以及 20 世纪末以前的大多数《古代汉语》教材，"文选"部分都是仅仅选取传世经典文献，上自《诗经》《楚辞》《左传》《尚书》，下至"唐宋八大家"的散文以及诗词歌赋，的确体现了"培养阅读古书的能力"的教学目的。随着古代文化研究中对出土文献的重视，人们关于"古书"的概念也发生了变化。甲骨文文献、金文文献、简牍帛书文献、石刻文献等出土文献也

① 参见洪波主编：《立体化古代汉语教程》，高等教育出版社 2005 年版，第 210～216 页。

是珍贵的“古书”，所以近年新出版的《古代汉语》教材一般都要在“文选”部分增加甲骨文、金文、简帛、石刻等方面的文章。尽管数量不多，至少可以让学生知道：所谓“古书”，不仅仅包括传世文献，还有大量的出土文献。如周光庆、杨合鸣主编的《古代汉语教程》和荆贵生主编的《古代汉语》，“文选”部分都选编了甲骨文、金文篇目。

第二，对白话文献的重视。既然“古代汉语”的教学目的是“培养学生阅读古书的能力”，那么魏晋以来的白话文献同样不能被排斥在“古书”范围之外。如周光庆、杨合鸣主编的《古代汉语教程》中，“文选”部分不仅选编了《世说新语》《百喻经》等中古白话文献，还选编了《朱子语类》《元典章》《朴通事》等近代白话文献。据了解，有的学校虽然在教材上没有编选白话文献，但是通过选修《白话文献选读》等方式，补充“古代汉语”课在白话文献方面的不足。

第三，对应用文体的重视。以往的《古代汉语》教材，多选择正统的文体，主要是诗词歌赋、历史散文、哲学论文等，对书札尺牍、哀祭文等应用文体重视不够。近几年新编的《古代汉语》教材中，对这一点也有一定的改革。比如胡安顺、郭芹纳主编的《古代汉语》中，就专门列出一个单元，选取历代典范的应用文体，选取了传状、论辩、杂记、奏议、诏令、碑志、哀祭、序跋、书启、箴铭、赞颂等11类，其中多数属于应用文体。荆贵生主编的《古代汉语》中，也专列了“应用文言文”部分。其实这样做是很有必要的。笔者曾经翻阅《欧阳修文集》，其中大部分文章属于应酬的应用文体，诗、词、文只是其中的一小部分。如果要“培养阅读古书的能力”，不培养阅读“应用文体”的能力肯定也是有缺憾的。

三、《古代汉语》教学改革刍议

根据以上《古代汉语》教材编纂情况，文学院的“古代汉语”课教学要想与时俱进，要想让我们培养的学生与外校同类学生在“古代汉语”知识方面的距离缩小，首要的工作就是更换教材，最好是选用近年出版的、在知识系统方面进行了一系列更新的教材。其次，在实际教学中，教师的知识更新也要跟上学术发展的步伐。长期使用一种教材，也容易使教师的知识结构僵化、老化，教学内容模式化，课堂气氛死气沉沉，不利于培养学生的学习兴趣。如果教师的知识更新能跟上学术发展，再在“古代汉语”课上讲“词类活用”“使动用法”之类的内容的时候，就能够把近年新的理论、新的观点和新的认识讲解给学生，使学生的知识结构不至于停留在20世纪90年代以前。另外，也可以通过开设“汉语语法史”“汉语词汇史”“古白话文献选读”“出土文献选读”等选修课程补充目前“古代汉语”课教学方面的不足。

以上是笔者从事“古代汉语”教学的一个粗浅思考，不足之处敬请读者、方家赐正。

附录：新中国建立以来公开出版的古代汉语类教材一览表

（以出版年代先后为序）

王力等主编：《古代汉语》，中华书局 1962 年 11 月第 1 版，1981 年修订版。

殷孟伦等编：《古汉语简论》，山东人民出版社 1979 年 11 月第 1 版。

周秉钧等编：《古汉语纲要》，湖南人民出版社 1981 年 1 月第 1 版，后更名为《古代汉语纲要》，由湖南教育出版社于 2002 年再版。

马汉麟等编：《古代汉语读本》，中州书画社 1982 年 6 月第 1 版。

郭锡良等编：《古代汉语》，北京出版社 1983 年 6 月第 1 版，天津教育出版社 1996 年 2 月第 2 版，商务印书馆 1999 年 1 月第 3 版。

张之强等编：《古代汉语》，北京师范大学出版社 1984 年 11 月第 1 版。

李新魁编：《古代汉语自学读本》，语文出版社 1987 年 10 月第 1 版。

朱振家等编：《古代汉语》，高等教育出版社 1988 年 4 月第 1 版。

解惠全主编、徐朝华编著：《古代汉语教程》，南开大学出版社 1990 年 12 月第 1 版。

许嘉璐等编：《古代汉语》，高等教育出版社 1992 年 1 月第 1 版。

郭锡良、李玲璞主编：《古代汉语》，语文出版社 1992 年 9 月第 1 版，2000 年 3 月第 2 版。

荆贵生主编：《古代汉语》，黄河出版社 1995 年 8 月第 1 版，武汉大学出版社 2005 年 7 月第 3 版。

王宁主编：《古代汉语通论》，北京师范大学出版社 1996 年 9 月第 1 版。

张世禄、严修主编：《古代汉语教程》，复旦大学出版社 2000 年 7 月第 2 版。

周光庆、杨合鸣主编：《古代汉语教程》，华中师范大学出版社 2001 年 6 月第 1 版。

解惠全、徐朝华编著：《古代汉语读本》，南开大学出版社 2001 年 12 月第 1 版。

王宁主编：《古代汉语》，北京师范大学出版社 2002 年 5 月第 1 版。

张双棣主编：《古代汉语知识教程》，北京大学出版社 2002 年 8 月第 1 版。

殷国光主编:《古代汉语》,中国人民大学出版社2003年9月第1版。

洪波主编:《立体化古代汉语教程》,高等教育出版社2005年4月第1版。

胡安顺、郭芹纳主编:《古代汉语》,中华书局2006年9月第1版。

张博主编:《古代汉语》,商务印书馆2008年6月第1版。

(曲阜师范大学文学院汉语教研室　张诒三)

王力《古代汉语》研究综述

王力主编的《古代汉语》(以下简称“王本”),是以北京大学古代汉语讲义为基础,并参考各校《古代汉语》教材而制定的古代汉语专业教材,于1962年11月付梓。作为全国高等院校的通用教材,其以科学的体例、精选的文章获得了广大师生的欢迎和认可,在学术界引起了广大学者的高度重视,从而奠定了其在古代汉语教学领域的先导地位。对其展开的学术研究角度之多、范围之广、成果之丰,是同类教材望尘莫及的。这些研究成果中既有学术专著,也有学术论文,下面我们进行分类描述。

一、学术专著

(一)《〈古代汉语〉注释商榷》

萧泰芳等著《〈古代汉语〉注释商榷》(以下简称《商榷》),是一部具有开创性和时代性的学术著作。该书对王本(1980年修订版)文选部分700余条注解提出了修正意见,并在原书注释的基础上,补充了60余条注释。对于自己存疑但暂无他解的解释,只是提出个人的看法,决不妄下定论,这成就了《商榷》一书严谨科学的学术风格。

孙良明、张茂华对《商榷》一书进行了系统研究,对书中注释过程中运用到的训诂考据方法作了归纳总结,从考证版本用字、解说文字、辨析句读、解析词义及语法分析等多个角度对书中内容进行了爬梳整理。文中,孙、张两位先生给予《商榷》一书很高的评价,认为它是训诂学运用于实践的新成果,堪作为今天高校学生学习训诂的活生生的读物,是学习古代汉语的良好、有效的辅导教材。同时,高度认可四位学者严谨朴实的治学精神,认为四位学者充分运用古今考据、释义方法及语言学理论,对王本注释进行商榷性解释,立论有据,结论可信。

《商榷》一书的出版，对古汉语、训诂学的教学都有着重大意义，为王本《古代汉语》教材的修订也提供了重要参考依据。但是，书中有一些不足之处。

孙良明、张茂华两位先生对《商榷》中训诂释义标准过于严格的问题，从语义关系分析与语译二者相区别的角度出发，提出了自己的观点，即允许有两可现象存在。同时，指出书中某些分析欠深透、明白，某些提法过于绝对化，但两位先生认为这些瑕疵不会损害本书的价值，此书仍然是当代训诂学实用方面的范例。

(二)《王力〈古代汉语〉注释汇考》

《王力〈古代汉语〉注释汇考》(以下简称《汇考》)，富金壁、牟维珍著。本书依据原书分为14单元，并附录《诸说杂考》10则、《论文选录》3篇等。书中既有作者对王本注释的独到见解，又有引用其他学者观点之处。对于王本与其他学者观点不一致的问题，作者通过辨别分析来摆明自己的观点：王本中不误而其他学者撰文以为讹误的地方，以维持原注为原则；王本注解不足或解释有误的地方，参以其他学者的观点，广为细说，引而申之。《汇考》一书选文具有代表性，注释精粹扼要、深入浅出，可以作为学习古汉语的参考读物使用。

二、学术论文

王力主编的《古代汉语》是一部学习古汉语的经典之作。笔者共收集到学界研究论文50余篇，论文内容涉及范围非常广，下面分类进行描述。

(一)整体评介性文章

新中国成立之初，国内高校相关专业相继开设了“古代汉语”课。由于课程初建，教育部尚未颁发统一的教学大纲，以至于学界对“古代汉语”的课程性质认识不清，各校教学内容杂乱不一，“古代汉语”课程建设非常不规范。1956年，教育部颁发了《古代汉语教学大纲》，明确了“古代汉语”作为基础课的学科性质，确定了“古代汉语”的研究对象、教学目的、教学要求及教学方法等，这为“古代汉语”的教学和教材编写指明了方向。王本《古代汉语》就是在这种背景下产生的。之后，不断有高质量的教材涌现，至今已有40多个版本面世，并且多个版本通行全国。目前国内多位学者专门著有文章将王本与其他通行本进行比较评析：

赵伯义选了不同年代的三种《古代汉语》教材——王本，郭锡良主编的《古代汉语》(以下简称“郭本”)，郭锡良、李玲璞编写的《古代汉语》，并从编写体例、教学内容、学术观点三个方面比较其异同，指出三种教材各有所长，分别代表了三个不同时代的学术水平，反映出我国《古代汉语》教材的发展历程。

朱峻之选择的三种教材分别是：南开大学中文系古代汉语教研室编的《古代汉语读本》、王本、郭本。作者首先对三部教材的总体安排进行比较分析，肯定了王力先生首创三结合的《古代汉语》编写方法，即文选、常用词、通论三结合体系，并从这三个方面比较分析了三种教材的优劣得失；接着提出自己对《古代汉语》教材编纂的见解，提倡“四结合”体系，即文选、常用词、通论、习题四位一体的全面结合，为《古代汉语》教材编写提供了新的思路。

戴幼玲、邱晓辉、魏娟，从王本与许嘉璐主编的《古代汉语》的比较入手，谈及《古代汉语》的编写问题。文中对王本给予了高度评价，认为：“它第一次确定了‘古代汉语’课程的工具性质，创立了文选、常用词、通论三结合的体例，并于其中突出了文选在整个课程中的地位。”王本编纂体例对其后近三十年《古代汉语》教材的编写产生了巨大影响，文中认为“很少有超出此体例者”。作者在论及《古汉语》教材通论的建构时，认为把‘古代汉语’课程的性质局限在工具性方面，无助于“古代汉语”课程的发展。同时，还指出不同时代、不同版本对“古代汉语”的定位反映了各自时代的社会思潮，认为“王本受‘五四’文化运动的余音和‘左倾’思想影响较重，对通论的重视不够正是体现了当时对‘古代汉语’课程建设仅仅作工具要求的认识现状”。

吕志在《古代汉语教学研究综述》一文中，从王本写作背景出发，兼与王本之前的教材相比较，共总结出王本的六大特点，并结合王力先生发表的多篇学术论文，归纳出其对“三结合”教材教法提出的一系列建设性意见。

（二）局部评介性文章

王本《古代汉语》在高等院校相关专业教学中起到了良好作用，但随着学界研究不断深入，出现了一些补正性文章，它们从不同角度对书中部分注解提出了修正意见。

1. 文选部分

王本三结合的教学体系以文选为纲，其他两部分跟它有机地结合成一个整体。文选在书中所占比例最大，共收录264篇文章。在“古代汉语”教学过程中，也最重视这一方面的教学。学生可以通过一个个篇目，以最直观的方式接触到古汉语的字词使用情况及语法现象，并将通论和常用词中涉及的知识点运用其中以加深理解。因此，对文选的注解自然引起了学者们的重视。在收集到的50余篇论文中，有42篇对文选内容提出商榷，下面分别进行举例说明。

(1)句读

敏春芳在《〈孟子〉标注献疑——〈古代汉语〉教学札记》一文中，指出王本《孟子·公孙丑上·夫子当路于齐》中“今言王若易然，则文王不足法与”一句句读有误，并根据上下文意推断此句当从“易”字后断开，“然”字归入下一分句；还以此理通了赵注，认为王本断句当改，否则文章窒碍难通。虽然作者的这一观点还有待商榷，但这种治学思路为我们学习古汉语提供了一个思考问题的方向。

(2)训释

对王本文选内容的训释主要是对于字词的注解，而关注度最高的是对通假字的训释，有数篇论文集中对这一点进行了专门论述。学者们一般认为王本在注释通假字时，往往将同源字、同义词、异体字、本借字与通假字混杂在一起，从而出现了误注现象。于智荣、杨萍在其文章中从以同源字为通假字而误注、以同义词为通假字而误注以及以异体字为通假字而误注等三方面，对王本通假字注释进行了辨析和匡正。李小平则以王本注释时使用的术语“某通某”为切入点，统计出王本《古代汉语》中共出现“某通某”217例(不含重复的)，其中解释古今字的有47例，异体字的有17例，本有或可引申其义的有52例，真正属于通假字的仅有101例，占总数的46.5%。由此可以看出，“某通某”这一术语并不全用于解释通假字。这一结论对于学习古汉语的人来说具有十分重要的参考价值。比如，在看到书中“某通某”的解释时，要注意区分是否是通假现象，切忌把通假现象扩大化。

对于文选中不少词语的解释，学者们也存在异议，其中不少观点是有理有据的。在王本《古代汉语》的几次修订过程中，不少修正意见被采纳吸收，这为《古代汉语》教材质量的提升提供了有力支持。

2.常用词部分

王本4册书共有1000多个常用词。这些词在古籍中经常用到，出现频率高，具有很强的代表性。王本在编排这些词时，基本上以类为序，但有时为使其与文选相配合，同类的词也会在不同单元出现。有些词的意义古今差异非常大，书中一般只收常用义，但也会酌情收入一些文选中讲不到的意义。王本在这一方面做得是比较好的，对于常用词的解释在学界是具有权威性的。目前在笔者收集到的材料中，对于王本常用词部分指误的文章是比较少见的。

陶振民在《王力主编〈古代汉语〉商榷》一文中，指出王本《常用词(八)》“止”的第二条解释采用的引文是有误的。王本引用《杜甫·无家别》：“内顾无所携，近行止一身。”而原文诗句是：“虽从本州役，内顾无所携。近行止一身，远去终转迷。”书中援引失当，不应将上联末句与下联首句组成一联引用。我们认为陶先生的观点是正确的。文章又分别从文字形讹、训释异误等角度对常用词及其他部分出现的错误进行了辨析，提出的观点是比较可信的。

3.通论部分

王本没有把通论定位于系统性的理论，只讲最基本的东西。通论所涉及的范围很广，大致包含六个方面的知识：一是字典及古书注解，二是词汇，三是语法，四是音韵，五是修辞、古文句读及古文结构，六是文体特点。笔者收集到的对王本通论部分提出质疑的文章有三篇，分别从通论中模糊概念的辨析、《诗经》用韵分析和理论失误发表了自己的看法。我们将内容陈述于下，供学人参考。

郑文澜对王本运用各种不同术语将古今字、通假字、异体字等概念区别开来给予了肯定，认为在大体上还是稳妥的，但在具体操作方面应注意统一贯彻相关原则，避免出现前后不一、自相矛盾的现象。

黄阳在《对王力先生〈古代汉语〉中〈诗经〉韵例的一些见解》一文中，肯定了王力先生对《诗经》韵例所作的全面研究，依据王力先生的研究结论推断出其韵例分析表，并依据系联法、分类法等相关知识对这一韵例表作了深入思考，对其进行了补充。

曾昭聪曾指出，王本教材中存在着两个理论失误：(1)关于形声字声符作用的论述。王本认为：“形声字是由意符和声符两部分组成的。意符表示形声字本义所属的意义范畴，声符表示形声字的声音。”作者从两个角度对此进行了修正：一是声符不仅可以表示读音，还可以示源；二是形声字的读音不仅由声符体现，而且还可以通过形符与声符的组合共同表现。因此，不能轻易地说声符表示形声字的读音。(2)关于记录联绵词的两个字是否可以分别溯源的论述。对于组成联绵词的两个字是否可以拆开讲这个问题，王本是持否定态度的。学界对这一观点存在争议，而曾昭聪者认为：“记录联绵词的两个字有相当一部分是可以拆开来讲的，即绝大多数联绵词中的一个或两个字可以分别推源。”在列举了大量例子的同时，他还引用了陈淑梅对联绵词的分类来证明自己的观点。

三、结论

在众多《古代汉语》教材中，王力先生主编的《古代汉语》无疑是最受关注的，在古汉语教学中的地位也是有目共睹的。由于全书卷帙浩繁、内容繁多，一时间难以做到尽善尽美。从20世纪60年代起就已有学者撰文对《古代汉语》编写问题与之进行商榷；80 年代后，学者们针对该书展开了更为全面系统的研究，学术专著及论文不断涌现，推动了《古代汉语》教材的修订编写。王力先生主编的《古代汉语》自 1962 年问世以来，先后曾两次修订其稿，1981 年出版第 2 版，1999 年出版第 3 版。时至今日，印刷次数已达 40 余次。学界少有著作可与之媲美。希望在这种良好的学术氛围中，教材质量能够不断提升，并更好地服务于高校师生。

（曲阜师范大学文学院 2007 级汉语言文字学专业硕士研究生　李莉莉）

读郭本《古代汉语》札记

郭锡良等主编的《古代汉语》是目前高校广泛采用的教材,影响很大。但笔者在阅读的过程中,将其与徐中玉《大学语文》、徐振家《古代汉语》、王力《古代汉语》进行对照,发现文中注释尚有不妥之处。本文以商务印书馆1999年版为陈述对象,以札记的形式提出新解。

1. 若阙地及泉,隧而相见,其谁曰不然?(《左传·郑伯克段于鄢》)

注:隧,隧道。这里用作动词,挖隧道。[①]

按:隧,名词,用在动词"见"前作状语,在此表示动作行为发生的处所,可译为"在(从)隧道相见"。"隧"若释为动词,与前文"阙地及泉"重复,不妥。

"黄泉"原指地下的泉水,后来被引作"阴曹地府"的代称,指人死后埋葬的地方,如"黄泉之下""命赴黄泉"等。"阙地及泉"就意味着到了灵柩的所在地,不需要进一步挖所谓的"隧道"。《四库全书·春秋左传杜林合注》:"林若掘地及泉水之处,即是黄泉隧地中道也。为地中隧道与姜相见,虽敢以此说,为不然也。杜隧若今延道。"《四库全书·日讲春秋解义》卷一:"阙,掘也。隧,地中道也。"宋李昉等撰《太平御览》卷四百一十二:"阙,穿也。隧,埏也。"《中华古汉语字典》中将"埏"解释为"墓道,墓穴"。潘岳《悼亡》诗:"落叶委埏侧。"可见,这里的隧道是代指阴曹地府的通道,即所谓的黄泉路。此解从意义上讲比较通顺合理。该句应译为:"只要挖一条地道,挖到埋葬姜氏的地方,在地道中相见,谁还说您违背了誓言?"

① 郭锡良等编著:《古代汉语》上册,商务印书馆1999年版,第132页。

2.楚子使与师言曰……(《左传·僖公四年》)

注:使,派遣使者。与,介词,和,跟。[①]

按:使,①名词,奉命办事的人,即使者,如:“时汉连伐胡,数通使相窥视。”(《汉书·苏武传》)“梁使三反,孟尝君固辞不往也。”(《战国策·齐策》)②动词,派,差遣,如:“乃使蒙恬北筑长城而守藩篱。”(汉·贾谊《过秦论》)“郑穆公使视客馆,则束载、厉兵、秣马矣。”(《左传·僖公三十三年》)在这里“使”应该是“使者”的意思,因为后面“与”为介词,介词前后一般有名词、代词或相当于名词的其他词类、短语或从句。“派遣”应是在整句翻译时才加进去的,因此该处应将“使”解释为“(派遣)使者”。直接翻译为名词亦不妥,因为前面有楚子即楚国国王,两名词并列无义。王力先生主编的《古代汉语》对“楚子使与师言曰”的解释——“楚君派使者跟诸侯之师说”可以作为佐证,但文中注释将动词和名词词义结合在一起翻译,又没给予说明,实为不妥。古文翻译首先要正确理解实词、虚词、句式,翻译时一般以直译为主,将原文中的字句落实到译文中。该句应采用增补法翻译,即增补句子中省略的成分或词语活用后的新增内容,补充的省略部分一般用小括号加以标记。该句应译为:“楚成王(派遣)使者到诸侯军中说……”

3.乃阴使召孙膑。(《史记·孙子吴起列传》)

注:使,派人。[②]

按:阴,暗中,暗地里,在这里作状语,修饰动词。例:“齐使者如梁,孙膑以刑徒阴见,说齐使。”译为:“齐国的使者来到大梁(魏国的国都),孙膑以囚犯的身份偷偷会见了(齐国的使者),说服他(救自己,把自己带到齐国去)。”使,动词,派遣,这里可译为“派遣(使者)”,后省略了宾语“使者”。该句应译为:“就暗中派(人)把孙膑叫到魏国来。”

4.又精方药,其疗疾,合汤不过数种,心解分剂,不复称量,煮熟便饮,语其节度,舍去辄愈。(《三国志·魏书·华佗传》)

注:舍去,离开。[③]

按:舍去,扔掉,指扔掉(药渣)。华佗医术高超,用药精当,配制汤药时,对于各种药物的分量与比例,不用称量就很准确。本着上下贯通,句意一致的原则,此处仍应理解为对华佗用药情况的介绍,释为“扔掉(药渣)”较妥。其次,“语其节度”在文中指告诉病人服药的禁忌及注意事项。如果说华佗

① 郭锡良等编著:《古代汉语》,第134页。
② 郭锡良等编著:《古代汉语》,第200页。
③ 郭锡良等编著:《古代汉语》,第246页。

还没离开，病就好了，那么这些谆谆嘱咐就没有必要了。再次，所谓“得病如山倒，祛病如抽丝”，病的消除需要有个过程。华佗医术高，病好得快些，但也不至于病人刚喝下药，医生尚未离开，病就治愈了，这不合情理。该句应译为：“（华佗）又精通医术药方，他治病时，配制汤药不过用几味药，心里明了药物的分量、比例，用不着再称量，把药煮熟就让病人服饮，告诉病人服药的禁忌及注意事项，扔掉（药渣），病就痊愈了。”

5. 然本作士人，以医见业，意常自悔。（《三国志·魏书·华佗传》）

注：然而本是读书人，（却）被人看成用医术为职业的，心上常常懊悔。见业，被看成职业。业，名词用如动词，作为职业。[①]

按：见，“现”的古字，显露，出现。如《荆轲刺秦王》一文中“轲既取图奉之，发图，图穷而匕首见”。此处“以医见业”，即凭医术显示业绩。首先，郭锡良先生视“见”为被动的标志。“业”作为动词，其义有二：①“使从事于，以……为职业，所指职业在其后”，如：“民卖茶资衣食，与农夫业田无异。”（《宋史》）另如“业贼”（以偷为业）、“业网”（以打鱼为业）。②“使成业或乐业，”如：“曹公闻权以土地业备，方作书，落笔于地。”（《三国志·吴书·鲁肃传》）由上可知，该处“业”若为动词，释为“使成业”较妥，但“以医见业”却晦涩难解，因此笔者认为此处“业”应为名词。与之相应，“见”应为“现”的古字，释为“显露，显现”。其次，从华佗的性格及其生活背景来看，华佗性情爽朗刚强，淡于功名利禄，曾先后拒绝太尉黄琬征召他出任官职和沛相陈珪举他当孝廉的盛举，只愿作一个平凡的民间医生，以自己的医术来解除病人的痛苦。华佗由于治学得法，医术迅速提高，名震远近。正当华佗热心在民间奉献自己的精湛医术时，崛起于中原动乱中的曹操闻而相召。他虽能依附权贵，但供人使唤，形同仆役，所以终日闷闷不乐。作为士人，他追求的是精神上的通达，而不是声名、地位的显赫，华佗因而后悔自己因医术精湛而被召、受奴役的状况。因此，该句应译为：“然而他本是读书人，凭医术显示业绩，心里常感懊悔。”

6. 凡医咸言背及胸藏之间不可妄针，针之不过四分。而阿针背入一二寸，巨阙匈藏下五六寸，而病辄皆瘳。（《三国志·魏书·华佗传》）

注：凡，所有。[②]

按：“凡”义有二：①平常的，不出奇的。如“平凡”“凡庸”“凡夫俗子”。再如：“他近日所见的这几个三等的仆妇，吃穿用度，已是不凡了。”（《红楼

---

① 郭锡良等编著：《古代汉语》，第250页。

② 郭锡良等编著：《古代汉语》，第252页。

梦》)“尽众人凡士。”(《三国志·蜀书·诸葛亮传》)②所有的。如“凡是”“凡有”“凡此”。再如“凡,皆也。”(《广雅》)“凡有辜罪。”(《尚书·微子》)郑注:“犹皆也。”“凡四方之士无有不过而拜且泣者。”(明·张溥《五人墓碑记》)句中“阿”指彭城人樊阿,他曾经跟随华佗学医,擅长针灸并勇于探索。他遵循华佗教授的养生法,享年百余岁。文中“凡”译为“一般的,平常的”较为妥当,理由如下:首先,该部分主要是用弟子的功绩及其华佗授予他们的医术药方来衬托华佗医技高超,因此不能说成樊阿比任何医生的针疗法都强。其次,曹操常犯头风眩晕病,经过华佗针刺治疗而痊愈,这也表明华佗的针灸技术精湛。若译为“所有”,就过于绝对化。该句应译为:“一般的医生都说背部和胸部脏腑之间不可以乱扎针,即使下针也不能超过四分深。而樊阿针刺背部穴位深到一两寸,在胸部的巨阙穴扎进去五六寸,病就痊愈了。”

7.今逐客以资敌国,损民以益仇,内自虚而外树怨于诸侯。(《史记·李斯列传》)

注:益仇,使仇敌得到好处。自虚,使自己虚弱。[1]

按:“益”,增益,增多。“仇”,仇敌。自虚,自我削弱。

“益”作动词,表示在某些方面增加,如体积、数量、程度等。古汉语中“益”与“损”常常相对出现,构成并列结构,如:“损益,盛衰之始也。”(《周易·杂卦传》)“人或益之,人或损之,胡可得而法?”(《吕氏春秋·察今》)明钱一本撰《像象管见》卷三下:“损民之有余,益君之不足,故曰:‘损下益上。’”《中华古汉语字典》:“损,减少。《荀子·礼论》:‘损有余。’益,扩大,增加。《穀梁传·隐七年》:‘城小则益城。’《史记·高祖纪》:‘秦益章邯兵。’”该句“损民”与“益仇”相对出现,“益”应是增多之意,“损民益仇”即减少(本国)人口而增加仇人(的实力)。

“内自虚”“外树怨”为并列的意义结构,译出的结构方式应该相同。“树怨”即结下怨仇,动宾结构;“自虚”也应译为动宾结构,所以“虚”是动词。“虚”作为动词,其义为“耗费、削弱”,例:“虚其府库,以备车马。”(《墨子·七患》)“浑邪率数万之众来降,虚府库赏赐,发良民侍养,譬若奉骄子。”(《史记·汲郑列传》)再者,若将“虚”译为“使自己虚弱”,形容词形容词带上宾语以后,使得宾语具有这个形容词的性质和状态。如:“既来之,则安之。”(《论语·季氏将伐颛臾》)此时宾语应在形容词后,而句中宾语“自”却在形容词“虚”前,因此“自虚”一词理解为被动不妥。该句应译为:“现在驱逐客卿而

① 郭锡良等编著:《古代汉语》,第392页。

帮助敌国，减少(本国)人口而增加仇人(的实力)，在内削弱了自己，在外又和各国诸侯结下怨仇。"

8. 故尧、禹有九年之水，汤有七年之旱，而国亡捐瘠者，以畜积多而备先具也。(西汉·晁错《论贵粟书》)

注：备，用作名词，指备荒的物资。具，具备，准备。[①]

按：具，古同"俱"，都，完全，此处译为"备办齐全"更好。例："火烈具举。"(《诗经·郑风·大叔于田》)"具馔于西塾。"(《仪礼·士冠礼》)"谋之其臧，则具是违；谋之不臧，则具是依。"(《荀子·修身》) 首先，"备先具"这一短语在古代著作中也多次出现，如："古者，国有九年之蓄，故螽螟水旱有所不能伤，备先具。宣公虚内以事齐，量入为出，犹惧不足，安能备先具哉？宜水旱之后而继之以饥也。"(宋·赵鹏飞撰《春秋经筌》卷九)通过比较，指明了准备充分与否所产生的不同结果：尧、禹时，有九年的积蓄，足以抵御水旱虫灾；而宣公时量入为出，准备不充分，导致水旱后的饥荒。明丘濬撰《大学衍义补》卷十六："夫蓄积多而备先具，则固无患矣；若夫不幸蓄积无素，虽有蓄积而连岁荒歉，请之官无可发，劝之民无可贷，乞诸邻无可应……"分号前后也是对蓄积充分与否的结果的分析，前面蓄积多准备充分，没有忧患；后面虽有蓄积，但因不够充分，灾荒来临时则无从应付。再者，该句下文："今海内为一，土地人民之众不避汤、禹，加以亡天灾数年之水旱，而畜积未及者，何也？……"这些话隐含着作者的论点，即现在粮食准备得还不充分，还不能像禹、汤时期一样有实力去抵御自然灾害，国家需要大力发展农业，多积蓄。"具备，准备"是"具"的基本义，这种解释没错，只是不如译为假借义"俱"更为妥帖，因此该句的意思是："所以尧、禹的时代有过九年水灾，汤的时候有过七年旱灾，但国内没有被遗弃和瘦得不成样子的人，(是)由于粮食储备得多，备荒的物资事先就准备得很充分。"

9. 人情一日不再食则饥，终岁不制衣则寒。(西汉·晁错《论贵粟书》)

注：终岁，整年。[②]

按：终岁，卒岁，这里指到了冬天。《中华古汉语字典》中"终"：①结束。《尚书·仲虺之诰》："慎厥终，惟其始。"②尽，整个。《论语·卫灵公》："子曰：吾尝终日不食，终夜不寝以思。"因此，"终岁"也有两种解释：一指年底，大约是冬季；二指一整年。《钦定诗经传说汇纂》卷九："二阳之月，大寒之时，无衣无褐，不可终岁，是故八月则当绩衣事丝。"孔氏颖达曰："《月令》云：

---

① 郭锡良等编著：《古代汉语》，第 393 页。

② 郭锡良等编著：《古代汉语》，第 394 页。

‘孟冬命有司，闭塞而成冬。’此《经》穹室墐户，文在十月之下，亦当以十月塞涂之矣。云‘曰为改岁’者，以仲冬阳气始萌，可以为年之始……若总言一岁之事，则寒暑一周乃为终岁，寒气未过，是为未终，故上言无衣无褐，不得终岁，谓度寒、至春二者，意小异也。”孔颖达的解释比较恰当：“终岁”指较为寒冷的季节，需要有“衣褐”御寒；没有寒暑的周期变化不能称为一年，度过了寒冷的冬天，一年才算结束。这些分析也符合四季变化的常理——春暖、夏热、秋凉、冬寒。现代汉语中意思与“始”相对的使用还比较广泛，如“年终”“终场”“终极”等。因此，该句应译为：“人们的常情是一天不吃两顿饭就会饥饿，年终不添衣服就会受冻”。

10. 今交手足，受木索，暴肌肤，受榜箠，幽于圜墙之中。（西汉·司马迁《报任安书》）

注：榜，锤击，打。[①]

按：榜，古通“棒”，用作动词，棒打。“榜箠”又“榜棰”，鞭笞拷打。《梁书·良吏传·沉瑀传》：“悉使著芒屩粗布，侍立终日，足有蹉跌，辄加榜棰。”唐魏征等撰《隋书》卷二十五：“皆于西市棒杀，而榜棰陈延，殆至于毙。”《旧唐书·王毛仲传》：“韦后称制，令韦播、高嵩为羽林将军，令押千骑营，榜棰以取威。”《旧唐书·窦轨传》：“其奴称冤，监刑者犹豫未决，轨怒，俱斩之。行台郎中赵弘安，知名士也。轨动辄榜箠，岁至数百。后征入朝，赐坐御榻。”“榜”“棒”这两个字通用的现象并不常见，主要集中于唐朝的文献中，在郭先生的这套书中也是第一次提到，所以需要加以说明。该句应译为：“现在捆绑手脚，披枷带索，皮肉暴露在外，受着棍打和鞭笞之苦，关在牢狱之中。”

11. 封建者，必私其土，子其人，适其俗，修其理，施化易也。（唐·柳宗元《封建论》）

注：私，用作意动，当作自己的东西。子，用作动词，看作儿女。[②]

按：“私其土”“子其人”是两个并列结构，“子”也用作意动，“把……当作儿女（悉心呵护）”。理由如下：首先，子，在古汉语中可以作动词，通“慈”。爱，尤指像对子女一样地爱护。例：“天迪从子保。”（《尚书·召诰》）“子以爱之。”（《礼记·缁衣》）

意动即本来在现代汉语中一般不能带宾语的名词、不及物动词和形容词都带了宾语，但又不能直接支配或涉及宾语，从而构成了特殊的动宾关

① 郭锡良等编著：《古代汉语》，第410页。

② 郭锡良等编著：《古代汉语》，第482页。

系。从语义的角度看，活用词如果从属主语，则一般用作意动。意动主要表示处所、方位、工具、依据、比喻和对人的态度等几种意义。表示对人的态度的示例如："邑人奇之，稍稍宾客其父。"（北宋·王安石《伤仲永》）"粪土当年万户侯。"（毛泽东《沁园春·长沙》）名词用作意动，按"把宾语看成是什么"的形式翻译，即"意动词＋宾语＝把＋宾语＋看成（或'视为''视若'等）＋意动词"。尤其是表示对人态度的，不管是名词用作意动还是直接作动词用，通常要译成把字句。如"稍稍宾客其父"应译成"慢慢地把他的父亲看成宾客了"。"粪土当年万户侯"译成"把当年的万户侯（指封建官僚、军阀）视若粪土"。从以上分析可知，句中的"私""子"都是意动用法，应分别译为："把…当作自己的东西""把…当作儿女（悉心呵护）"。郭先生将"私"解释为意动而"子"为普通动词，不妥当。该句应译为："封建制的世袭君长，一定会把它管辖的地区当作自己的土地（尽心治理），把他管辖的老百姓当作自己的儿女（悉心爱护），使那里的风俗变好，把那里的政治治理好，这样施行教化就会比较容易。"

12. 朝菌不知晦朔，蟪蛄不知春秋，此小年也。（《庄子·逍遥游》）

注：晦，农历每月的最后一日。朔，农历每月初一。[①]

按：晦朔，黑夜和黎明。朔，与"初"义通，指一日之初，即黎明时分。《中华古汉语字典》中对"晦"的解释是：①农历每月的最后一天。《史记·魏其武安侯列传》："以十二月晦论弃市渭城。"②晚上。《庄子·逍遥游》："朝菌不知晦朔。"对"朔"的解释是：①农历每月初一。《左传·昭公十七年》："唯正月朔。"②初，始。《礼记·礼运》："皆从其朔。"对"朝"的解释是："早晨"。《左传·昭公元年》："朝不谋夕。"由以上可知"晦朔"有两层意思：一是晚上和早晨（或从黑夜到黎明），一是农历的月末和月初（或农历的月末至月初）。《淮南子·道应训》："朝菌，朝生暮死之虫也。生水上，状似蚕蛾，一名孳母，海南谓之虫邪。"朝生暮死，即早晨刚生，晚上就死亡。今亦形容事物生命短暂。《重修政和证类本草·草下之上》："朝生暮落花……生粪秽处，头如笔，紫色，朝生暮死。"可见，"朝菌"早上出生，晚上就死，因此不知道黑夜和黎明的变化，"晦朔"应是"晚上和早晨"（或"从黑夜到黎明"）的意思。另有苏彦《舜华诗序》："其为花也，色甚鲜丽，迎晨而荣，日中则衰，至夕而零。庄周载：朝菌不知晦朔，况此朝不及夕者乎。"可以作为佐证。

再者，下文的蟪蛄，又名"寒蝉"。旧说，寒蝉春生夏死，夏生秋死，寿命

① 郭锡良等编著：《古代汉语》，第623页。

不到一年，所以说不知春秋。这样“蟪蛄不知春秋”与“朝菌不知晦朔”就构成了工整的对偶句。朝菌是指某些朝生暮死的菌类植物，生命不到一天，所以说不知早晚，因而“晦朔”译为“黑夜和黎明”（或“从天黑到天明”）比较贴切。该句应译为：“朝生暮死的菌类不知道从天黑到天明的变化，蟪蛄不知道一年中有春有秋，这是寿命短的”。

13. 故夫知效一官，行比一乡，德合一君，而征一国者，其自视也，亦若此矣。（《庄子·逍遥游》）

注：效，授予。行比一乡，品行可以和合一乡，即受一乡人的敬重。比（旧读 bì）：合。①

按：效，胜任。比，同“庇”，庇护，庇佑。

效官，在古汉语中意思有二：①授官。《左传·昭公二十六年》：“宣王有志，而后效官。”杜预注：“效，授也。”《晋书·阮籍嵇康等传论》：“通其旁径，必凋风俗；召以效官，居然尸素。”②做官。南朝梁江淹《拜中书郎表》：“臣幼乏篆刻，长睽图史，智罕效官，志阙从政。”唐白居易《游悟真寺诗》：“我本山中人，误为时网牵。牵率使读书，推挽令效官。”该句“效官”应译为“做官”，即胜任官职。若译为“授官”，一般要出现授予者或被授予者，而该句前后无明显主语或宾语。比，会意字。从二匕，匕亦声。甲骨文字形，像两人步调一致，比肩而行。《说文解字》：“二人为从，反从为比。”比的本义是“并列，并排”。例：“南方有比翼鸟焉，不比不飞，其名谓之鹣鹣。”（《尔雅·释地》）“比”在古汉语中没有“合”义，若读作去声，则是假借为“庀”。古“庀”又通“庇”，意思是“庇护，遮蔽”。例：“我实不能御楚，又不能庀郑。”（《左传·襄公十年》）；“（大竹）覆用之即可当瓦，可庀风雨。”（《太平寰宇记》）句中“比”读为去声，应为“庇护”之意。“行比一乡”即“行为可以庇护一乡的群众”。该句应译为：“所以那些才智可以胜任一官之职，行为可以庇护一乡群众，道德合于一君的要求而能取得一国信任的人，他们自鸣得意，也和蝉、斑鸠、鸮雀一个样。”

14. 惟天为大，惟尧则之，荡荡乎民无能名焉！（《孟子·滕文公上》）

注：名，动词，说出尧的好处。这句的意思是说，尧作为君主，就像天一样，施与人们恩德而又使人感觉不到。②

按：名，动词，“说出（尧的好处）”或“称道、赞美”的意思。《论语·泰伯》：“荡荡乎，民无能名焉！”朱熹《论语集注》注“无能名焉”曰：“不可以言语

① 郭锡良等编著：《古代汉语》，第 625 页。

② 郭锡良等编著：《古代汉语》，第 645 页。

形容也。”很显然，这里的“名”是动词，是“称道”“赞美”的意思。《老子·第一章》：“道可道，非常道；名可名，非常名。‘无’，名天地之始；‘有’，名万物之母。”句中第二、第四、第五个“名”，都是“称说”“称述”的意思。由此，可以看出：“名”用于表述那些美好的人和事时，就解释为“称道”“赞美”；用于表述那些没有情感色彩的人和事时，则解释为“称说”“陈述”。“名”的“称道、赞美”义又是由“称说、陈述”这个基本义引申出来的。这里的“名”理解为其引申义较好，释为“称道”“赞美”。另钱穆《论语新解·泰伯篇第八》：“本章孔子深叹尧之为君，其德可与天相准。乃使民无能名，徒见其有成功，有文章，犹天之四时行，百物生，而天无可称也。”句中“名”的“赞美”义更为明显。该句应译为：“只有天最伟大，只有尧能效法天。广大辽阔啊，百姓不能用语言来赞美！”

15. 故明于天人之分，则可谓至人矣。（《荀子·天论》）

注：天人之分(fèn)，天和人的职分。天的职分指水旱、寒暑等，人的职分指“强本而节用”等。至人，最高的人，即圣人。[1]

按：天人之分(fēn)，天和人的区别。分，区分，区别。至人，明了客观规律的人。天人之分是中国哲学中关于天人关系的观点之一，与“天人合一”说相对立。强调“天道”与“人道”之别，亦即自然与人为的区分，认为“天”是自然，既不以人的意志为转移，也不能主宰人间的治乱吉凶。战国时荀子首先提出这种理论。《荀子·天论》：“明于天人之分，则可谓至人矣。”唐刘禹锡更是从人与动物、自然的功能差异论述了天人之别，认为“天之能，人固不能也；人之能，天亦有所不能也”；同时提出，自然与社会之间有很多差异。荀子的“明于天人之分”，目的在于彰显天、人之间的界线，从而突出了天与人的特质。该句应译为：“所以说，明辨了自然界与人为的区别，就可以称得上圣人了。”

16. 繁启蕃长于春夏，畜积收臧于秋冬。（《荀子·天论》）

注：在春夏都生长茂盛起来，在秋冬则收获储藏起来。启，发生。[2]

按：启，本义是“开，打开”。从户，从口。甲骨文字形，左边是手，右边是户，用手开门，即“开启”的意思。《说文解字》：“启，开也。”《中华古汉语字典》对“启”的解释是：①开始。《诗经·六月》：“以先启行。”②萌芽。《荀子·天论》：“繁启蕃长于春夏。”该句用了“启”的引申义。《说文解字·艸部》：“蕃，草茂也。”蕃通“繁”，如“蕃盛(繁荣昌盛)、蕃庶(繁荣富庶)”。“蕃”

① 郭锡良等编著：《古代汉语》，第655页。

② 郭锡良等编著：《古代汉语》，第656页。

与前面的“萌芽”义相结合，指植物生长茂盛，前后叙述一致。再者，庄稼春天萌芽，夏天生长，秋天收获，冬天储藏，这样才符合植物的生长规律。因此，该句应译为：“庄稼在春夏都萌芽生长起来，在秋冬则收获储藏起来。”

17. 俨骖騑𬱖于上路，访风景于崇阿。（唐·王勃《滕王阁序》）

注：俨，整肃的样子。用作动词，使整肃的意思。①

按：俨，用作动词，整理。

《中华古汉语字典》中对“俨”的解释是：①严肃、庄重。《论语·尧曰》：“俨然人望而畏之。”②整理。北宋王禹偁《七夕》诗：“惊起俨衣冠。”由对仗可知，“俨骖騑于上路”与“访风景于崇阿”相对，“访”是动词，相应的“俨”在这里也应用作动词，译为“整理”。两旁的马叫“骖”，中间的马叫“服”。一说服之左曰“骖”，右曰“騑”。笼统地说，“骖”和“騑”是同义词。“于上路”和“于崇阿”都是介宾短语后置作状语。其中“上”的意思是“高高的”，“上路”的古义是“高高的道路”。“俨骖騑于上路”即“在高高的道路上驾驭（整理）着马车”。人教版高中语文必修四的解释“俨，通‘严’，整治”与此义一致。“俨骖騑”在古代典籍中较为常见。唐徐铉《陶使君挽歌二首》：“太守今何在，行春去不归。筵空收管吹，郊迥俨骖騑。”明徐溥撰《四库全书·谦斋文录》：“秋日都门杨柳稀，离杯才罢俨骖騑。太冲作赋三都重，司马题桥万里归。”其中“俨”字都作动词，译为“整理”，引申为“驾驭”。郭先生译为“使整肃”不太合适，因为游览风景是较为随意的事情，这时诗人陶醉于美景之中，心情较为舒畅，处于一种轻松、惬意的状态之中，由此可推知诗人不会对“骖騑”作出过于严厉的要求，应是较为随意地驾驭它们去观光，去体会大自然的美。该句应译为：“在高高的路上驾着马车，到高耸的山岭寻访美景。”

18. 山原旷其盈视，川泽纡其骇瞩。（唐·王勃《滕王阁序》）

注：山岭和平原使人们的视野变得很开阔，河流和湖泽使那凝望的人惊讶它的曲折非常。纡，曲折，用作使动，使感到曲折。②

按：纡，曲折。

《中华古汉语字典》：“纡，弯曲，萦绕。《周礼·矢人》：‘中弱则纡。’王绩《游北山赋》：‘连峰杂起，复嶂还纡。’”“骇”作意动词，意思是“感到惊异”。如：《史记·孝武本纪》：“一宫尽骇。”描绘了山岭平原辽阔、河流湖泽迂回的壮丽图景。郭先生将“纡”解释为“使感到曲折”有些令人费解。“纡”就是形容词“曲折”，这里是叙述事实，不是指人们的感受。“纡”可译为“……的样

① 郭锡良等编著：《古代汉语》，第782页。

② 郭锡良等编著：《古代汉语》，第782页。

子(景象)”,全句在保持原结构的情况下可以译为:“山岭和平原辽阔的景象充满人们的视野,河流、湖泽迂回的样子使人看了吃惊。”句中两个“其”是代词,“盈”“骇”是形容词的使动用法,这两句是主谓结构对主谓结构的骈偶句。人教版高中语文必修四对该句的解释是:“放眼远望,辽阔的山岭、平原充满人们的视野,迂回的河流、湖泽使人看了吃惊。”这种理解较为恰当。

19. 时运不齐,命途多舛。冯唐易老,李广难封。(唐·王勃《滕王阁序》)

注:时运不齐,意思是各人遇到的时机不一样。[①]

按:“时运不齐”亦作“时运不济(jì)”,意思为“遭遇逆境,命运不好”,其反义词是“时运亨通”,现在仍使用。《中华古汉语字典》:“齐,通‘济’,顺利。王勃《滕王阁序》:‘时运不齐。’另‘济,成,成功。’《后汉书·荀彧传》:‘终济大业。’”人教版语文教材释为:“命运不好。”另例如:明胡文焕《群音类选·投笔记·桑园劝夫》:“此际青衫湿更多,时运不齐奈若何。”宋李昉编《文苑英华》卷七百十八:“嗟乎,大运不穷,命途多舛,冯唐易老,李广难封(一作时运不齐)。”“时运不齐,命途多舛”,将人生的穷通得失看作常态。下文“冯唐易老,李广难封”,则是从历史中撷取的两个实例,用来宽慰包括自己在内的失意之人。该句应译为:“命运不顺畅,路途多艰险。”

20. 今兹捧袂,喜托龙门。(唐·王勃《滕王阁序》)

注:捧袂,对长者的一种恭敬的表示。《礼记·曲礼》:“长者与之提携,则两手捧长者之手。”捧袂即奉手。[②]

按:捧袂,文中指阎公双手托捧着王勃的衣袖。袂,衣袖。

在《汉语大词典》中,“捧袂”有二义:①犹拱手。《北史·司马膺之传》:“及彦深为宰相,朝士辐凑,膺之自念,故被延请,永不至门,每与相见,捧袂而已。”②指相见。《花月痕》第五十回:“这二人与荷生八载分襟,一朝捧袂,伤秋华之宿草,喜春镜之罗花,真个说不了别后心事。”[③]可见,“捧袂”即“拱手”之意,但以上理解没有说明“袂”义,实为不妥;还有的释为“捧袖子行礼,表示尊敬”也有不妥。“捧袂”其实就是一个作揖手势,这里应该是作揖而不是握手言欢,不能译为“捧手”。从后文的“喜托龙门”和“钟期既遇”之句,便觉“王勃举起双袖作揖”更能表现出“幸承恩于伟饯”的知遇之恩。袂,衣袖。另如《太平广记》卷九十二:“故老相遇,捧袂而泣曰:‘后主骄淫,为隋氏所

① 郭锡良等编著:《古代汉语》,第786页。

② 郭锡良等编著:《古代汉语》,第789页。

③ (清)魏秀仁:《花月痕》,杜维洙校点,人民文学出版社1999年版,第400页。

灭，良可悲乎！'"宋李昉等编《文苑英华》卷七百十九："呜矣，杨柳依依，情摇江上之枫，思结河边之草，吴州日见，楚山云绝，莫不捧袂黯然，弹毫以赠。庶几离言之至，知儒行之尊欤！" 以上两处"捧袂"都是"举起衣袖"的意思。《礼记·曲礼》"长者与之提携，则两手奉长者之手"，是讲童子拜见长者时应怎样做到言行举止礼貌得体的，至今还未发现有学者证实该句表达的就是"捧袂"的意思，因此不能作为佐证出现。因此，该句应意译为："今天我侥幸地奉陪阎公，高兴地登上龙门。"

21. 壬戌之秋，七月既望，苏子与客泛舟，游于赤壁之下。（北宋·苏轼《赤壁赋》）

注：七月既望，这里指七月十七日。既，副词，在……过去之后，已经。望，阴历小月的十五日，大月的十六日。[①]

按：既望，十六日。

"望"即"望日"，指阴历每月十五。"既"表示达到的状态，如《易经》中的"既济"。《辞源》对"既望"的解释是："殷周历以阴历每月十五、十六日至二十二、二十三日为既望。后来称农历十五日为望，望后一日为既望。"《辞海》《中文大辞典》《汉语大词典》等略同。《汉英词典》把"望"翻译成" the 15th day of a lunar month"，把"既望"翻译成" the 16th day of a lunar month"。按照这些权威辞书的解释，既望就是阴历每月十六日，表示满月后的一天。古代著作在这方面有很多例证。《书经集传》卷五："惟二月既望，越六日乙未。"宋蔡沈注："日月相望谓之望，既望十六日也。"宋陈岩肖《庚溪诗话》卷下："庚午岁，夏六月既望之三日风作，踰旬而止，暑气顿减。"因此，该句应译为："壬戌年秋天，七月十六日，我和客人荡着船儿，在赤壁下游玩。"

22. 万里悲秋常作客，百年多病独登台。（唐·杜甫《登高》）

注：百年，等于说"一生"。[②]

按："百年"犹言"老年"。

宋代学者罗大经《鹤林玉露》析此联云："万里，地之远也；悲秋，时之惨凄也；作客，羁旅也；常作客，久旅也；百年，暮齿也。"翰林院侍读学士何焯撰《义门读书记》卷五十四："薄暮高秋心苦悲，岁暮鬓发白成丝，以齿暮结悲痛。"暮齿、齿暮即暮年、晚年。这也较符合人的生理变化，一般到了老年阶段，身体变得虚弱多病。再者，杜甫的这首诗主要倾诉了诗人长年漂泊和老病孤愁的复杂感情，慷慨激越，动人心弦。诗中的这两句写孤病之态。"百

① 郭锡良等编著：《古代汉语》，第 853 页。

② 郭锡良等编著：《古代汉语》，第 1015 页。

年多病”，迟暮之年百病缠身，痛苦之情可想而知；“独”字，写出举目无亲的孤独感；“登台”二字点名题面，情才因景而生。这两句叙述自己远离故乡，长期漂泊，而暮年多病，举目无亲，秋季独自登高，不禁满怀愁绪。尾联写诗人心急如焚，急得头上的白发越来越多，以致两鬓斑白了，亦能说明百年即暮年、晚年。

本文按原教材编写的顺序，选择一部分内容进行条缕分析，查找多种工具书、版本和资料加以证实，但由于笔者才疏学浅，有些条目分析的证据可能不足，甚至有主观臆断之嫌。不妥之处，还望方家予以批评指正。

（曲阜师范大学文学院 2007 级汉语言文字专业硕士研究生　梁文英）

王力《古代汉语》误注考释

王力先生的《古代汉语》是语言学界的权威之作，内容主要包括文选、常用词和通论三部分，语言通俗易懂，讲解透彻，条理清晰，被众多大学文学院选作教材。不过，其文选注释仍有不少可商榷处，大体以原书为序，连缀成篇，以求正于方家。

1. 五月辛丑，大叔出奔共。(《左传·郑伯克段于鄢》)

注：奔，快跑。出奔，指逃到外国避难。

按：文中释义不确切，未给出"出"字释义。将"出奔"译为"逃到外国避难"，与后面的"共"重复。此处"出奔"当为同义连文，"出"即"奔"也，"奔"即"出"也，皆是"逃亡、逃跑"义。《周礼·大司寇》："其不能改而出圜土者杀。"郑玄注："出，谓逃亡。"《汉语大字典·大部》："奔，奔跑，逃亡。"《左传》中，"奔"作"逃亡"解很常见。《左传·隐公五年》："翼侯奔随。"杨伯峻、徐提《春秋左传词典》："奔，奔逃、出走、逃亡。"

2. 坐而假寐。(《左传·宣公二年》)

注：假寐，不脱衣冠睡觉。

按：释"假寐"为"不脱衣冠睡觉"甚为迂曲，当释为"打盹儿，打瞌睡"。

3. 左右以君贱之也，食以草具。(《战国策·冯谖客孟尝君》)

注：以，因为。

按：若释"以"为"因为"，则全句译为：左右侍奉的人因为孟尝君轻视他(冯谖)，所以给他粗劣的饮食。但是就整篇文章看，孟尝君并没有轻视冯谖。比如，当冯谖从薛把债收回的时候，孟尝君笑曰："客果有能也!"由此可见，孟尝君一开始并未轻视冯谖，所以此处"以"不应释为"因为"，而应释为动词"以为"。

4. 南游于高陂，北陵乎巫山，饮茹溪之流，食湘波之鱼。(《战国策·庄

辛说楚襄王》)

注:高陂,高丘。

按:巫山 ,山名,在四川、湖北两省边境。北与大巴山相连,形如“巫”字,故名。茹溪,在巫山县北。“湘波”就是湘水,在湖南省。“巫山、茹溪、湘波”皆实指某山某水,故此处“高陂”也应是某个具体的地方。

5.然且欲行天子之礼于邹鲁之臣,不果纳。(《战国策·鲁仲连义不帝秦》)

注:然而当齐想对邹鲁之臣行天子之礼时,邹鲁之臣还终于没有让湣王入境。然,然而,连词。且,还,副词。

按:“且”是副词,但此处意为“将要” ,而非“还” 。译文“然而当齐想对邹鲁之臣行天子之礼时,邹鲁之臣还终于没有让湣王入境”中已经把“且”当成“想”来用,后文却又释“且”为“还”,前后矛盾。因此,应释为“将要” 。古文献中此种用法甚多。《诗经·齐风》:“会且归矣,无庶予子憎。”《淮南子》:“故天之且风,草木未动而鸟已翔矣。”《史记·项羽本纪》:“且为之奈何。”唐柳宗元《三戒》:“以为且噬己矣。”北宋王安石《游褒禅山记》:“火且尽。”清朝魏禧《大铁椎传》:“祸且及汝。”

6.子路对曰:“由也为之,比及三年,可使有勇,且知方也。”(《论语·先进》)

注:方,道义的方向。

按:释“方”为“方向”,又增“道义”二字,略显迂曲。这是将“方”误解为“方向”之“方”的缘故。其实,此处“方”并不是“方向”之“方”,而是“义方”之“方”。“义方”是同义复词,“方”即“义”也。《周易·系辞上》:“方以类聚,物以群分。”孔颖达疏:“方谓性行法术也。”《系辞下》:“初率其辞而揆其方。”韩康伯注:“能循其辞以度其义。”《广雅·释诂》:“方,义也。”《广韵·阳韵》:“方,道也。”故“知方”即“知义”也,意为“懂得道理”。

7.四海之内皆兄弟也。(《论语·颜渊》)

注:四海之内,古人认为中国四境有海环绕,所以称中国为“四海之内”或“海内”。

按:中国最早的辞书《尔雅·释地》中说:“九夷、八狄、七戎、六蛮,谓之四海。”四海,这里指四边荒远地区,不是指海洋。夷、狄、戎、蛮是指有别于中原华夏民族的少数民族,而加在前面的九、八、七、六则泛指少数民族部族众多。“海”的本义是指天池,“海”的引申义指数量多。段玉裁《说文解字注》认为凡地大物博者,皆得谓之海。清代胡渭《禹贡锥指》卷十八中说得明白:“古书所称四海,皆以地言,不以水言。故《尔雅》此条系《释地》,不系《释水》。《禹贡》'九州'之外即是四海,不以海水之远近为限。"可见古人所谓四海并不是指中国四境有海环绕,乃是指四方外族居住的荒晦绝远之地。

8. 五亩之宅,树之以桑,五十者可以衣帛矣。(《孟子·寡人之于国也》)

注:宅,宅院,人们居住的房舍。

按:释"宅"为"宅院,人们居住的房舍"并不确切。我们在解释古文献时应联系上下文。"宅"前面有修饰语"五亩"(五亩合现在的一亩二分多,约为800平方米),古人居住的房舍有这么大吗?况且后面还有修饰语"树之以桑"。因此,此处"宅"应解释为"宅院及周围的空地"。

9. 管仲以其君霸,晏子以其君显。(《孟子·夫子当路于齐》)

注:以,介词,凭着。霸,指行霸道。

按:文中的两个君分别指齐桓公和齐景公,"霸"和"显"指的是这两个君王。若释"以"为"凭着",那么整句话的意思就变成"管仲霸,晏子显"了,这显然与历史及文中原意相违背。在此,应将"以"释为"使"。《汉语大字典》中"以"下第二义项:"以:使,令。"《尚书·君奭》:"我不以后人迷。"《战国策·秦策一》:"向欲以齐事王,使攻宋也。"高诱注:"以犹使也。"《西京杂记》卷二:"于是上案图以昭君行。"

10. 举行如此,治强不可得也。(《韩非子·五蠹》)

注:举行,等于说措施。

按:释"举行"为"措施",太过笼统。此处"举行"为同义连文,"举"即"行"也,"行"即"举"也,均有"行动、行为"义。"行"为"行动"义,我们很容易理解,"举"亦有"行动"义。《国语·楚语》:"夫事君者,不为外内行,不为丰约举。"韦昭注:"举,动也。"《礼记·中庸》:"文武之政,布在方策。其人存,则其政举;其人亡,则其政息。"孔颖达疏:"举,犹行也。"故"举行"实为同义连文,意为"行动、行为"。现代常用成语、词语,如"举止失措"(举动失常)、"举指"(犹举止,行动)、"举趾"(指举动)、"举休"(举止,举动)、"举以丧名"(有所举动而丧失名誉)等皆是其佐证。

11. 亦已罢极。(《史记·淮阴侯列传》)

注:罢极,疲惫。

按:文中注释并未给出"极"字意义,让初学者易生误解。"极"在古文献中亦有"疲惫"义。此处"罢极"为同义连文,"罢"即"极"也,"极"即"罢"也,均为"疲惫"义。《古代汉语词典》(商务印书馆2009版)"极"下第9个义项:"极,疲惫。"《汉书·王褒传》:"匈喘肤汗,人极马倦。"《汉语大字典》"极"下第13个义项:"极,疲困。"清吴善述《说文广义校订》:"极,又因穷极之义引为困也,病也,疲也。"《孟子·离娄下》:"有故而去,则君搏执之,又极之于其所往。"《汉书·王褒传》:"匈喘肤汗,人极马倦。"《世说新语·言语》:"顾司空未知名,诣王丞相。丞相小极,对之疲睡。"

12.故能首尾圆合,条贯统序。(《文心雕龙·熔裁》)

注:条贯,有条理。统序,有次序,有层次。

按:将"条贯、统序"释为"有条理,有次序"是对的,但是容易让初学者误把两个词当成形容词。"首尾圆合""条贯统序"相对为文,我们都知道"首尾"是名词,那么"条贯"亦应是名词。"首尾圆合"为主谓词组,"条贯统序"亦为主谓词组。文中"条贯"应释为"条理、体系"。清代恽敬《与纫之论文书》:"虽然,退之、子厚、习之各言其所历者也,一家之所得也;于天下之文,其本末条贯,有未备者焉。"汉东方朔《答客难》:"以管窥天,以蠡测海,以筳撞钟,岂能通其条贯,考其文理,发其音声哉!"清顾炎武《音学五书后序》:"许叔重《说文》始一终亥,而更之以韵,使古人条贯不可复见。"

(曲阜师范大学文学院2007级汉语言文字学专业硕士研究生　张心爱)

《报任安书》注释札记

司马迁的《报任安书》，可谓千古名篇，但由于文中多用汉代的口语词汇和俗语、习语，以至于今人的注释和译文往往不尽如人意。有的对词语的解释基本不错，却由于没有注意到古人的行文习惯、特殊修辞，或没有破解假借字，影响了对文义的准确理解。今检举三例，细加斟酌，以求教于方家。

1. 少负不羁之才，长无乡曲之誉。

一般把“乡曲”解释成“乡里”[①]，但在人们的观念中，既然有“才”，就会有“誉”。司马迁“少负不羁之才”，为什么“长无乡曲之誉”呢？是长大后变得平庸了吗？

这两句是司马迁的自谦之词，还是自赞之词？表面看来，“少负不羁之才”是自赞，“长无乡曲之誉”是自谦。其实，上下两句之间的语气是连贯的，都表面自谦，实是自赞。“少负不羁之才”说自己年轻时不同寻常，得不到世人的推许；“长无乡曲之誉”是说自己成年后也不同流俗，仍得不到“乡曲”的承认和赞誉。在《报任安书》中，司马迁流露出不被世俗庸碌之辈理解的悲愤之情，时时显露出自己特立独行、不同流俗及其与世俗世界的对立，如：“若望仆不相师，而用流俗人之言”“然此可为智者道，难为俗人言也。”“仆以口语遇此祸，重为乡党所笑。”……“乡曲”当与“俗人”“乡党”等词义相近。因此，本句中“少”“长”互文，“负不羁之才”和“无乡曲之誉”互文，即：“少负不羁之才，无乡曲之誉”或“长负不羁之才，无乡曲之誉”，都是说自己一生恃才自洁，不同流合污，也不是那种受“乡曲之士”欢迎的平庸之辈，因而被治罪时“左右亲近不为一言”。

① 郭锡良等编：《古代汉语》中册，天津教育出版社 1996 年版，第 4、405、549 页。

但目前所见多种关于这句话的理解，往往认识不到这一点，以下儿种译文可见一斑：

(1)“我少年时行为放纵不拘，年长后在乡里又无美誉。”[①]这样理解后一分句未尝不可，但把“少负不羁之才”译成“我少年时行为放纵不拘”就不确切了，这肯定误解了“长无乡曲之誉”，认为是司马迁自谦的话，为了语气连贯，才这么译的。

(2)“我少年时就具有难以约束的性格，而长大后在家乡也没什么名声。”[②]句中把“才”译成“性格”，显然是考虑了上下两分句语气的连贯。

(3)“我在少年时就自恃有高远非凡的才能，成年后却没有得到乡里人的称誉。”[③]前一分句译得很确切，后一分句加转折连词“却”，就好像司马迁长大后变得平庸了，仍是没有认识到上下两分句的语气本是连贯的，不需要转折。

看来，最好译成：“我自幼就自恃有非凡的才能，成年后仍没有得到乡曲之士的称誉。”

“乡曲”一词，有时是中性词，如：“当此之时，网疏而民富，役财骄溢，或至兼并豪党之徒，以武断于乡曲。”(《史记·平准书》)“乡曲”指“家乡、乡里”。“曲士不可以语于道者，束于教也。”(《庄子·秋水》)司马云注解：“曲士，乡曲之士。”“乡曲之士”即“浅陋无知的人”。注解中的“乡曲”，则有贬义。

2.《诗》三百篇，大抵圣贤发愤之所为作也。

关于“发愤”有两种解释：(1)决心努力。[④] (2)抒发愤懑。[⑤] 以上两种解释截然不同，当以“抒发愤懑”为上，因为“发愤”先作为词组，后词汇化后才有了新意义。《楚辞·九章·惜诵》：“惜诵以致愍兮，发愤以抒情。”王逸注：“愤，懑也。抒，泄也。言己身虽疲病，犹发愤懑，作此辞赋，陈列利害，泄己情思，以讽谏君也。抒，一作舒。”[⑥]“发愤”与“惜诵”“杼情”相对，结构相同，都是述宾结构，应作为词组理解。《报任安书》全篇表达了司马迁“著书以发泄愤懑之情”的思想：“乃如左丘无目，孙子断足，终不可用，退而论书策，以舒其愤，思垂空文以自见。”“以舒其愤”正是“发愤”的最好注脚。《汉语大词

---

① 陈宏天等主编：《〈昭明文选〉译注》第5册，吉林文史出版社1994年版，第551页。

② 袁梅等注译：《古文观止今译》，齐鲁书社1983年版，第413页。

③ 王友怀、魏全瑞主编：《〈昭明文选〉注析》，三秦出版社2000年版，第542页。

④ 参见郭锡良等编：《古代汉语》中册，第414页。

⑤ 参见王友怀、魏全瑞主编：《〈昭明文选〉注析》，第552页。

⑥ 洪兴祖：《楚辞补注》，中华书局1983年版，第121页。

典》(缩印本)第4968页“发愤”条下,也把该句中的“发愤”放在“发泄愤懑”义项之下。后来“发愤”词汇化,有“决心努力”“发愤振作”等意思,与此处语境不合。

3.今虽欲自雕琢,曼辞以自饰,无益,于俗不信,适足取辱耳。

句中“曼辞”,一般解释成:“动听的话。曼,美”[①]或“好听的话”[②]。认为“曼”义为“美”,源自颜师古。《汉书·司马迁传》:“曼辞以自解。”颜注:如淳曰:“曼,美也。”

“曼”通“谩”,“曼辞”当为“谩辞”。文献中时有“谩辞”,如:

(1)使人函封汉使者节置塞上,好为谩辞谢罪,发兵守要害处。(《史记·南越列传》)

(2)贼方攻泗州,杜慆坚守,(令狐)绹命(李)湘率兵五千救之。(庞)勋谩辞谢绹曰:“数蒙赦,所以未即降者,一二将为异耳,愿图去之,以身听命。”绹喜,即请假勋节,而敕湘曰:“贼已降,弟谨戍淮口,无庸战。”湘乃彻警释械,日与勋众欢言。后贼乘间直袭湘垒,悉俘而食之,醢湘及监军郗厚本。(《新唐书·令狐楚传》)

“谩”义为“欺骗”。《广韵·谏韵》:“谩,欺谩。”《集韵·换韵》:“谩,欺语。”《汉书·南粤王赵佗传》转述《史记》中“好为谩辞谢罪”一句,颜师古注:“谩,诳也。”

看来,“谩辞”意思是“欺骗的话”。“谩”以“曼”为声符,两字古音相近,具备同音通假的条件。朱骏声《说文通训定声》:“谩,假借又为曼。”[③]

把“曼辞”理解为“谩辞”,义为“欺诳的话”,也适合《报任安书》的语境,因为司马迁面对任安要他“慎于接物,推贤进士”,而司马迁陈述了自己“身直为闺阁之臣”,已经没有资格“推贤进士”,等于委婉地拒绝了任安。按说,任安此时待死狱中,司马迁可以表示接受他的意见来搪塞他。但要这样做,则是说“欺骗的话”,并不是说“动听的话”。请看:“今少卿乃教以推贤进士,无乃与私心刺谬乎?今虽欲自雕琢,曼辞以自饰,无益,于俗不信,适足取辱耳。”“今虽欲自雕琢”是说司马迁想振作起来,答应任安去做推贤进士的事,但如果答应了任安,“曼辞以自饰”,结果则给“无益于俗,不信,适足取辱耳”。客观形势是司马迁没有“推贤进士”的资格,虽然他自己也想这么做,

① 郭锡良等编:《古代汉语》中册,第415页。

② 山东省教学研究室编著:《普通高中课程标准实验教科书·语文》第3册,山东人民出版社2004年版,第8页。

③ 朱骏声:《说文通训定声》,武汉市古籍书店1983年影印,第746页。

但真要这么做的话，则是“自欺欺人”，所以“曼辞”只能是“谩辞”，是“骗人的话”，并非“动听的话”。

（曲阜师范大学文学院汉语教研室　张诒三）

《归去来兮辞》索隐三例

东晋诗人陶渊明《归去来兮辞》中有："农人告余以春及，将有事于西畴。或命巾车，或棹孤舟；既窈窕以寻壑，亦崎岖而经丘。"以上文辞的字面意义不难理解，可是，分析一下其中的修辞手法，就会发现还有另外一层意思。

1. 将有事于西畴

这句话的意思是"我将要到田里去开始耕种"[①]。"有事于……"却是一个值得注意的字眼。联系古籍中"有事于……"的使用环境和场合，就能体会到陶渊明借用这个词组，绝不是信手拈来的无意之笔。

《左传》中"于""於"是有所区分的。《左传》中"有事于……"共6例，其中5例指祭祀，1例指战争，各举一例：

(1)王使宰孔赐齐侯胙，曰："天子有事于文武。"(《左传·僖公九年》)

(2)对曰："鲁有事于小邾，不敢问故，死其城下可也。"(《左传·哀公十四年》)

《左传》中又有"有事於……"7例，其中5例指祭祀，2例指战争，也各举一例：

(3)巫曰："今兹主必死，若有事於东方，则可以逞。"(《左传·襄公十八年》)

(4)晋侯使屠蒯如周，请有事於洛与三涂。(《左传·昭公十七年》)

《论语》中"有事於……"1例，指战争。

(5)季氏将伐颛臾。冉有、季路见于孔子曰："季氏将有事於颛臾。"(《论语·季氏》)

① 郭锡良等编：《古代汉语》下册，天津教育出版社1996年版，第832页。

可见,“有事於(于)……”的句式主要用于古代诸侯国国君的重大活动——祭祀或战争。《论语》“季氏将有事於颛臾”中“季氏”虽不是国君,但他那时是鲁国的权臣,比鲁国国君更有权威,所以他可以“有事于……”。陶渊明套用“有事于……”句式,其实是把其下地种田的活动与古代君主的祭祀、征战活动等而同之。

2.或命巾车

按说,“或命巾车”并不难懂。关于“巾车”的注解,也没有多大分歧:逯钦立将其解释为“有帷的车”[①],郭锡良解释为“有布篷的小车”[②]。总之,这种车应是农村普遍使用的,不会是豪华高贵的车子,否则就和陶渊明当时的身份、地位不符。

其实“巾车”也是用典。《周礼·春官》有:“巾车掌公车之政令,辨其用与其旗物而等叙之,以治其出入。”钱玄、钱兴奇编著的《三礼辞典》对“巾车”的解释是:“职官名。掌王、王后各类车辆及其旗物之等级,管理车辆之配用及收回。车管之长,下大夫,属春官宗伯。”

“巾车”作为“命”的宾语,颇有些耐人寻味。关于“或命巾车”的“命”,郭锡良主编的《古代汉语》解释为“套车”。从字面看,这样解释没什么不好,但“巾车”作为“命”的宾语,则有可能指人,所以在“或命巾车”一句中,至少包括三种修辞手法:一是夸张,即陶渊明把很普通的农用小车说成“巾车”;二是用典,让人想到古代王、王后出行时才可以“命巾车(官名,指人)”;三是双关,“命巾车”既是说“套上有布篷的小车”,又是说“命令掌管车马的官”。

3.或棹孤舟

对于这句话中的“棹”字,逯钦立的解释是“棹,划船工具,这里当动词用”[③]。这仅仅是解释它的词汇意义和语法意义,并没有解释它的修辞意义。

“棹”与“诏”谐音,“棹”与“命”相对,这里正是借用了“诏”的意义。在《切韵》时代,“诏”是之少切,属于章母效摄笑韵开口三等去声;“棹”是直教切,属于澄母效摄效韵二等去声。“棹、诏”两字都属于效摄去声,只是声母略有区别。据于安澜《汉魏六朝韵谱》,魏晋宋时期,“啸、笑、效、号”四个韵的字可押韵。通过诗文用韵,也可以把“诏、棹”两字联系起来。潘岳《西征赋》有:“凡厥寮司,既富而教。咸帅贫惰,同整楫擢。收罟课获,引缴举效。鳏夫有室,愁民以乐。”其中,“教、棹、效、乐”四字为韵。又《宋书》所收沈演

① 《陶渊明集》,中华书局1979年版,第163页。

② 郭锡良等编:《古代汉语》下册,第832页。

③ 《陶渊明集》,第163页。

之《嘉禾颂》:“颁趾推功,登徽睿诏。恩覃隐显,赏延荒徼。河溓海夷,山华岳耀。憬琛负尽,兼泽委效。日表地外,改服请教。”其中,“诏、徽、耀、效、教”押韵。由此可知“诏、棹”都和“效”押韵,两字韵相同是没有问题的。

“诏、棹”两字韵同,韵母必然相近;声母一是澄母、一是章母,两声母的发音部位都是舌齿音。“诏、棹”两字在魏晋时代,读音很接近,完全有可能用作谐音双关。而且,谐音双关是六朝文学作品中常用的修辞手法,如南北朝乐府民歌中常以“莲子”谐音“恋子”,以“藕”谐音“偶”。陶渊明作为当时的一代文学巨匠,对谐音双关的表现手法肯定很熟悉。“或棹孤舟”的“孤”字,同样耐人寻味。古代君王才可以“称孤道寡”,而陶渊明所说的“孤舟”,可以是“孤独的小船”,也可以是“我的小船”。他既然可以像古代的帝王一样“有事于……”,自然也可以遮遮掩掩地称“孤”。因此,“或棹孤舟”的“棹、孤”两字,都是双关,“棹”谐音“诏”,“孤”则一语双关。

陶公用“棹”字与“舟”搭配,在六朝时期并非孤例,《三国志·魏书·王朗传》裴注引孔融给王朗的信中有:“曹公辅政,思贤并立。策书屡下,殷勤款至。知棹舟浮海,息驾广陵,不意黄熊突出羽渊也。谈笑有期,勉行自爱!”其中有“棹舟”搭配。

六朝时期表示使用“舟”的动词主要是“泛”“乘”“浮”。据《三国志索引》,《三国志》中“乘舟”2 例,“泛舟”4 例;裴注中有“泛舟”5 例,“浮舟”2 例。可见,当陶渊明生活的时代,和“舟”搭配的动词以“乘、泛、浮”为常用,而陶公不用这些常用的动词,偏偏用生僻的“棹”字,是有一番用心的。

如果把这几句辞赋中的用典、谐音、双关等修辞手法识别出来,就会发现陶渊明以诙谐自嘲的笔调,表达了他弃官归田之后获得精神自由的畅快心情。他回到了自己的家,就进入了一个属于自己的独立王国。而他正是这里的王侯,可以用一个王侯的语气叙述他从事生产劳动的过程。试看他又是“将有事于……”,又是“或命巾车,或棹孤舟”,这种气派和风光,不正是封建时代的王侯才能拥有的吗?

(曲阜师范大学文学院汉语教研室　张诒三)

“白沙”释义辨析

《荀子·劝学》中有这样一句话：“白沙在涅，与之俱黑。”对于这句话的解释，很多对《荀子》作注释的版本，都把“沙”字译为“沙子”，其意思就是：“雪白的沙子混在黑泥中，就和黑泥一起变成了黑色。”[①]比喻好人处在不好的环境中，也会变坏。

乍一看，这种解释文通字顺，是合乎情理的，很能令人信服，因为环境的影响本来就是如此，人的学习成长更是如此。历史上著名的“孟母三迁”的故事讲的就是这个道理。

然而，白色的沙子和入黑泥里，真的会变得和黑泥一样黑吗？笔者认为，白纱可以染黑，但是白沙是不会被染黑的。后人没有真正弄清楚荀子的意思，才会造成这种错误的解释。

笔者在查古代字典的时候发现，《说文解字》中没有收入对“纱”字的解释，这说明“纱”字的产生是很晚的事情，甚至可以说是古无“纱”字。如《集韵·麻韵》：“纱绢属。通作‘沙’。”

《经义述闻·白沙》曰：

> “白沙在泥，与之皆黑。”家大人曰：“‘沙’今之‘纱’字，非泥沙之沙也。泥读为涅，涅谓黑色，亦非泥沙之泥也。”《论衡·率性》篇曰：“白纱入缁，不练自黑。”《程材》篇曰：“白纱入缁，不染自黑。”其字皆作“纱”，古无“纱”字，故借“沙”为之。《周官·内司服》注曰：“素沙者，今之白缚也，今世有沙縠者，名出于此。素沙即白沙。此言人性习于恶则恶，亦如白沙在涅中，则与之皆黑也。此云白沙在泥。”《说苑·说丛篇》作白

① 李肇翔：《荀子》，万卷出版公司2009年版，第4页。

沙入泥。《论衡》作白纱入缁，故知"沙"为"纱"之借字也。《论语·阳货》篇"涅而不缁"，孔注曰："涅可以染皂"。《淮南·俶真》篇曰："以涅染缁，则黑于涅。"洪范《正义》引《荀子》作"白沙在涅"，犹《论衡》之言"白纱入缁"也。《史记·屈原传》泥而不滓，即《论语》之"涅而不缁"，故知"泥"为"涅"之借字也。①

王念孙认为，今之"纱"字，非泥沙之沙也。泥，读为涅。涅谓黑色，亦非泥沙之泥也。他也认为，古无"纱"字，所以只要遇"纱"字，就借"沙"为之。

笔者在文渊阁《四库全书》(电子版)中检索到以下16例中都没有出现"纱"字：

(1)白沙在泥，与之皆黑。(《经部·礼类·礼记之属·汉戴德撰〈大戴礼记〉》卷五)

(2)白沙在泥，与之皆黑。泥与《论语》"涅而不缁"之"涅"字音义同也。(《经部·四书类·举人焦袁熹撰〈此木轩四书说〉》卷七)

(3)蓬生麻中，不扶自直。白沙在泥，与之皆黑。(《史部·纪事本末类·灵璧县知县马撰〈绎史〉》卷九十五之一)

(4)蓬生麻中，不扶自直。白沙在涅，与之皆黑。(《子部·杂家类·杂纂之属·唐马总撰〈意林〉》卷一)

(5)曾子曰："蓬生麻中，不扶自直。白沙在泥，与之皆黑。"(《子部·类书类·唐欧阳询撰〈艺文类聚〉》卷八十二)

(6)曾子曰："白沙在泥，与之皆黑。"(《子部·类书类·北宋李昉等撰〈太平御览〉》卷七十四)

(7)曾子曰："蓬生麻中，不扶自直。白沙在泥，与之皆黑。"(《子部·类书类·北宋李昉等撰〈太平御览〉》卷九百九十七)

(8)大戴礼曰："白沙在泥，与之皆黑。"(《子部·类书类·〈御定渊鉴类函〉》卷二十三)

(9)曾子曰："蓬生麻中，不扶自直。白沙在泥，与之皆黑。"(《子部·类书类·〈御定渊鉴类函〉》卷四百十一)

(10)白沙在泥，与之皆黑。(《子部·类书类·〈御定子史精华〉》卷一百二十六)

(11)蓬生麻中，不扶自直。白沙在泥，与之皆黑。(《集部·总集类·明冯惟讷撰〈古诗纪〉》卷十)

① (清)王引之：《经义述闻》，江苏古籍出版社1985年版，第283页。

(12)蓬生麻中,不扶自直。白沙在泥,与之皆黑。(《集部·总集类·明曹学佺编〈石仓历代诗选〉》卷十三)

(13)蓬生麻中,不扶自直。白沙在泥,与之皆黑。(《集部·总集类·明梅鼎祚编〈古乐苑〉》卷四十六)

(14)蓬生枲中,不扶自直。白沙入泥,与之皆黑。(《子部·儒家类·汉刘向撰〈说苑〉》卷十六)

(15)蓬生枲中,不扶自直。白沙入泥,与之皆黑。(《子部·类书类·明徐元太撰〈喻林〉》卷二十六)

(16)凡杀有时礼也,使民不时失国,吾信之矣。蓬生麻中,不扶自直。白沙在泥,与之皆黑。(《经部·礼类·礼记之属·汉戴德撰〈大戴礼记〉》卷五)

再看工具书中的有关解释:

纱:①轻细的缯绢。古代作"沙"。《汉书·江充传》:"充衣纱縠禅衣。"《颜师古传》:"纱縠,纺丝而织之也。轻者为纱,绉者为縠。"②棉麻等纺成的细缕。王维《洛阳女儿行》:"谁怜越女颜如玉,贫贱江头自浣纱。"[①]

沙:①细碎的石粒。②沙滩、沙漠、沙洲等。③声音嘶哑。④通"吵"。语助词。⑤"纱"的古字。《周礼·天官·内司服》:"内司服掌王后之六服:袆衣、揄狄、阙狄、鞠衣、展衣、缘衣。素纱。"⑥姓。[②]

综合以上材料,我们可以发现王氏的观点是客观、深入、合理的,所以也更能令人信服。因此,笔者认为在以上材料中的"沙"字,均应该作"纱"字,才能讲得通。后代人只是因为弄不清文章作者的原意,才有了今天的"雪白的沙子混在黑土中,就会和黑土一样黑"的错误解释。

其实,对于长期以来存在的种种注释上的讹误,古代的训诂学家早就注意到了,并加以著书纠正,而且也被今天许多的工具书认同吸纳。对国学教育中名篇名作的注释,应当吸收前人著述与当代工具书中的正确观点,而不是以讹传讹。

(曲阜师范大学文学院2007级汉语言文字学专业硕士研究生　姜蕾)

① 陈复华:《古代汉语词典》,商务印书馆2002年版,第1358页。

② 陈复华:《古代汉语词典》,第1357页。

王力《古代汉语》注释商榷两例

在学习王力主编的《古代汉语》的过程中，发现课本对“旋”“以”等词的注释值得商榷。

一、“河伯始旋其面目”再探

王力主编的《古代汉语》所选录的《百川灌河（秋水）》载：

> 秋水时至，百川灌河。泾流之大，两涘渚崖之间，不辨牛马。于是焉河伯欣然自喜，以天下之美为尽在己。顺流而东行，至于北海。东面而视，不见水端。于是焉河伯始旋其面目，望洋向若而叹曰：“野语有之曰‘闻道百，以为莫己若’者，我之谓也。且夫我尝闻少仲尼之闻，而轻伯夷之义者，始吾弗信，今我睹子之难穷也。吾非至于子之门，则殆矣！吾常见笑于大方之家。”①

其中“于是焉河伯始旋其面目，望洋向若而叹曰……”一句，学界注释历来纷纭不同。虽是短短一句话，却有不少分歧：一是“旋”字的注释。王力主编的《古代汉语》将其解释为：“旋，掉转。”②这是最有影响的解释，历代学者也多认同。当今则有人认为：“旋”当读如“眩”，“旋其面目”就是“眩其面目”。“所谓的‘旋其面目’事实上就是‘眩目’的意思。”③二是“面目”当作何解。通常释作“面孔”，或意译为“头”，依此义“旋其面目”则有“转头”之义。也有人认为：“‘旋其面目’当为转动面孔义，即摇头晃脑的动作，该身体动作在《庄

---

① 王力：《古代汉语》，中华书局 1995 年版，第 393 页。

② 王力：《古代汉语》，第 394 页。

③ 徐厚广：《〈庄子·秋水〉篇“旋其面目”解》，《云南艺术学院学报》2005 年第 4 期。

子·秋水》篇中则用来表示恍悟自得之义。”[①]三是“望洋”之义。浙江大学教授黄金贵先生在《〈庄子·秋水〉“望洋”新诂》一文中对此作了详尽探讨。黄先生称其为“亘古疑案”。他的两个疑问对我们很有启发,兹录如下:

> 此段有两处常见疑难。一是“旋其面目”。云“旋其面”足矣,何以再出“目”?上古时“面目”虽偶有连用,但都作主语,作宾语无有同例,故今一般多视为连类而及,将“目”字作无义论。二是“望洋”一词。此词古今异说纷呈,今虽一致识同为联绵词,在“望洋向若而叹”句中作状语,但义解仍有分歧,且无一使人满意。[②]

黄先生的结论更是精彩:“故‘望洋’本义是定睛上视貌,引申为定睛高远视义,指有心志、抱负者眼相。《庄子·秋水》‘望洋’今皆误连‘向若而叹’,其实当连上‘目’而成‘目望洋’句,此‘望洋’用为本义。”[③]诚如作者所言,该文“廓清该词研究中的种种迷雾,辨明是非得失,解此亘古疑案”[④],实为不刊之论。我们完全赞同黄先生的意见,据此则不仅“望洋”意义之分歧可涣然冰释,而且“面目”之句读亦加以确认。我们感兴趣的是该文对“于是焉河伯始旋其面”一句的译文:“这个时候,河伯开始回转他的面孔……”可以看出,黄先生的看法是同王力先生的观点一致的。但这里亦有可疑之处。现代台湾学者李勉在《庄子总论及分篇评注》中就说:“‘河伯始旋其面目’,坊间译文,多译为‘河伯方才转过头来’。其实北海在黄河之前,河伯望海神正须向前直视,何得云‘转过头来’?”1980 年第 5 期的《学术研究》上面载有雷庆翼的一篇文章《河伯不用“调转头来”》,进一步探讨了这个问题:“可以肯定,北海若在河伯的正前面,那么,河伯何以要‘掉转头来’向北海若说话呢?显然不通。……‘旋’应该作‘改变’讲,‘面目’应该作‘态度’讲。‘旋’字本义虽为‘旋转’,而成语‘旋转乾坤’的‘旋’就可以解作‘改变’。古时没有‘态度’二字,常用‘颜色’‘颜面’或‘面目’,这不过是词的借用。”[⑤]

我们认为这种怀疑是不无道理的。首先,从词意上说,“旋”可递训为“变”。王力《龙虫并雕斋文集·理想的字典(四)》:“‘递训’是以乙训甲,复以丙训乙之类。”“旋”有“转”义。《说文·㫃部》:“旋,周旋,旌旗之指麾也。”《楚辞·招魂》:“旋入雷渊,靡散而不可止些。”王逸注:“旋,转也。”“转”有

---

① 徐山:《“旋其面目”辨正》,《株洲工学院学报》2006 年第 5 期。

② 黄金贵:《〈庄子·秋水〉“望洋”新诂》,《浙江大学学报(人文社会科学版)》2006 年第 5 期。

③ 黄金贵:《〈庄子·秋水〉“望洋”新诂》,《浙江大学学报(人文社会科学版)》2006 年第 5 期。

④ 黄金贵:《〈庄子·秋水〉“望洋”新诂》,《浙江大学学报(人文社会科学版)》2006 年第 5 期。

⑤ 雷庆翼:《河伯不用“调转头来”》,《学术研究》1980 年第 5 期。

"变"义。《商君书·立本》:"兵生于治而异,俗生于法而万转。"[①]高亨注译:"万转,万变。指风俗多变化,有好有坏。"[②]《庄子·田子方》:"独有一丈夫,儒服而立乎公门,公即召而问以国事,千转万变而不穷。"[③]汉王符《潜夫论·梦列》:"且凡人道见瑞而修德者,福必成,见瑞而纵恣者,福转为祸;见妖而骄侮者,祸必成,见妖而戒惧者,祸转为福。"[④]《史记·管晏列传》:"其为政也,善因祸而为福,转败而为功。"《史记·苏秦列传》:"臣闻古之善制事者,转祸为福,因败为功。"上引诸例"转"均可释为"变",故"旋"亦有"变"义,面有"脸色"意,指面部表情。《易经·革卦》:"君子豹变,小人革面。"[⑤]孔颖达疏:"小人革面者,小人处之但能变其颜面容色顺上而已。"《孟子·公孙丑下》:"谏于其君而不受,则怒,悻悻然见于其面。"[⑥]《荀子·大略》:"君子之于子,爱之而勿面,使之而勿貌。"[⑦]杨倞注:"面、貌,谓以颜色慰悦之,不欲施小惠也。"《王先谦集解》引《郝懿行》曰:"勿面,谓不形见于面。"故"旋其面"释为"变了脸色"当可通。其次,从文意上看,文章着重描写了河伯的神态变化——"于是焉河伯欣然自喜"。看到自己"泾流之大",河伯产生了自满情绪,"以天下之美为尽在己",脸上必有得意之色。然而见到茫无边涯的大海,认识到自己原先的陋识,"于是焉河伯始旋其面"。可想而知,此时河伯得意之色必荡然无存,变了脸色,变了态度,并作出了深刻的反思。可见两个"于是焉"意义正相对相承,均从神态这一角度清晰地写出河伯态度的转变。若作"回转面孔",则不仅于情理上难通,且于文意上也难顺。另外,"始"释为"才"似乎更为恰当,既表现了河伯面对大海所受到的震撼,也能表现其态度的变化。

因此,这句话可释为"这个时候,河伯方才变了脸色……",这样理解似乎更符合文章的语境和文意。

二、"以"字误释两则

看下面王力《古代汉语》中两则对"以"字所加的注释:

(1)今楚国虽小,绝长续短,犹以数千里,岂特百里哉?(《战国策·庄辛

① 高亨:《商君书注译》,中华书局1974年版,第96页。

② 高亨:《商君书注译》,第96页。

③ 孟庆祥:《庄子译注》,黑龙江人民出版社2003年版,第321页。

④ 汪继培:《潜夫论笺校正》,中华书局1985年版,第322页。

⑤ 宋书升:《周易要义》,齐鲁书社1988年版,第124页。

⑥ 杨伯峻:《孟子译注》,中华书局1960年版,第103页。

⑦ 高长山:《荀子译注》,黑龙江人民出版社2003年版,第520页。

说楚襄王》)[1]

以，用，这里当"凭借"讲。[2]

(2)管仲以其君霸，晏子以其君显。管仲、晏子犹不足为与?[3]（《孟子·夫子当路于齐》)

以，介词，凭着。霸，行霸道。[4]

这两例中对"以"字的解释都值得商榷。先看例(1)，"以"的本义是"用"，"用"意于此明显不通，于是注者作了一下变通——这里当"凭借"讲。但是作"凭借"讲，若仅理解"犹以数千里"一句——还能"凭借"方圆几千里的面积，意义上还讲得通；放之全句则意义显得牵强。这句话是庄辛对楚国形势的分析：现在楚国虽然不大，(但)取长补短，还有几千里的(面积)，岂止百里呢？联系这句话与上面一句"臣闻昔汤武以百里昌，桀纣以天下亡"进行理解，其言外之意就是鼓励楚王：汤武仅有百里就能兴盛，何况我们楚国算算还有几千里呢！我们认为，这几句中的"以"字无论用法还是意义都是相同的。"以"，当通"有"。清吴昌莹《经词衍释》卷三："《唐韵正》'有，古读为以，故以、有二字义同而用通也。《论语》'皆能有养'，言以养也。《孟子》'霸必有大国'，言必以也。"《诗·大雅·皇矣》"临下有赫"，李富、孙异文释为："潜夫论班禄引作以赫。"可见，"有""以"可通。汉赵晔《吴越春秋·王僚使公子光传》："季札使还，至吴，阖闾以位让，季札曰：'苟前君无废，社稷以奉，君也。吾谁怨乎?'""社稷以奉"，《史记·吴太伯世家》作"社稷有奉"。同样，这里的"以"字亦当释为"有"。

在王力先生的《古代汉语》中，"以"译为"凭着"，那么例(2)全句可译为："管仲凭着国君行霸道，晏子凭着国君显名，管仲晏子(这样的人)还不值得做吗?"而这样解释是有问题的。我们在此需要探讨一下文意。文中这句话是公孙丑由于对孟子回答有所疑惑而提出的反问之语。上文孟子借曾西之言，表达自己不愿做管仲那样的人，立管仲那样的功，所以公孙丑才有此疑惑：管晏二人做出了如此之大的功勋，这样的人还不值得做吗？这里值得商讨的是：二人的功勋是凭着国君行霸道和凭着国君显名吗？当然不是。管仲辅佐桓公称霸，晏子辅佐君王显名。"霸"者、"显"者，是"其君"而非二人，二人之功在于辅助，因此，下面孟子对此并不以为然："以齐王，由反手也!"

① 王力：《古代汉语》，第112页。
② 王力：《古代汉语》，第113页。
③ 王力：《古代汉语》，第300页。
④ 王力：《古代汉语》，第301页。

他认为使国君称霸显名并非大功，“使齐王天下，如同翻手一样容易”。准确地理解了文本，我们可以看出，“以其君霸”“以其君显”“以齐王”三个“以”字的用法和意义也是相同的。以，介词，使。《管子·水地》：“（庆忌）乘小马，好疾驰，以其名呼之，可使千里外一日反报……蚳者一头而两身，其形若蛇，其长八尺，以其名呼之，可以取鱼鳖。”[①]按，“可以”与“可使”为互文，又《山海经·北山经》郭璞注引《管子》“可以”作“可使”。《战国策·秦策一》：“泠向谓秦王曰：‘向欲以齐事王，使攻宋也。宋破，晋国危，安邑王之有也。’”高诱注：“以，犹‘使’也。”同样，此处文中的三个“以”字亦当释为“使”。

以上两个问题，前贤时彦亦有过探讨，在他们的基础上，我们进行了简单的补正。不当之处，祈请方家指正。

（曲阜师范大学文学院2007级汉语言文字学专业硕士研究生　周学峰）

① 刘柯：《管子译注》，黑龙江人民出版社2003年版，第277页。

“逮”义商榷

《左传》是我国第一部叙事详细的编年体历史著作，是研究我国古代社会特别是春秋时期社会变革的重要历史文献，其中许多内容已被选入各种教材。遗憾的是，许多注本或教材的注释有失偏颇。如对于《左传·成公十三年》(教材编者加上题目《吕相绝秦》，以下从之)：“夏四月戊午，晋侯使吕相绝秦。曰：‘昔逮我献公及穆公相好，戮力同心，申之以盟誓，重之以婚姻。’”其中，“逮”一词，有的没有注释，有的注为“自从”。反复推敲后，笔者认为“逮”训为“自从”义有待商榷。现笔者提出一些不成熟的意见，以就教于方家。

一个词语在句中的含义，除和全文的主旨相关联之外，还必须符合上下文的文义，必须和上下文的内容有机地融合在一起。在训诂时，我们通常据此来训释词义，即根据所释之词前后语句和相关词语去判断、考察字词的含义，这就是我们所说的“境训”训诂方法。同样，我们也可以用此方法去验证所训字词是否正确。由此观之，“昔”为“过去”义，若“逮”训为“自从”义，两者置于一处，不合上下文的文义，即我们通常所说的不合语境。

关于“逮”，《尔雅》：“逮，及也。”《说文解字·辵部》：“唐逮，及也。”《说文解字注》：“唐逮，双声。盖古语也。《方言》曰：‘东齐曰蝎，北燕曰噬。逮，通语也。’”其他重要字典、词典，如《汉语大字典》《中华大字典》《辞海》等都没有把“逮”训为“自从”义。清刘淇在其虚词著作《助字辨略》卷四“逮”字条引《左传·吕氏绝秦》中的此例时有解释：“此‘逮’犹云‘及至’也。”近代学者裴学海于《古书虚字集释》卷六“逮”字条也引用了此例，并认为“逮，语助也”。可见，他们都没有将“逮”训为“自从”义。因此，有的教材训为“自从”义不能让人信服，有孤证为训之嫌。而刘淇将其释为“及至”，裴学海释其为“语助也”，也同样陷入了这种尴尬的境地。那么，此处之“逮”究竟作何解释？

新近出版的《汉语大词典》于“辵”部“逮”字下列有义项——“逮：昔；从前”，并引用了本条例证。此外，《汉语大词典》编者还列举了另外两例：《史记·李斯列传》：“李斯乃从狱中上书曰：‘臣为丞相，治民三十余年矣。逮秦地之狭隘。先王之时，秦地不过千里，兵数十万。’”唐韩愈《柳子厚墓志铭》：“子厚少精敏，无不通达。逮其父时，虽少年，已自成人。能取士第，崭然见头角众谓柳氏有子矣。”

显然，这几例中的“逮”都有“过去、昔”之义，这种观点我们是赞同的。再者，“逮”在古书中常假借为“肆”。在《故训汇纂》中“逮”条列有义项：“逮作肆。《经籍纂诂·队韵》：‘《书·吕刑》：群后之逮在下。’《墨子·尚贤》中作‘群后之肆在下。’”后又在“肆”字条有：“肆，故也。”因此，“逮”假借为“肆”时可表“故”之义。《尔雅·释诂》：“治、肆、古，故也。”郭璞《尔雅注》：“治未详。肆古见诗书。”王引之《经传释词》卷八“肆”字条：“《尔雅》曰：‘肆，故也。’…… ‘肆’字皆当训为‘故’。《传》《笺》并云：‘肆，故今也。’失之。”由此可见，在古代典籍中，“逮”假借为“肆”时，表示“故”“过去”之义。因此，我们把“逮”释为“故、昔”是行得通的，有证据可以证明，符合语言运用的基本规律。

在《左传·吕氏绝秦》“昔逮我献公及穆公相好”中，其“昔”与“逮”都有“从前、过去”之义，这就是训诂学家所提出的“复语”“连文”的古文行文理论。所谓的“复语”，我们通常又叫“连文”“连语”“重言”等，是指古代汉语里连用两个或两个以上同义词的一种修辞方式。古人使用复语，多是为了使语义更为明确，有时也是出于节奏上的需要，或者是为了加强语势。清代著名训诂学家王氏父子于《经义述闻·通说下》卷二十六有“经传平列二字，上下同义”条：“古人训诂，不避重复，往往有平列二字上下同义者，解者分为二义，反失其旨。……《春官·大史》：‘正岁年以叙事。’解者曰：‘中数曰岁，朔岁曰年。’不知‘岁’与‘年’同义。古人自有复语也。”早在王氏父子之前，唐代的孔颖达就曾提到“古人自有复语”，也就是这种同义连文的现象。如《尚书·无逸》：“自朝至于日中昃，不遑暇食。”孔颖达正义曰：“‘遑’，亦‘暇’也。重言之者，古人自有复语，犹云‘艰难’也。”王念孙于《读书杂志》中根据这种同义连文的现象考求词义，发现和纠正了前人注释中的许多错误。如在《读书杂志·史记第三》中有：“国大乱，百姓恫恐。”司马贞索隐云：“恫，痛也。恐，惧也。”王念孙指出：“小司马分‘恫’‘恐’为二义，非也。‘恫’亦‘恐’也。……《苏秦传》：‘秦恐韩魏之议其后也，是故恫疑虚喝，骄矜而不敢进。’小司马以‘恫’为恐惧，是也。‘疑’亦‘恐’也。或言‘恫恐’，或言‘恫疑’，其义一也。”王氏详瞻博引，论述精辟，为我们阅读、理解和研究古代文化典籍提供了方法论的指导，很多训诂问题也由此得到有效的解决。与王氏同时代的学者俞樾也于《古书疑义举例》卷四中指出了“语词复用例”，卷七又有“两字一义而误解例”。自此，该理论被广泛运用于训诂实践，并向深层次方向发展和延伸。因此，我们认为把《左传·吕氏绝秦》中的“逮”训为“故、昔”更能让人信服。这样不仅符合语言的具体运用环境，而且符合古人的行文习惯。在古书中“昔”“逮”连用表示“过去”这样的例子有很多，如：

其世父庆远，特器异之。谓霞曰：“吾昔逮事伯父太尉公。”（《北史·柳霞传》）

宦者曰：“臣昔逮事咸通、乾符天子。”（《资治通鉴·后唐纪》）

赵武冠，见栾武子，武子曰：“美哉！吾昔逮事庄主，华则荣也。”（《国语·晋语》）

昔逮尔在赵王邸中，王帷妇人而笑之。（《沧溟先生集·戏为绝谢茂泰书》）

上述诸例中的“昔”“逮”连用，都表示“过去”“故”之义。由于语言是人们表达思想和进行交际的主要工具之一，所以每一种语言都为使用它的全民所理解、掌握和使用。语言是约定俗成的，我们不可以随意变动。同时，语言又是不断发展变化的，其发展有着时间的阶段性。语言的这些属性对训诂提出了要求：我们后代人解释古代的语言，不能只求其通，而不顾及古人有没有这样的意思、该词有无这样的用例；否则，容易犯望文生义、曲解文义、以今例古的错误。本文所讨论的“逮”一词，有的未作注释，即失注；有的释为“自从”，但通过多方求证，知“自从”义又有孤证为训之嫌，与上下文义不相属，所以不可靠。而笔者通过多种途径分析、比较，证明了此处之“逮”即为“昔”“过去”之义。

因此，若要准确而客观地解释词义，就要遵循语言的约定俗成和历史发展的特性，要充分占有例证，站在历史的发展的角度上来训释词义。同时，我们要运用“因境求义”“因声求义”“复语明义”“异文知义”“方言证义”“集例见义”等多种训诂方法，综合运用，归纳比较，必然能得出令人信服的结论。

（曲阜师范大学文学院2007级汉语言文字学专业硕士研究生　袁英）

“以医见业”注释商榷

对《三国志·华佗传》“然本作士人，以医见业，意常自悔”中“以医见业”的意思，诸家理解不一。

郭锡良《古代汉语》对“然本作士人，以医见业，意常自悔”一句的解释为：“然而本是读书人，(却)被看成用医术为职业的，心里常常懊悔。”在中国历史上，医生曾被当成所谓的“方技”，被视为“贱业”，所以华佗有时“自悔”。

此处“见业”的意思是“被看成职业”，显然，郭锡良认为“见”在文中表被动，“业”则为“看成职业”的意思，然而在随后郭注单独对“以医见业”中“业”字进行解释时认为其是名词用如动词，是“作为职业”的意思，明显与其前面对“见业”的解释中“业”字的理解相矛盾。

近年来一些观点认为“以医见业”中的“见”是“为”的意思。

(1)“以医见业”，言以医疗作职业。[①]

该文认为“见”字由于过度语法化而完全失去了[+视觉活动][+结果]的语义特征，“见”可直接理解为“为”的意思。

(2)“以医见业”即以医为业，以行医作为自己的职业。[②]

该文认为“见”应解释为“为”的理由是：见，牙音见母元韵；为，上古归匣母歌韵。见、为相通，其原因是喉牙声转，歌元对转。

华佗是我国东汉时期名医，中医外科学鼻祖。他生活在东汉末年，其时诸侯割据，天下大乱，百姓居无定所。生活在这一时代的华佗，“游学徐土，兼通数经”，可以称得上是一个饱学之士。在古代社会，读书人最大的理想

① 张秀松：《动结式中“见”字的语法化》，《乐山师范学院学报》2006年第1期。

② 朱声琦：《郭锡良等〈古代汉语〉部分注释商兑》，《江苏教育学院学报(社会科学版)》1999年第2期。

是"学而优则仕"，然而他却"沛相陈圭举孝廉，太尉黄琬辟，皆不就"，可见，他把功名利禄看得很淡，读书并不是为了做官，从医也并非是因为在仕途上失意而作出的不得已的选择。

他不但擅长外科，而且"晓养性之术"，"又精方药"。《三国志·魏书·华佗传》："佗行道，见一人病咽塞，嗜食而不得下，家人车载欲往就医。佗闻其呻吟，驻车往视，语之曰：'向来道边有卖饼家蒜齑大酢，从取三升饮之，病自当去'。即如佗言，立吐蛇一枚，县车边，欲造佗。"陈平病重，华佗见其已病入膏肓，便说："君早见我，可不至此。"临死时，出一卷书与狱吏，曰："此可以活人。"从中，我们看到了一位医术高明、敬业爱业的医生形象。

倘若把"见"解释成"为"，则"以医见业，意常自悔"的意思便是"常为以医生为职业感到懊悔"，这与文中塑造的不求功名利禄、敬业爱业的医生形象是相矛盾的。

那么"以医见业"究竟应该如何翻译呢？关键是"见"字在文中的具体含义存在争议。我们通过后人对华佗本人生平事迹的一些记载了解到了古人对《华佗传》中"以医见业"中"见"的理解。

(1)佗为人性恶难得意，且耻以医见业。(《后汉书·华佗传》)

"名"有"著名、显名、闻名"义。如《汉书·季布传》："终为汉名将。"《四库全书·图书编》卷六十九："单骧从之，学尽得其术，遂以医名于世。"

(2)华佗墓在州城南。佗以医显，为曹操所杀。有碑题曰"后汉名医华佗之墓"。(《四库全书·明一统志》卷十八)

"见"的本义是"视"，指看见、听到。《说文解字·见部》："见，视也。从儿，从目。"后引申为"显露"等义。《广韵·霰韵》："见，露也。胡甸切。"《汉书·邹阳传》："向使济北见情实。"师古曰："见，显示。"《汉书·礼乐志》："畏敬之意难见，则著之于享献、辞受，登降、跪拜。"师古曰："见，谓彰显也。"

因此，"以医见业"中的"见"应为"显"义，"以医见业"，即"凭借医术显露业绩"。下面，我们通过分析"以医见业"所出现的具体语境来证明"以医见业"义为"凭借医术显露业绩"的合理性。

我们前面已经指出，华佗"常为以医生为职业感到懊悔"与文中塑造的敬业爱业的华佗这一人物形象的性格特点是不相符合的。那么，华佗究竟"悔"什么呢？"以医见业，意常自悔"前提到"太祖闻而召佗，佗常在左右"，后面又紧接着叙述了曹操杀华佗一事。因此，我们根据上下文意判断出，华佗的"悔"与曹操有一定的关系。曹操在当时有"挟天子以令诸侯"的至高权力，华佗医术高明，因常在曹操左右而"显"，但后来由于曹操"得病笃重，使佗专视"，华佗由此失去了行动的自由，所以后悔凭借医术使自己显露成名，这也就引发了后来华佗“到家辞以妻病，数乞期不返。太祖累书呼，又敕郡县发遣。佗恃能厌食事，犹不上道”（《后汉书·华佗传》）。因此，根据上下文意，华佗“悔”的是“以医显业”。

综上所述，“以医见业”应译为“凭借医术显露业绩”。

（曲阜师范大学文学院2007级汉语言文字学专业硕士研究生　牛兴芬）

"空山凝云颓不流"注释商榷二则

人教版高中《语文》第三册，曾选了李贺《李凭箜篌引》一诗，开头两句："吴丝蜀桐张高秋，空山凝云颓不流。"作者是通过外界的反响，从侧面烘托出了箜篌声，并巧妙地运用神话传说，以奇特的想象和大胆的夸张，描摹出了李凭那"惊天地，泣鬼神"的箜篌技艺，再现了箜篌的美妙乐声和强烈的艺术魅力，给世人展示了一个神奇美妙的音乐境界。课文注释把"空山凝云颓不流"一句译为："空山里的浮云（被箜篌的乐音吸引）颓然凝滞在那里，不流动了。"我们以为此注释有两点不妥：

其一，"空山"不应含糊地解释为"空山里的"。"空"字在古诗中出现频繁，且其词性、词义不尽相同，我们有必要结合具体的语境去理解。

"空"主要有四种用法：①作名词，可解释为："晴空""天空""长空""空间"等。如范仲淹《岳阳楼记》："浊浪排空，日星隐耀。"②作动词，可解释为："无""穷尽""没有""使空虚""使罄尽"等。如李白《明堂赋》："罄玉石于陇坂，空瑰材于潇湘。"[①]③作副词，可解释为："徒然""仅仅""白白地"等。如杜甫《塞芦子》诗："边兵尽东征，城内空荆杞。"[②]④作形容词，可解释为："高大""广阔""廓大"等。如《玉篇·穴部》："空，大也。"再如《诗经·小雅·白驹》："皎皎白驹，在彼空谷。"[③]

由此，据"空山凝云颓不流"的整句含义来看，"空山"在此不能简单解释为"空山里的"，而应理解为"高大的山"。在这里，"空"（kōng）是形容词，"空山凝云"也就是"高山上聚集的白云"。

---

① （清）董诰等编：《全唐文》，中华书局1983年版，第3519页。

② 《全唐诗》，中华书局1960年版，第2274页。

③ 周振甫：《诗经译注》，中华书局2002年版，第281页。

其二，把“颓不流”的“颓”解释为“颓然”，也不妥。“颓”(tuí)，《现代汉语词典》仅列举了三个义项：①坍塌；②衰败；③委靡。“颓然”在《现代汉语词典》中的解释是“形容败兴的样子”。“浮云”是因为箜篌的美妙乐声而驻足倾听的，兴致正浓，何来“败兴”？显然，把“颓”当“颓然”理解不符合整首诗的感情基调，更不符合逻辑。

我们认为，在本诗中“颓”应是“下坠”“下落”之义。理由如下：

(1)《汉语大词典》中“颓”义项③：坠落。西汉刘向《九叹·逢纷》：“心怊怅以永思兮，意晻晻而日颓。”洪兴祖补注：“颓，下坠也，与隤同。”《新唐书·李嗣业传》：“嗣业提步士升山，颓石四面以击贼，又树大旗先走险，诸将从之。”清沈复《浮生六记·闲情记趣》：“红日将颓，余思粥，担者即为买米煮之，果腹而归。”[①]

(2)《汉语大字典》中“颓”义项②：下坠，也作“隤”。《集韵·灰韵》：“隤，《说文》：‘下坠也。’或作颓。”《楚辞·九章·悲回风》：“岁忽忽其若颓兮，时亦冉冉其将至。”洪兴祖补注：“颓，下坠也。”《文选·马融〈长笛赋〉》：“巅根跱之槷刖兮，感回飚而将颓。”李善注：“颓，落也。”《新唐书·李嗣业传》：“嗣业提步士升山，颓石四面以击贼。”[②]

(3)《辞海》“颓”第4～6个义项：④落下。陶弘景《答谢中书书》：“夕阳欲颓，沉鳞竞跃。”⑤水向下流。《史记·河渠书》：“岸善崩……水颓以绝商颓。”⑥恭顺貌。《礼记·檀弓上》：“拜而后稽颡，颓乎其顺也。”[③]

(4)《辞源》“颓”义项②：崩塌，坠落。《礼记·檀弓上》：“泰山其颓乎！梁木其坏乎！哲人其萎乎！”《文选·晋潘岳〈寡妇赋〉》：“四季流兮忽代序，岁云暮兮曰西颓。”[④]

据《集韵·灰韵》：“隤，‘下坠也’或作‘颓’。”故查证“隤”依然有“坠落”“下降”义，如下：

(1)隤(颓)：①坠落。杜甫《早起》：“士众兮名已聩。”②降下。《汉书·扬雄传上》：“发祥聩祉。”[⑤]

(2)隤(颓)：③降下。《汉书·扬雄传上》：“发祥聩祉。”注：“隤，降也。”[⑥]

---

① 罗竹凤主编：《汉语大词典》，汉语大词典出版社1994年版，第314页。

② 汉语大字典编辑委员会：《汉语大字典》(缩印本)，湖北辞书出版社、四川辞书出版社1992年版，第1819页。

③ 辞海编辑委员会：《辞海》(缩印本)，上海辞书出版社1980年版，第1849页。

④ 《辞源》(合订本)，商务印书馆1988年版，第1847页。

⑤ 辞海编辑委员会：《辞海》(缩印本)，第441页。

⑥ 《辞源》(合订本)，第1794页。

此外，商务印书馆出版的《古代汉语词典》对“颓”的解释也有“坠落、落下”的义项。

综上所述，“空山凝云颓不流”应理解为：“高山上的浮云（被美妙的箜篌乐声所吸引）不流动了，似乎降落下来（倾听美妙的乐声，如痴如醉）。”这样理解，不但能与全诗的整体感情基调相吻合，而且能生动、准确地突出箜篌的艺术魅力和李凭弹箜篌的技艺之高。

（曲阜师范大学文学院2005级汉语言文字学专业硕士研究生　崔丽梅）

第二编
方法经验

古诗文评点教学法的评析与运用

评点法是一种传统的古诗文教学法。前人在长期研读古文的实践中，总结出了这种方法。对于深入理解古文，它很好的指导作用。文言评点法究竟是一种怎样的教学法呢？“评”即评论分析，是指在对文章内容基本理解的基础上，再进行指导性的评论分析，如文章某处表达怎样的思想情感，阐述了什么样的道理，文章某处为什么要这样写，这样写有什么好处，等等。概括些说，就是对文章的思想内容与写作艺术进行深入评析。但这种“评”，不是那种讲完课文之后的思想内容与艺术特色的概括与总结，而是在讲读之中，结合具体的文句进行评析。“点”即点拨，是在对文章词句全面理解的基础上，对重要的字句，如难理解的字句、含义深刻的字句、有特殊作用的字句、有言外之意的字句等，作重点阐释分析，以帮助学习者更透彻地理解文意。这种“点”与普通串讲法解释字句不同。串讲法解释字词数量较多，而且偏重对字词含义的阐释；评点法所“点”的字词不求多而求精，偏重于对所“点”字词意蕴、作用的分析。可见，“评点法”是就古诗文中重点的字、词、句等进行深入分析评论，阐明其内涵、意蕴、效果、作用等的教学方法。

一、评点法的产生与发展

评点法的“源”，可以追溯到先秦两汉。先秦学者对经书义理的挖掘，两汉经学家对经书语言的评析，都是典型的对古诗文的评点。如《春秋·隐公元年》：“夏五月，郑伯克段于鄢。”《公羊传》阐释说：“‘克’之者何？杀之也。杀之，则曷为谓之克？大郑伯之恶也。曷为大郑伯之恶？母欲立之，已杀之，如勿与而已矣。‘段’者何？郑伯之弟也。何以不称弟？当国也。其地何？当国也。齐人杀无知，何以不地？在内也。在内，虽当国，不地也。不当国，虽在外，亦不地也。”[1]这段文字，就是十分典型的评点。首先，《公羊传》此处评点了《春秋》记载“郑伯克段于鄢”一事为什么用“克”不用“杀”。公羊氏点评说，用“克”的目的是要说明郑伯武力攻打弟弟段是错误的，即哥哥不能去战胜弟弟，战胜自己的弟弟是罪恶。其次，点评了《春秋》此处为什么称“段”不称“弟”。公羊氏评点说，之所以称共叔段的名，是因为他与郑国为敌，成了郑伯的敌人，不像个弟弟的样子了。再次，评点了《春秋》此处为什么要明确记录克段的地点鄢。公羊氏举出齐人杀无知的例子分析说，按照《春秋》笔法，如果是在国都内发生的事情，记录时则不写地点，如果是在国都之外发生的事情，就要写明地点。“克段”一事发生在国都之外，所以《春秋》要记录“克段”的地点鄢。再如《诗经·卫风·氓》：“桑之落矣，其黄而陨。自我徂尔，三岁食贫。淇水汤汤，渐车帷裳。”东汉学者郑玄在《毛诗笺》中注释说：“‘桑之落矣’，谓其时秋季也，复关以此时车来迎己。徂，往也。我自是往之女家，女家乏谷食已三岁，贫矣。言此者，明己之悔，不以女今贫故也。帏裳，童容也。我乃渡深水，至渐车童容，犹冒此难而往，又明己专心于女。”[2]这段注释也有很强的评点味道，不仅注释了一些字词，解释了一些语句的含义，而且重在剖析一些语句的深层含义，特别是两个“明”字句处，是非常典型的评点。第一个“明”字句处，郑氏点评说，该女子之所以说嫁到丈夫家后“三岁食贫”，目的是想说自己现在后悔嫁给丈夫，不是因为他家贫穷，而是因为他出尔反尔，变了心。第二个“明”字句处，郑氏点评说，该女子说淇河的水很深，将自己所乘马车的帷幔都溅湿了，不是单纯的叙事，而是说自己当年是克服重重困难才嫁给丈夫的，自己对丈夫爱得很深，也很专心。

先秦两汉时，评点法是怎样在教学中具体运用的，我们只能通过古人留下的这些训诂资料去推想。其实也不难想象，像郑玄这样的经学大师，他们既注释经书，又聚徒讲学。注解经书时他们这样注释，向学子们讲解经书时他们也肯定会这样讲解。中古以后，特别是到了唐宋以后，评点法日渐成熟，而且逐步从训诂中脱离出来，成为一种独立研习古文的方法。为古籍作评点的大师也相继出现，如清代评点《水浒传》的金圣叹、评点《三国演义》的毛宗岗等。到了现代社会中，评点作为一种读书与研究的方法，仍然备受推崇。钱钟书的《管锥篇》中就有许多评点的范例，陈寅恪也曾评点唐宋史学著作，毛泽东评点的《二十四史》则更为著名。唐宋代以后，评点法的确成了

① 《十三经注疏》下册，中华书局 1980 年版，第 2198 页。

② 《十三经注疏》上册，第 325 页。

古人研习古文的一种常用方法，而且有了自己的一些操作规范。当时有许多人使用这种方法研习经书，他们一边读书，一边随手在字里行间写一些体会与感受，对其中精美的句子加圈点、作评论。这种方法，古人不单是在阅读古书时进行书面上的运用，肯定还用于他们的教学之中。朱自清曾说评点古文目的是"给应考的士子揣摩"①，就已说明评点也是古人的教学之法。而在现代的课堂上，评点法已经成为许多教师教授古诗文乃至现代文的常用方法。在谈到运用评点法教学的感受时，有人甚至这样说："要培养学生的阅读、鉴赏和写作能力，光靠串讲法、翻译法是难以如愿以偿的。在教学过程中，深切感到能把作品的思想内容和艺术表现方法融为一体的评点法，确实是讲授古文的最好方法。"②

二、对评点法的评析

对于前人对古文的评点，人们的看法并不一致，有赞成的，也有批评的。朱自清在《诗文评的发展》中说："罗先生（本文作者按：指罗根泽，著《中国文学批评史》第一、二、三分册）提到'制艺选家的眉批总评'，以为毫无价值（一册一六面，参看八面）。这种选家可称为'评点家'。……这种选本一向认为陋书，这种评点也一向认为陋见。可是这种书渐渐扩大了范围，也扩大了影响，有的无疑能够代表甚至领导一时创作的风气，前者如宋末方回的《瀛奎律髓》，后者如明末钟惺、谭元春的《古唐诗归》。文学批评史似乎也应该给予这种批评相当的地位，才是客观的态度。"③从朱自清的这段话中可以看出，对于评点这种研习古文的方法与用这种方法所作的古文评点，有的学者是不大看好它的，可是它在学界的影响又是不容忽视的。那么，作为一种研习并运用于古诗文讲授的方法，应当怎样评价它呢？我们不妨先看一下前人究竟是如何评点古文的，然后再对其进行评析。如：

> 遂置姜氏于城（二"遂"字，写置得无理）。颍（城，高墙也。颍，置城之地，在颍。特注明以为考叔来因也），而誓之曰："不及黄泉，无相见也！"（含毒声，至此，始尽畅）既而悔之（天性。以上，一篇地狱文字；以下，一篇天堂文字）。
>
> 颍考叔为颍谷封人，闻之（闻其悔，非闻其城），有献于公。公赐之食，食（句）。舍肉。（特挑其问）公问之，对曰："小人有母（只四字，直刺

① 朱自清：《朱自清全集》第3卷，江苏教育出版社1988年版，第27页。

② 黄番娇：《评点法在〈大学语文〉教学中的应用》，《鹭江职业大学学报》2003年第4期。

③ 朱自清：《朱自清全集》第3卷，第27页。

入耳，从耳直刺入心，下俱美文耳），皆尝小人之食矣；未尝君之羹，请以遗之。”公曰：“尔有母遗，系我独无！”（哀哀之音，宛然孺子失乳而啼，非复已前毒声短节）颍考叔曰：“敢问何谓也？”公语之故（故，所以城之故也），且告之悔（悔，又多誓之悔也）。对曰：“君何患焉！（轻轻便解，更无难事）若阙地及泉，隧（句）。而相见，其谁曰不然？”（天大难事，到圣贤手中，只如儿戏便解）公从之。公入而赋（入便赋，乐故也）：“大隧之中（赋之首句也），其乐也融融（融融，则知其前之阴毒也）。”姜出而赋（出然后赋也）：“大隧之外（赋之首句也），其乐也泄泄（泄泄，则知其前之隐忍也）。”遂为母子如初（三“遂”字，“初”字结）。[1]

这是明代学者金圣叹对《郑伯克段于鄢》中一段文字的评点。从这段评点中可以看出，评点法至少有两大特点：其一，具有鲜明的灵活性。无论是从形式还是从内容的角度来看，评点法都十分灵活，显得很随意，信手拈来，随心所欲。从形式上看，评点法是按照古文正文的次序进行随文阐释式的讲解评论，在什么地方评点，没有定式，完全凭评点者的匠心运作；评点的话语也可长可短，有话则长，无话则短。从内容上看，评点法也是比较灵活的，几乎哪一方面的内容都能阐释评点。可以解释字词含义，如“城，高墙也”；可以阐释语句的含义，如把“姜出而赋”解释为“出然后赋也”；可以阐明用字的因由，如“颍，置城之地，在颍。特注明以为考叔来因也”；可以阐释语句的深刻含义，如“二‘遂’字，写置得无理”；可以阐释语句所表达的思想情感，如“哀哀之声，宛然孺子失乳而啼，非复已前毒声短节”；可以对文章的内容进行概括总结，如“以上，一篇地狱文字；以下，一篇天堂文字”；可对文章所写的内容发些感慨，如“天大难事，到圣贤手中，只如儿戏便解”；等等。其二，具有突出的深刻性。作为一种研习古文的方法，评点法不侧重于对古诗文字面含义的解说，不满足于对古诗文基本含义的理解，而是将触手伸向古诗文内部深处，阐明古诗文内部的义理与情感，分析评述古诗文遣词造句的精妙处。上面所引的金圣叹对《郑伯克段于鄢》中这段文字的评点，虽然内容丰富，包括许多方面，但解说字句含义的地方很少，其中绝大部分都是从义理与写作手法上进行评析的。也就是说，评点法研习古诗文，其重点不是阐释字句的含义，而是解说古文的思想内容与艺术成就，这也恰恰是评点与串讲等其他研究古文方法不同的地方。

根据以上评点法的两大特征，分析评点法用于课堂教学时的优劣，可以

① 朱一清、程自信：《金圣叹选批才子必读新注》上册，安徽文艺出版社1988年版，第2页。

得到这样的结论:第一,由于评点法具有鲜明的灵活性,所以用评点法讲授古诗文也具有良好的灵活性,教师可以通过备课,在深入把握文章内容的基础上,在课堂上随心所欲地评点课文深刻、含蓄、精彩、重点的地方。如果处理得好,课堂内容就会既充实丰富又灵活多样。但如果把握不好,评点的随意性太大,则往往把握不住教学的重点。特别是无重点地进行评点,随感而发,这里说上几句,那里也发点议论,该强调的不加以强调,听课的学生就会觉得内容杂乱,不容易把握。第二,由于评点法具有突出的深刻性,能够抓住一点对其进行深入精辟的分析,所以用评点法讲授文言文,能够让学习者更加深刻地理解所学课文的内容,如这里表达了作者怎样的思想,那里表达了作者怎样的情感,这里作者为什么这样写,那里作者为什么那样表达等等。这样不仅能够让学生知道“然”,而且能够让他们明白很多“所以然”。但使用评点法讲授文言文,一定要结合学生的理解能力,把握好评点的深度。如果学生理解能力较强,而评点得不深入,学生会觉得没有学到东西;如果学生理解能力不强,而评点得很深,学生又会觉得难以掌握。另外,使用评点法讲授文言文,不是单纯地解读文言文字句的含义,而是利用评点者掌握的古代汉语、文学评论、写作、历史等各方面的知识,借助其分析理解古诗文的能力,对文言文进行得心应手的评点。因此,评点法教学在帮助学生透彻理解课文内容的同时,还能够传授给学生理解、赏析古诗文的方法,使其理解古诗文的能力在潜移默化中得到提高。

三、关于评点法在教学中的运用

如何让传统的评点法在现代课堂上再现活力,发挥其应有的教学作用,这是我们必须思考的问题,也是进一步挖掘传统语文教学法精髓的需要。许多教师的教学实践证明,评点法是能够走进现代课堂并取得良好教学效果的。有的老师还认为,使用评点法教学,可以体现现代对话教学理念,能够使教学更具个性化色彩,更符合学生的学习规律,更容易使学生学会学精。但正如我们前文分析的那样,评点法也不是没有弱点的。利用评点法教学,应根据这一方法的特点,扬其长,避其短。第一,要注意对象。评点法要在对文意基本理解的基础上进行,它更适合对文言语言有一定理解能力的学习对象;同时,评点法是对文章的思想内容及艺术成就作重点剖析,还需要学习者有一定欣赏作品的能力。因此,这种方法最好在高年级使用,不宜在初学文言文的低年级使用。第二,要安排好预习。评点法与串讲法不同。使用串讲法,即使不预习,也可以讲授。而评点法则需学习者事先对所学的文章有所了解;如学生不预习,教师也不进行必要的字、词、句解释,开课便评点起来，学生会“丈二和尚——摸不着头脑”。第三，要做好课堂设计，防止随意性。评点之大忌有二：一是抓不住重点，到处评点，结果抓住的多是芝麻，丢掉了许多西瓜；二是逮住一点，无止境地发挥，结果是一处烂透，多处不熟。这都是随意评点的表现。因此，使用评点法教学，教师事先必须做好充分的教学准备，需要点评哪些地方，需要阐明哪些问题，都要做到心中有数。

为防止评点的随意性，可从以下几方面来把握评点的重点。

第一，评点疑难处。使用评点法教学，首先要把文中难理解的字、词、句作为评点的重点，解除学生理解文意的障碍。如《史记·李将军列传》：“(李)广出猎，见草中石，以为虎而射之，中石没镞，视之石也。因复更射之，终不能复入石矣。”[①]为什么李广第一次能把箭射到石头里边去，而再射的时候就射不进去了呢？这是理解这段文字的疑难之处，应作为评点的重点。这几句的中心含义是说李广的临战状态特别好，遇有敌情，很容易进入状态，而且一旦进入状态，就能发挥出很强的作战能力。因此，当他真的以为草中的石头是老虎时，便一下子进入了作战状态，飞出的箭不仅射中了目标，而且射进了石头。而当他发现自己射的不是老虎而是石头时，临战的状态一下子没有了，所以再射也射不进石头了。

第二，评点蕴藉处。蕴藉处是表达的含义、思想及情感等含而不露的地方。这些地方如果不加以评点，学生就可能只理解字面含义，而察觉不到内部所包含的深层含义。如《郑伯克段于鄢》：“请京，使居之，谓之京城大叔。”[②]这里就是含义蕴藉之处。郑庄公的母亲武姜，为庄公之弟段请求要京地为封邑，庄公应允了。段到京地后，得了一个“京城大叔”的“美名”。是谁为段命的“京城大叔”之名？此名是好还是坏？命名者究竟是什么用意？文中都没有说，讲解这段文字，就需加以评析。实际上，“谓之京城大叔”一句是蒙上省略主语，尽管它的上句“使居之”也无主语，但其主语比较明显，安排段去京地的肯定是郑庄公，所以给段定“京城大叔”之名的也是庄公。《史记·郑世家》亦载：“庄公元年，封弟段于京，号大叔。”[③]那么“大叔”之名为何意？一般认为，“大”同“太”，“大叔”是对段的尊称。难道庄公对他弟弟就这么尊敬吗？不是，他为段定此名，一是想迷惑段，让段看不出自己要除掉他的野心；二是想骄纵段，让段因宠而更加骄横，然后好有充分的理由除掉段；

① (汉)司马迁:《史记》(五)，吴兆基等译，黄山书社1997年版，第2572页。

② 郭锡良等编著:《古代汉语》上册，商务印书馆1999年版，第129页。

③ (汉)司马迁:《史记》(二)，吴兆基等译，第1173页。

三是想引起京地百姓对段的注意，让大家看看段的行径，引导百姓反段。此文在后面写道，当庄公发兵伐段时，京地人都背叛了段，就很能说明这一点。可见“谓之京城大叔”一句的内涵极其丰富，金圣叹也点评说：“谁与作此名，定是庄公自作之。盖故若尊宠之，以生其骄心。庄公处心积虑杀其弟，此日便早定计。”①

第三，评点精彩处。精彩处，即文章写得好的地方，或其用字精当，或其造句精良等。这种地方有评点的价值与意义。通过评点，既可以使学生充分欣赏到艺术美，又可以使学生学习到写作的技巧，还可以加深对文意的理解，所以要作为评点的重点。如徐宏祖《游黄山记》：“既登峰头，一庵翼然，为文殊院，亦余昔年欲登未登者。”②其中的“一庵翼然”就是这种地方。这个“翼”字用得好，是所谓的字眼。这里说，在山头上，有一个庵院好像展翅要飞的样子，这就是文殊院，也是作者过去那一年想要攀登而没有攀登的地方。“翼”是名词活用为动词，而且是个比喻。通过这一个字，既写出了文殊院的建筑式样，又写出了文殊院所在的地理位置。说文殊院要飞，可知文殊院是古建筑形式，屋角高高翘起，好像鸟儿展开的翅膀；还可知文殊院不是建在低洼处或平地上，而是建在山顶上，有凌空欲飞之势。同时，“翼”还把凝固的建筑写活了，使土木结构有了灵性，所以需要作重点点评。

第四，评点题旨处。题旨处，也就是集中表达作者思想观点的地方。古人作文，很善于点题，常在行文的适当之处，用三言两语来说明一段之旨或一篇之意。评点时就要抓住这种地方，深入阐发，以帮助学生理解所学文章的深刻含义。如柳宗元《捕蛇者说》最后一段中的“呜呼！孰知赋敛之毒有甚是蛇者乎”，就是反映全篇主题的句子。范仲淹《岳阳楼记》最后一段中的“先天下之忧而忧，后天下之乐而乐”，也是反映全篇主旨的句子。像这样的地方，都必须重点评点。不仅要解释清楚字句的含义，还要把句中包含的深刻的道理揭示出来，以引导学生深入理解全文含义。

（曲阜师范大学文学院汉语教研室　阚景忠）

① 朱一清、程自信：《金圣叹选批才子必读新注》上册，第1页。

② 郭锡良等编著：《古代汉语》上册，第55页。

文言文教学应当“咬文嚼字”[①]

“咬文嚼字”一词现今多用于贬义，指死抠字眼。咬文嚼字者似乎都是些迂腐的人。实际上，“咬文嚼字”乃是理解语言的有效方法。语句中的字词，都与整个句子表达的意义息息相关。理解语句的意义，当然也要从最基本的字词开始，也就是去“咬文嚼字”。每字每词的意义都咬透了、嚼烂了，语句的含义也就理解了。在文言文教学中，“咬文嚼字”又显得特别重要。只有深入分析字词在文中所表达的含义，才能把一篇文言文讲深讲透。邹晓丽先生说：“要分析一部作品、一篇文章、一首诗，首先要读懂它。这是批判继承古代文化遗产的前提。俗话说‘咬文嚼字是读懂古书的第一步’，这是很有道理的。”[②]

一、文言文教学为什么要“咬文嚼字”

1. 只有“咬文嚼字”才能理解文言文字词的基本含义

文言文教学首先要讲清楚字、词、句字面所表达的意义，这是进一步理解一篇文言文的基础，也是文言文教学最基本的任务。有时只讲出这个字或词是什么意思还不行，必须“咬文嚼字”，进行深入解说，说明其含义的所以然。只有这样去讲解，学生方能完全彻底地理解其含义。

如《战国策·冯谖客孟尝君》：“左右以君贱之也，食以草具。”意思是说，孟尝君手下的人以为孟尝君看不起冯谖，所以吃饭的时候就给冯谖不好的

① 此文发表于《牡丹江师范学院学报》2003 年第 2 期。

② 邹晓丽：《古汉语入门》，语文出版社 1993 年版，第 1 页。

饭吃。中学《语文》教材中也注释说:“草具,粗劣的饭食。”[①]但如果不去“咬文嚼字”,不好好讲一讲“具”字,学生就不会明白为什么“草具”可以理解为“粗劣的饭食”。原来“具”的甲骨文形体为两只手捧着一只鼎,而鼎是上古时期人们用以做饭的炊具,双手捧鼎是去备办饭食,所以“具”有“饭食”的含义。《简明古汉语字典》中“具”的第一个义项即是:“饮食(的东西);食物。”[②]所举的例证就有《冯谖客孟尝君》此句,另又举了《汉书·何武传》:“寿为具,召武弟显及故人杨覆众等。”“为具”即做饭。《冯谖客孟尝君》这里的“具”,用的正是“饭食”义,“草”是粗劣的意思,所以“草具”是“粗劣的饭食”。

2.只有“咬文嚼字”才能理解文言文字词的深层意义

文言文中有些字词,除了所表达的字面含义之外,内部还蕴含有其他含义或更丰富的内容。这些内容常常不是一眼就能看出来的,必须去“咬文嚼字”,才能发现深埋于字句内部的这些意义。讲授文言文时,只有把那些隐藏于字句内部的意义挖出来,学生才能更深刻全面地理解这些字句的含义。如《鸿门宴》:“范增数目项王,举所佩玉玦以示之者三。项王默然不应。”如果讲课时只告诉学生玉玦是古人玩赏的玉器,虽然没有讲错,也不妨碍学生对文意的理解,但并没有把这个“玦”字的深层含义讲出来。范增为什么要用玉玦来向项王示意而不用别的玉器呢?要讲清楚这个问题,必须深挖一下这种玉器的含义。古时许多玉器都被人们赋予了特殊含义,如被贬谪边疆的官员如果途中接到皇帝送来的玉环,他会十分高兴,因为“环”与“还”音同,皇帝送玉环的意思是让他回来,不再贬他了。《鸿门宴》中范增之所以举玉玦来向项王示意,是因为玉玦有表达决断、决定含义的作用,“玦”与“决”音同,范增的意思是让项羽赶快决断,下命令杀了沛公。

文言文中含义丰富的词,并不限于表示玉器含义的词。一般的字词经作者的运思,也常具有字面不易看出的深层含义。如柳宗元在《钴鉧潭西小丘记》一文中描写钴鉧潭西边的小丘之小,文中写道:“丘之小不能一亩,可以笼而有之。”这样的描写看似平平淡淡,但其中却包含着柳宗元对这座小山丘的喜爱。如果将其简单地理解为小丘特别小,占地还不足一亩,可以把它用笼子装起来。这是不深刻的,只是理解了这两句话的字面意思。要深入理解这两句话的含义,必须咀嚼一下这里的“笼”字。“笼”在句中是状语,“可以笼而有之”,即可以用笼子装上而拥有它。什么东西,人们才喜欢用笼

① 人民教育出版社语文二室编:《高级中学课本·语文》第3册,人民教育出版社1987年版,第371页。

② 张永言等:《简明古汉语字典》,四川人民出版社1986年版,第340页。

子装起来呢？一般说是人们喜欢的东西。比如有人喜欢漂亮的鹦鹉，就把它装在笼子里面欣赏，但没有用笼子装上乌鸦玩的；再比如有人喜欢善于鸣叫的蝈蝈，于是把它用笼子装起来玩赏，却没有用笼子装上臭虫玩的。柳宗元之所以说要用笼子装这个小山丘，这个"笼"字不单是写这个小山丘之小，还隐含着他对这个小山丘的无限喜爱之情。

3.只有"咬文嚼字"才能准确把握古诗文的意境

理解作品时，只有准确把握其意境，才能更深刻地理解它的思想和情感。从教学的角度来说，只有把作品的意境讲得准确、透彻，才能使学生更好地理解文章的内涵。作品的意境是通过组成文章的字词来表达的，要准确把握作品的意境，必须去"咬文嚼字"。

如晏殊的《蝶恋花》词："槛菊愁烟兰泣露，罗幕轻寒，燕子双飞去。明月不谙离恨苦，斜光到晓穿朱户。昨夜西风凋碧树，独上高楼，望尽天涯路。欲寄彩笺兼尺素，山长水阔知何处！"这首词写离情别恨，全词的意境是：深秋之夜，一个女子依偎着帷幕，面对园中的秋菊、秋兰和屋檐下空空的燕巢，想念远行的丈夫。孤苦之情缠绕心头，使她夜不能寐。她双眼盯了一夜的门，期盼丈夫能突然出现在门口，可整整一夜从门口进来的只有那斜斜的月光。她想用书信来表达对丈夫的思念之情，可山高路远，又不知丈夫现在已走到了哪里。把握这首词的意境，对"户"的理解也十分重要。有人将这个"户"解释为窗户，那么"斜光到晓穿朱户"的意思就是：斜斜的月光从傍晚一直到第二天早晨都从窗户里照进来。其实，"户"自古及今都没有窗户的含义，现代汉语中的"窗户"也是一个偏义词，只有"窗"的意思，而"户"不表达含义。"户"即门，"足不出户""夜不闭户"等词语中还保留着它原来的意义。晏殊此词中的"户"，正是"门"的意思。词中女子的丈夫如果回来的话，肯定是从门而入，所以她一夜总是看门口，期盼着丈夫早些归来。而每一次她望门口想看到丈夫的身影时，总是那道不知人间情味的月光在门口，代替了她想看到的丈夫的身影，所以词中说"明月不谙离恨苦，斜光到晓穿朱户"。如将"户"解释为窗户，说此女子夜晚总看窗户，这便与怀念远人的主题没多大联系了，也不好分析全词的意境了。因为此女子的丈夫不会从窗户进来，那样进来的也绝不是她丈夫。可见，不认真咀嚼一下"户"的含义，对这首词意境的理解就不能准确，也很难深刻。

二、文言文教学如何"咬文嚼字"

把古汉语的文字学知识和理论等，运用到具体的文言文教学之中，可以总结出文言文教学"咬文嚼字"的一些方法。恰当、灵活地运用这些方法，可以大大提高文言文教学的质量，使文言文的课堂更有深度，也会更有情趣。

1.通过字形分析“咬文嚼字”

汉字是表意体系的文字，字的形体结构与其表达的含义有十分密切的联系。讲文言文“咬文嚼字”，最常用的方法就是对一个汉字进行平面式的形体结构分析。那么，怎样来具体分析一个汉字的形体结构呢？传统的方法是利用“六书”来分析汉字的形体。随着古文字学研究的深入，利用字形破解汉字的方法得到了进一步发展，人们不再局限于利用“六书”来分析汉字的形体结构，而是参考甲骨文、金文等上古汉字形体来分析汉字的形体结构，以实现对汉字形体更加准确的分析。文言文课堂上通过分析字的形体结构去咬咬“文”、嚼嚼“字”，能揭示出一个字表义的“所以然”，加深学生对文意的理解。例如《孟子·梁惠王上》：“王坐于堂上，有牵牛而过堂下者。王见之，曰：‘牛何之？’对曰：‘将以衅钟。’”其中的“衅”是学生比较陌生的字，可以对它的形体结构进行分析，是“咬文嚼字”的一个对象。“衅”是会意字，由“血”和“半”组成，“血”指的是祭祀时所杀牺牲的血，“半”在这里表示分布，即把东西分散开。两字组合后的意思是把血涂抹开，所以“衅”是古代将牲畜的血涂抹在新造器物上的一种祭祀仪式（“衅”的异体为“釁”，上部是祭灶，“酉”即“酒”，下部的“分”取分散意，整个字仍表达涂血祭器的含义）。古时制造了新的器物，特别是宗庙里使用的器物，都要用牲畜的血涂抹祭祀，以表示对神用之物的尊敬或求其灵验等。《礼记·杂记下》云：“凡宗庙之器，其名者成，则衅之以豭豚。”[①]不难看出，通过对“衅”字字形的分析，便能加深对其形体与意义的理解。

讲授文言文，不仅一些繁难的字需要进行字形分析，而且有些非常熟悉的字，由于和现代的用法不同，使用了本义或者离本义较近的引申义等，也应对其字形进行必要的分析。如“極(极)”。“极”与“極”原是两字。“极”是放在驴背上用以载物的木架，“極”是房屋的正梁。后“極”简化作“极”，现代的常用意义是“尽头、顶点、非常”等，而在文言文中经常用它的本义“房屋正梁”。《后汉书·蔡茂传》：“茂初在广汉，梦坐大殿，極上有三穗禾，茂跳取之。”“極上有三穗禾”’即房屋的正梁上有三棵带穗的庄稼。如果人们了解的是“極”的现代常用意义，对它的本义并不了解，那么理解这句话就有困难。要理解这个“極”字，可对其进行字形分析。这是一个形声字，从“木”，“亟”声，指房屋的正梁。古时屋梁是用木头做的，所以此字从“木”。“亟”

① 《周礼·仪礼·礼记》，陈成国点校，岳麓书社1989年版，第450页。

(jí)是声旁,表示读音。由于房屋的正梁在房屋的最高处,故"極(极)"引申出"尽头、顶点"等含义,又进一步引申出"非常"的含义。只有这样讲解,才算是彻底讲清楚了这个"極"字。

从形体结构方面分析汉字,必须注意两个问题:一是不能错误地分析字形。例如"章"字,人们常把它分析成"立"与"早",说成"立早章"。其实这种分析是错误的,这一分析也得不出"章"的任何含义。《说文》云:"章,乐竟为一章,从音,从十。十,数之终也。"①可见"章"由"音"与"十"构成,本义当是"乐章"。二是不能使字形分析庸俗化。比如"照"字,社会上有人将其字形结构分析为:"一个小日本,拿着一把刀。杀了一口人,滴了四滴血。"这种对汉字形体的分析,从文字学的角度来看,不具备任何学术价值,还往往引导人们错误地理解字形和字义。说"照"下部的四个点是血,学生就会误认为"照"的四个点真的是代表血。其实不然,"照"的本义是光明,为形声结构,从"火","昭"声,它下面的四点是由"火"演变来的,代表的是火,而不是血。

2. 通过追根溯源"咬文嚼字"

汉语的历史很长,许多字词的含义有极其复杂的演变过程,记录一个意义所使用的字词前后也常常有变化。"咬文嚼字"的时候,还可以纵向挖掘字义演变的历史过程,沿着一个汉字的历史发展线索,去寻求它的意义之源,或者利用一个字与另一个字的源流关系,来揭示字词含义的"所以然"。

如《史记·廉颇蔺相如列传》:"臣等不肖,请辞去。"高中语文课本第一册注释云:"不肖,不才。"②如果讲课时只照本宣科,告诉学生"不肖"就是"不才"的意思,这实际上并没有把"不肖"的意思讲透,学生还很可能会误以为"肖"有"才"的含义。实际上"肖"并没有"才"的意思,是"不肖"作为一个词才有"不才"的含义。讲解这里的"不肖",可以对这一词语进行追根溯源。原来"肖"的本义是"人的模样长得相似"。《说文·肉部》:"肖,骨肉相似也。从肉,小声。不似其先故曰不肖也。"③可见"不肖"本来的意思是指后代不像老一辈,由于古人认为年长的比年轻的有学识和能力,所以一个人如果不如他的长辈有才能,就被称为"不肖之子";后来进一步演化,"不肖"一语便泛指没有才能。《战国策·触龙说赵太后》:"老臣贱息舒琪,最少,不肖,而臣衰,窃爱怜之,愿令得补黑衣之数,以卫王宫。"郭锡良先生等编著的《古代汉

① (东汉)许慎:《说文解字》,中华书局1963年版,第58页。

② 人民教育出版社语文二室编:《高级中学课本·语文》第1册,人民教育出版社1987年版,第262页。

③ (东汉)许慎:《说文解字》,第88页。

语》注释说："不肖：原意是不像父亲，后来泛指儿子不成材，或用于自我谦称（多用于父母死后）。"[1]这一注释就是从根源上来解释"不肖"的含义。也只有这样从根源上去讲解，才能揭示出"不肖"有"不才"含义的原因。

汉字刚产生时，总数相对较少，所以为了全面记录语言，只能让一些汉字兼表某些意义。后世为了理解时不产生文意的混淆，便为那些兼表意义的字所表达的某项意义再造新字，于是便出现了同是记录一个词而前后用字不统一的现象，这种字就是人们所说的"古今字"。如"昏"与"婚"，"昏"的本义是昏夜。《说文》："昏，日冥也。"[2]古时男女结婚通常是在日落后的昏时进行。孔颖达疏《礼记·昏义》云："娶妻之礼，以昏为期，因名焉。必以昏者，取其阴来阳往之义。日入后二刻半为昏，以定称之。"[3]最初没有专门表达男女婚姻意义的字，人们是用"昏"兼表婚姻之义。后来为了用字的方便，主要是为了防止误解文意，人们才又加上"女"字旁而造了"婚"字，以将婚姻之"婚"与昏夜之"昏"区别开来。现代表达结婚意义用"婚"，而早期用"昏"，例如《左传·昭公三年》："既成昏，晏子受礼，叔向从之晏，相与语。"这里的"昏"就是用古字现象，"既成昏"就是已经达成婚姻之约。教文言文如果遇到这样的用字现象，就需要追一追根，以帮助学生理解文言文中为什么这样用字。如贾谊《过秦论》："天下云集响应，赢粮而景从。"句中的"景"就需要这样来讲解。如果只解释说"景"是"影子"的意思，学生仍不知这个字的"所以然"。应说明"景"是"影"的古字，"景"从日，京声，本义是日光。日光能照出物的影子，最初人们没有为表达影子义造专字，就用"景"字来表达，后来才造"影"字以示区别。这样讲解，学生才能彻底明白这个"景"字的用法和意义。

（曲阜师范大学文学院汉语教研室　阚景忠）

① 郭锡良等编著：《古代汉语》上册，第175页。

② （东汉）许慎：《说文解字》，第138页。

③ 《十三经注疏》下册，第1680页。

解析文言串讲教学法[①]

串讲法是文言文教学的传统方法，同时又是一种行之有效的方法，一种非常有生命力的方法。它对引导学生深入理解文言文的含义，提高其阅读文言文的能力，有十分明显的效果。因此，这种方法不仅古人喜欢使用，现在人们仍然喜欢使用。但由于对串讲法的了解并不深入，许多人并不能高质量地使用这种教学法。

一、串讲法及其起源

何谓“串讲”？“串”即把许多东西连缀起来，也指按次序连贯在一起的东西。在“串讲”一词中，“串”修饰“讲”，“串讲”即连贯起来讲授，其方法是先对一句或一段文言文中难懂的字、词和结构进行解释，然后再结合没有讲到的较容易理解的字词等，把这一句或一段的含义连贯起来讲授，以帮助学习者全面透彻地理解文意。这种讲授方法好像是用一根线把某些东西穿成串。先解释的字、词及结构等，好比是被穿的东西；最后连贯起来讲出的含义，就好比是用来穿这些东西的线。因此，人们称这种讲授方法为“串讲法”。

串讲法应当始自汉代学者的解经讲经。先秦时期，由于语言尚无大的变化，字、词还不是人们理解书面语言的难点，所以当时传习古文的方法主要还是诵读。时至两汉，情况发生了较大的变化，汉语有了较大的发展，表情达意所使用的字词都与先秦有了很大的不同。比如表达感叹，先秦一般用“咨”，两汉时期则已经用“嗟”；表示允许的应答，先秦时期可以用“俞”，但

① 此文发表于《学语文》2003年第4期。

两汉时期则多用"然";表示能够的意思,先秦时期多用"克",两汉以后则多用"能"。正是由于语言的发展变化,汉朝人学习先秦古籍,便有了语言文字上的障碍,仅用诵读的方法就行不通了,必须对其中不理解的字、词等加以解释,甚至还要在释词之后全面地阐述一句或一段文字所表达的内容,于是"串讲法"产生了。两汉学者对经书的训释,有许多都是典型的串讲。如:

(1)《诗经·卫风·氓》:"静言思之,躬自悼矣。"东汉郑玄《毛诗笺》注:"静,安。躬,身也。我安思君子之遇,已无终,则身自哀伤。"

(2)《诗经·魏风·硕鼠》:"硕鼠硕鼠,无食我黍。三岁贯女,莫我肯顾。"东汉郑玄《毛诗笺》注:"硕,大也。大鼠大鼠者,斥其君也。女无复食我黍,疾其税敛之多也。我事女三岁矣,曾无教令恩德来顾眷我,又疾其不修仁政也。古者三年大比,民或于是徙。"

郑玄的这两处注释,都是典型的串讲。前例,"静,安。躬,身也"是对难词的注释;"我安思君子之遇,已无终,则身自哀伤",则是对"静言思之,躬自悼矣"两句诗连贯起来的讲解。后例,"硕,大也"是解释难理解的字词;"大鼠大鼠"之后的话,是对《硕鼠》这四句诗连贯起来的讲解。可以想象,郑玄注书的时候是这样注的,他聚徒讲学的时候肯定也是这样讲的。

二、对串讲法优劣的分析

串讲法有其优点。首先,串讲法先破解字词,从难理解的字词等讲起,能够抓住理解文言文的重点与难点。其次,串讲法不仅解释难理解的字词,还连贯起来阐释句意,能够深入挖掘隐含在句中的深刻含义,有利于学生深入透彻地理解所学文言文的文义。最后,串讲法在破解字词含义的同时,可以讲解其他相关的内容,如分析词语结构、讲解词语来源、插入相关史料、分析句子成分、介绍典故、教读汉字读音等等,只要是有利于学习者理解原文的一切内容,都可以拿来讲解。因此,如果运用得好,串讲法能使文言文课堂更丰富、更有趣味性。总之,串讲法可以多切入点地、灵活多变地讲解文言知识,可以多角度阐释一句文言文的含义,有利于快速提高学习者阅读理解文言文的能力。

但串讲法也有自己的弱点,那就是如果破解难理解的字词时,不分轻重缓急,抓不准重点、难点,字字讲解,词词分析,平均用力,就会使串讲法变成一种呆板机械的解释法,失去串讲法应有的活力。另外,串讲法的"讲"者是教师,如果教师讲得太多,不注意设计双边活动,不注意调动学生学习的积极性,就会形成满堂灌,严重影响教学的质量。因此,使用串讲法教学,首先,要注意把握好重点与难点,不能逐字讲解,平均用力。其次,还要注意提问学生，可以就重点的字词提问学生，也可以在讲解完重点字词后，让学生语译所讲的句子等等，以活跃课堂气氛，避免形成满堂灌。

三、如何把握串讲的重点

使用串讲法时，怎样把握重点呢？首先，要找准重点讲解的字词。文言文难理解，并不是所有的字词都不好理解，而是其中一些字词不好理解。这些不好理解的字词，就是串讲的重点。这类字词，也往往是教材在注释或练习中所确定的学习重点。细分析一下这类字词，主要有以下几类：一是古今含义差别较大的字词。这类字词学生容易按照它们的今义去理解，造成理解的错误，所以要重点讲。如《扁鹊见蔡桓公》："扁鹊见蔡桓公，立有间。"其中的"间"就是这类词。"间"今有"空间"义，学生很容易把"立有间"理解为"站在有空间的地方"。串讲时要重点讲明这个"间"是"一会儿"的意思，"立有间"即站立了一小会儿。二是那些用法特殊的字词，如使动用法的字词、意动用法的字词、活用为一般动词的字词等。这类词用法特殊，含义不好把握，应重点讲解。例如《聊斋志异·狼》："一狼洞其中。"其中的"洞"就是这种词，它也是理解全句的最主要障碍。要告诉学生这个"洞"活用为动词，是"打洞"的意思，所以"一狼洞其中"的含义不是"一个狼洞的里面"，而是"一只狼在草垛中打洞"。三是陌生的字词。有些字词，学生从来没见过，也不知道它的含义，串讲时要重点讲解。如《木兰诗》："东市买骏马，西市买鞍鞯。"其中的"鞯"就是这类字词。串讲时应讲明"鞯"是"马鞍下的垫子"，"鞍鞯"在这里泛指马鞍子。

串讲时抓重点，除了抓重点的字词外，还要抓好重点的句子。文言难理解，并不是所有的语句都不好理解。一段或一篇文言文中，有的句子好理解一些，有的句子难理解些。其中难理解的句子，应是串讲时需要重点注意的句子。这种句子，可分成这样几种：一是结构特殊的句子，比如宾语前置的句子，文言文特有的被动句式、特殊动宾关系的句子等等。这一类的句子，与现代汉语的句式结构很不相同，学生理解起来有困难，应重点讲解。如《冯谖客孟尝君》："孟尝君曰：'客何好？'曰：'客无好也。'"串讲这几句时，应把"客何好"一句作为重点句，这是个宾语前置的句子，要讲明"何好"就是"好何"，即"喜欢什么"。二是使用文言凝固结构的句子。文言语言中有许多特有的凝固结构，如"孰与""庸讵""奈……何""何……为"等等。这种句子往往有一定的理解难度，是串讲时应注意的重点语句之一。例如《邹忌讽齐王纳谏》："窥镜，谓其妻曰：'我孰与城北徐公美？'其妻曰：'君美甚，徐公何能及君也？'"串讲这几句，应把"我孰与城北徐公美"一句作为重点，应讲明其中的“孰与”是表示比较的凝固结构，“我孰与城北徐公美”，即我和城北的徐公谁长得美。三是结构复杂的句子。结构复杂的句子，内部关系不容易弄明白，含义也就不易理解，应作为串讲的重点。如《扁鹊见蔡桓公》：“桓侯曰：‘寡人无疾。’扁鹊出，桓侯曰：‘医之好治不病以为功。’”串讲这几句，应把“医之好治不病以为功”作为重点句。这个句子比较复杂，不好理解，应讲明“医之好治不病”即医生喜欢给没病的人治病，“以为功”即把治好没病的人当作自己的功劳。四是有省略的句子。一些有省略的句子，由于省略了部分内容，往往不好理解，串讲时应注意重点讲解，把省略的内容补讲出来。如《出师表》：“故五月渡泸，深入不毛。今南方已定，兵甲已足，当奖率三军，北定中原。”串讲这几句，应把“深入不毛”作为重点之一。这句话因省略了“不毛”的中心语而不好理解。“不毛”应为“不毛之地”之省，“深入不毛”即深入到十分荒凉的地方。五是有深层含义的句子。有些语句，表面是一个意思，而其内部表达的又是一个意思，串讲的时候要作为重点来讲，要把其内部的含义阐述出来。如《卖油翁》：“有卖油翁释担而立，睨之，久而不去。”其中的“睨之”就是这类的句子。“睨之”的表面意思是斜着眼看，但它的深层含义是卖油翁看不起陈尧咨的射术，认为他没什么了不起。串讲的时候要把这深层的含义讲出来。

串讲法虽然行之有效，但也不能篇篇使用。一般来说，串讲法更适合于教初学文言的人，也就是低年级的学生，因为他们对文言语言尚不熟悉，必须作较详细的讲解，方能使之透彻地理解文意。从讲授的文章方面来说，串讲法更适合于那些难度较大的文言文，这种文章理解困难，学生自己不易吃透，教师有必要进行较详细的串讲。

（曲阜师范大学文学院汉语教研室　阚景忠）

通假字的教学现状及其对策[①]

"通假"是文言文中常见的用字现象,是古人写作时没有按照记词规则来用字,临时借用音同或音近的另一个字来代替。说白了,就是写别字。但它的性质,与一般情况下人们写错别字有所不同。一般情况下人们写别字,多是因为不会写本字,而古人使用通假字,往往是会写本字而不用,或是按照一定的用字习惯,或是为追求书写简便等。现代有严格的用字规范,不允许写别字,可古代许多时候都无严格的正字法,所以文言文中常会见到通假现象。

一、通假字的教学现状

目前的语文教学中,"通假"是个非常宽泛的概念。由于怕讲出许多学生不易理解的文字学知识,也是为了教学时阐释文言语句含义的方便,几乎文言文中所有与一般用字习惯不相吻合的用字,在语文教学中都被称为"通假"。因此,除真正的用字通假外,古今字、异体字和"六书"中的假借字等,也被视为"通假"。另外,"通假"与"假借"两个概念在语文教学中也是纠缠在一起的。遇有通假现象,有人称为"通假",有人称为"假借"。

1."通假"与"假借"两个概念混同

应当承认,对于如何处理"通假"与"假借"两个概念的关系,学术界尚有不同意见。问题的焦点是把用字的"通假"与造字的"假借"区分开来讨论,还是合在一起讨论。我们知道,"六书"中有"假借"。许慎在《说文解字·叙》中解释为"本无其字,依声托事",即造字的时候,没有为语言中的某个词

① 此文发表于《文字学论丛》第三辑,中国戏剧出版社 2006 年版。

另造形体来记录，而是在已经造好的字中找一个音同或音近的现成汉字来记录。用这种办法所记录的多是一些意义比较抽象的词，或是无实在意义的虚词。因为这些词不好造字，故用假借法来制定记词符号。如“我”，它本是上古时一种有齿的武器，故其现代字形的右边还像一个“戈”字。语言里还有一个第一人称代词与它读音相同，不好造字，古人就没有再造新字，而是借用表示武器的“我”来记录，于是“我”便假借为第一人称代词。这就是造字的“假借”。

这种造字的假借现象与用字的通假现象，有本质上的相同之处，它们都是借字来记录所要记写的词语，但是二者又有明显的不同。许多学者在论述这一文字现象时都阐明了二者的差异。郭锡良先生等编著的《古代汉语》在“古书的读音问题”部分详细讨论了这一问题：“古书中的假借大致有两种情况。一种是‘六书’上的假借。……这种假借就是许慎所谓的‘本无其字，依声托事’。……另一种假借情况是：本有其字，写书的人写了另一个同音或音近的字。”[①]朱振家先生主编的《古代汉语》在“六书”和“上古音的运用”两部分中都阐述了“通假”与“假借”的不同：“假借与通假，既有相同点，又有重要区别，主要有两点：(1)六书中的假借，是借用同音字来写意义抽象、难以用形象法造字的词，所谓‘本无其字’；用字通假是已有本字，临时借用同音字来替代，特点是‘本有其字’。(2)用字通假一般是暂时的借用，而六书假借往往是长期的，甚至久借不还，所谓鹊巢鸠占。”[②]不难看出，“通假”与“假借”这两种文字现象的区别是已被学术界阐明了的。但在语文教学界，人们却没有很好地区分这两种用字现象，语文教学中所使用的“通假”与“假借”这两个概念是混在一起的。所以教学时遇到用字的通假，称“通假字”的有之，称“假借字”的也有之。遇到“六书”中的假借字，称“假借字”的有之，称“通假字”的也有之。

2. 假借字被当作通假字来讲解

通假字在语文教学界讲解混乱的另一表现，是“六书”中的假借字常常被当成通假字来讲解。出现这一现象的原因，一是一些汉字使用的历史有些复杂，一般人难以分辨出它的源与流来；二是人们没有认真区分“通假”与“假借”两个概念。如《诗经·硕鼠》：“逝将去女，适彼乐土。”其中“女”字，有人就按通假字来讲解，说它是“汝”的通假字，这是错误的。这个“女”不是通

① 郭锡良等编著：《古代汉语》下册，商务印书馆1999年版，第1077页。

② 朱振家主编：《古代汉语》下册，高等教育出版社1994年版，第28页。

假字，是假借字。高中《语文》第5册注：“女，同‘汝’。”[①]这里用“同”来注释，已说明“女”不是通假字。注释通假字常用的术语不是“同”，而是“通”，即说明二字的含义本不相同，由于用字时借一个字来记录另一个字，而使二字临时在某一意义上相通。注释术语“同”的含义是两个字的意义相同。一般来说，异体字、古今字或者同是借来记录一个词的两个假借字等，因其意义完全相同或有相同之处，常用“同”来说明。“女”与“汝”都是借来记录第二人称的假借字。语言中有一个与“女”音同或音近的第二人称代词，人们没有为它再造新字，最初是借“女”来记录它，由于“女”还经常表达女性、女子、女儿等含义，后来人们又借读音与这个第二人称相近的“汝”（“汝”古河名，在今河南省境内）来记录。可见，在记录第二人称上，“女”与“汝”都是假借字。“女”与一般假借字不同的是，假借了一段时间以后，又不作第二人称用了，不像“我”，一直到现代汉语里还借用为第一人称。郭锡良先生等编著的《古代汉语》，详细论述了“女”表第二人称的性质以及“女”与“汝”的关系：“‘女’与‘汝’用作第二人称代词也属于这一类（按：指“六书”中的假借字）。第二人称代词在口语里早已产生，由于意义比较抽象，不好造字，先就借用读音十分相近的表示妇女的‘女’字去表示。借用之后，‘女’字在上古既表示妇女的词义，又同时用作第二人称代词。妇女的‘女’和第二人称代词都是常用词，‘女’字的负荷过重；战国以后才改为借用表示水名的‘汝’去表示第二人称代词，而‘女’字则专用于妇女的词义了。”[②]可见把《硕鼠》中的“女”当通假字来讲是不合适的。

3.古今字被当作通假字来讲解

古今字又是另一种文字现象。汉字产生之初，数量相对较少，为了记录语言，人们常用一个字兼职记录其他意义。后世为使用方便，主要是为了理解书面语言时不误解文意，便为一个字兼职记录的意义或者它原来的意义再造新字，以使记录各义项的汉字有所区别，新造的字与原来兼表意义的字合称为“古今字”。如“莫”，其原始字形中间是“太阳”，上边和下边都是“草”，即“太阳落在草里”，以示天色已晚，本义是“傍晚”。由于晚上没有了太阳，于是人们又拿这个字来记录语言中“没有”的含义。这样一来，“莫”就既用来记录“傍晚”义，又记录“没有”义。为使用方便，后来人们又在原字的基础上加“日”，造了专门表示傍晚含义的“暮”，使“傍晚”与“没有”二义各有

① 人民教育出版社语文二室编：《高级中学课本·语文》第5册，人民教育出版社1987年版，第188页。

② 郭锡良等编著：《古代汉语》上册，第1077页。

其字。这样一来，“莫”与“暮”就成了一对古今字。后世表达傍晚用“暮”，但在“莫”兼表意义的时期，表达傍晚的含义要用“莫”字，如《礼记·聘义》：“日莫人倦。”“日莫”即“日暮”。这里把“暮”写成“莫”，是用古字，不是通假。

语文教学中，这种用古字现象一般都当作通假字来讲解。如《诗经·魏风·伐檀》：“胡瞻尔庭有县貆兮？”其中的“县”，许多人讲课时都按通假字来处理，这是不妥的。高中《语文》第5册注释：“县，同‘悬’。”[①]这里也用“同”来注释，说明“县”不是“悬”的通假字。这个“同”是用来说明古今字的，因为今字与表示今字含义的古字其含义是相同的，所以用“同”来说明它们之间的关系。“县”本义是悬挂，繁体作“縣”，左边的“県”是倒过来的“首”字。“首”在古文字里描画的就是一个人头，与“系”组合后成“縣”，即把人头倒着用绳悬挂起来，是古时斩首之后以杆悬首示众之形，以此来表示悬挂的含义。《说文解字·県部》：“縣，系也。从系持県。”徐铉注云：“此本是悬挂之‘悬’，借为州县之‘县’，今俗加‘心’别作‘悬’。”徐氏的注释十分清楚，“县(縣)”本是“悬挂”义，后又假借为州县之“县”，这样“县”就记录了两个意义。后世为使用方便，又为悬挂含义加“心”造了“悬(懸)”字。可见“县”与“悬”是一对古今字，“县”是“悬”的古字，不是“悬”的通假字。

4.异体字被当作通假字来讲解

异体字是音与义完全相同而形不同的字，说白了就是一个字的不同写法。异体字的存在，除了满足一些人用字求奇求异的心理外，几乎没有任何的积极意义，只能增加人们学习汉字的负担。自从1955年我国政府开始废除异体字以来，现行的规范简化字中几乎没有了异体现象。但文言文中常使用异体字，遇到文言文中使用异体字的现象，语文教学中也有人常常按通假字来讲解。如《鸿门宴》：“沛公不胜桮杓。”教材注：“桮，同‘杯’。”[②]有人看到这里用“同”来注释，就把“桮”当“杯”通假字来讲，这是十分错误的。这个“同”是用来解说异体字的，“桮”与“杯”是异体关系，不是通假关系。这两个字都是形声字，“木”是形符，因为古时的杯有用木头制作的，故从“木”。它们的差别是声符不同，一个“否”声，一个“不”声，而“否”与“不”的古音是相同的，都是“帮”纽“之”部字。清人朱骏声《说文通训定声·颐部》中说：“桮，古盛羹若注酒之器，通名为杯也。”《集韵·灰韵》：“桮，盖今饮器。或作杯。”可见“桮”与“杯”是异体字。朱振家主编的《古代汉语》，也认为这两个字是

① 人民教育出版社语文二室编：《高级中学课本·语文》第5册，第187页。

② 人民教育出版社语文二室编：《高级中学课本·语文》第2册，人民教育出版社1988年版，第302页。

异体字："'桮'，从木否声；'杯'，从木不声。'桮、杯'异体字，形符相同，声符不同。"[①]由于"桮"与"杯"是异体关系，所以语文教学将其当通假字来处理是不合适的。

二、通假字的教学对策

那么如何讲解通假字，怎样处理文言文中纷繁复杂的用字现象呢？长期混为一谈肯定是不行的，这样会留下许多疑点。特别是随着学生汉字知识的增长，他们会发现语文课上学的许多通假字不是通假关系，会觉得老师讲错了。因此，我们认为，语文教学不仅要把通假的原理讲清楚，还要把上文提到的几种汉字的关系讲解清楚，不应无论什么情况都以通假来敷衍。

1. 教材的注释要正确使用"通"与"同"

教师一般是依照语文教材的注释来讲解文言文，让语文教师感到困惑的是，"通"与"同"在教材的注释中使用较乱，没有一个严格的区分。这恐怕是造成通假字讲解混乱的一个重要原因。如前所述，我们现在注释古文，遇到与本字意义本不相同的通假字，如用本字加以解释，一般应当用"通"字，即释为"某，通某"，说明二字的含义本不相同，只是偶尔通用；当用来解释的字与被解释的字含义完全相同，或在文中所使用的意义上相同时，一般应当用"同"来注释，即释为"某，同某"。异体字间相互注释、以今字释古字或同是借用来表达一个含义的通假字相互注释，多采用这种方式。有些通假字语文教材用"通"注释，这是符合一般规范的。如《屈原列传》："屈平既绌。"教材注："绌，通'黜'，指罢免官职。"[②]"绌"本无"罢免"义，而有"粗缝""不足"等含义，这里借来当"黜"用，是通假字。但也有的通假字教材中不用"通"来注释，而用"同"注释。如《齐桓晋文之事》："无以。则王乎？"教材注："以，同'已'，止。"[③]"以"无停止义，"已"才有停止的含义，这个"以"是"已"的通假字，所以用"同"来注释，是不合适的，应当用"通"来注释。语文教材中有的注释是符合用"同"的规范的，如前文举到的《硕鼠》"女"字例等，但也有应当用"同"而用"通"注释的。如《项脊轩志》："而母立于兹。"教材注："而，通'尔'。"[④]其实"而"不是"尔"的通假字，它本身就是第二人称代词，"而母"即你的母亲。"而"与"尔"原来各有自己的含

---

① 郭锡良等编著：《古代汉语》下册，第 46 页。

② 人民教育出版社语文二室编：《高级中学课本 · 语文》第 6 册，人民教育出版社 1989 年版，第 208 页。

③ 人民教育出版社语文二室编：《高级中学课本 · 语文》第 5 册，第 302 页。

④ 人民教育出版社语文二室编：《高级中学课本 · 语文》第 5 册，第 317 页。

义。《说文》:“而,颊毛也。”又:“尔,丽尔,犹靡丽也。”语言中有一个第二人称代词与它们读音相同或相近,于是它们都假借为第二人称代词来使用。因此,“而”与“尔”在表达第二人称含义上是相同的,不是通假关系,不应当用“通”来注释,应注为“而,同‘尔’”。

可见,要处理好通假字的教学,语文教材的注释首先应当注意规范使用“通”与“同”这两个注释术语,以免误导教师的教学。同时,语文教师也应当具备较强的分析汉字的能力,以突破注释术语的局限,向学生讲清楚字与字的各种不同关系。

2.正确区分通假字、假借字、古今字、异体字

语文教学要讲好通假字,还必须准确分析文言文中的各种用字现象。真正的通假字要按通假字来讲解,而不是通假字的字,则不能随便按通假字来讲解。不能一遇到与一般用字规范不一样的用字现象,就用通假来搪塞。

首先,应当把假借字与通假字区分开。用字之“通假”与造字之“假借”,虽有本质上的相同之处,但也有本质的差异。作为文字现象来研究,可以把二者放在一起来分析,从而阐明文字学上的借用之理。但从语文教学的角度看,还是要把二者严格区分开,这样能使学生更加准确、清楚地理解古人用字时的通假现象。其次,应当把古今字与通假字区分开。这是两种性质截然不同的用字现象。通假字是古人写的别字,严格说是错字。而文言文中使用古今字中的古字,不是古人写错了字,而是古人写的一个在当时用法完全正确的字,只是从后世用字规范角度来看它不合规范。即使是在今字产生以后古人为仿古而在写作时写的古字,我们也应当将其与一般的通假字区分开来。人们可能有些担心,怕在教学中因引入古今字概念而加重语文教学的负担。其实不会,古今字的道理并非特别难于理解,中学生是能够理解并接受的。再次,应当把异体字与通假字严格地区分开,决不能将异体字当作通假字来讲解。按理说,语文教材让学生学习的是规范的语文知识,应当用规范的现代用字来排印,不应当再出现异体字;排印时如果遇到古文中使用的异体字,也应当换成这个字的现代规范形体。大概是语文教材的编写者为了保持古文的原貌,语文教材中排印的文言文,还偶尔会出现使用异体字的现象。如《廉颇蔺相如列传》:“请奉盆缻秦王,以相娱乐。”教材注:“缻,同‘缶’,盛酒浆的瓦器。秦人歌唱,常击缻为节拍。”[①]“缻”是“缶”的异体,《集韵·有韵》:“缶,《说文》:‘瓦器,所以盛酒浆,秦人鼓之以节歌。’或从

① 人民教育出版社语文二室编:《高级中学课本·语文》第1册,人民教育出版社1987年版,第259页。

瓦。"《现代汉语词典》也只收"缶"而没收"缻",所以语文教材是不该使用"缻"来排印的。如果讲课时遇到这种异体字,要知道这是异体现象,不是写了一个别字,只是这个对字已不符合现在的用字规范而已。因此,讲课时不能将其与通假字混为一谈。

3.用正确的方法讲解通假字

通假表面看是文字问题,而本质则是语音问题。通假的两个字,形体和意义都没有什么联系,联系在语音上,即本字与借字的读音相同或相近。本字与借字相同或相近的读音,不是它们的现代读音,而是古时它们通假的那个年代的读音,所以人们又称通假为"古音通假"。因此,讲解通假字,不仅要从意义上讲透通假字的含义,而且要从语音上讲明通假字本字与借字的关系。语文教学中遇到通假字时,人们往往简单处理,只讲此字是某字的通假字,在句中表达的是什么含义,而对通假的原理则不作解释。这样讲解,学生就不知道古人为什么要写通假字,这两个字为什么能够通假等。当然,讲课不可能遇到通假字就把通假原理讲上一番,也没有这个必要,但必须在适当的机会,结合具体的文言实例,把通假原理讲清楚,以清除学生心中的疑团。

从现代读音角度分析通假字本字与借字的关系,有两种情况:其一,本字与借字的现代读音相同或相近。这种通假字,古代读音相同或相近;到了现代,本字与借字的读音仍然相同或相近。其二,本字与借字的现代读音不同。这种通假字,古代读音相同或相近,可是发展到现代,本字与借字的读音既不相同也不相近了。这两种情况的通假字,讲解时应采取不同的方法。前者,可直接说明该字是因与某字读音相同或相近而借用的通假字,然后按本字的含义解释借字在句中的意义。如《墨子·公输》:"吾知所以距子矣。"其中"距"与"拒"读音相同,"拒"是本字,"距"是借字,"距"表达的是"拒"所含有的"抵御"义。"吾知所以距子矣",即我知道抵御您的方法了。第二种通假字,在说明某字是某字的通假字时,还必须对本字与借字不同的现代读音加以解释,说明它们古代的读音是相同或相近的,所以古时能够通假,然后按本字的含义解释借字在句中的意义。解说时,只说明通假的这两个字古时音同或音近的道理即可,不必对它们的古音作详细描述,如什么声母、什么韵部等。如《论积贮疏》:"罢夫羸老易子而咬其骨。"其中"罢"是"疲"的通假字,"罢夫"即疲弱的人。"罢""疲"的现代读音相差很远,为什么能够通假呢?原因是它们的古音相同或相近,二字古皆属"并"母"歌"部,故可通。但语文课上不必讲解它们的声母与韵部,只说明它们古音相同或相近即可。

(曲阜师范大学文学院汉语教研室　阚景忠)

古代汉语虚词研究的两种路子[①]

从整个世界的语言学历史来看，真正科学的语言学是从18世纪初期起源于欧洲的历史比较语言学开始的。历史比较语言学之前，一般认为是语言研究的“前科学”或“非科学”阶段，那时的语言研究一般被称为“语文学(Philology)”。历史比较语言学及其以后的结构主义、转换生成等许多语言学流派，由于是在现代实证科学理论基础上建立的，才称为“语言学(Linguistics)”。具体到中国的汉语研究，则往往以1898年马建忠的《马氏文通》的出版，作为传统语文学(即“小学”)和语言学的分水岭。

关于“语文学”和“语言学”的区别，有很多讨论，观点看法也有很大差异。尤其牵涉到中国传统“小学”是语言学还是语文学、是科学还是前科学，争论就更大。靳蜀华《语文学、语言学之争述评》一文，言之甚详，可以参看。本文不再作转述与讨论，只简单谈一些普通的认识：

(1)从研究的目的看，语文学的目的在于解读经典；语言学的目的在于

---

① 1996年春，恩师殷正林先生忧于采薪，其所担任之古代汉语课嘱我代庖充竽。时正就读于山东大学中文系，本已惴惴于鄙陋肤浅，岂敢逞能而捉襟见肘邪？然师尊之命，又岂敢不俯首而听乎？仰望齐鲁最高学府之巍峨讲坛，心中诚惶诚恐，足下如履薄冰。思及以己昏昏，岂能使人昭昭？于是乎，台下博览旁求以运底气，细读究源以备质疑；课上尽条分缕析之余力，极牵连贯通之能事。后生注目，每至于洋洋于色；先生展眉，亦足以沾沾于心。古代汉语之执鞭生涯自此始，幸运耶？不幸耶？饮水冷暖，自知于心而已矣！

虽世浮人躁，厌学风起，生徒中仍有勤奋笃学之英才，不乏深思好问之俊彦。常常问及工具书使用，如有问曰：裴学海《古书虚字集释》与何乐士《古代汉语虚词词典》，训以同一虚词，解则差异迥然，优劣是非，何以决之？对此问题，颇感棘手。当时敷衍，曰“考虑考虑”；后来塞责，云“各取所需”。灵机一动，本文之思路略具；稍事梳理，拙篇之脉络初成。近来欣逢教改项目征文，草草成篇，以充字数。只图放言之痛快一时，何虑付梓而灾梨祸枣！所论不过井蛙之见，如遇方家不吝斧斤，则无聊而抛砖，庶可得引玉之幸运也。

描写语言事实、解释语言现象、揭示语言规律。但是，语文学在解读经典时，有时也要揭示语言规律；语言学当然也不会不解读经典。

(2)从研究的对象看，语文学以书面文献语言为主，对于鲜活的口语材料有所涉及，但往往是零星的和局部的；语言学则以鲜活的口语材料为主，当然也要涉及书面文献语言。

(3)从研究的方法看，语文学领域中也有一些科学的、具有可操作性的方法，但没有形成可以和语言学接轨的体系；在中国传统的“小学”领域，考据方法力求避免主观臆说，追求“信而有征”，因而被胡适称为是“最有科学精神的方法”；也有一些方法受研究者个人因素影响大，如关于古代典籍的语言风格、思想内涵等问题的评价。语言学则有一整套研究方法，如获得语言材料的调查方法、分析语言材料的统计方法、试验方法、转换方法、定位方法等等；这些方法都是具有可操作性、可重复性、可验证性的科学方法。

(4)从学科归属方面看，语文学往往不成体系，不是独立的学科，多是其他学科的附属品，如中国古代的“小学”，就是传统“经学”的附庸。语言学则自成体系，形成了独立的学科，有客观的研究对象，有系统的学科理论，有丰富复杂的学科体系，有科学的系统的研究方法。

(5)从学科性质方面看，也有人把“语文学”归属于人文科学，把“语言学”归属于自然科学或社会科学。

具体到古汉语虚词研究，也可以粗略地分为“语文学”的路子和“语言学”的路子两种。下面我们分别谈谈。

一、语文学传统中的古汉语虚词研究

传统“小学”是为解读经典服务的，传统“小学”的三个分支——文字、音韵、训诂中的“训诂”更是直接为解读经典服务。经典中的“虚词”，自然也是“训诂”的重要内容。“训诂”以解释经典中字、词的意义为主要任务，以此来实现“通经”的目的，但是虚词的意义又比较“虚”，即：主要具有语法意义，其词汇意义则抽象玄虚、难以捉摸，很难像解释具有词汇意义的“实词”那样进行准确的解释。因此，古代学者对待“虚词”，往往笼统地称为“语助”“词”“词也”“辞”“辞也”等等。

我国第一部专门解释虚词的著作，当推元代卢以纬的《语助》(又名《助语辞》等)。由于虚词的词汇意义“虚”，该书就结合文义，描述其在文章中的位置和作用，如：

“(兮)有在句中者,有在句末者,皆咏歌之助声。”[①]

可见,解释虚词,可以从虚词在句子中的位置来描述,如“有在句中者,有在句末者”;也可以归纳虚词所起的作用,如上“皆咏歌之助声”就归纳了“兮”的作用。

清代袁仁林的《虚字说》、王引之的《经传释词》、刘淇的《助字辨略》等著作沿着传统训诂学的路子继续探索。在民国和新的历史时期,又出现了裴学海的《古书虚字集释》、王叔岷的《古籍虚字广义》和萧旭的《古书虚词旁释》等著作,在描述虚词意义和用法方面继承了传统考据方法的“信而有征”的传统,尽量利用古书中的对文、异文和古注等材料,避免了凿空之谈。我们以萧旭的《古书虚词旁释》中关于“若”的解释为例,看看这一方法:

> 若犹乃也……《庄子·德充符》:“寡人恤焉若有亡也,若无与乐是国也。”成玄英疏:“虽君鲁邦,曾无欢乐。”成氏释下“若”字为“曾”,“曾”亦“乃”也。又《齐物论》:“舜曰:‘夫三子者,犹存乎蓬艾之间。若不释然何哉!’”成疏“乃不释然”。
>
> 若犹或也……
>
> 若犹及也、至也……
>
> 若犹与也……
>
> 若犹而也……
>
> 若犹此也……《战国策·赵策三》:“曷为久居若围城之中而不去也?”按上文若作此。《史记·鲁仲连传》亦作此字。《吕氏春秋·正名》:“使若人于庙朝中,深见侮而不斗,王将以为臣乎?”又“王得若人,肯以为臣乎?”按《孔丛子·公孙龙》《公孙龙子·跡府》若做此。[②]

萧氏全书都是用“甲犹乙也”的训释术语,列举虚词的各种意义,然后利用古籍中的对文、异文和古注等材料来证成其说。

裴学海《古书虚字集释》、王叔岷《古籍虚字广义》和萧旭《古书虚词旁释》,尤其后者,是传统训诂方法训释虚词的集大成著作,代表了传统训诂方法训释虚词的现有最高水平。由这些著作可以看出传统训诂方法主要从以下四个方面描述古汉语虚词的特征:(1)总结并描写虚词在句子中的位置;(2)归纳虚词所起的作用。(3)利用同义、近义或用法接近的虚词互训。(4)在词义训释方面充分利用古书中的对文、异文和古注等材料,有理有据。

---

① (元)卢以纬:《助语词集注》,王克仲集注,中华书局1988年版,第134页。

② 萧旭:《古书虚词旁释》,广陵书社2006年版,第256～258页。

二、语言学理论指导下的古汉语虚词研究

1898年马建忠的《马氏文通》的出版，使汉语研究进入一个新的历史时期，即：以西方语言学理论和现代语言学理论为指导，进行汉语研究。古汉语虚词的研究也呈现出新的面貌。在《马氏文通》中，把虚词（马氏称为“虚字”）分为四类，即介词、连词、助词、叹词（马氏称为“介字、连字、助字、叹字”），每类之中列举所包括的虚词；每个虚词条下，先总结其作用，再列举例子，如“以字之用七之二”一节：

> “以”介字也，连缀实字也。而用法有二：一司名字者，一司散动字者。其司名字者，先于所系动字者常也，而为义不一。
>
> “以”字以言所用者。……（举例从略——引者）
>
> “以”字以言所因者。……[①]

继《马氏文通》之后出版的大量的汉语语法学著作，大都是沿用这种研究古汉语虚词的方法。利用这些方法专门研究古汉语虚词的著作当推杨树达的《词诠》，该书初版于1928年，1954年由中华书局再版。以对“以”字的解释为例，看看该书解释虚词的方法：

> （一）抽象名词，故也。……（举例从略——引者）
>
> （二）外动词，用也。……
>
> （三）外动词，谓也，以为也。……
>
> （四）指示代词，此也。……
>
> ……
>
> （七）表度副词，太也，甚也。……
>
> （八）时间副词，假作已字用。……
>
> （九）介词，用也。……
>
> （一〇）介词，因也。……[②]

可见，《词诠》在解释虚词时，首先列出词性，再列出意义，然后列举文例。这种做法影响了后来众多的古汉语虚词著作，尤其是古汉语虚词词典、这方面的著作很多，恕不一一罗列，仅以2006年出版的何乐士先生所著《古代汉语虚词词典》中“若”字条为例：

> 若 ruò
>
> （1）连词

---

① （清）马建忠：《马氏文通》，商务印书馆1983年版，第262页。

② 杨树达：《词诠》，中华书局1954年版，第348～351页。

假设连词、选择连词、转折连词、并列连词。

①假设连词。多用于假设复句的前面分句中，表示假设，后面的分句表示结果。可译为“如果”“假如”等。

位于复句前面分句的主谓之间。……(例句从略——引者)

位于句首，在前面分句的谓语之前。……

……

②选择连词。……

③转折连词。……

④并列连词。……

(2)代词

人称代词、指示代词。……①

可以看出，在语言学方法指导下研究古汉语虚词，主要从以下一些方面揭示一个虚词的特征：(1)总结一个虚词的几种词性，如上举“若”，分属连词、代词、副词、助词四个词类；(2)在每一词性中，根据其在文中的作用进行再分类，如连词“若”，又分假设连词、选择连词等等。(3)描述虚词在句子中的作用，如关于假设连词“若”，“多用于假设复句的前面分句中，表示假设，后面的分句表示结果”。(4)解释其意义，如《词诠》解释介词“以”为“用也”“因也”，再如《古代汉语虚词词典》解释假设连词“若”为“如果”“假如”等。

三、两类古汉语虚词研究结论的比较

通过以上罗列可以看出，“语文学传统中的古汉语虚词研究”和“语言学理论指导下的古汉语虚词研究”对古汉语虚词的解释与分析各有其长，亦各有其短。

“语文学传统中的古汉语虚词研究”主要解释虚词的意义，尽量利用对文、异文和古注，用意义相同或相近的虚词进行互训，其结果是“认同”，即指明哪些虚词在某些情况下可以换用；其不足之处是对一个虚词的个性特征的分析和语法属性(词性)的分析不够到位，这是传统语文学自身无法避免的缺陷。

“语言学理论指导下的古汉语虚词研究”主要是分析一个虚词的词性，甚至进行再分类和三次分类，把一个虚词的语法属性尽量分析到位，在此基础上细致描写一个虚词的语法作用，其结果有利于进行虚词的“辨异”。由

① 何乐士：《古代汉语虚词词典》，语文出版社2006年版，第341～343页。

于这种研究能够尽量罗列一个虚词的各种用法，从而充分揭示虚词的个性特征，为用法相同或相近虚词的细微区别的辨析提供了直接的依据，同时也可以为一本书、一个时期的虚词系统的描写提供资料，当然也可以为虚词系统的历史发展的深入研究打下一个基础。这种研究同时也对虚词的意义和翻译方法进行说明。其不足之处是：由于目前的古汉语虚词研究，还没有形成一套判断词性的科学依据，所以对于同一个虚词的词性分析和用法分析，不同学者很难得出完全一致的结论。有时由于所依据的理论不同或辨别标准不同，会得出截然不同的结论，如定中结构之间的“之”，就有“助词”“介词”“连词”“代词”等不同认识。但是随着学术研究的深入和研究方法的更新，这些不足是可以逐渐被克服的。

四、两类古汉语虚词研究著作的应用

为了阅读古书而学习古代汉语，或者在阅读古籍时需要查阅某些虚词的意义。上文所说的传统语文学的古汉语虚词研究著作，比如王引之的《经传释词》、裴学海的《古书虚字集释》、王叔岷的《古籍虚字广义》和萧旭的《古书虚词旁释》等等，比那些运用语言学方法、侧重于虚词语法属性划分的虚词研究著作，更能解决古籍学习和阅读中遇到的问题，更切合实际的应用。因为这类著作在解释虚词的意义和用法的同时，也凭借扎实的文献功底和利用传统的考据学方法，把一个虚词的古注、异文、对文等资料搜集起来，对于理解古籍文句、学习和掌握虚词的确是助益非浅。

但是在高等院校中文系“古代汉语”教学中，两类古汉语虚词研究著作则具有同等重要的意义。大学中文系的“古代汉语”教学，主要是培养学生阅读古书的能力，但是也不能否认，有些学生有志于从事汉语史的研究，所以也应该看到：“古代汉语”课在培养学生阅读古书的能力的同时，还要使学生为从事古代汉语研究打一个良好的基础。这样，从传统语文学进行的古汉语虚词研究和利用语言学理论进行的古汉语虚词研究在古代汉语教学中都应该有所涉及，不可偏废，两类学术著作都应该介绍给学生，让学生熟练使用，使学生遇到一个虚词，把两类著作中对于同一个虚词的解释结合起来，兼采其长，为其所用，不仅准确地理解其意义，还要知道一个虚词的词性、用法。

在古汉语虚词研究领域，上述以语言学理论为指导的古汉语虚词研究，具有很强的活力。因为传统语文学方法的古汉语虚词研究，目的在于解读古文，虽然在实际应用方面具有不可替代的作用，但在虚词系统的研究方面、虚词系统的历史发展、个别虚词的历史替换以及实词的语法化过程、语法化的动因和机制等方面，则是无能为力的。语言学方法的引入，无疑为古汉语虚词研究开辟了新的道路，开拓了新的领域，把古汉语虚词研究推进新的历史阶段。随着现代语言学理论和方法的更新，尤其是近年来语法化理论、功能主义、认知语言学等新的研究视角的引入，语言学理论指导下的古汉语虚词研究必然会迅速发展，硕果累累。

有人仅仅从古籍阅读的角度，主张在“古代汉语”课上完全摒弃关于虚词词性和详细用法的讲解，只讲解虚词的意义；甚至以学生不能“记住”一个虚词的各种用法为理由，认为以语言学理论为指导进行的古汉语虚词研究陷入了“误区”。这种认识不免让人蹙眉：学生记住记不住什么，关键是老师的讲授方法和学生的努力程度，因为学生记不住某些内容，至多可以责备教材编纂者不该把一些烦琐的内容编入教材。如果责怪到研究者的头上，认为是他们走入了“误区”，那么《数学用表》没有几个人能够背诵，其编制者岂非千古罪人耶？

（曲阜师范大学文学院汉语教研室　张诒三）

古代汉语教学中人文精神的观照

人文精神是科学时代的人应该具备的素养，是国民整体素质的重要组成部分。现代社会全球化、信息化和高科技的发展趋势，要求现代公民具备良好的人文素质，能对自身及生存环境有起码的认识，有道德感、公民心；不仅关怀自我实现，而且关怀社会甚至人类文明的前途；不仅具有科学精神、科学素养，而且应饱含人文精神。但是当今某些大学生在道德素质、心理素质和文化认同方面存在的问题却令人担忧，甚至连起码的待人接物都成问题。对此，作为教育者，我们应该反思人文精神的回归问题。

“人文”这个词，人们曾认为是西方“人性”“人道”的代名词。其实，“人文”一词在中国古已有之。《易经·贲卦》的象辞上讲：“刚柔交错，天文也。文明以止，人文也。观乎天文，以察时变；观乎人文，以化成天下。”这是中国古代典籍中“文明”“人文”名词的初次出现。天文指自然现象，人文指人类的精神生活的各种形式。儒家提出了“格物”“致知”“诚意”“正心”“修身、齐家、治国、平天下”的为学纲领。当然，中国人的人文精神是宏富的、博大的。除了儒家思想还包括老庄哲学中崇尚自然的精神以及以魏晋玄学为代表的个性解放思想等。“古代汉语”教学作为一种语文教育，应该强化其传承语言和文化的功能，把挖掘和提升人文精神作为教学的目标之一。通过古汉语知识的教学，通过大量古文的诵读，从教学内容、教学方法的选择上，引导学生体会中国传统文化中所蕴含的深厚的人文精神，培养学生的人文素养，教学生堂堂正正做人。

一、古代汉语知识中人文精神的挖掘与培养

古代汉语知识包括文字、词汇、语法、训诂等方面的内容。教学过程中，我们根据它们内容上的特点，采用不同方法，挖掘语言知识中所蕴含的人文

精神,并寓之于知识的传授之中。

1. 文字学知识中人文精神的观照

文字是记录语言的符号系统,不同的文字服务于不同的民族、不同的语言。先民们用它来表示汉语词义、记录语言,使语言获得书面的存在形式,从而服务于本民族,所以其不同角度的取象造字必须有一定文化背景和群众基础,反映本民族思维特征。我们后人学习文字学知识时,就能够通过对汉字字形的分析,探寻其中所蕴含的丰富的文化内涵。在获得文字学知识的同时,又接受了人文精神的教育,并反过来依靠人文思想加深对文字知识的理解与记忆。如:近年来,社会上弃老不养,虐待亲生父母,甚至杀害父母的事情时有发生;至于对尊长缺少礼貌,更是一个相当普遍的现象,大学生也不例外。孟子曾说:"老吾老,以及人之老;幼吾幼,以及人之幼。"(《孟子·梁惠王上》)一个在家庭中不知孝敬父母长辈的人,很难想象他在社会上能敬重师长和尊长。目前中国社会上伦序失常的现象,并不比家庭内部的"尊老"问题少多少。而社会伦序的失常,除了表现在对尊长缺少礼貌外,更表现在大量的职务职责上的失伦失序,即不能在各自的职位上尽职尽责。因此,对"孝"的重新认识和唤回,就显得很有必要了。

许慎在《说文解字·老部》里说:"孝,善事父母者,从老省,从子。子承老也。"可见"孝"的本义是"尽心奉养和服从父母"。儒家思想中的"孝"指能养亲、尊亲。孔子说:"今之孝者,是谓能养。至于犬马,皆能有养。不敬,何以别乎?"(《论语·为政》)这是强调敬。《中庸》里说:"夫孝者,善继人之志,善述人之事。"这是说把继承祖先、父母的思想、行为当作孝。《礼记·祭仪》中说:"君子之所谓孝者,先意承志,谕父母于道。"随着封建社会的发展,孝成为大经大法的准则,不孝则被视为叛逆,不仅人共讨之,法律也重惩之。《商书》云:"刑三百(种)莫重于不孝。"汉代道教《太平经》把孝理解为"供养父母",提出:"人亦天地之子也,子不慎力养天地所为,名为不孝之子也。"汉代以后,历朝的统治者,大多提倡孝,所谓"以孝治天下"。其中最重要的原因,恐怕是为了社会的安定。中国社会以家族为单位,中国传统思想倾向于把人的社会性放在家庭行为中进行考察。这就要求修身,人们做到在家能尽孝,在国能尽忠;在家能敬兄慈幼,在社会能敬长爱幼,做到"老吾老,以及人之老;幼吾幼,以及人之幼"。把亲家精神推广到国家、社会,即所谓"修身、齐家、治国、平天下"。这一学说从秦汉以来两千多年间,激励着历代爱国志士严格修身,以"先天下之忧而忧,后天下之乐而乐"为怀,谱写了无数可歌可泣的不朽篇章。当今社会物欲横流,不少有识之士呼唤"孝道"回归,并以此激励人们提高自身修养。现在,"孝敬父母"的条文已正式列入《小学生守则》,成为国民基础教育的一项内容。在大学生中也要加强尊老爱幼、孝敬父母的教育,使他们增强亲情的天伦观念,懂得对家庭尽责就是对社会尽职的道理,将来走上工作岗位,也能做到尽职尽责。

2.语法知识中人文精神的观照

前文已提到,中华民族一贯提倡"孝",讲究"父慈子孝,尊长爱幼"。这种"尊卑有序"的人文精神不仅体现在敬称和卑称的不同称呼上(当然,有些敬、卑称反映的是封建等级观念,应摒弃),而且体现在汉语用对举方式构成的联合词组的结构上。按照汉民族特有的价值尺度来理解,往往是尊在前、卑在后,结构的稳定性非常突出,反映出强烈的尊长敬老、尊卑有序、内外有别的意识。如:表示尊卑关系的"天地、君臣、父母、夫妻、公婆、婆媳、师生、师徒",表示长幼关系的"父子、兄弟、姐妹、母子、祖孙",表示内外关系的"亲疏、亲戚、子侄"。

最有意味的是"母子"的排列次序,古汉语中还有"子母"的说法,如:

(1)燕雀之争处于一室之下,子母相哺也。(《吕氏春秋·谕大》)

(2)客有过,相我子母皆大贵。(《史记·高祖本纪》)

现代汉语中还有"子母扣儿""子母鸭"的说法。这种现象正好反映了词语次序的文化规定性。我们知道,中国传统道德规范强调长幼有序,同时也要求妇女恪守"三从四德"。母亲既是儿子的长辈,本身又是女性,两种道德观念在她身上形成冲突。"母子"和"子母"的并存,正是这种观念上的矛盾在亲属称谓结构上的表现。

汉语词语的这种尊卑有序的排列,也反映出中华民族和谐有序的社会行为准则约束自己的言行。"和谐"是人们的愿望,中国人在处世哲学中讲究"求中""不偏不倚",认为只有这样才能使对立走向和谐。

对于汉语词语的排列次序所反映出来的人文思想,我们在对学生进行人文教育时要有所取舍。其中体现的尊老爱幼、长幼有别、和谐的思想,在今天仍然有它的积极作用。而对于尊卑等级观念,则应摒弃,因为人人都是平等的,无所谓尊卑贵贱。拿"师生"来说,我们现在常说老师要做学生的朋友,即所谓"良师益友"。其实这种观念,早在孔子就已经具有了。《论语·学而》:"学而时习之,不亦说乎?有朋自远方来,不亦乐乎?人不知而不愠,不亦君子乎?"其中"朋"常被注释为"朋友"。其实,"朋"在这里是有特指的。这三句看来并不相关的话,为什么要连成一个章节,并且编《论语》的人还把这一段话放在篇首呢?《史记·孔子世家》说:"定公五年……孔子不仕。退而修诗、书、礼、乐。弟子弥众,至自远方,莫不受业焉。"原来这一章是孔子自述定公五年(前490)整理诗、书和制定礼乐、教育学生的。"学而时习之"

指“修诗、书、礼、乐”说的，“有朋自远方来”指“弟子弥众，至自远方，莫不受业焉”说的。“朋”指学生，先秦时代称学生为“朋友”。《孟子》中所说的“朋友”很多也指的是学生。“人不知”是指“不仕”说的，没有“推荐做官”的意思。通过这样的分析，可见这三句话并不是毫无关联的。它说的是孔子一生最光辉的事业——整理六经和开创私学。因此，编者把这一段话放在全书的开头，以示孔子对社会的重大贡献。先秦时老师们这种师生良朋的人文意识，对我们今天的教师，对将来要走上教育岗位的师范专业的大学生来讲，是很有启迪意义的。

3. 训诂学知识中人文精神的观照

古人的思想都寄寓在古籍之中，我们今天学习古代汉语，如果能发掘出古文中所蕴含的人文精神，就会加深对古代文化的了解，从而促进对汉语知识的理解，特别是对训诂中古文的标点、翻译的学习有很大帮助。

如《诗经·鄘风·相鼠》一诗中“止”的意义的确定就很有意味。《毛诗正义》中对“止”的意义共列举了三个解释：(1)毛传：“止，所止息也。”(2)郑笺：“止，容止。”(3)韩诗：“止，节。”到底哪个注释对呢？这需要联系思想和行文特点两方面来分析。从思想内容上看，这是一首讽刺当时统治阶级荒淫无耻的诗，骂他们连老鼠都不如。老鼠尚且“有皮”，“有齿”，“有体”；而统治阶级竟然“无仪”，“无止”，“无礼”。“仪”和“礼”的意义好理解，即礼节、礼仪、廉耻。在古人心目中，礼义廉耻就好比人的身体，它对人的意义，甚至比后者更重要。人类与其他万物，特别是动物的根本区别就在于人有礼义廉耻之心。荀子在《荀子·非相》中说：“人之所以为人者，非特以二足而无毛也，以其有辨也。夫禽兽有父子而无父子之亲，有牝牡而无男女之别，故人道莫不有辨，辨莫大于分，分莫大于礼，礼莫大于圣王。”由此可见，“礼”是人之为人的根本。因此，《相鼠》在讽刺人无礼时，说他们连老鼠都不如。诗中一、三章都说他们无“礼”，那第二章中的“止”的意义也应跟“礼节”“礼仪”有关。再结合行文特点来看，黄侃先生曾在《古书文句异例》中总结了先秦两汉文章的表达方法，其中有“变文”一科，即古人在行文时，为了避免重复，而有意使用不同的词来表达相同或相近的意思，使文词错落多变以达到一定的效果。《诗经》中有许多诗篇各章的内容差别不大，只是扩大了描写范围，加深了所表达的内容，在同样的位置换用有关词语。前代学者在注《诗经》时，已注意到揭示这些现象，如《诗经·周南·桃夭》：“之子于归，宜其室家。”“之子于归，宜其家室。”“之子于归，宜其家人。”孔颖达正义：“此云家人，家犹夫也，犹妇也。以异章而变文耳。”《相鼠》中“仪”“止”“礼”的用法也是如此，都是“礼节”“礼仪”的意思。综合这两个方面，“止”的三个注释中，

"节"最确切,应是"礼节"之义。

中国传统文化中注重礼义廉耻的思想,对今天的大学生来讲也有很现实的意义。现在的大学校园中,不注重礼仪、礼节,不自重,不自爱,不坚持人格尊严,进而不尊重他人的人格尊严的现象,比比皆是,这是很值得忧虑的。试想,一个连最起码的生活中的礼仪都不愿做或做不好的人,怎么可能期望他会成为一个有高尚品德和能成就大事业的人呢?这样的人,又怎能担负起21世纪的建设任务呢?因此,修身的话题,不是谈得多了,而是谈得不够。

我们主张在"古代汉语"教学中加强人文精神的教育,然而,却不能因此妨碍汉语知识的学习。作为一种成熟的语言,古代汉语形成了自己严整的语音、词汇、语法等方面的规范。对汉语知识尤其是古书的标点、翻译问题的处理,是否合乎古汉语的规范,应该作为我们判断的标准。

如对《论语·乡党》中"厩焚子退朝曰伤人乎不问马"一句的断句就应该慎重。曾有人这样断过:"厩焚,子退朝,曰,伤人乎不,问马。"王若虚在《滹南遗老集》卷五《论语辨惑》中说,这样断句,意谓"圣人至仁,必不至贱畜而无所恤也。义理之是非,姑置勿论,且道世之为文者,有如此语法乎?故凡解经,其论虽高,其于文势语法不顺者,亦未可遽从,况未高乎!"王若虚的意见是正确的,古汉语没有这种在疑问语气词后再加"不"字的疑问句。不考虑语法规律而去推求所谓"义理",只能陷入主观主义的泥沼。正确的断句,如陆德明在《经典释文》中所说:"一读至'不'字绝句。"即:"厩焚,子退朝。曰:'伤人乎?'不问马。"且不说问马与否能不能说明孔子的"仁",关键要看是否合乎古汉语语法规则。这一点一定要搞清楚,切不可本末倒置,为了人文教育而影响语言知识的学习。

二、古代汉语教学中人文精神的培养

深入地挖掘古汉语知识中所蕴含的人文精神,就能在教学中积极、灵活、有意识地从各个环节对学生进行人文精神的熏陶培养。

1.课堂教学形式的改革

采用怎样的教学形式进行教学,实际上也在无形之中影响着学生个性的形成。教学中是否以学生为中心,突出学生的主体作用,是一个重要的问题。在古汉语教学中,我们始终坚持以学生为中心,紧紧围绕学生在学习中提出的问题进行灵活处理、随机应变,改变传统教学以单纯传授知识的、以教师为主的沉闷、乏味、缺少交流的模式,而成为师生之间的交流、多向、生动活泼、气氛热烈的谈心与探讨。每次上课前,我们都拿出几分钟的时间,坐到学生中间,询问他们近一段时间学习的困惑与体会,及时调整授课内容。对于大多数学生通过自学，借助参考文献就能解决的问题，一带而过，集中精力解决大家普遍感到困惑的问题。这种以人为本、以学生为主的教学方式，经过我们几年的实践检验，发现效果很好，课堂教学的效率很高，学生学习的积极性也很强。

通过这种对学生学习情况的真实了解，每个学期，我们都有针对性地组织几次主题课堂讨论，鼓励学生各抒己见。教师就在与学生问题的探讨中，随机应变地从宏观上灵活处理，把握课堂教学的重点、难点。学生从中学会了敢于发表个人的见解，学会了民主协商，学会了尊重他人，学会了研究学问的方法。这种做法，使学生既张扬个性，又民主集中，既有主见，又尊重别人，无形中加深了师生之间的了解与感情，培养了学生对汉语学习的兴趣，提高了学习的积极性。在这样的课堂氛围中，学生分析、解决问题的能力不断提高，同时人文素质的提高也成了现实。

2.作业中人文精神的培养

"古代汉语"本身就是一门实践性、应用性较强的课程。从某种意义上讲，它很像数学课，如果仅仅停留在理论学习上就很难提高应用与实践能力。针对这种情况，在作业形式上，我们一直注重于两个层面上的实践能力的提高：一是古代汉语基础层面上的语言理解、分析、运用能力。这个能力的提高，主要是通过大量的课后练习来实现的。二是对古汉语各要素中蕴含的人文主义思想的观察、思考、研究能力。这一能力的提高主要采取两种形式：(1)如上文所谈到的，就某一问题在学生进行了充分的书面准备的基础上，组织课堂讨论。(2)教师事先开列出有关人文主义思想研究的论文题目，引导学生展开思考，启发他们的思路，指导学生积极进行研究，撰写专题论文，鼓励他们的独立见解，为培养学生的人文精神提供广阔的天地。当然对论文有具体的字数、时间的要求，并且按其质量给予成绩，记入该课程的总成绩中。

课堂讨论与小论文撰写的过程，既培养了学生对古汉语知识中蕴含的人文主义思想进行探讨的兴趣与自信心，又提高了学生对这一课题初步研究的能力，本身也是一次人文主义教育的过程。

陈寅恪先生在《吾国学术之现状及清华之职责》一文中曾提出："吾民族所承受文化之内容，为一种人文主义之教育。"先生的一句话，道出了中国传统语文教育的本质。古代汉语，作为一门承担着"本民族文化教化"任务的课程，应该把人文精神的挖掘与教育作为教学目标之一。

（曲阜师范大学中文系1993级汉语言文学专业　张丽霞）

由“通”和“同”说开去

——再谈初中教材的通假字

新课标初中语文教材所选文言文课下注释中有这样一种现象：有的标注某字“通”某字，有的标注某字“同”某字。如同是《论语十则》一课，注释就有三种说法：①说（yuè）：“悦”的古字，愉快。②女：同“汝”，人称代词，你。③是知也：这是聪明的。是，此、这。知，通“智”。

对于刚涉足文言文学习的初中生来说，他们肯定一头雾水：什么是“古字”？“通”和“同”到底有什么区别呢？其实，在以往的教材中，“同”是指异体字，“通”是指通假字，而“古字”则是指“古今字”。

简单地说，古今字是古代汉语中的一种形体分歧的字。例如，古字“辟”，兼有后代产生的“避”“壁”“僻”“譬”字的意思。因此，我们就把“辟”与后起的这些字称为“古今字”。原有的汉字“譬”称为“古字”（或“初文”），由它演变而产生的汉字称“今字”（或“后起字”“区别字”“分别字”）。为了便于初学，一般把古今字当作通假字处理，不再严格区分两者的界限。

异体字是一种不同形体的字，但不同于古今字，且在任何情况下都可以相互使用，如“村”和“邨”。文化部和文改会 1955 年 12 月联合发布了《第一批异体字整理表》；1986 年重新发表的《简化字总表》和《现代汉语通用字表》都对《第一批异体字整理表》中提出的异体字作了修订；2000 年颁布的《中华人民共和国国家通用语言文字法》规定异体字为非规范汉字，除了像“姓氏中的异体字”等六种情况使用外，其他场合不允许使用。这就明确地告诉我们，初中阶段无须再对学生提及异体字。如《核舟记》中“箬篷覆之”中的“箬”和“篛”为异体字，注释中就不再标注。

通假字大量存在于文言文之中，而我们如果不掌握通假字的用法，则无法对古籍进行有效的学习。“通”是“通用”，“假”是“借用”。通假也叫“通借”，即借音同或音近的字来代替本字。通借不同于“六书”中的假借，二者的根本区别在于通借“本有其字”，而假借“本无其字”，但习惯上也有把“通假”称为“假借”的。

值得一提的是，今天我们所说的通假字，是广义的通假，它包括两个方面：一是古音通假，即用音同或音近的字来替代另一个字，也就是严格意义上的通假字，如以“蚤”代“早”“亡”代“无”等；二是古今字，即古字与后起字之间的相互替代，如“禽”代“擒”“说”代“悦”等。“禽”和“说”原是古字，“擒”和“悦”则为后起字（今字），但在今字产生以后，仍有人书写古字，这就发生了以古字通假今字的现象。习惯上，通常把这两种现象都看作通假字。

按照通假字与本字的形体联系，我们通常将其分为三种情况：一是声符与本字有联系的通假字，包括通假字只是本字的声符，或本字只是通假字的声符两种情况。如“知”通“智”，“ 阙”通“缺”。二是声符相同而形符不同的通假字。如“距”通“拒”，“畔”通“叛”。三是字形完全不同，纯粹因音同或音近而替代的通假字，包括同音、双声（声母相同）、叠韵（叠母相同）三种情况。如“裁”通“才”，“有”通“又”。

之所以说“再谈”，是因为通假字这个文言文字现象已被众人屡次谈及。经历了一个漫长的历史过程，汉字经由甲骨文到简化字的洗礼，有的面目皆非，甚至张冠李戴，然而历代文人总是呕心沥血、殚精竭虑地探究一个字的身世。这种精神令我们敬佩，因为正是这些学者的执著才让我们有幸看到历史的真实，才使我们看到真实的历史而不至于数典忘祖；而正是出于这种历史责任，所以现代汉语中才出现了“古今字”“异体字”“通假字” 等概念。

中华人民共和国教育部于2001年制订颁布实施的《全日制义务教育语文课程标准（实验稿）》明确规定：7～9年级的学生“阅读浅易文言文，能借助注释和工具书理解基本内容” 。对于十几岁的少年来说，初中课本注释中所出现的“通”“同”“古今字”等说法确实令他们一头雾水，其实现在都可以宽泛地归纳为通假字。这样减少的是由不同概念而带来的迷惑，增加的是他们对古籍经典的兴趣。同时，笔者认为，以后初中课本的注释完全可以考虑去掉“同”和“古今字”这样的提法，一律按通假字来处理。当然，作为“答疑解惑”的师者，却万不能“一盆糊涂一盆酱”而混为一谈。我们应该在前人的基础上认真钻研，古为今用，推陈出新。我们作为初中生的文言文启蒙老师，都系统地接受了汉语言文学的教育，理应了解并掌握这些语言现象。只有这样，当学生问及相关问题时，才能高屋见瓴，将正确的知识教授给他们，而不至于误人子弟。

附:新课标初中阶段所有的通假字(分三类,共39个)

1.声符与本字有联系的通假字,包括通假字只是本字的声符或本字只是通假字的声符两种情况。

通假字	本字	词义	例句	册数
女	汝	你,你们	由,诲女知之乎!(《论语十则》)	七上
不	否	吗(表示肯定或否定的发问)	尊君在不?(《陈太丘与友期行》)	
知	智	聪明,智慧	知之为知之,不知为不知,是知也。(《论语十则》)	
			孰为汝多知乎?(《两小儿辩日》)	七下
坐	座	座位	满坐寂然。(《口技》)	
火	伙	同伙	出门见火伴,火伴皆惊忙。(《木兰诗》)	
转	啭	鸟叫声	蝉则千转不穷。(《与朱元思书》)	八上
反	返	返回	经伦世务者,窥谷忘反。(《与朱元思书》)	
见	现	表现	才美不外见。(《马说》)	八下
材	才	才干,本领	食之不能尽其材。(《马说》)	
支	肢	手和脚	至舍,四支僵劲不能动。(《送东阳马生序》)	
属	嘱	嘱咐	属予作文以记之。(《岳阳楼记》)	
具	俱	统统,全都	百废具兴。(《岳阳楼记》)	
仓	苍	灰白色	仓鹰击于殿上。(《唐雎不辱使命》)	九上
曾	增	增加	曾益其所不能。(《生于忧患,死于安乐》)	九下

2. 声符相同而形符不同的通假字。

通假字	本字	词义	例句	册数
帖	贴	张贴	对镜帖花黄。(《木兰诗》)	七下
诎	屈	弯曲	卧右膝,诎右臂支船。(《核舟记》)	八上
被	披	穿着	同舍生皆被绮绣。(《送东阳马生序》)	八下
			将军身被坚执锐。(《陈涉世家》)	九上
昌	倡	倡导,发起	为天下唱,宜多应者。(《陈涉世家》)	
错	措	留意	以君为长者,故不错意也。(《唐雎不辱使命》)	
距	拒	抗拒	子墨子九距之。(《公输》)	九下
畔	叛	背叛	寡助之至,亲戚畔之。(《得道多助,失道寡助》)	

3. 字形完全不同,纯粹因音同或音近而替代的通假字,包括同音、双声(声母相同)、叠韵(叠母相同)三种情况。

通假字	本字	词义	例句	册数
乌	无	没有	既而风定天清,一切乌有。(《山市》)	七上
裁	才	刚才	数至八层,裁如星点。(《山市》)	
强	僵	僵硬	昂首观之,项为之强。(《童趣》)	
竦	耸	耸立	山岛竦峙。(《观沧海》)	
扳	攀	牵引	日扳仲永环谒于邑人,不使学。(《伤仲永》)	七下
止	只	只有	止有剩骨。(《狼》)	

续表

通假字	本字	词义	例句	册数
阙	缺	缺少，中断	两岸连山，略无阙处。（《山峡》）	八上
有	又	连接整数和零数	对联题名并篆文，为字共三十有四。（《核舟记》）	
衡	横	横	左手倚一衡木。（《核舟记》）	
要	邀	邀请	便要还家，设酒杀鸡作食。（《桃花源记》）	
食	饲	喂养	食之不能尽其材。（《马说》）	八下
邪	耶	吗（表疑问语气）	其真无马邪？（《马说》）	
			孤岂欲卿治经为博士邪？（《孙权劝学》）	七下
甫	父	男子美称，多附于字后	天启壬戌秋日，虞山王毅叔远甫刻。（《核舟记》）	八上
与	举	推荐，推举	选贤与有。（《大道之行也》）	
矜	鳏	老而无妻的人	矜、寡、孤、独、废、疾者皆有所养。（《大道之行也》）	
以	已	已经	固以怪之矣。（《陈涉世家》）	九上
			自董卓已来。（《隆中对》）	
信	伸	伸张	欲信大义于天下。（《隆中对》）	
著	着	遭受	更著风和雨。（《卜算子·咏梅》）	

（曲阜师范大学附属中学　颜华）

谈谈如何解释古文中的词语

中华民族有着五千年的光辉灿烂文化，继承和发扬古人的优秀文化遗产就成了我们所要面临的一项重要任务。在这种形势下，古代汉语的学习便成了我们的当务之急。由于古人生活的时代距今较远，再加上语言的不断变化发展，所以我们在阅读古书时难免会遇到很多语言文字上的障碍，出现阅读不顺畅、理解不透彻等问题。如何扫除这些障碍而做到文通字顺，就成了摆在我们面前的一个重要问题。鉴于此，本文试从以下几个方面对此作简要的论述。

一、利用语境解释词语

语境这一概念，在中国古代虽然没有被明确地提出来，但很多训诂学家已经在自觉地运用语境来解释词语、校勘古籍了。什么是语境呢？“语境是现代语义学上的术语，指的是语言环境，包括词语的上下文环境和使用语言的具体时间、场合、文化背景等。同一个词，在不同的语境中含义可能是不同的。”①

（一）利用内部语境正确解释词语

1. 根据古人的行文特点正确解释词义

自古以来，中国人行文讲究对称、对偶，讲究上下呼应、一气呵成，这种行文方式不仅可以使语意完足、文气畅通，而且还具有形式美。在释义时我们应注意把握古人的这种行文体例，以便更好地理解文章主旨。我国古代的文化典籍浩如烟海，在短时间内是不可能细致掌握它们的，要学好古文就

① 孙永选、阚景忠：《新编训诂学纲要》，齐鲁书社 2007 年版，第 97 页。

必须掌握一些学习方法。当我们不能完全了解每一个字的涵义，而又必须对古文进行翻译时，我们应该如何去应对呢？先来看以下例子：

①塞向墐户。(《诗经·豳风·七月》)

首先，我们要了解"塞向墐户"是一个并列结构。如果知道"塞"是"堵住"的意思，"户"是单扇门的意思，但不知"墐"为何义，我们可以利用这个并列结构来推断其他字的含义，因为"户"是名词，"向"自然也是名词，那么"塞"和"墐"也一定都是动词，所以"塞"和"墐"意思至少有相通的地方，甚至相同。通过这种方法，我们就基本上可以理清这句话的含义了。

②陷之死地而后生，置之亡地而后存。(《史记·淮阴侯列传》)

此句中的"陷"和"置"意义相近，"死"和"亡"意义相同。此外，对于"门当户对"这个词，我们也可采用同样的方法来进行分析。

2.根据古人特有的修辞方式解释词义

古人所创的一些修辞方式，有一些保留至今仍为我们所使用，比如"比喻"这种修辞方式。但还有一些修辞方式，对我们来说，并不是非常熟悉的，如互文、对文、连及、复语、倒文、省文、叠字等。因此，学习时，要把注意力集中到这些修辞方式上。

(1)互文。"互文，也叫'互文见义'，或简称'互见'，其特点就是上下文义互相呼应，补充。"[①]

①东西植松柏，左右种梧桐。枝枝相覆盖，叶叶相交通。(《汉乐府·为焦仲卿妻作并序》)

对这句话不可以简单地理解为："东西两边种松柏，左右两边种梧桐。"更不能只是就句论句地理解为"枝枝相覆盖"而不"交通"。那么，"叶叶"是不是只"相交通"而不"覆盖"呢？很显然，这种解释是讲不通的。根据我们现实生活中的常识，树枝和树叶的生长规律并非如此。这句诗中"东西"就是指"左右"意，"覆盖"和"交通"的意义也是相近相通的。古人采用这种互文的修辞方式，实际上是变化句式，避免重复、单一，使形式上更具有变化美，在表意上也更加完足。

②主人下马客在船，举酒欲饮无管弦。(白居易《琵琶行》)

单从句子表面来理解，主人和客人两人不在一个地点，怎会有"举酒欲饮"的想法呢？事实上如果了解这句诗是采用了互文的修辞方式，那么这句话的意思也就不难理解了，其实就是"主人和客人都下了马，上了船"。

① 郭锡良等编著：《古代汉语》，天津教育出版社1996年版，第877页。

(2)并提。“为了使句子紧凑，文辞简练，古人又常用并提法以行文。所谓‘并提’一般是把两件相关的事并列在一个句子中来表述。”[①]

自非亭午夜分，不见曦月。（北朝北魏·郦道元《水经注·巫山、巫峡》）

“亭午”是“正午”的意思，“夜分”是“半夜”的意思，“曦”是“日光”，在这里指“太阳”，“月”是“月亮”。这句话应该这样理解：“自非亭午，不见曦；自非夜分，不见月。”

(3)倒置。“倒置不同于文言文语法中所说的倒装。倒装是有条件的，今人所谓‘倒装’，对于古人来说原是正常的句式。倒置并不是一种规律性的现象，也不是一种值得肯定的修辞方式。”[②]

古人写诗时，为了营造氛围，更好地表情达意，往往采用倒置的修辞方式。另外一种情况是，为了让诗歌押韵，使诗句读起来朗朗上口，富有节奏感和音乐美，也运用倒置的修辞方式。

①竹喧归浣女，莲动下渔舟。（唐·王维《山居秋暝》）

按照我们今天的理解应是“浣女归而竹喧，渔舟下而莲动”。

②香稻啄余鹦鹉粒，碧梧栖老凤凰枝。（唐·杜甫《秋兴八首》）

单从字面上我们很难发现这句诗到底是什么意思，一旦了解了其修辞手法，其诗意也就自现了。

(4)委婉。“不直言其事，故意把话说得含蓄、婉转一些，叫做委婉语。”[③]

①一旦山陵崩，长安君何以自托于赵？（《战国策·赵策四》）

“山陵崩”，在这样一个语言环境下很显然是指赵太后离世。在中国人的心中，是非常注意忌讳的。即使是生病，也要采取委婉的说法，直言去世更是犯了大忌讳了。更何况赵太后和触龙是君臣关系，直言其实，更是大逆不道，所以此时此景，触龙只有采用委婉语来假设一下情况，达到成功劝说赵太后的目的。

②天下见臣尽忠而身蹶也。（《战国策·秦策三》）

“蹶”本指“跌倒”，在这里也是用了委婉的修辞手法，用来指人的“死亡”。

3. 根据上下文意判定字词含义

在我国古代，很多数字都有特殊的意义和用法，在学习过程中一定要根据具体的上下文来理解，活学活用。以数字“三”为例，它除了有虚词的用法

---

① 郭锡良等编著：《古代汉语》，第876页。

② 郭锡良等编著：《古代汉语》，第879页。

③ 郭锡良等编著：《古代汉语》，第879页。

外，还可用作实词。例如：

①千里之马至者三。（《战国策·燕策一》）

这里的“三”不是确数，而是概数，不能直接翻译为“来了三匹千里马”，而应理解为“来了很多千里马”。正如“三人行，必有我师焉”这句话，我们应译为“几个人一起走路，其中一定有可以做我的老师的人”。此类用法还体现在以下几个成语的用法中，如：“三寸不烂之舌”“三言两句”“三令五申”“三心二意”“举一反三”等等。以上几例都是“三”的虚指用法。但是，在以下几个成语中，“三”的用法又截然不同，如“岁寒三友”“约法三章”“三顾草庐”“二桃三士”“白璧三献”“三顾草庐”等等，这几例中的“三”都是实指，是确指。因此，学习古文的时候，这种现象必须引起我们注意，依据具体情况具体分析，切不可以偏概全。

②上曰：“人果不可无学，观黯之言也日益甚。”（《史记·汲郑列传》）

“学”，一般来讲，经常翻译为“学问”，但在这种语境下却不可以译为“学问”的意思，因为汲黯作为汉代的官吏，没有学问是显然讲不通的。这就要结合当时大的时代背景来理解，当时汉武帝实行“罢黜百家，独尊儒术”的政策，把儒学提高到了一个至高无上的地位。而汲黯却信奉黄老之学，以至于自己的思想和言行离汉武帝的要求越来越远，后来竟到了坐法免官的地步，一定程度上影响了自己的仕途。

③譬如田猎，射御贯，则能获禽。（《左传·襄公三十一年》）

这里的禽不单指“飞禽”，因为打猎时只打飞禽、不打走兽是没有道理的。

④吾有一术，名五禽之戏，一曰虎，二曰鹿，三曰熊，四曰猿，五曰鸟，亦以除疾，并利蹄足，以当导引。（《三国志·魏书·华佗传》）

这个例子中的“禽”很显然是包括了我们今天所说的飞禽和走兽的范围。

⑤似逢我公，车边病是也。（《三国志·魏书·华佗传》）

《说文解字·疒部》：“病，疾加也，从疒丙聲。皮命切。”可见，“疾”和“病”的程度是不同的，如果不依据上下文，只按今义去理解，则很难想象“病”怎么可以放在“车边”。所以这句话中“病”就不应解释为“疾加”的意思，而应解释为“寄生虫”。

“售”在古代既表示“卖出去”的意思，又表示“买下来”的意思，而今义“售”只表示“卖”。例如：

⑥唐氏之弃地，货而不售。（唐·柳宗元《钴鉧潭西小丘记》）

“货”，“出卖”义，“售”表“卖”义。

⑦余怜而售之。（唐·柳宗元《钴鉧潭西小丘记》）

“售”是“买下来”的意义。同一个字在不同的语境中意思却截然相反，语境对于解释词义的重要性就可见一斑了。

4.深入了解文化背景，正确解释词义

文化背景也属于语境，是一种更加灵活自由的语境——外部语境。由于古人生活的时代距今较远，古人的日常生活是什么样子？他们的衣食住行、饮食起居与我们今天又有什么异同？我们知之甚少，因此就造成了对很多知识点的理解往往是一知半解。因此，全面细致地了解古代制度、风俗习惯等文化背景，就可以全面展现古代人类社会的文化氛围和历史场景，增加对更深层次知识的理解。

“举案齐眉”中的“案”，有的教材直接把它解释为“端饭的盘子”。我们认为这种解释是不恰当的，至少是不够具体的，因为我们今天依然用一种盘子来盛菜。《说文解字·木部》：“案，几属，从木安声。”“案，古时盛食物的短脚木托盘，用来盛物。”[①]

读过《鸿门宴》的人都知道，里面的座次问题比较复杂，是本文学习中的一个难点。时至今天，我们在宴请聚会时，依然要讲究座次，否则就是不懂礼节，是要闹笑话的，因为座次的背后蕴藏着巨大的学问，反映了每个人在群体中的地位高低。中国是文明古国、礼仪之邦。自古以来，礼在人们生活中的方方面面都显得格外重要。人们待人接物、饮食起居都要合乎礼的规范。当然，古人对座次也是非常讲究的。

项王、项伯东向坐，亚父南向坐。亚父者，范增也。沛公北向坐，张良西向侍。（《史记·项羽本纪》）

“在室内以坐西向东的位置为最尊，其次是坐北向南，再次是坐南向北，坐东向西的位置最卑。”[②]“项羽自坐东向，是其自尊自大的表现；范增虽是谋士，却号称亚父，因此南向，司马迁偏偏在这里加上对‘亚父’一词的注解，也有说明他何以南向坐的意思；刘邦北向，说明项羽根本没把他当成客人平等地对待，其地位还不如项羽手下的谋士；张良的地位更低，当然只能西向，而且要加一‘侍’字。樊哙后来进入帷帐，因为他只是个车右，所以连个座位也没有，只能随着张良在最卑的位置，而且站着，给他酒，也只能‘立而饮之’。在这个席面上项伯最不好安排。他是项羽的叔叔，在家里他尊，在军中则侄

① 林三松：《文言文学习手册》，外语教学与研究出版社1982年版，第93页。

② 许嘉璐：《中国古代衣食住行》，北京出版社2002年版，第149页。

儿尊，只好稍加权变，与项羽同坐东向。”[①]这段描写是反映项羽人物性格的一个非常精彩的镜头，但是如果不了解关于座次的文化背景，在读这段文章时就会味同嚼蜡，认为这是完全多余的描写；而掌握了文章后面的背景，才有助于更好地理解文章的主旨。

“氓之蚩蚩，抱布贸丝”中的“氓”为什么不拿钱来直接买丝，而要抱布来换丝呢？因为在古代很长一段时间内是没有货币的，人们如果需要别人的东西，只有“以物易物”，拿价值相等的物品去交换，所以出现了“抱布贸丝”的情况。因此，在学习的过程中，这种知识点一定要搞清楚，这样才能有助于我们透彻理解所学的知识点。

语境是一个非常宽泛的概念，依据语境训诂的方法还有很多，例如根据文章主旨、历史事实、说话人的身份等等。正确运用语境对于我们理解古文有巨大的帮助，而且境训与其他训诂方法相比具有更多的灵活性和更宽广的自由度。

二、运用联系的观点正确解释词义，尤其要注意古今词义的比较

语言具有时代性，同一个词在不同时代有着不同的用法，这种差别有时还是很大的。因此，古今词义的比较可以帮助我们理解一个词古与今的差别，以便更好地学习和掌握它们。如：

1.脚

《说文解字·肉部》：“脚，胫也，从肉却声，居勺切。”可见，“脚”的古义与今义是有着显著差别的。今天我们所说的“脚”在古代叫“足”。《说文解字·足部》：“足，人之足也。在下。从止、口。凡足之属皆从足。即玉切。”可见“足”的古今词义也是有着显著差异的。

2.虫

《古汉语常用字字典》：“虫：动物的通称。”《说文解字·蟲部》：“有足谓之虫，无足谓之豸。从三虫。凡虫之属皆从虫。直弓切。”古代的“虫”包括的范围比较广泛，“老虎”曾被称为“大虫”，例如：

①武松抬头看时，上面写道：“近因景阳冈大虫伤人，但有过往客商，可趁午间结伙过冈，请勿自误。”（元末明初·施耐庵《水浒传》第23回）

②忽然起了一阵狂风。那一阵风过了，只听见乱树背后扑地一声响，跳出一只吊睛白额大虫来。（元末明初·施耐庵《水浒传》第23回）

---

① 许嘉璐：《中国古代衣食住行》，第150页。

文中提到的“大虫”就是“老虎”。直到现在，济宁等地仍把“麻雀”称作“小虫”，可见古代的“虫”曾经包括的范围是多么广泛。

3. 再

“再”在今天表示“又一次”的意思。与古代的“再”含义不同。比如：

①一不胜而再胜。(《史记·孙子吴起列传》)

其中的“再胜”表示“胜两次”的意思，结合上下文就可以知道，当时的比赛规则是三局两胜为赢。

②贞元初，挟其能，战艺于京师，再进，再屈千人。(唐·韩愈《蓝田县丞厅壁记》)

这里的“再”也是两次的意思。

4. 赂

诚得至，反汉，汉之赂遗王财物，不可胜言。(《汉书·张骞传》)

“赂”在古代是“送人财物”的意思。中国人自古以来，就非常崇尚礼仪，重礼节。古人把“滴水之恩，当以涌泉相报”作为君子重要的人生信条。因此，在这种语境下“赂”字显然没有贬义。而在今天则有“贿赂”的意思，这是词语的感情色彩发生了变化。词语的感情色彩不同，也是古今词义差别的一个方面，也需要引起我们的注意。

5. 璧

《鸿门宴》中，有一段关于刘邦送给项羽礼物的描写，刘邦送了项羽等人好几种礼物，但只送璧给项羽。那他为什么不送其他东西呢？为了更好地解决这个问题，我们不妨联系其他的材料来理解一下。《说文解字》：“璧，瑞玉，圆也。”“半璧江山”，“指保存下来的或丧失掉的部分国土”。

晋主不衔璧军门，则走死江海。(《资治通鉴·晋纪》)

其中“衔璧军门”的意思是“到军门来投降”。“古书记载国君向敌国投降时，双手反缚，口衔璧玉，奉为礼物。”[①]可见，“璧”在古代是不同于其他礼物的，有自己独特的象征意义，它象征着国土和君权。刘邦送璧给项羽是意在表达自己无意与项羽相抗衡、唯俯首称臣的意思，从而给项羽吃了一颗定心丸，为自己安全脱身做好了准备。

三、小心求证，切忌望文生义

①巫医乐师百工之人，君子不齿。(唐·韩愈《师说》)

① 郭锡良等编著：《古代汉语》，第255页。

“不齿”二字，我们很容易理解为“不值得一提”，事实并非如此。“‘不齿’意为不能同列，表示极端鄙视。”[①]“一言既出，驷马难追”的意思就是一句话说出了口，就是套上四匹马拉的车也难追上。指话说出口，就不能再收回，一定要算数。有时我们很容易把“驷马”理解为“四匹马”。古人有两匹马拉的车叫“骈”，三匹马拉的车叫“骖”，四匹马拉的车叫“驷”。“古人以四马为常，所以古人常以驷为单位计数车马。《论语·季氏》说‘齐景公有马千驷’，这不只是说他有四千匹马，也指他有一千辆车，一车为一乘，说到多少乘也就意味着多少组与之相应的马。”[②]

②粪土之墙不可污也。(《论语·公冶长》)

这里的“粪土”是“脏土”的意思，粪土连用不是指粪便的意思，粪便是其后起意义，是由脏土的意义引申出来的。所以“粪土之墙”也千万不可以理解为“粪土做的墙”，否则就该贻笑大方了。

古人说得好，“工欲善其事，必先利其器”。由于时代原因、阅历不同、知识积累等种种因素，古汉语的学习过程中会遇到种种困难，但只要掌握一些学习古汉语的方法，任何困难都是可以克服的。

（曲阜师范大学文学院2007级汉语言文字学专业硕士研究生　姜蕾）

① 卓娜：《训诂学基础》，吉林大学出版社2007年版，第298页。

② 许嘉璐：《中国古代衣食住行》，第164页。

“词类活用”说的再认识

《古代汉语》教材和中学语文课本上，在讲解文言文中一些字词意义的时候，必然用到“词类活用”这一概念。所谓“词类活用”，就是一般认为是甲类词的，偶尔当成了乙类词来使用，或者是具有了不同寻常的语法特征。关于这一概念的来龙去脉，在此不再讨论，只想就“词类活用”现象和这一概念的使用，谈谈近年来一些新的探索。所论多是同行专家的意见，偶尔有我自己的一些思考，亦多为肤浅之见。

一般所说的“词类活用”，包括以下几种情况：

(1)名词或形容词作动词。如“解衣衣我”中“解衣”之“衣”为名词“衣裳”，“衣我”之“衣”则“活用”为动词“给……穿上”。再如“如好好色”中“好色”之“好”为“美好”义，为形容词；“如好”之“好”为“喜好”义，为动词。

(2)动词、形容词、名词的使动用法。所谓使动用法，是指谓语动词具有“使宾语怎么样”的意思。如：“项伯杀人，臣活之”一句中，“活”本来是不及物动词，在句中却带了宾语，是“使……活”的意思。再如：“纵江东父兄怜而王我，我何面目见之?”句中“王”本为名词，这里是“使……为王”的意思。

(3)名词、形容词的意动用法。所谓意动用法，是指谓语动词具有“认为(或以为)宾语怎么样”的意思。这种意动用法只限于形容词和名词的活用，动词本身没有意动用法。如：“吾妻之美我者，私我也”中，形容词“美”是“以……为美”，带了宾语，是动词性质的了。再如：“令我百岁后，皆鱼肉之也。”句中“鱼肉”本为名词，这里是“以……为鱼肉”的意思，带了宾语，是动词性质的了。

(4)名词作状语。如“杖杀”“枪毙”“蚕食”“狼吞虎咽”中“杖”“枪”“蚕”“狼”“虎”等，都是名词，却用在动词前，作状语了。

针对以上几种“活用”情况，本文主要讨论前三种，即“名词或形容词作动词""动词、形容词、名词的使动用法""名词、形容词的意动用法"三种。

"'词类活用'理论"和"'词类活用'现象"是两个不同的概念。"'词类活用'理论"是指以上所说的"名词或形容词作动词""使动用法""意动用法"等概念;"'词类活用'现象"是指在接受"'词类活用'理论"的前提下,可以用这一理论进行解释的古代汉语的语言事实。

一、"词类活用"说为权宜之计及其缺陷

1898年《马氏文通》的出版,标志着汉语研究由传统的语文学过渡到语言学阶段,汉语研究开始在西方语言学理论指导下进行。《马氏文通》开辟了运用西方语言学理论观察汉语现象的思路,比如词类划分、句形归类、句式划分、句子成分分析等等。随着在大学开设"现代汉语"和"现代汉语语法学"等课程,在中学语文教材中也加入了一些现代汉语语法知识。与此同时,古汉语语法研究却跟不上实际的需要,尤其是一些特殊的、不同于现代汉语的语法现象,如"古之人不余欺也""解衣衣我"等句子,如果只利用训诂学的知识,解释句子的意义,让人明白是什么意思,并不困难;如果从语法的角度进行解释,在古汉语语法研究形成完整的系统理论之前,的确是相当困难的。在归纳出古代汉语语法的科学有效的解释系统之前,只能以现代汉语的语法规则为参照,对古汉语中的一些特殊的语法现象进行归纳和解释。于是,"宾语前置""词类活用"等概念应运而生。

在完善的古汉语语法系统建立之前,"词类活用"说无疑是从语法学的角度对古汉语中一些不同于现代汉语的语法现象进行解释的有效办法。这一做法能够把传统训诂学中仅仅用"破读"或单独训释的零星材料贯穿起来,形成一种规律性的认识。因为这些概念概括了古代汉语中的一些特殊语法现象,能够帮助初学者认识和解释古汉语学习中的一些具体问题。对于阅读、理解古文,认识古代汉语的语言特点,具有不可替代的作用。对于指导文言文教学,具有积极意义;对于初学者学习文言文能起到举一反三、以简御繁的作用。这些是不容否认的。

但是,应该看到,"宾语前置""词类活用"等概念本身不够严密,因为"宾语前置"就包含着汉语的"宾语"应该在动词后面的意思,但从全世界的众多语言看,以宾语出现在动词前面为主要语序的语言并不在少数。如果以宾语出现在动词前为正常语序的话,那么就会认为古代汉语中宾语在动词前是正常的,而现代汉语反而是"宾语后置"了。再说"词类活用"中"名词作动词"现象,比如"解衣衣我"一句,按通常的解释,一般认为前一个"衣"是名词,是"衣"的本来属性,后一个"衣"由名词"活用"为动词了;如果我们说

"衣"本来是动词,"解衣衣我"的前一个"衣"是由"动词"活用为"名词"了,可不可以呢? 当然可以! 那么"衣"本来是名词还是动词,怎么能够证明呢? 可见,"宾语前置""词类活用"等概念本身是有问题的。

另外,在"词类活用"说中,"名词或形容词作动词""使动用法"和"意动用法"等概念的表述方式也明显有问题,因为"某某用法"之类的概念让人感觉不是一种语言规律,而是一种语言运用现象。概念本身不像语法学的概念,更像修辞学的概念,这也反映出"词类活用"说不够严密和有待改进之处。

二、近年来关于"词类活用"现象的新探讨

我们且把大学古代汉语教学和中学文言文教学这两个特殊的领域放在一边,看看古代汉语词汇学和古汉语语法学领域学者们的新思考。针对以上所说的"名词或形容词作动词""动词等的使动用法"和"名词、形容词的意动用法",学者们不满足于简单地以"词类活用"来解释,于是不断变换角度、运用新理论和新方法进行新的探讨,主要有以下几种理论:

(一)"词义引申"理论

这种理论并不把一个词具有甲、乙两个以上的词性的用法作为语法现象,而是当成词汇内部本身的变化,主要是意义的引申变化。这一认识的代表可推袁庆德先生,他在《勿以词义引申为词类活用》[①],一文中指出,目前有一些作为"词类活用"来处理的现象其实是"词义引申":"在古代汉语中,存在着词类活用现象,同时也存在着'名动''使动''意动'等词义引申现象,这些词义引申现象常常被误认为是词类活用。为了有利于对词类活用现象的正确认识,也有利于对汉语词义发展变化的规律的全面认识,我们有必要对二者进行区分。"[②]

文中分为三种情况来论述:

1. 名动引申。如"鼓",本义是名词"鼓"。《诗经・邶风・击鼓》:"击鼓其镗。""鼓"引申为"敲鼓"。《左传・昭公五年》:"晋荀吴帅师伐鲜虞围,鼓鼓。"

2. 使动引申。如"归",本义是"回去"。《左传・僖公四年》:"郑伯逃归。""鼓"引申为"把……送回(原处)"。《左传・僖公三年》:"齐侯与蔡姬乘舟于囿,荡公。公惧,变色。禁之,不可。公怒,归之。"文中的"归",袁先生

① 袁庆德:《勿以词义引申为词类活用》,《古汉语研究》2009 年第 1 期。

② 袁庆德:《勿以词义引申为词类活用》,《古汉语研究》2009 年第 1 期。

解释为“把……送回去”，而目前的一些教科书是把这一个“归”说成“使动用法”的。

3. 意动引申。如“好”，本义是“美好”。《国语·晋语》：“不可谓好。”“好”引申为“喜欢”。后来引申义的发音发生了变化，分化成一个新词。《论语·子罕》：“子曰：‘吾未见好德如好色者也。’”

袁先生既然承认“词类活用”的存在，那么哪些是“词类活用”呢？如《荀子·风赋》“友风而子雨”中“友”和“子”分别相当于“以……为友”（把……当作朋友）和“以……为子”（把……当作子女），属于名词的意动用法。因为“友”和“子”只是临时改变词性，没有形成新的、独立的义项，仍属于“意动用法”。再如《左传·成公二年》“从左右，皆肘之”中“肘”也是临时作动词，仍可以认为是“名词作动词”。①

看来，袁先生把以往的“词类活用”现象进行了区分。凡是惯常的、产生了新的义项的，都作为“词义引申”；临时的、没有引起词义义项分化的，仍作为“词类活用”。这样，原来作为“名词作动词”“使动用法”和“意动用法”的很多实例，都可以用“词义引申”解释；只有很少一部分，才可以认为是“词类活用”。

（二）“变调构词”理论

一个词意义和词性发生变化的同时，语音也往往随之变化，传统训诂学中往往以“破读”或“读破”来处理。孙玉文先生《汉语变调构词研究》一书，搜集了大量的通过改变读音构成新词的例子，其中有不少以往被作为“名词作动词”“使动用法”和“意动用法”等“词类活用”来处理，如：

“王”为名词，帝王，平声；变调构词为动词“称王”“使称王”，动词，去声。②

“衣服”的“衣”，名词，平声；变调构词为动词“穿衣”，“使穿衣”，去声。③

按这种解释，前文所举“解衣衣我”一句中，前一“衣”是名词，后一“衣”为变调构成的新词“（使）……穿衣服”。不是“词类活用”，而是通过改变声音，构成新词了。

但是，用“变调构词”理论可以解释的，只限于“读音变化”“意义变化”并构成新词的，至于一些临时用法的，仍不属于“变调构词”，还是应该归入“词类活用”。

---

① 袁庆德：《勿以词义引申为词类活用》，《古汉语研究》2009年第1期。

② 孙玉文：《汉语变调构词研究》，北京大学出版社2000年版，第144页。

③ 孙玉文：《汉语变调构词研究》，第207页。

(三)“形态变化”理论

“形态变化”理论,认为上古汉语中存在着“形态”变化,其中最明显的是“自动词——使动词”的对立,这一对立往往通过语音变化来实现。比如“饮”(yīn),自动动词,平声;“饮”(yìn),使动动词,去声。“饮”(yīn)和“饮”(yìn)的语法意义对立,可以通过语音变化来实现,可以认为是上古汉语形态变化的遗留。这方面文章很多,我们以潘悟云先生的《上古汉语使动词的曲折形式》一文为例,介绍一下这方面的研究。该文开头部分说:“本文主要讨论上古汉语中这么几种表示使动意义的语音手段。(1)浊声母表自动,清声母表使动。(2)加后缀‘s⁻’表使动。(3)加前缀‘s⁻’表使动。由于前两种已有学者作过讨论,本文只作简单的引述评价,主要讨论第三种形式。”①

潘先生列举例子很多,我们选录其二:

> 辟(避),毗义切,自动词。《论语·宪问》:“贤者~世。”,《释文》:“音避。”另一读必益切,使避之意。《周礼·士师》:“王燕出入则前驱而~。”郑注:“道王,且~行人”,就是使行人避的意思,《释文》不注音,以为如字。②
>
> 亡,武方切,maŋ,丧苏浪切 smaŋs。很多人讨论过这对词,认为“丧”是“亡”的使动形式。《论语·先进》:“天丧予。”即天使予亡。但先秦典籍中更常见的是“亡”直接充当使动形式。《左庄六年》:“亡邓国者,必此人也。”“亡邓”就是“使邓亡”。《左昭二十三年》:“鲁亡叔孙必亡邾。”意思是说邾国如果死了叔孙,一定会去灭邾。前一个“亡”自动,后面的叔孙是施事;后一个“亡”使动,后面的邾是受事。……我们猜测后一“亡”可能跟“丧”就是一个词,前带“s⁻”。不过“亡”的这个异读很早就为“丧”所代替,所以在古代字书中反映不出来了。③

潘先生所举例子中,“且避行人”之“避”,是“使行人避”的意思,以往解释为“使动用法”,潘先生解释为形态变化。在以上第二个例子中,《左传·庄公六年》“亡邓国者,必此人也”中“亡邓”就是“使邓亡”,是典型的“使动用法”,潘先生亦以形态变化解释。

(四)“特殊的述宾(短语)关系”理论

在“词类活用”范围内,“使动用法”“意动用法”等概念,是从一个词的运用角度来观察的。从句法的角度观察,实际也是特殊的述宾关系,不少学者

---

① 潘悟云:《著名中年语言学家自选集·潘悟云卷》,安徽教育出版社 2002 年版,第 52 页。

② 潘悟云:《著名中年语言学家自选集·潘悟云卷》,第 53 页。

③ 潘悟云:《著名中年语言学家自选集·潘悟云卷》,第 65 页。

已经认识到这一情况。李佐丰先生《古代汉语语法学》就从特殊的述宾关系来处理以往作为“使动用法”“意动用法”的现象。其中，在分析使动述宾短语时，他列出：

A. 动词使动宾语：焉用亡郑以陪邻？（《左传·僖公三十年》）

B. 形容词使动宾语：贫者富之，贱者贵之。（《史记·李斯列传》）

C. 其他使动宾语：人一能之，己百之。（《礼记·中庸》）孟尝君客我。（《史记·货殖列传》）[①]

就以上所列的例子看，上述A中“亡郑”，正是“使郑亡”，原来作为“动词的使动用法”来解释的；上述B中“富之”，是“使之富”，原来作为“形容词的使动用法”来解释；上述C中“百之”是“使之百次”，“客我”是“使我为客卿”，原来作为“数词、名词的使动用法”来处理。

在分析意动述宾短语时，也列出“形容词构成的意动述宾”，如：“登东山而小鲁，登泰山而小天下。”（《孟子·尽心上》）又列出“名词构成的意动述宾”，如：“夫人之，我可以不夫人之乎？”（《穀梁传·僖公八年》）以上例子中“小鲁”是“以鲁为小”，“夫人之”是“以之为夫人”，这都是原来作为“名词、形容词的意动用法”来认识的。[②]

可见，在李佐丰先生《古代汉语语法学》中，从建立系统的古代汉语语法学的角度，对“词类活用”说中“使动用法”“意动用法”作为“特殊的述宾短语”来处理，对这一语言现象进行了新的探索。

也有学者把“使动用法”“意动用法”作为特殊的“述宾关系”来处理。洪波先生主编《立体化古代汉语教程》中，放弃了“使动用法”和“意动用法”等概念，专列“特殊述宾关系”一节，介绍了“使动关系”“意动关系”“服务关系”“与事关系”“目标关系”“工具关系”“原因关系”等七种。[③] 这样处理，不仅概括得更加准确，也更能突出古代汉语语法的特点，彰显古今汉语语法的差异。

（五）“修辞手法”理论

有的学者从文学修辞的角度认识和解释“词类活用”现象，认为“词类活用”现象既是语法现象，也是一种修辞现象。赵克勤先生《古汉语修辞常识》一书中列出一种修辞格——“转类”：“转类就是词类活用。词类活用是一种语法现象，但由于它具有浓厚的修辞特点，因此常常被古人运用来加强语言

① 李佐丰：《古代汉语语法学》，商务印书馆2004年版，第278页。

② 李佐丰：《古代汉语语法学》，第276～278页。

③ 洪波：《立体化古代汉语教程》，高等教育出版社2004年版，第210～216页。

的表现力，从而逐渐变成了一种具有语法特点的修辞方式。”[①]

赵先生列举了以下例子：

人其人，火其书，庐其居。（唐·韩愈《原道》）

欲饭，饭之；欲钱，钱之。（清·蒲松龄《聊斋志异·丐僧》）[②]

以上例子中，“人其人，火其书，庐其居”中的“人”“火”“庐”都是在“词类活用”理论中解释为“意动用法”的。而“欲饭，饭之；欲钱，钱之”中的“饭”和“钱”都可以在“词类活用”理论中解释为“名词作动词”的。赵先生都解释为修辞手法。

以上几种理论，都是对古代汉语中的“词类活用”现象进行的新探讨，其中前三种理论，即“词义引申”理论、“变调构词”理论、“形态变化”理论都是在“词汇”范围内观察思考问题。“词义引申”理论认为部分“词类活用”是词义引申问题；“变调构词”理论考虑了语音变化，认为部分“词类活用”是构成新词的问题；“形态变化”理论也考虑了语音的变化，但并不认为是构成了新词，而只是词的形态变化，更多地考虑了词的语法功能变化。第四种认识，即“特殊的述宾（短语）关系”理论则把部分“词类活用”现象作为语法现象，而且是句法现象。至于第五种认识，即“修辞手法”理论，则从表达效果角度去衡量“词类活用”，认为“词类活用”不仅是语法现象，也是修辞现象。

根据以上各家所论，没有一种理论可以完全代替“词类活用”概念，都只是涉及古汉语“词类活用”现象中的一部分。因此，我们认为应该首先根据是否具有规律性而把“词类活用”现象分成两种：具有惯常性和规律性的“词类活用”，是属于词汇、语法层面的；而具有临时性、偶然性的“词类活用”，是属于修辞层面的。比如前文所举《荀子·风赋》“友风而子雨”中的“友”和“子”以及《左传·成公二年》“从左右，皆肘之”中的“肘”都是临时作动词，可以认为是“修辞”方面的问题。当然，具体区分起来可能难度较大。

三、科学研究的详密度和知识的层级性

人类对于任何一种现象的认识，都有一个逐步深化、细致的过程。比如在微观世界的探索中，显微镜发明之前，人类凭肉眼所能够看到的最小的事物是“秋毫之末”；有了显微镜，人们认识到，“秋毫之末”之中还有更小的，还可以再分为分子、原子、电子、质子、中子等等。再以人们对于宏观世界的认识为例，天文望远镜发明之前，人们看到的天空中，无非是日月星辰。除了

① 赵克勤：《古汉语修辞常识》，河南人民出版社1984年版，第99页。

② 赵克勤：《古汉语修辞常识》，第100页。

日月比较“大”之外，其他的那些闪闪发光的，统统称之为“星星”。现在人们可以借助望远镜看到那些“星星”，它们其实各不相同，不仅大小对比悬殊，彼此距离遥远，还有行星、恒星、类星体、星云、星系等等不同。

通过以上例子可知，人类认识客观世界的一切现象，总是由浅入深、由笼统到明晰、由粗略到细密，逐步接近真实情况。可以说，学者们获得“词类活用”说这一认识是在西方语言学理论指导下，开始对汉语的词进行分类的基础上，在分析古汉语语言特点的过程中认识到的。传统训诂理论中，没有现代意义的词类划分，虽然注意到了“破读”现象，也仅仅在“训释”词义方面起些作用，不可能认识到“词类活用”现象。可以说，“词类活用”说的提出，是利用语言学理论对古汉语语法特征进行概括的初步成果；和传统训诂学相比，是一个巨大进步。

“词类活用”说可以比拟为我们在天文观察中看到的“星星”，前文谈到的“词义引申”理论、“变调构词”理论、“形态变化”理论、“特殊的述宾（短语）关系”理论和“修辞方法”理论等，是在“词类活用”说基础上的深化和细密化，是对“词类活用”现象的进一步探讨，就像现代天文学观察到的“行星、恒星、类星体、星云、星系” 等等。

以上是说科学研究的详密度问题。与此相适应，在知识的吸收和应用方面，就是知识的层级性问题。比如，在天文学研究中，科学家们研究发现了宇宙中有很多奇怪的现象，光是那些被叫作“星星”的就有行星、恒星、类星体、星云、星系等等，还有很多一般人不了解的黑洞、白矮星等；但是，对于社会大众或者在工作与生活方面与天文工作没有多少直接关系的人来说，并没有必要充分了解天文学家的观测成果，只要认识日月，认识几个可以用来辨别方向的星星，也就可以了。

也就是说，“词类活用”说及其以后的“词义引申”理论、“变调构词”理论、“形态变化”理论、“特殊的述宾（短语）关系”理论和“修辞方法”理论都是对古汉语中“词类活用”现象的观察和思考。“前修未密，后出转精”是学术发展的必然，后来的诸多理论肯定比“词类活用”学说有其进步和优越之处，但是不是就可以说“词类活用”学说过时了，可以被淘汰和被放弃了呢？

笔者以为不能。“词类活用”学说归纳和解释了古汉语中一些特殊的语法现象，可以说是关于古汉语语法的基本规律的总结，对于一般以阅读文言文为目的的中学生和一般学习者来说，熟练掌握它，将有助于阅读文言文和解释一些特殊字词的意义和用法。而“词义引申”理论、“变调构词”理论、“形态变化”理论、“特殊的述宾（短语）关系”理论和“修辞方法”理论虽然在学术研究视角上比“词类活用”说优越，但由于专业性强，概念不容易理解，内容不容易掌握。如果不是从事古汉语研究，只是为了阅读文言文，“词类活用”说已经基本满足需要。如果愿意对“词义引申”“变调构词”等理论了解一二，不能说就没有好处，至少是没有十分的必要。这也可以用天文学知识作比方。虽然现在的天文观测把天空中的“星星”区分为“行星、恒星、类星体、星云、星系”等等，但是人们在日常生活中，没有必要指出哪个是行星，哪个是恒星，只笼统地说它们是“星星”就行了。

因此，我认为，在中学语文教材和教学中，仍然需要保留“词类活用”说。而对于大学中文系的“古代汉语”课来说，“词类活用”说仍是不可跨越的基础知识。除此之外，对学术研究的前沿进展，诸如上述“词义引申”“变调构词”等理论，应该选择一些成熟的、合理的成分介绍给学生，则可以使学生开阔思路、扩大视野，从而培养学生学习和研究的兴趣；同时也可以让学生了解那种认为古汉语研究已经“穷尽”了、“没有什么可以研究的了”的认识是很肤浅的。

四、文言文教学中，不能取消“词类活用”学说

上文谈到，“在中学语文教材和教学中，仍然需要保留‘词类活用’说”，甚至在大学的古汉语教学中，仍然要以介绍“词类活用”说为主。但是，近来有些学者发表高见（看了一些文章，忘了出处了），主张在文言文教学中“取消‘词类活用’说”，理由是这样的：比如前文所举“焉用亡郑以陪邻”中，“亡郑”不用理解成“使郑国灭亡”，只要译成“灭掉郑国”就行了。在“项伯杀人，臣活之”中，“臣活之”不用理解为“臣使他活了下来”，只翻译成“我救了他”就行了。在“君君，臣臣，父父，子子”中，“君君”不用理解为“以……为君”，译成“尊敬国君”就行；“臣臣”不用理解为“以……为臣”，译成“爱护臣下”就行；“父父”，译成“孝敬父亲”就行；“子子”译成“关爱子女”就行。

在评价上述认识之前，我们先明确一个非常基本的问题，即：“语言理解”与“语言学解释”完全是两码事，例如“焉用亡郑以陪邻”一句中，我们今天读懂了“亡郑”是什么意思，可以翻译成“灭掉郑国”，但这只是解决了“语言理解”问题。至于对这一句话中的词汇、语法现象怎么从“语言学（语法学、词汇学等等）”的角度进行解释，则是“语言学”研究层面要面对的问题。因此，以上那种主张对古书文句“只要会翻译就行了”的观点，显然是站在传统训诂的立场上，仅仅从理解具体文句方面来观察问题；实质是仅仅在词语理解的圈子里看问题，完全不从语法学的角度看问题的狭隘眼光。这种拒绝在语言学理论指导下进行的规律性总结，即对古汉语语法特征进行初步归纳的“词类活用”说的做法，必然导致文言文教学的主体内容不成体系，支

离破碎，头绪纷繁。对于教师教学和学生学习，都不会有好的影响。

何以言之？因为“词类活用”说是一种对古汉语语言现象进行解释的理论，上文谈到的“词义引申”理论、“变调构词”理论、“形态变化”理论、“特殊的述宾(短语)关系”理论和“修辞方法”理论，也是对古汉语语言现象的解释。理论没有是非之分，只有优劣之别，哪一种理论解释力更强，解释得更准确，就是好理论。当然评价理论的优劣还要看解释的目的和场合。

笔者认为，对于文言文的初学者来说，“词类活用”理论能够解释的现象多，能够自成体系、自圆其说，不失为一种对古汉语语言现象进行解释的基本圆满的理论；但是到了学术研究层面，“词类活用”说则捉襟见肘，不如“词义引申”理论、“变调构词”理论、“特殊的述宾(短语)关系”理论和“修辞方法”理论等解释更符合语言学规则，解释也更准确，但是这些新的理论都不能对“词类活用”的所有现象进行解释，只能解释其中一部分。这也是在文言文教学层面，这些新理论暂时不能取代“词类活用”说的原因。

接受以上新理论之前，如果“取消‘词类活用’说”，至少会遇到以下几个方面的困难：

(一)会在词义的解释方面遇到无法克服的困难

1.因为取消了“词类活用”说，会使一些词产生一些莫名其妙的“意义”。如“项伯杀人，臣活之”中，“臣活之”不理解为“臣使他活了下来”，只翻译成“我救活了他”，那么“活”就是“救活”的意思了？不然怎么可以对译为“救活”呢？《汉语大词典》(缩印本)第3224页“活”字条，收有“救活”义项，这还能说得过去。

但是，在“君君，臣臣，父父，子子”中，“君君”不用理解为“以……为君”，译成“尊敬国君”，“臣臣”译成“爱护臣下”，“父父”译成“孝敬父亲”，“子子”译成“关爱子女”。那么，“君”有没有“尊敬”这一义项？“臣”有没有“爱护”这一义项？“父”有没有“孝敬”这一义项，“子”有没有“关爱”这一义项？通过查核目前来看收词释义比较完备的《汉语大词典》，我们没有查到“君”的“尊敬”义，“臣”的“爱护”义，“父”的“孝敬”和“子”的“关爱”义。那么，《汉语大词典》到底该不该收入这些义项？如果不收入这些义项，就无法回答学生这样的问题：既然工具书中“父”没有“孝敬”义，为什么“父父”翻译成“孝敬父亲”？“子”没有“关爱”义，为什么“子子”翻译成“关爱子女”？

那么，要解决以上问题，在《汉语大词典》等工具书中，下一步修订时补充这些义项，问题不就解决了吗？但是问题并不这么简单，接下来的问题是：

2.具体义项的确立会很困难。仍以“君君”为例，按“词类活用”说，解释成“以君为君”，即“把国君当成国君对待”。至于怎么才是“把国君当成国君对待”，各人可以有各自的理解，翻译时表述方式可以灵活把握。如果取消了“词类活用”说，不再管“君君”两个“君”之间是什么关系，只译成“尊敬国君”，那么，“君”必须有“尊敬”义，否则不能这么翻译。如果换成另外一个人，把“君君”译成了“忠诚于国君”“尽职于国君”或“效力于国君”等等，应该也没有绝对不可以的理由，那么，“君君”之前一个“君”，到底应该是“尊敬”呢，还是“忠诚于……”“尽职于……”或“效力于……”呢？再如“子子”，也不是只能翻译成“关爱子女”，也可以翻译成“心疼子女”“抚养子女”“养育子女”“成就子女”，那么对于“子子”之前一“子”，工具书应该在“关爱”“心疼”“抚养”“养育”“成就”几个意义之间，选择那一个意义作为“子”的动词义项呢？选择哪一个或放弃哪一个的标准和理由又是什么呢？或者说“全部收进去不就完了？”新的问题就是：翻译方式因人而异，义项则不能穷尽，工具书对于某一用法的词语的意义，怎么也不会收罗穷尽。

3. 如果取消“词类活用”说，不好翻译的或翻译出来意义不够准确的例子很多。在“孔子登东山而小鲁，登泰山而小天下”中，如果用“词类活用”说解释，“小鲁”是“以鲁为小”，“小天下”是“以天下为小”，这样理解，能够体会出孔子登高望远、视野逐渐开阔的意思。至于怎么翻译，可以不管，甚至不翻译。但是，按照“取消‘词类活用’说”者们的主张，对“小鲁”“小天下”按“翻译通顺即可以”的原则来处理的话，有些句子其实并不容易翻译，如“小鲁”“小天下”中，两个“小”应该翻译成“轻视”呢，还是“小看”呢？“轻视、小看”鲁国还可以，如果孔子也“轻视、小看”天下，则未免狂妄过甚了吧？

4. 取消“词类活用”说，一些临时“活用”的现象不好解释和处理。如《左传·成公二年》：“从左右，皆肘之”中的“肘”，郭锡良先生主编《古代汉语》中利用“词类活用”说的解释是：“肘，用作动词，‘用肘撞’的意思。”[①]如果取消了“词类活用”说，“肘之”只能直接译成“用肘撞他”，那么，“肘”是什么意思呢？是“用肘”，还是“用肘撞”，还是“撞”呢？工具书到底应不应该收释一个动词“肘”？如果不收释，“皆肘之”的“肘”怎么解释？如果收释，工具书中应该在“用肘”“用肘撞”和“撞”之间选择那一个作为动词“肘”的义项呢？这些问题的出现，都是“取消‘词类活用’说”惹的祸。

（二）取消“词类活用”说，还会遇到语法解释方面的困难

有人以古人没有“词类活用”说一样可以学习古文为由，认为可以取消

① 郭锡良等编著：《古代汉语》，天津教育出版社 1992 年版，第 140 页。

"词类活用"说。古代没有高速公路，那是因为古代没有机动车。牛车、马车即使在高速公路上也"高速"不了。现在有了大量的机动车，有了高速公路的话，可以使这些机动车的行驶速度大增。古人没有"词类活用"说，那是因为古人没有词类概念，没有主语、述语、宾语概念，阅读古书只需要理解文句就行，不需要进行语法解释。今人有了词类观念、句子成分观念，势必会问及如下问题：《史记·项羽本纪》"纵江东父兄怜而王我"一句中，"王"一般是名词，不能作述语并带宾语，这里作了述语并带了宾语，怎么解释？还有"臣活之"中，"活"本来不能带宾语，也带了宾语"之"，为什么？抛弃了"词类活用"说，面对如此疑问时，怎么给学生一个让他们满意的解释？还请主张"取消'词类活用'说"的专家学者们给大学的古汉语教师和中学语文教师们想出一个忽悠学生的办法来才好。

对于以上问题，主张在文言文教学（包括中学和大学）中取消"词类活用"说的学者，不能简单地取消了"词类活用"说就逍遥自在地坐一旁品茶去，还必须对以上"词义"方面遇到的困难和语法解释方面遇到的困难提出具体可行的解决方案才行。不然，把这些棘手的问题留给工具书的编纂者和大、中学从事文言文教学的老师们，让他们在编纂工具书时为义项问题犯愁，让广大文言文教师面对学生的疑问无言以对，这对他们是不公平的，也是不负责任的。

因此，在大学和中学文言文教学中，在取消"词类活用"说之后进行教学的成功经验介绍推广之前，盲目取消"词类活用"说并非明智之举，因为这是放弃规律性总结，回归单纯以解释字词为主的、遇什么问题解决什么问题的老路上去的做法。如果说采纳了近些年的"词义引申"理论、"变调构词"理论、"形态变化"理论、"特殊的述宾（短语）关系"理论和"修辞方法"理论，用这些新的理论替换旧的学说，还勉强可以，毕竟是扔了旧鞋，换了新鞋，即使不太合脚，总是有双鞋子，穿习惯就好了；如果不换新鞋，只扔旧鞋，结果只能是赤脚，赤脚毕竟不如有双鞋子好吧？哪怕旧鞋，总是可以避免扎脚烫脚之险的。在新鞋子做好或买来之前，还是不要轻易抛弃旧鞋子才好。

（曲阜师范大学文学院汉语教研室　张诒三）

古代汉语语法研究的两个误区

古代汉语语法研究方面目前存在着两个误区：一是对于虚词用法的研究，二是词类活用问题的研究。

一、关于虚词用法研究的误区

目前的中学语文课本、高校《古代汉语》教材和一些《古代汉语》虚词工具书对有些文言虚词用法的阐释在一定程度上缺乏科学性，没有真正抓住问题的实质，只注意了表面现象，对学生学习文言文产生了不利的影响。

例如，句尾语气词"也"，有的书上列了表示肯定语气、陈述语气、疑问语气、感叹语气等用法。有一部《古代汉语》虚词工具书讲到句尾语气词"也"，更是一口气列了十几种用法，可以"表示停顿语气、舒缓语气、悲痛语气、赞颂语气、慨叹语气、惊讶语气、判断语气、肯定语气、限止语气、请求语气、商量语气、劝阻语气、禁止语气、疑问语气"等。表示疑问语气又包括"是非问语气、选择问语气、特指问语气、反问语气、测度语气"等。仿佛"也"字是一帖万能的膏药，神通广大，什么功能都有，什么作用都具备。让人看得眼花缭乱，脑袋直发胀。难怪初学古代汉语的学生们望而却步了。

其实这是把虚词的作用扩大了。句尾语气词"也"的作用其实仅仅是表示确定语气而已。试以疑问句尾的"也"字为例略作分析：

(1)此谁也？(《战国策・齐策四》)

(2)是何故也？(《墨子・非攻》)

(3)彼且奚适也？(《庄子・逍遥游》)

(4)礼岂为我辈设也？(南朝宋・刘义庆《世说新语・任诞》)

(5)不识臣之力也？抑君之力也？(《韩非子・难二》)

前三例中，我们如果把"也"字去掉，句子的疑问语气并不消失。可以看出，“也”字本身并不表示疑问语气，疑问语气是由“谁”“何故”“奚适”这些词语表示的。第四例是反问句，句子本身就有很强的反问语气。第五例是选择问句，选择本身也包含疑问，去掉“也”字，基本不影响句意；只不过带了“也”字，多了一点选择项的肯定性而已。“也”字在以上五个句子里的作用还应该是帮助确定，它的基本功能没有改变。

再如，介词“于”，大部分教科书上都罗列了“表示处所，表示时间，表示对象，表示原因，表示行为的主动者，表示比较”等用法。连词“而”，大部分教科书上都罗列了“表示并列关系，表示顺承关系，表示进层关系，表示转折关系，表示偏正关系，表示假设关系”等用法。

笔者认为，一个虚词，一般说来只有一种主要功能，用法比较复杂的虚词，也不过再增加一两种引申用法而已。从各种用法的例句来看，虚词的用法并没有这么复杂。试举几例进行分析：

(1)宋公及楚人战于泓。(《左传·僖公二十二年》)

(2)是干戚用于古，不用于今也。(《韩非子·五蠹》)

(3)赵氏求救于齐。(《战国策·赵策四》)

(4)贫生于不足，不足生于不农。(晁错《论贵粟疏》)

(5)鉴于水者见面之容，鉴于人者知吉与凶。(《史记·范雎蔡泽列传》)

(6)天下莫柔弱于水。(《老子》第七十八章)

(7)通者常制人，穷者常制于人。(《荀子·荣辱》)

以上各例中的“于”，分别被说成表示处所、时间、对象、原因、凭借、比较、被动。其实，这些意义都是由与之相关的其他词语决定的，并非“于”字有这么多的功能。试把第二例中的时间词“古”和“今”换成处所词“战场”和“朝廷”，表时间就变成了表处所，可见“于”只起引进有关词语的作用，并不能表示以上所说的各项意义。再如：

(1)宰予之辞，雅而文也。(《韩非子·显学》)

(2)闻鼓声而进，闻金声而退。(《荀子·议兵》)

(3)舟已行矣，而剑不行。(《吕氏春秋·察今》)

(4)渐而生者必渐而灭。(《梁书·儒林列传·范缜》)

(5)人而无知，与木何异？(《梁书·儒林列传·范缜》)

以上各例中的“而”字，分别被说成表示并列关系、顺承关系、转折关系、偏正关系、假设关系。实际上，各句中的“而”起的都是连接作用，用法上没有实质性的区别。各种关系，是由其前后词语的意义决定的，不是由“而”字的用法决定的。第二例中，把“进”换成“不进”“退”换成“不退”，顺承就变成了转折。再如：

始吾于人也，听其言而信其行；今吾于人也，听其言而观其行。(《论语·公冶长》)

在这个句子里有两个“而”字，前者是顺承关系，后者是转折关系，其实是“而”字前后的有关词语形成了不同的关系，并非“而”字的作用。两个“而”字的用法是完全相同的，只起连接谓词性词语的作用。

古代汉语的虚词是自成系统的一个体系。以连词为例，我们认为，只要讲解清楚“与”用于连接名词或名词性语言单位，“而”用于连接谓词或谓词性语言单位，这样就足够了，其实是不必再细分成诸多的用法去讲解的。

清代学者段玉裁、王念孙、王引之等人研究虚词，一般只用意义相当的词加以解释，并不罗列诸多“用法”，不失为聪明之举。今天，我们的教科书讲解虚词，把其他词语的意义勉强拉来，统统说成是虚词的作用，夸大了虚词的功能。再要求学生们(特别是可怜的中学生)去硬记，去识别，去应付考试，白白耗费了宝贵的时间和精力。学生们学了一大堆关于古代汉语虚词用法的知识，记了诸多的条条，实际上大部分做的是于学习古文无补的无效劳动。从这个角度想一想我们的中学文言文教学和高校“古代汉语”课教学，大概不能算是一个小问题。

二、关于词类活用问题研究的误区

目前的中学语文课本、高校《古代汉语》教材都把“词类活用”作为正确的理论灌输给学生。这对于学习古代汉语也起了一定的误导作用。

词类活用，一般的说法是，在古代汉语里，某些词在句中临时改变它的基本功能。例如，一个名词，临时具有了动词的词性、意义和语法特点，就叫作名词活用为动词。一般的古代汉语语法书上常常举到类似于下面的例子：

(1)五十者可以衣帛矣。(《孟子·梁惠王上》)

(2)匿怨而友其人。(《论语·公冶长》)

(3)友直，友谅，友多闻。(《论语·季氏》)

(4)晋军函陵，秦军氾南。(《左传·僖公三十年》)

上面几例中的“衣、友、军”等词就被解释作“名词活用为动词”。

陈承泽《国文法草创》最早提出“活用”学说。还提出“致动用、意动用”，这就是后来的使动用法、意动用法。这些学说被当作正确理论在中学和大学的教科书里广泛讲授着。不过已有学者对这种理论提出质疑。

刘又辛先生认为，“汉语中词的活用现象是汉语的特点造成的，是词汇范畴的问题”[①]。白平先生认为，“‘词类活用’说的提出是研究者在语法观念上以外律中、以今律古的结果，不是从古汉语的实际出发而得出的科学结论”[②]。这些意见是很有见地的。

运用统计方法研究语言，很能够说明这个问题。这样的例子很多。如：

“衣”，《论语》中共出现13次，其中名词8次，动词5次；《孟子》中也出现了13次，其中名词4次，动词9次。可见，“衣”的动词意义在古代是常见意义。现代汉语中“衣”的动词意义已经基本消失，用“穿”来代替，所以我们遇到动词意义的“衣”，就解释为“名词活用为动词”。其实这是“衣”古代的正常用法，古人是没有今人的“活用”概念的。

“友”，《论语》中共出现了19次，其中名词7次，动词12次。可见动词义也是其常用意义。

“军”，《左传》中共出现了42次，其中名词22次，动词20次。

“饭”，《史记》中共用了29次，其中名词9次，动词20次。

可以看出，古代汉语中，词的意义与现代汉语不完全相同。从古到今，有的词意义和用法发生了变化。这本是词义变化造成的，不是活用。说成词类活用，并不完全符合语言事实。因此，我们主张，这类问题应该从词义方面加以解释，而不必拿到语法层面来解决。

至于“使动用法”“意动用法”等所指的语言例子，也完全可以从词义的角度去作解释，没有必要弄一个什么用法。下面试以某《古代汉语》教材讲授使动用法和意动用法所举的几条例子来分析。

使动用法例：

(1)庄公寤生，惊姜氏。(《左传・隐公元年》)

(2)焉用亡郑以陪邻？(《左传・僖公三十年》)

(3)项伯杀人，臣活之。(《史记・项羽本纪》)

以上几例中，“惊姜氏”被译作“使姜氏吃惊”，不如译作“吓着了姜氏”更好；“亡郑”被翻译为“使郑国灭亡”，也不如译作“灭掉郑国”更通顺；“臣活之”被翻译为“我使他活下来”，不如译作“我救了他”更准确。

意动用法例：

(1)君君，臣臣，父父，子子。(《论语・颜渊》)

(2)是故明君贵五谷而贱金玉。(西汉・晁错《论贵粟疏》)

以上两例中，前例可以译作“尊敬国君，爱护臣下，孝敬父母，关爱子

① 刘又辛：《使动、意动说商榷》，《西南师范学院学报》1983年第2期。

② 《“词类活用”问题之我见》，《山西大学学报》1999年第3期。

女”，要比翻译成“认为国君是国君……”或“把国君当作国君……”更通顺；后例中的“贵”“贱”可以分别译作“重视”“轻视”，这也比翻译成“认为贵重”“认为轻贱”更准确。

中国古代只把词区分为虚实两大类。如《说文解字》对虚词“者”解释为“别事词也”，把虚词“只”解释为“语已词也”。更细的划分，也只是把动词、形容词称为“事”，把名词称为“名”。中国第一部语法学著作《马氏文通》首次细致地划分了汉语的词类，并且对每类词在句子中的作用作了论述。我们知道，西方语言的词类一般与句子成分是严格对应的，而汉语的词使用比较灵活，词义随词语的不同搭配关系而发生变化，这就产生了词类与句子成分之间的矛盾。马建忠注意到了这种现象，但是他并没有使用“词类活用”说法，而是称之为“字类假借”。例如我们教科书上所讲的“名词活用为动词”现象，《马氏文通》叫作“动字假借”。陈承泽《国文法草创》受《马氏文通》的影响，开了“词类活用”之先河。我们的教科书沿袭了这种学说，在中学文言文教学和高校古代汉语教学中把“词类活用”当作正确的知识加以讲授，把本来属于词汇范畴的问题拿到语法里来，这本来就已经很不妥当了。孰料近年来，笔者发现，古代汉语语法研究在这个问题上又有变本加厉的苗头。有一本关于古代汉语语法的著作，仿照使动、意动说，又创立了“为动用法”“对动用法”“因动用法”“处动用法”“给动用法”“替动用法”“在动用法”“向动用法”“从动用法”等十几种新理论。给古代汉语语法研究增添新的混乱，在这个误区里越陷越深。不仅对于学生学习古代汉语没有任何积极作用，对于一般人阅读文言文作品也不会有任何的帮助。

汉语具有巨大的张力和灵活性。词义的理解，需要根据它在句中的地位灵活把握。例如“君”，其基本意义是“国君”，国君统治着国家，其职责是奉守仁义、爱护臣民，同时也要求臣民尊敬、服从、效忠国君。因此，古文中的“君”可以有国君、统治、尽职、服从、效忠、尊敬等意义。

(1)人不难以死免其君，我戮之不祥。(《左传·成公二年》)

(2)既臣大夏而君之。(《汉书·张骞李广利传》)

(3)晋灵公不君。(《左传·宣公二年》)

(4)天下乖戾，无君君之心。(唐·柳宗元《封建论》)

(5)君将若之何？(《左传·隐公元年》)

(6)(卫律对苏武说)君因我降，与君为兄弟。(《汉书·苏武传》)

以上各例中，“君”的意义各不相同，但万变不离其宗。学生只要掌握了词的基本意义，通过几个例子，就可以举一反三，根据词语之间的组合关系灵活理解了。汉语的词在使用时具有很强的灵活性，如果只用几条僵化的

"用法"来解释,显然是很不妥当的。多年从事古代汉语教学工作的白平先生谈到自己的教学体会时说:"笔者就这一问题进行过尝试,利用今人的'词类活用'说进行教学,其内容则支离破碎,头绪纷繁,其效果则事倍功半,不得要领,还有许多问题实际上是'姑妄言之',不能深究。放弃'词类活用'等一系列非科学的观点和方法,将古代汉语的语言事实原原本本地摆出来,只要通过几个具体的例证,学生就可以举一反三,自己获得解决问题的能力,准确地理解古书中的有关文句,收到事半功倍的良好效果。"[①]

(曲阜师范大学文学院汉语教研室　孙永选)

① 《"词类活用"问题之我见》,《山西大学学报》1999 年第 3 期。

论《说文解字》"转注"及相关问题

"转注"是六书之一。"六书"这一名词最早见于《周礼·地官·保氏》，其后班固《汉书·艺文志》、郑众《周礼注》、许慎《说文解字》列举了"六书"名目，他们都提到了"转注"，而只有许慎在《说文解字·叙》中告诉了我们什么是"转注"，即"建类一首，同意相授"，并有两个例字："考"和"老"。此外，在《说文解字》中不曾指出哪一个是"转注"字。于是，后代学者依据许慎对"转注"的解释展开了持久激烈的争论，"异说将近百种"[①]，这并不是许慎的解释不够清晰，而是因为学者们对"建类一首，同意相授，考老是也"着眼的角度不同。下面便结合学者们有关"转注"的解释，对"建类一首，同意相授，考老是也"加以分析，借此期望能够寻求到最为接近许慎本意的理解，同时对由"转注"的不同理解而引发的相关问题进行论述。

一、转注是造字之法

关于"转注"的诸多意见，王力[②]、裘锡圭[③]、黎千驹[④]有较为详细的介绍。从他们的介绍中可以发现前辈学者对许慎"转注"的阐发存在一个非常突出的现象，即把关注的焦点集中在许慎列举的两个例字"考"和"老"上——或是它们的字形特征，或是两者的意义关联，或是其间的叠韵特点。例如认为"反正为乏""反人为匕"即转注的"形转说"的提出是基于"考字左回，老字右转"(唐·裴务齐《切韵序》)。主张"互训说"的戴震、段玉裁是源于《说文》中

① 李国英：《古代汉语教程》，北京师范大学出版社2007年版，第20页。

② 王力：《古代汉语》，中华书局1999年版，第161页。

③ 裘锡圭：《文学既要》，商务印书馆1988年版，第100～102页。

④ 黎千驹：《历代转注研究述评》，《湖南城市学院学报》2008年第4期。

"老，考也""考，老也"的解释，据此认为"转相为注，互相为训"就是转注字。又如章太炎"以文字代语言，各循其声，方语有殊，名义一也。其音或双声相转，或叠韵相迤，则为更制一字，此所谓转注也"[①]。章太炎观点的提出即因为"考老"是"叠韵之字"。

要解释许慎所说的"转注"应该考虑所举例字的特点，但是不能脱离"建类一首，同意相授"的定义，更不能与"转注"是造字之法[②]的思想相违背。

不管后代学者如何看待"六书"的性质，在汉代学者的思想观念中"六书"就是造字法。譬如汉代刘歆在《七略》中的意见："古者八岁入小学，故周官保氏掌养国子，教之六书，谓象形、象事、象意、象声、转注、假借，造字之本也。"也就是说"转注""假借"与"象形""指事""会意""形声"一样都是"造字法"。而许慎的"六书"认识即源于此。[③] 许慎之所以在《说文解字》中没有像其他"四书"一样指明某字是转注，是因为"象形""指事""会意""形声"不仅是造字方法，而且体现了汉字的形体结构特点；但"转注"与具体某个汉字的形体结构特点无关，它谈论的仅仅是造字法问题。也就是说，"六书"首先是造字法，并不是汉字的六种结构类型。清代学者的"四体二用"说也证实了"转注""假借"与汉字的形体结构没有关系，这正是我们"在今天研究汉字，根本不用去管转注这个术语。不讲转注，完全能够把汉字的构造讲清楚"[④]的原因。

那么，"转注"作为造字法该如何理解，许慎的界定——"建类一首，同意相授"该如何解释呢？清代学者江声在《六书说》中做出了相对合理的阐释："立老字为部首，即所谓建类一首。考与老同意，故受老字而老省；老字以外，如耆、耊、耇之类，凡与老同意者皆从老省而属于老，是取一字之意以概数字，即所谓同意相受。叔重但言考者，举一以例其余尔。由此推之，则《说文解字》一书，凡分 540 部，其分部即建类也；其始一终亥，五百四十部之首，即所谓一首也；下云凡某之属皆从某，即同意相受也。"但是江声把"转注"局限于《说文》五百四十部首，仍没有使"转注"脱离于汉字结构的范畴，于是后代学者就得出江声"认为所谓'建类一首'是指《说文》部首，而《说文》在每一

① "方语"中具有双声叠韵关系而意义相同的词语在书面上用不同的字形来记录，这就是转注。

② 不管是汉代学者们所说的"造字之本"，还是今天我们所使用的"造字法"这个名词，并不是指汉字在产生过程中由哪个人或是哪个集团事先制订好条例和原则，再去分别为语言中的词语创制文字形体，而是在文字产生之后，学者们依据汉字的形体结构特点和实际使用情况推导得出的结论，即古人创制汉字以及使用汉字记录语言中的词语时大概是运用的这些方法。

③ 参见裘锡圭：《文字学概要》，第 98 页。

④ 裘锡圭：《文字学概要》，第 102 页。

部首之下都说凡某之属皆从某，那就是'同意相受'"[①]的结论，而这一结论是站不住脚的，因为"部首是许慎根据六书的原则分析汉字的形体结构所得之形符，并非先于造字而建立的"[②]。

我们认为"转注"是造字法，"建类一首，同意相首"是指汉字在形成过程中，如果语言中的一个词语跟某个汉字所代表的意义类别相同，那么在为这个词语造字的时候就以这个已有汉字作为其中的一个组成部分。例如，在为语言中与"老"同一意义范畴的词语"考"创制字形的时候就以"老"作为一个偏旁，而这一偏旁之外，又加了一个声符"丂"。其他以"老"作为形符的字都是在这一思想的指导下产生的，如"耋、耆、寿、孝"等字。相应的，人们给予"毛"属同一意义范畴的词语"氊"和"毬"创造文字形体时就选择了以"毛"作为其中的表意偏旁。同时，应该认识到"转注"作为造字法是凌驾于"象形""指事""会意""形声"之上的造字原则，它是在产生了一定数量的汉字之后普遍运用的方法，而由转注法产生的汉字从结构类型来看包括了"六书"中的"会意""形声"两类文字。因为给语言中某个词语造字时，在依据"转注"方法确定了字形中的一个偏旁之后，既可以再追加声符，也可以再追加一个意符。

二、"六书"的层次性

综合以上分析，可以看出"六书"概念具有层次性。许慎谈到的"六书"不是同一平面上的问题，"转注"与"象形""指事""会意""形声"都是造字法，会导致新的文字形体的产生，但"转注"讨论的并不是具体某一个汉字形体的形成问题，而是汉字形成过程中的指导性原则，是许慎"分别部居，不相杂厕"的依据。正是在这一思想原则的指导下，汉字始终没有脱离其表意特点。至于"转注"这一名称的含义，正与许慎"建类一首，同意相授"的界定相符相合，因为"转"意同"传"，即递相传授；"注"意为使其显明，联系起来就是在记录某一词语的字形中使用一个形体，使词语的书写方式能够表明其意义归属。"转注"确实有解释之义，但并非清代学者戴震、段玉裁所说的是词语与词语之间的相互训释，而是文字对所记录词语的意义归属的说明解释。

此外，"六书"的层次性还体现在"假借"与其他"五书"的关系上。许慎在《说文解字叙》中把"假借"解释为"本无其字，依声托事"——由于许慎无法科学准确地分析某两个意义是一个词的两个不同义项还是两个不同词语

---

① 王力：《古代汉语》，第161页。

② 黎千驹：《历代转注研究述评》，《湖南城市学院学报》2008年第4期。

分别具有的意义,他所说的“假借”实际上不仅仅是文字中的借字表音现象还包括词义引申现象引起的一字多用现象(一字具有两种以上的意义)。[①]因此,“用某个字来表示它的本义之外的某种意义”[②]就是假借造字法。正如多数学者的意见,“假借”是不产生新的文字形体的,这一方法是用已有的文字形体来记录语言中词语的某一意义,确实是用字之法。但从为语言中的词语意义确定书写方式来看,“假借”同时又是造字法,是不创制新的文字形体的“造”字法,显然区别于其他“五书”,属于不同层次的两个问题。据此,可以看出,包括许慎在内的汉代学者观念中的造字法不仅包括汉字字形的形成问题,还包括如何用文字记录语言中的词语问题。这便是古今语言文字观念的差异性。认识到语言文字观念的时代性,不以今天的造字法衡量古人的造字观念,我们会发现许慎谈论的“六书”即“字例之条”,都属于造字之法,但却是不同层次的造字之法:“假借”是不创造新的字形的造字法,“象形”“指事”“会意”“形声”“转注”五种造字法会产生新字形,只是“象形”“指事”“会意”“形声”同时又体现了汉字的结构类型特点,而“转注”与汉字的结构类型无关。

(曲阜师范大学文学院汉语教研室　王群)

① 就如许慎提到的“假借”的两个代表字“令”和“长”——以今天的观念来看,“命令”之“令”与“县令”之“令”,“长久”之“长”“长短”之“长”与“成长”之“长”显然是一个词的几个不同的义项,但是许慎却有可能将其看作是几个不同的词语。而我们看作是借字表音现象的“来”字,许慎却看作是词义引申现象:“天所来也,故为行来之来。”

② 裘锡圭:《文字学概要》,第102页。

第三编
探究争鸣

来母字谐声体系初探[①]

来母字的谐声问题是古汉语语音研究中极为显著又极为复杂的问题之一。为了能够得出较为合理的解释，大批的学者参与其中来。其中华人学者如章太炎、林语堂、钱玄同、黄侃、王力、李方桂、郑张尚芳、郭锡良等，海外的学者如高本汉、蒲立本、斯塔罗斯金、白一平、加沙尔等。尽管只是部分的列举，但可看出来母字的问题一直以来都在受人关注，从未间断。来母字的谐声问题成为通往古汉语道路上一个极为棘手而又无法回避的问题。参考前人的研究，可以看出，尽管各家使用的材料、方法不同，得出的结论也是千差万别。但总体来说，对来母字谐声问题的看法大体可分为两派：一派坚持复辅音说，这派观点最先由英国人伊特金斯(Edkins)提出，林语堂将之引入来处理汉语谐声问题，后经严学宭、俞敏、施向东、尉迟治平等人将该项研究导向深入，他们利用对音的方法探讨了汉语复辅音的分布、发展以及分化的动因和结果。近年来，"虽然还有少数人怀疑，但古汉语存在复辅音声母也已成为共识"[②]。由此，利用复辅音来解决汉语来母字的谐声问题也逐渐被大多数学者所接受。另一派观点是质疑"复辅音"说，如唐兰、王力等，这一派尽管不能提供古无复辅音的确凿证据，但却针对"复辅音"说无法解决的问题对之进行了有效的反驳：第一，现代汉语及其方言中没有复辅音的痕迹；第二，在古代文献、韵书以及反切上字中看不出复辅音现象。对两派细加考察不难发现：与其说这两派是对立的，不如说是互补的。前者利用对音

① 本文在第40届国际汉藏语言暨语言学会议上宣读。在大会论文的基础上，根据施向东先生的建议略作修改。如文中仍有其他谬误由作者负责，与施先生无关，在此谨向施先生致以诚挚的谢意！

② 郑张尚芳：《上古音研究十年回顾与展望》，《古汉语研究》1998年第4期。

以及亲属语言材料来证得复辅音的存在，而后者是从汉语自身文献及方言中寻找证据。以上两派的论辩似乎告诉我们：解决来母字的谐声问题可以采用复辅音说，但此假说的证明必须要有内外两方面证据，即要坚持“两个结合”的原则：汉语本体证据和亲属语言证据相结合、汉语文献证据和对音证据相结合、汉语方言证据和民族语言证据相结合……至于“两个结合”中的后一方面，前人已经做了大量的工作，提供了很多的证据。本文尝试利用汉语本体及文献材料来考察汉语中来母字的谐声情况，并将论证建立在数据统计的基础之上，结合实验语音学的研究成果，对来母字的谐声体系进行一次系统的梳理，希望能对汉语中谐声问题的研究有所启发。

一、汉语古有“辅音＋边音”复合声母

（一）假说的提出

我们从现代汉语常用的10000字中，统计出现代汉语中以“l”为声母的汉字共587个，其中包括10个内部的异读字。异读谐声属于特殊的一类，这里暂不考虑。然后我们对剩余的577个来母字的形、音、义进行了初步分析，依据声旁谐声能力的强弱，对之重新进行了分类，其中偏旁后的数字表示形成现代汉语来母字的数量。（见表1）

表1中的前三类后面会详细谈到，这里说一下D类。D类中的21个来母字绝大多数是非形声字，有的尽管是形声字但其造字能力不强（至多有两个谐声字），且均为来母字。只有两个较为特殊：一个是“弄”，声母是“l”时所形成的谐声字很少，且大都只是在方言中使用。加以很多方言中都有“l、n”不分的现象，是否由方言互混而形成的谐声未可知，由于这类谐声字极少，本文不做重点分析。另一个是“甪”，不仅从形体上看与“角”相似，而且在音、义上也有一定的联系。“甪”通常只作地名，“角”也只有在“角里先生”[①]时音鹿，如扬雄《法言・渊骞》卷十一：“美行，园公、绮里季、夏黄公、角里先生。”汉书作“甪里”。扬雄按：《史记》世德堂本里作“甪里”。司马迁云：“角，卢谷切；或作‘甪’，音同。”一个音只有如此狭窄的使用范围，通常是比较少见的，因此我们怀疑“甪”与“角”属于同形假借或同源，后来由于意义分化或传抄的原因使其字形出现了差别。证明略。

① 指的是秦末汉初商山四皓（东园公、角里先生、绮里季和夏黄公）中的一位。

表 1　　　　来母字谐声偏旁分析表

类　别	将谐声偏旁按产生来母字能力的强弱从左向右排列			
	A 类(声符)	B 类(声符)	C 类(声符)	D 类(字)
	只能形成来母字的声旁	既能形成来母字又能形成非来母字的声旁	只能形成一个来母字的声旁	难以分出声旁的来母字
从现代汉语来母字中离析出来的声旁	尞[①] 20 夌 16 罗 14 列 11 利 11 𤇾 11 粦 10 来 9 连 8 雷 6 鲁 6 两 6 鹿 5 禀 5 耒 4 寽 4 栗 4 灵 4 戾 4 罗 3 𣎆 3 卤 2	良 26 令 25 力 21 娄 19 龙 18 留 17 里(𠩺)17 离 13 翏 12 累 11 录 11 䜌 10 吕(旅)10 立 9 仑 8 丽 8 林 8 乐 6 老 6 㐬 6 豊 4 各 23 虍 17 柬 15 束 9 监 9 昔 7 京 7 佥 7 兼 6 萬 6 降 3 聿 2 果 2 史(吏)1	南(罱)1 率 1 子(李)1 鬲 1 豆 1 呙(腡)1 文(吝)1 勺(尥)1 青(靓)1 咎 1 㼌(蓏)1	旯 岚 蠡 劙 詈 卵 梁 粱 亮 喨 料 劣 〇 六 陆 弄 㟖 陋 漏 角 䚕
字数统计(个)	172	373	11	21
所占比重(%)	29.8	64.7	1.9	3.6
偏旁统计(个)	22	35	11	0

除去 D 类中的特殊情况，回过头来再看谐声偏旁分析表。遍观表 1 中的 A、B、C 类，并对表 1 中谐声偏旁的造字能力及分布进行统计，统计后发现：利用这 B、C 两类作声符形成的来母字共有 384 个，占来母字总数的 66%

① 表 1 中的“尞”部中包含“了”部，“耒”部中包含“类”部，“累”部中包含“垒、磊、畾”，“留”部中包含“丣”部。由于它们在音、义上的关系都较为密切，且无特殊的谐声现象，故归为一类。

以上，加上A类偏旁形成的172个单纯来母字，A、B、C三类几乎涵盖了来母字中几乎所有的偏旁，并且利用它们产生了95%以上的来母字，数量上的绝对优势表明它们能够代表来母字谐声体系的变化与发展。由于A类一般不能产生非来母字，即与谐声体系无关，故将之排除在谐声体系外。除去A类后，B、C两类的谐声偏旁共46个，那么这46类声符就是使来母字谐声体系复杂化的关键。因此，我们又从现代汉语常用的10000字中进行人工统计，找出所有的可能利用这46个谐声偏旁构成的形声字，并利用字书和韵书一一求证，得出哪些确实是利用这些偏旁做声符的，哪些不是，再除去那些不是的。最后，得出利用B、C两类偏旁作声符的非来母谐声字共计246个，将之按现代汉语的声母的次序排列如表2所示。

其中表2中的C类偏旁与B类有很大的不同：从表1来看，B类的每个偏旁都能形成至少两个以上的来母字，其形成的形声字占总量的65%左右；而C类的每个偏旁只能形成一个来母字，不足总量的2%。而从表2来看，B类偏旁形成的非来母字占总量的60%左右，它们分布较为均衡，且这些字在字书韵书中大都能查到训释；而C类偏旁形成的非来母字却几乎达总量的40%，它们分布较为散乱，且大多在字书、韵书中查不到训释。因此，我们怀疑C类的形成非来母字属于后起字，不能和B类一样反映同一时期的古汉语来母字谐声情况，故将之排除在来母字谐声体系之外。

结合表1和表2，我们有理由相信：

(1)在古汉语的声母系统中，一定存在一个单纯来母。这是因为：从谐声上来说，由A类偏旁作声符所形成的形声字无一例外的都是来母字，这类字共有172个，约占来母字总量的1/3。而且自古至今这类几乎没有发生变音、增音等现象。从归类上说，来母属于端组，而端组字也是整个语音系统中最为稳定的一类音。因此，无论是从数据上，还是从音理上都证明了古汉语(至少在说文时期)中存在一个单纯的来母。

(2)在古汉语语音系统中，除了有一个单纯的来母外，在其他的各声组中都应带有一个边音成分——即古有“辅音＋边音”声母，这个复合声母是来母字谐声体系孳乳的根本。

表 2　　　　与来母字有谐声关系的非来母字表①

	b	p	m	f	z	c	s	d	t	n	l	zh	ch	sh	r	j	q	x	g	k	h	o
B类151	剥1 变1 笔1	泺1 庞1 逄2	缪2 霾2 蛮1 命1 迈2	膚1		错4	飒1 洒1 速5 嗽1 悚2		漯1 體1 獭1	娘1		籀1 蜡1 赚1	瘳1 漦1 螭2 郴1 宠1 处1 虿1	晒1 酾1 数1 烁2 摅1 漱1 蟀2 使2		膠1 屦2 莒2 酒1 就1 耤3 借1 谏2 鉴3 缣5 降3 检4 剑1 惊3 硷1	璆1 巯1 靓1 鹊1 歉4 签1 黥4	協1 胁1 虚1 戲1 惜3 险2 莶1 嫌1	纶1 格3 咯1 阁3 晷1 尴1 尷1	悝1 客2 课8	貉1 夥2	翊2 昱1 栎1 甗1 药1 酉1 弯1 额2 窳1 盐1 验1
总计	3	4	8	1		4	10		3	1		3	8	11		33	13	11	11	11	3	13

① 在此需要声明的是：在表 2 的谐声字表中所列举的例字，除少数几个（如“赚、硌、睑”等）找不到谐声的依据外，绝大多数都能在《广韵》《说文解字注》《康熙字典》或后人研究著述中找到谐声的证据。而且这批字与来母之间的谐声关系，大都被学界或直接或间接的作为谐声字使用过、证明过。因此，应该说这批字与来母有谐声关系的可靠系数是相当高的。既然如此，从谐声的角度来说，《说文》中的“从某某声”“某亦声”等注音方式所标识的信息就不能仅仅理解为“同声必同部”。也就是说，《说文》中的谐声偏旁和谐声字之间并不只有叠韵关系，它们之间还应该有双声关系。起码两个有谐声的字其声母在谐声的时代应该是相同或相似的，否则不但难以解释许慎在《说文》中的注音条例，而且也不能解释为什么不同声纽之间存在众多的谐声字。如果这种观点能够成立的话，那么来母字和非来母字能够相互谐声的原因到底是什么呢？本文以为：其根本原因在于在古汉语中有“辅音＋边音”声母的存在，也正是由于有了这样的声母模式才使得来母字与非来母字的谐声成为可能。

续表

	b	p	m	f	z	c	s	d	t	n	l	zh	ch	sh	r	j	q	x	g	k	h	o
C类95	豹2 杓1 别1		孖1 闵2		字6	猜1		的1 钓1 逗4 短1 暨1	頭1	恁1 楠4		酌2		芍2 妁1	任4	睛9	虔1 晴12		过4 剐3 隔6 裹4 拐1		好1 祸1 翮1	约1 窝3 娲1 涡1 喎1 鹝1 蚊7
总计	4		3		6	1		8	1	5		2		3	4	9	13		18		3	15

对古有“辅音＋边音”声母的假说还可从以下几个方面来证明：

(二)假说的音理及声学依据

1. 从生理上来说，由于成音的特殊性，使边音“l”在整个辅音系统中显得与众不同。如，边音“l”由气流冲击声带震动成音，且声带音在口腔内共振的频率较为特殊，其发音部位处于半舌、半齿之间……而边音与其他辅音最根本区别在于：发边音时气流并不从舌面或舌尖通过，而从舌的一边或两边通过，因此边音形成时在口腔内一般不会受到明显的阻碍。需要注意的是：虽然发边音“l”时的气流从舌的一边或两边通过，但并不能排除在发其他音时气流也从舌的一边或两边通过的可能性。从辅音的发音方法以及发音器官的特征看，想在发音时使气流一点儿都不从舌的一边或两边通过简直是不可能的事。因此，在所有的辅音气流通过口腔时都不可避免地有部分气流会从舌的一边或两边通过，从而使大多数的辅音都带上了边音的色彩。无论是唇音、舌尖音、舌面音还是舌根音都概莫能外，不同的只是所带边音色彩的轻重。[①] 因此，从发音机理上来说，边音"l"不仅仅在舌尖中有一个独立的来母，在唇、舌面、舌根等部位同样都带有边音的成分。而"辅音＋边音"的复合形式做声母，其中的边音只是辅音成音时不由自主的伴随形式。在听觉感知上也是如此，由于这样的边音成分与其所伴随而生的辅音已融为一体，并不单独具有区别性意义，因此听音时只能听到"辅音＋边音"的复合音色形式，并不能听出有单独边音"l"的存在。

2. 从声学上来说，语音的声学研究通常通过语图来反映其声学属性，而共振峰是语图中最重要的参量之一。由于边音"l"通过声带震动成音，因此它在语图上的表现是：低频区 F_1 共振峰表现明显，而高频区 F_2、F_3 共振峰较弱甚至不出现，故低频区的 F_1 就成为了边音在语图上最具代表性的表现形式。与之相对应的浊辅音情况是：我们知道古汉语时期存在大量的浊辅音，且这样的浊辅音现在在很多方言区依然保留着（如闽南话、吴语、湘语等）。而且，浊辅音与边音相似，也是通过声带震动成音，在语图表现上也只是在低频区出现黑而浓的横杠，高频区呈现空白。语图及发音的相似性为浊辅音和边音的结合准备了条件，这也为浊辅音在发音时带有边音成分的假说提供了更多的证据支持（见图 1）。因此，我们更加确信：浊辅音在语图低频区上表现出来的横杠由"浊辅音＋边音"复合而成是可能的。

[La]　　[ga]

图 1　边音和浊辅音的语图比较

3. 同一个辅音同时拥有两个不同音的发音方法（"辅音＋边音"）并非我们的首创，汉语中自古有之。如[ts][tsʰ]以及在十三四世纪前后又陆续产生的[tʂ][tʂʰ]和[tɕ][tɕʰ]等。且不说"辅音＋边音"和[ts][tsʰ]这两种复合辅音哪个先产生，哪个复合辅音类推出哪个复合辅音（这对于本文的论述无关

① 一般说来，从发音部位上来看，随着发音部位的后移，发出音所带的边音色彩逐渐加浓。如唇音的边音色彩最轻，舌尖音次之，舌面音再次之，舌根音和通音最重。从发音方法上来看，不送气塞音的边音色彩最轻，其他音的边音色彩相对重些。但从发音方法上得出的结论并非是绝对的，如舌根不送气塞音[k]的边音成分就很重，主要是因为它的发音部位较为靠后。因此，用发音方法来区分所带边音成分的轻重要受发音部位的影响，发音部位才是决定性因素，发音方法的区别性更多地在同一发音部位内起作用。

紧要，暂且不谈)。仅就现存的几乎占据汉语半壁江山的[ts]组、[tʂ]组、[tɕ]组声母来看，就已经说明了此类复合声母在汉语中的生命力及能产性，这是一种适合汉语特点的声母模式。说这些复合辅音都是由两种不同发音方法组合而成的复合音，对此该如何证明呢？首先，它们都有整齐的送气、不送气及清浊的对立，这说明它们属于一个独立的音类；在发音方法上先经历一个与塞音相同的阻碍—持阻—除阻过程，在除阻的同时又紧接着一个与擦音相同的摩擦阶段。其次，这在语图的表现上也会找到证据(见图 2)，图 2 中显示的与前面的分析基本相同，其中塞擦音由塞音的语图标志(空白和冲直条)和擦音的标志(乱纹)组合而成。①

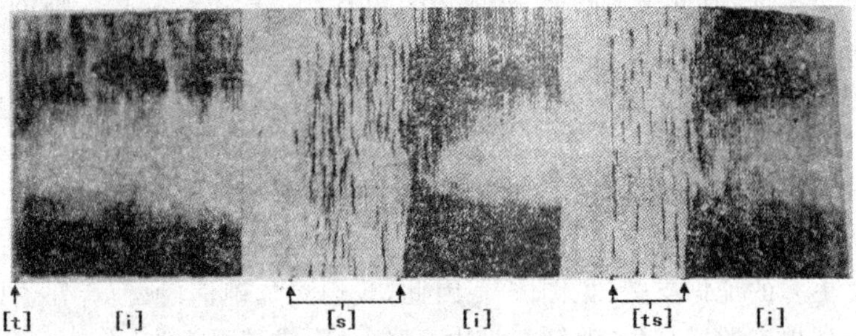

图 2　塞擦音语图表现

4. 附加证据。在不同的发音部位上都可以有边音的变体形式存在。这不仅在理论上可行，而且在方言中也可找出大量的边音"l"在不同部位上的变体。比如说卷舌边音，在台湾高山族排湾语有大量的存在，如排湾语的[ɭəɭət](嘴唇)；舌尖边音[ɬ]，在拉萨语(如"神"[ɬi])、彝语(如"炒"[ɬu])、黎语(如"二"[ɬau])中都有广泛的存在；舌根边音以及舌面中边音[ʎ]较少，只是在诸如法语、西班牙语中有一定的表现(如南部法语"眼睛"[œʎ])。这些边音形式的存在说明了在人类的辅音系统中，在绝大多数的发音部位上存在一个边音或边音的变体形式是可能的。

细心的读者可能会发现：在唇音这个位置上没有发现任何形式的边音或边音变体形式，对此该如何解释呢？这可以从成音机理上找到答案。根据发音的基本原理可知，不同音色形成的根本原因在于：由于发音时舌位、口腔及唇形不断地发生变化，从而改变了共鸣器的形状，使共鸣器产生不同的共振频率，并由不同的共振产生出了千差万别的音色形式。可以说，形成

① 林焘、王理嘉：《语音学教程》，北京大学出版社 1992 年版，第 82 页。

什么样的共鸣器以及经过怎样的共鸣对一个音的形成起到了决定性的作用。了解了这些以后再来看唇音，唇音的发音部位处于口腔的最前端，因此唇音只能通过唇部的打开与闭合调节共鸣器的形状，并以此来调节共振腔的气压，从而影响口腔的共振频率。事实上，唇音也只能通过这样的方法调节音色。另外，唇音在唇部解除阻碍，唇部一旦打开气流便很少能从舌头的两边通过；而且，除阻后的唇音共鸣器一般不再持续地参与共鸣，因此双唇的打开就基本上标志着唇音的音色已经形成。正是由于唇音具有这些特点，因此使得它在整个辅音系统中表现极为特殊，不仅在唇音位置上存在“唇音＋边音”的可能性较小，而且与其他组声纽发生谐声的可能性也很小。

相比较而言，非唇辅音的共振频率调节要比唇音复杂得多，不仅参与调音的器官增加了（至少开始有舌头参与调音），而且共鸣腔的数量也变多了。非唇辅音的发音大都通过发音器官（主要是舌头）的变化改变了共鸣器的形状，从而改变了共鸣频率。而且，非唇辅音解除阻碍后，气流依然能从舌头的两边通过，然后还要经过至少一个共鸣腔的共鸣后发音方可完成。如舌尖音在除阻后还要经过唇腔的共鸣，舌面音在除阻后还要通过前、后口腔两个共鸣器（舌将口腔分为前后两部分）的共鸣。

综上，我们有理由相信在古汉语中存在“辅音＋边音”声母。而且，这种声母与汉语中自古有之的“塞音＋擦音”在发音原理和表现特征上有一定的相似之处。

（三）区分复合辅音和复辅音

首先声明：本文的“辅音＋边音”复合声母假说与学界一直讨论复辅音与其说是对立的，不如说是一脉相承的，只是在此我们对复辅音的特征及分布作了限定：这样的复辅音我们只将其限定在来母字的谐声体系中，而且这样的复辅音不等同于印欧语标准的复辅音（因此，我们将汉语中的“辅音＋边音”称为复合辅音），而是与印欧语标准的复辅音有本质的差别，主要表现为：

1. 复辅音概念源于印欧语系，印欧语系的发音特点和音节构造与汉语有本质上的差别，因此用印欧语系的术语和评测标准来考察汉语，从道理上来讲似乎有些勉强。

2. 汉字的特点也说明了汉语中不太可能出现印欧语标准的复辅音。在大多数语言的书面语系统换成表音体系的背景下，汉字依然保持着自身的特点并作为汉语最重要的书面语记录体系，这说明汉字是适合汉语的一种书面语符号系统。而且从汉语的早期形式来看，以单音节为主的词汇系统与单音节的汉字之间恰好形成一一对应关系——一汉字一音节一语素。如果汉语词的早期形式存在印欧语标准的复辅音，恐怕就会与以单音节形式存在的汉字产生冲突，那么汉字就会在“优胜劣汰”自然法则中遭到淘汰，而事实并非如此。汉字照样存在，而且几千年来变化不大。反过来说，也许正是由于汉语一直用汉字记录书面语，才有效地抑制住了汉语向复辅音、多音节发展的倾向，至少在有文字可考的历史中是这样。

3. 从发音方法上，本文假定的“辅音＋边音”声母（如“gl”“bl”“dl”“dzl”等）与印欧语系的复辅音也有根本的差别。古汉语中的“gl”“bl”“dl”“dzl”等尽管用两个以上的符号表示，且采用了两种不同的发音方法，但它们只代表一个音位，其内部关系密切，无法人为地将之分裂开来，它们只能作为一个整体存在，只表示一种意义。也就是说，它们是以一个整体，而不是以个体形式与其他音位相对立的。而印欧语中的复辅音（如英语中的“str-”“sm-”“gl-”等）是采用了两种以上的发音方法，代表的是多个音位，而且各个音位是彼此独立的，它们之间有明显的区别性特征。它们的内部联系也较为松散，在发音时用重音、停顿等手段能够使之在时间上独立开来。

另外，本文的“辅音＋边音”模式与[ts][tʂ][tɕ]基本相同，在发音时发音部位只需活动一次发音即已完成，不同发音方法的过渡是自然的，没有明显的时间间隔，甚至在同一时间内完成。比如塞擦音，在发音部位保持不变的情况下，塞音的除阻和摩擦的开始是同一时间完成的，塞音后的摩擦犹如其自身的延长音一样，前后动作之间的过渡自然、平稳，根本感觉不到是兼用了两种不同的发音方法。而印欧语系中的复辅音则不然，在发音时其发音器官至少要活动两次以上，同时要从一个音过渡到另一个音，通常音位之间有明显音渡，音色上也有明显的差别。即使发音速度很快，也能感觉到其中的不同，一般不作为一个音位看待。

4. 无论是在普通话，还是在汉语方言中都没有发现有印欧语标准的复辅音痕迹。如果说印欧语式的复辅音在汉语的早期存在过，现在消失了。那么一个曾经对汉语产生过重大影响的复辅音却在汉语的研究史料及现实的语言中找不出一点蛛丝马迹，这不太可能。由此可得出两种可能：要么古汉语中根本不存在复辅音，要么印欧语标准的复辅音根本不适合汉语。这两种可能都蕴涵一个命题：汉语中不存在印欧语标准的复辅音。

综上种种，本文提出古汉语有“辅音＋边音”复合辅音的假说，并且认为这种复合辅音是汉语特有的不同于印欧语标准的复辅音。

二、来母字谐声体系的分化方式

根据前面的分析可知，在谐声体系中唇音字由于其发音部位的特殊性，使之与其他部位的音表现出极大的差异性。故此可先将表 2 中 B 类(剩余的 C 类在后面会谈到)的谐声字大体分为两类:唇音字和非唇音字。再根据辅音的清浊将其细分为两个次类,即“浊辅音＋边音”声母和“清辅音＋边音”声母。其分类可用直观图表展示如下:

表 3　　B 类谐声字的声母分类表

<table>
<tr><td rowspan="4">B 类谐声字</td><td rowspan="2">非唇音字</td><td>“浊辅音＋边音”字</td></tr>
<tr><td>“清辅音＋边音”字</td></tr>
<tr><td rowspan="2">唇音字</td><td>“浊辅音＋边音”字</td></tr>
<tr><td>“清辅音＋边音”字</td></tr>
</table>

(一)“非唇辅音＋边音”声母的分化

B 类中非唇音字共有 143 个,约占 B 类谐声字总数的 89%。在这类字中,有一部分没有声母,似乎与其他类显得有些不同。我们知道现代汉语中的大部分零声母字在古汉语时期本有声母,后由于浊音清化、声韵关系变化、入声消失等原因,使声母逐渐弱化直至脱落。而且,零声母字的出现也是有一定的规律可循的。比如,在本文的零声母字谐声字中,三等韵占大多数,二等韵占少数(如“弯”“额”等),而一四等韵的字几乎没有。从这方面说,零声母字产生的韵母特征与[tʂ]组、[tɕ]组字的产生有很大的相似性,因此我们将这三类字放到一起来谈。

在对 B 类中非唇音谐声字整理后,一个很有趣的现象引起了我们的注意,[tʂ]组、[tɕ]组和零声母字本属于后起字,但出现在这几组中的谐声字却最多,共有 92 个,约占 B 类谐声字总数的 61%。而汉语中从古至今一直存在的见组、端组、精组字,其谐声字总数不过 43 个,不足 B 类谐声字总量的 30%。后产生的声组中谐声字的数量是先前存在声组中谐声字数量的两倍还多,这有些不合常理。众所周知,来母字的谐声体系在 2000 年前(至少是在《说文》的时代)就已经产生了,而那个时代与来母可能发生谐声关系的只有见组、端组、精组、帮组字,而且这几组在《说文》时代也是最活跃、谐声能力最强的声组。可以说,现代汉语中与来母有谐声关系的字 95%以上都是在那个时代产生的。按理说,到了现代汉语时期,和来母有谐声关系的字也应该大部分保持在这几组声组中。可事实上在近代汉语时期这些谐声字就已经有 2/3 以上不能再保持在见组、端组、精组中,而是分派到了tʂ组、tɕ组和零声母中。这不能不令人对此质疑。

1.“非唇辅音+边音”声母分化的条件

无论是利用谐声字，还是利用经典文献中的注释都可说明这样一个事实：在谐声字产生的初期，谐声偏旁和被谐字的声和韵都应是相同或基本相同的。后来随着语音系统的变化，大多数谐声字与它们所属声纽（如[p]组、[t]组、[k]组、[ts]组）的差别日益增大，却与[tʂ]组或[tɕ]组或零声母的相似性逐渐增强。随着语音的变化，有相当数量的谐声字难以再保持在原来的声纽中，只能独立出来，从而产生了分化。事实上大部分的来母谐声字都被分化了出来。在一个声纽的谐声体系中能够产生这样大的分化，在语音发展史上是不多见的，可能也只有来母的谐声字才会有这样的分化。因此，可以认为与来母有谐声关系的字不仅大都符合[tʂ]组或[tɕ]组声纽产生的条件，而且一定与这些声纽的产生有密切的关系。那么这些后起的声纽究竟发生了怎样的变化才使其与原来声纽变得不相容了呢？

根据后起声纽的产生特点可知，这些声纽产生的基本前提条件是：无论是精组字、端组字，还是见组字，要产生这样的分化，其声纽一定要出现在“i”或“y”的前面；否则，不太可能产生分化。如果从韵等的角度来说的话，即声纽要出现在三等或四等韵的前面才能产生这样分化。对于不符合条件的韵母，要发生这样的变化，必须要对其韵母进行调整，使之符合条件。如“蜡”本是开口二等字，但却分化到了崇母中，原因在于其声符“昔”是开口三等字，基本上满足分化的条件。与此同类的还有“虿”属于开口二等字，其声符“万”是开口三等字；“降”是开口二等字，而以此为声符的“隆”是开口三等字。需要注意的是，并不是任何时候、任何音都能发生这样的变化，因为“语音的一切变化都是制约性变化。这就是说，必须在完全相同的条件下，才能有同样的发展”[①]。这说明语音规律性变化的条件一定要相同，而且必须在一定的阶段内完成。如果错过了这个变化阶段，即使又出现了符合变化条件的音，也不太可能再发生同样的变化。利用这一规律可以解释表2中C类为何只产生一个来母字，却有大量的非来母谐声字，而且可以解释为什么这些非来母字无法依照分化规律重新分类。可以认为，或者这批声符在分化规律起作用时还没有产生这一个来母字，或者非来母字的分化错过了B类字分化的时间，或者二者兼而有之。另外，结合表1和表2也可看出：B类字和C类字在谐声字的分布以及分化规律都显现出截然不同的特点，应分属两个不同的类别。以C类偏旁作声符产生的来母字只有11个，不足来母

① 王力：《汉语史稿》，中华书局1980年版，第69页。

字总数的2%。因此，无论是数量，还是性质，C类字都不能算作是来母谐声字的一个基本类型。故对于C类字本文只是列举，不作过多的研究。

根据以上分析基本可明确，B类非唇音谐声字与[tʂ]组，[tɕ]组和零声母的最主要的联系体现在声组后有“i”或“y”。由此，这一类的谐声字分化问题就转化成了“辅音＋边音”如何使其后面的韵母产生“i”或“y”的问题。下面分别谈一下B类中非唇辅音(“浊辅音＋边音”和“清辅音＋边音”)如何分化。

2.“非唇辅音＋边音”声母的分化方式

可以肯定的是，在上古时期，汉语中是没有严格的介音“i”或“y”的，介音“i”或“y”是后来才产生的。而“i”和“y”在舌面上的发音部位是基本相同的，只有不圆唇和圆唇的区别。因此，两个介音的问题就变成了一个音的两种不同形式问题。只要解决了其中一个音的产生问题，那么另一个音的问题就迎刃而解了。本文以“i”为例看一下究竟是什么因素促使了介音的产生。

本文以为，浊音清化是“i”产生的诱发因素。由于浊音清化，浊辅音无法再保持了，按着浊音清化的规律，这些浊音分别变成了相应部位的送气或不送气的清音。而“浊辅音＋边音”的声母在浊音清化的过程中遇到了困难，浊辅音部分可变成相应的清音，而边音“L”却没有相应的清音对应。事实上，由于“L”发音部位和发音方法的特殊性，决定了一旦边音“L”由浊音变成了清音这个音就可能不复存在了，因此就出现了浊边音要清化却无法清化的矛盾。为了解决这一矛盾，汉语采用了三种不同方式对之进行了调整。

第一，在“浊辅音＋边音”声母中，浊辅音清化，边音却未能清化，故形成了“清辅音＋边音”声母，和汉语中固有的“清辅音＋边音”声母合流。先清后浊的辅音模式本身就决定了其自身的不稳定性，而且在这个过程中浊音清化起到的不仅仅是使浊音变成清音的作用，同时由于浊音清化这一普遍性规律的运动，促使了音节的响度及能量重心由音节前部向音节的后部偏移，从而弱化了音节前的声母成分，使清音的弱化、脱落成为可能。随着清音的弱化、脱落，“辅音＋边音”声母中的边音“L”成为音节的声母，从而使得大量的非来母谐声字被分派到来母中。如从“各”得声的“洛、骆、烙、络”等，从“果”得声的“裸、嬴”等，从“柬”得声的“谰、兰、澜、阑”等，从“昔”得声的“猎、蜡、腊”……通过此类音变形成的来母字约有400个，占所统计的全部来母字(580多个)总量的2/3强。这种浊音清化的方式最普遍、最为可行，由此分化出来的谐声字也最多。

第二，“浊辅音＋边音”声母全部发生了清化，变成了“清辅音＋清边音”声母。此时前置的清辅音依旧保持，而边音由于清化从而使之像谈到的那样丧失了语音的可感性，根本觉察不到它的存在，清边音由此成了一个无法区别意义的附加成分。这时的清辅音成了音节中的主要声母。这种浊音清化的方式一般不太容易实现，分化出来的谐声字也较少。主要有从“立”得声的“飒”，从“丽”得声的“灑”，“豊”从得声的“體”，从“仑”得声的“纶”，从“剌”得声的“獭”，从“里”得声的“悝”等。为说明方便，顺便将《说文解字》中对这些字的形、音、义分析分列如下：

(1)飒：风声也。从风立声。

(2)洒：涤也。从水西声。

(3)體：总十二属也。从骨豊声。

(4)纶：纠青丝绶也。从丝仑声。

(5)獭：如小狗也。水居食鱼。从犬赖声。

(6)悝：啁也。从心里声。春秋传有孔悝。一曰病也。

第三，是谐声体系形成的最为经典的方式。这种方式是通过音节中的声韵的相互作用实现的。通常我们分析音节都是声母和韵母分开进行的，而事实上声韵之间决非相互独立的离散单元，而是密切联系、相互作用的。不仅仅韵母的变化会影响声母，同样声母也会影响到韵母，使韵母向着声母的特点发生变化。由于声母作用而使韵母发生的变化，通过声学实验的方式能够很明显地表现出来。如图3所示：

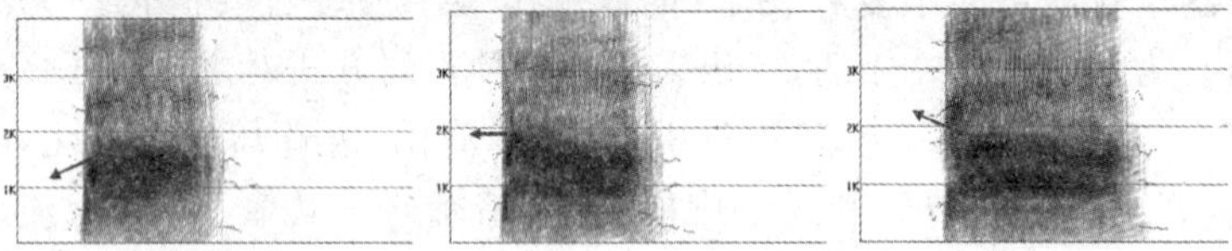

[pa]　　[ta]　　[ka]

图3　辅音影响元音的音征图①

辅音主要影响元音的 F_2 共振峰，使之根据辅音的发音部位向一定的频率区发生弯曲，从而形成音征。不同发音部位的辅音使紧随其后的元音 F_2 表现出不同的音征。根据辅音的发音部位，音征大体可分为三类：如上图中的箭头所示，唇辅音会使其后元音的 F_2 向700Hz左右的区域发生弯曲；舌尖音会使其后元音的 F_2 向1800Hz左右的区域发生弯曲；舌根辅音会使其后元音的 F_2 向3000Hz左右的区域发生弯曲。

正是由于辅音对元音有这样的影响使“浊辅音＋边音”向“清辅音＋i(y)”转变成为可能。这样的转变乍一看很难理解，我们来慢慢分析。前面

① 图中的颜色较深的黑色横杠是共振峰，每个共振峰上的曲线代表着共振峰的走向，前面的箭头标示出元音的 F_2 共振峰受辅音的影响而发生的弯曲。

说过，浊音清化是来母字谐声体系产生的重要诱发因素。那么辅音声母发生这样的变化一定是在浊音清化后，既然如此，“浊辅音”变成“清辅音”就不难理解了。而且在浊音清化的过程中，浊辅音只是变成了相应的清辅音并未产生多余的附加成分，那么“i(y)”的产生不太可能与浊辅音有关，只能和边音“l”相对应。也就是说，是从边音“l”那里产生出了“i(y)”。究竟是如何实现的呢？在回答这个问题之前，先比较一下边音“l”与“i(y)”语图特征：

边音“l”：在语图表现上，通常只在低频区出现 F_1 共振峰，高频区的 F_2 以上的共振峰一般显示得较淡或者根本无法显示出来。因此，F_1 就成了决定边音“l”声学属性的最主要共振峰。

介音“i(y)”：由于处于发音部位的最高端，所以 F_1 共振峰值在所有元音中最低，横杠出现在低频区。又因为“i(y)”处于发音部位的最前端，故其 F_2 在所有元音中最高，约 2000～2800Hz。

通过上面的比较可看出，边音“l”和“i(y)”在声学上有相似之处，即 F1 共振峰出现的位置基本相同，都是在低频区(300Hz 左右的位置上)。但也有差异之处，即边音“l”的 F_2 较淡或不出现；而“i(y)”一定有 F_2 共振峰，且频率值最大。而在声学上，依靠语图中 F_1、F_2 共振峰的出现位置及其频率值就能基本上决定一个元音的音色。那么，如果在边音“l”的高频区上(2000Hz 左右的位置)为之添加一个 F_2 共振峰就可实现边音“l”向“i(y)”的转化。为了进一步证明这种转化的可能性，我们可将未产生“i(y)”的浊辅音语图(图 4)与“浊辅音＋边音”模式的模拟语图(图 5)比较一下：

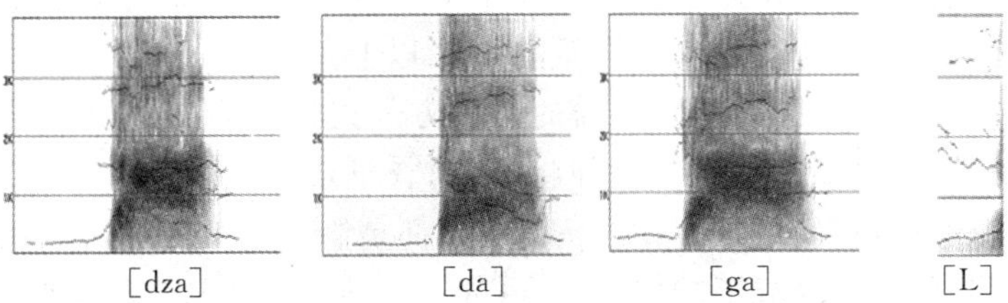

图 4　未产生“i(y)”的浊辅音音征图

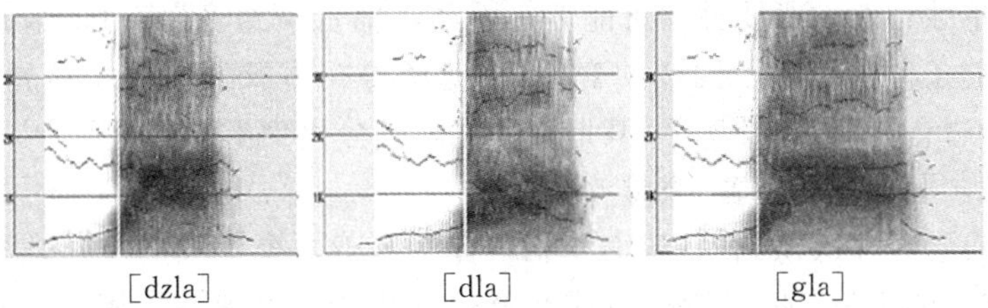

图 5　“浊辅音＋边音”模式的模拟语图

图 5 是由图 4 中 3 个浊辅音语图和边音语图(在图 5 中每幅语图白线前的那块浅色区域)整合出来的。在图 5 中可以看到,无论是共振出现的位置(横杠),还是共振峰的走向(曲线),嵌入其中的边音语图部分与整个语图都表现出惊人的吻合。这绝非偶然,恰恰说明了在浊辅音中一定带有边音成分,即我们假设的“浊辅音+边音”声母模式一定存在。

根据辅音影响元音所表现出的音征可知:在“浊辅音+边音”声母中,舌尖或舌根位置上的边音会影响后面的元音 F_2 共振峰向 1800Hz 以上的区域发生弯曲,同时边音“l”的 F_2 又受到前面非唇辅音的影响也向 1800Hz 以上的区域发上弯曲。这样在边音 l 的高频区就出现了两个 F_2 共振峰重合的情况,从而加强了边音的 F_2 的能量,使之表现更为明显。同时边音的 F_2 共振峰受前置辅音和后面元音共振峰走向的影响,提升了共振峰的峰值,由正常的 1500Hz 左右升到了 1800Hz 以上的位置。由于边音 F_2 的变化,使得边音 l 的音色发生了改变,不再与正常的边音音色一致;相反,却与“i(y)”的语图特征和音色趋于一致。至此,边音“l”向元音“i(y)”的转变基本完成,元音“i(y)”取代了边音而成为音节介音,并促使了来母谐声字体系的大分化。

浊音清化促使“浊辅音+边音”模式的解体,同时也为介音“i(y)”的产生提供了条件。至 14 世纪浊音清化在汉语的北方官话中已经完成,也使得精组、端组、见组中的来母谐声字随着“i(y)”的产生而纷纷分化到了[tɕ]组、[tʂ]组中,可以说,现在汉语中[tɕ]组、[tʂ]组的来母谐声字几乎全都是通过这种方式产生的。没有被分化到[tɕ]组、[tʂ]组的,随着前置辅音的进一步弱化,脱落而变成了零声母谐声字。由于边音“l”转变成“i(y)”而分化出的非来母谐声字有 92 个,占 B 类谐声字总量的 60%以上。

最后需要说明的一点是:前面的三种方式讨论的是“浊辅音+边音”的声母分化方式,但在举例说明时却将“清辅音+边音”的谐声字分化也加入其中,看似有些不妥。但“语音的一切变化都是制约性变化”,“浊音清化”起作用的同时就已经促成了“浊辅音+边音”和“清辅音+边音”的合流,“辅音+边音”的浊音形式解体也使得其清音形式丧失了对立性的音位特征,从而失去了单独存在的必要性和可能性。因此,“辅音+边音”声母的清、浊形式在相同的条件下发生了同样的变化,故此使得在古汉语中一个极富活力的“辅音+边音”声母全部解体,其谐声字也随之分化到不同的声纽中。

(二)“唇辅音+边音”声母的分化

前面已经多次谈到,唇音字和非唇音字属于两个不同的类别。尽管“唇音+边音”的声母“浊音清化”方式和分化方式和非唇音基本相同,但由于唇音发音部位的特殊性,决定了在这个部位上的来母谐声字分化还会有其自己的特点。主要表现为：

1. 正如在"(一)假说的提出"部分对古汉语中有"辅音＋边音"声母的可能性分析的那样，这种构造的声母在理论上可以出现在任何发音部位上，无论是唇音部位，还是非唇音部位都是如此。但"辅音＋边音"声母在不同发音部位上存在的可能性有大与小的差别，存在的数量也有多与少的差别。相对而言，在唇音位置上存在的"辅音＋边音"模式声母的可能性最小，其数量也最少。这可以从我们统计的数据来证明：从第一部分表1中的谐声偏旁来看，在所有的与来母字有谐声关系的声符中，竟然找不出一个唇音声符，这说明依靠唇音偏旁作声符形成的形声字与来母产生谐声关系的可能性几乎为零。尽管在表2的谐声字表中在唇音的位置上出现了16个来母谐声字，但它们仅占谐声字总量的10.5%。而且它们都无一例外的以非唇音偏旁作声符，其中有10个是利用来母偏旁作声符形成的(如从"录"得声的"剥"，从得声的"变、蛮"，从"翏"得声的"谬、缪"，从"里"得声的"埋、霾"，从"乐"得声的"泺"，从"龙"得声的"庞"，从"令"得声的"命")，有6个利用非来母偏旁作声符形成的(如从"聿"得声的"笔"，从"万"得声的"迈、劢"，从"降"得声的"逄、胮"，从"虍"得声的"肤")。

2. 前面谈到"非唇音＋边音"声母和"唇音＋边音"声母的分化方式基本相同，只是指它们的第一、第二种分化方式相同，第三种方式并不相同。也就是说，在非唇音位置上可以使"非唇辅音＋边音"转化为"非唇辅音＋i(y)"，而在唇音位置上使"唇音＋边音"转化为"唇音＋i(y)"的可能性极小，或者说不可能实现。因为按着"非唇辅音＋变音"声母分化的条件中第三种方式的转化过程，唇音影响后面的元音所形成的音征是：元音 F_2 向低频区(700Hz 左右)弯曲，而不向高频区(1800hz 以上)发生弯曲，这样就不能使边音"l"的 F_2 共振峰在 1800hz 以上的位置上得到加强，就不能形成类似于"i(y)"的语图特征，也就无法实现从边音"l"到元音"i(y)"的转化。因此，"唇音＋边音"声母在分化的过程中没有形成"唇音＋i(y)"形式，也几乎没有一个唇音字分化到后产生的[tɕ]组、[tʂ]组字中。

由于唇音字的这些特点使得唇音字自成一类，不仅自古至今保持得极为稳定(虽然产生了清唇音，但始终没有超出唇音的范畴)，而且很少与非唇音字发生谐声关系。至于说"肤、虍、卢"或"每、霉、悔"等例中的谐声关系，我们以为它们之间的关系较为复杂，也较为特殊，它们的谐声形成可能另有来源。因此，它们并不能代表整个唇音字，只能算作唇音里的个案。对此，我们会在另外的文章中讨论，本文从略。

综上所述，本文从两个大的方面探讨了来母谐声字的产生根源、分化的条件及分化的方式。全文的论述从统计数据出发，利用语音史的研究材料和实验语音学的实验成果为证据，兼顾了一般与个别、整体与部分、全局与局部。总体来说，本文的观点是能够自圆其说的，古汉语中有“辅音＋边音”声母是能够成立的。但由于语音的发展是一个极为复杂的运动过程，语音的变化、发展是在众多的因素相互作用、相互影响下完成的，所以关注一个语音问题，往往会牵一发而动全身。对于来母字的谐声问题来说，其谐声关系的产生除了会有前面谈到的因素起作用外，还可能会有其他的因素对之产生过重大的影响，如入声的消失、送气音与不送气音的区分、方言或亲属语言以及外来语言的影响……但限于篇幅，只能对来母字的谐声关系粗略地梳理一下，希望能够“筚路蓝缕，以启山林”。

（曲阜师范大学文学院应用语言学教研室　王恩旭）

从《全唐诗》“床”字用法探究《静夜思》“床”字含义

李白《静夜思》:“床前明月光,疑是地上霜。举头望明月,低头思故乡。”[①]脍炙人口,蒙童成诵。然而,这短短只有4句20个字且语言浅显、无生僻字词的小诗,在个别字词,主要是“床”的训释方面却争论已久。在古汉语教学过程中,我们应该如何让学生理解呢?本文拟梳理近几十年来对《静夜思》“床”字研究的成果,综述争论的主要流派及其分歧,从《全唐诗》“床”字的用法入手进行新的探讨。

一、《静夜思》中“床”字研究的历史回顾与现状

对于《静夜思》中“床”字的解释,从20世纪80年代至今学术界不断有争鸣文章刊出,主要观点如下:

(一)睡床,即卧具

持此说者,主要有清代王琦、詹瑛、鲁梁、倪传龙等人。清代王琦在《李太白全集》中认为“床”指“睡床”,属于常规用法,所以没有作注。但当“床”解释为“井上的围栏、井床或辘轳架”等其他意思时,作者都作了详细注解,并且不惜笔墨,引经据典。詹瑛主编的《李白全集校注汇释集评》及鲁梁《“床前明月光”的“床”还是解释为“睡床”为好》和倪传龙《也谈“床前明月光”的“床”》,都持此种观点。

(二)坐具,主要指胡床

持本说的主要有刘国成、沈光春、程瑞君等。在刘国成《“床”字小议》和程瑞君《唐诗名篇词语新解五则》两文中,他们都不赞同把“床”解释为“睡

① (清)蘅塘退士编:《唐诗三百首》,中华书局1959年版,第3页。

床”，而应解释为“胡床”（即凳子），并阐述了诸多理由。沈光春的《“床前明月光”的“床”究竟为何物》一文直截了当地认为：“床”就是“汉以后从西域传入的‘胡床’”[①]。

（三）坐、卧具

持此说者，主要有乔松等人。乔松在《李白〈静夜思〉中的“床”字》一文中，根据段玉裁《说文解字注》“床之制略同几而庳于几”，“床制同几，故有足有桄”，床“可坐”“亦可卧”[②]等，认为“床”应同“几”，是可供人坐卧、睡觉的工具。[③]

（四）井床（即井上的围栏）或辘轳架

主张此说者，主要有王晓祥、张连举、朱鉴珉等人。王晓祥的《“床前明月光”新解》：“只有将‘床’理解为‘井床、井栏’，才合情合理，无懈可击。”[④]张连举的《“床前明月光”新解》：“不赞成把‘床’释为‘凳’，若将‘床’理解为凳，则夜晚坐在凳上呆想，实在太煞风景，而主张把‘床’释为‘井床’，‘井床’即‘井上的围栏’。”[⑤]朱鉴珉的《床・井栏・辘轳架》：“有人曾指出‘床’字可解作‘辘轳架’。”[⑥]赵启伟的《“床”字的解析》认为，“床”应为“井床”，也可指“辘轳架”，为系辘斗汲水之具。[⑦]

二、以往研究之不足及进一步探讨

综上所述，不难发现对《静夜思》“床”字的研究与解释还存在很大分歧，显然有继续探讨的必要。那么，这四种理解究竟哪种更贴近作者原意呢？换句话说，《静夜思》中的“床”字究竟作何解释才能接近李白的原意、符合全诗的意境呢？

学者们对《静夜思》“床”字研究的不足还表现在以下两个方面：(1)从搜集到的有关学术论文来看，没有一位学者从《全唐诗》“床”字用法入手来探究《静夜思》“床”字的含义。(2)学者们未考虑过要把“床前明月光”的“床”字放到整个唐代语言背景之中去观察。

我们在详尽搜集《全唐诗》“床”字出现的诗句的基础上，探究“床”字在

---

① 沈光春：《“床前明月光”的“床”究竟为何物》，《语文学习》1994年第2期。

② （清）段玉裁：《说文解字注》，中华书局1998年版，第257～258页。

③ 乔松：《李白〈静夜思〉中的“床”字》，《语文月刊》1985年第3期。

④ 王晓祥：《“床前明月光”新解》，《浙江师范大学学报（社会科学版）》1986年第4期。

⑤ 张连举：《“床前明月光”新解》，《人文杂志》1997年第1期。

⑥ 朱鉴珉：《床・井栏・辘轳架》，《北京师范大学学报》1985年第5期。

⑦ 赵启伟：《“床”的解析》，《语文知识》1997年第1期。

整个唐代大语言环境下的用法，以便得出“床前明月光”中“床”字最有可能的具体所指。为此，主要探讨了以下问题：“床”字在唐代究竟有哪几种意义？哪一种意义又最为普遍，或者说使用的频率最高？此外，“床”字的每一种含义所要求的语境怎么样？我们希望通过对这些问题的讨论，进一步斟酌《静夜思》中“床”字的含义，力求得出贴近原诗意境、符合唐代语境的理解。

三、《全唐诗》“床”字使用基本情况

经过对《全唐诗》中出现“床”字的904首诗词逐句分析与统计，得出如下数据：“床”字在《全唐诗》中，共出现957次。其中，题目中出现了4次，分别为：《全唐诗》第6卷13号李峤的《床》，第424卷55号白居易的《文柏床》，以上两例都可以理解为“睡床”；第611卷34号皮日休的《酒中十咏·酒床》，可以理解为“放置酒的架子或酿酒的工具”；第686卷63号吴融的《题衮州泗河中石床》，可理解为“河床或河底”。

此外，还有39组诗句是完全重复和4组几乎相同的（诗中个别字不同，而整体意思一致），再加《静夜思》的“床”字1次。在“39组诗句”中有一组是3句完全重复的：张易之《横吹曲辞·出塞》[①]、张易之《出塞》[②]和张柬之《出塞》[③]都含有相同诗句：“谁堪坐愁思，罗袖拂空床。”故将3次算作1次。余下38组均2句完全相同者：（1）题目、作者和诗句全相同的。如：元稹《乐府杂曲·鼓吹曲辞·将进酒》[④]与《将进酒》[⑤]；李贺《相和歌辞·箜篌引》[⑥]和《箜篌引（又曰公无渡河）》[⑦]；韦渠牟《杂歌谣辞·步虚词》[⑧]和《步虚词十九首》[⑨]等25组。（2）题目、诗句相同，作者不同的。如：王建《宫词一百首》[⑩]和元稹《自述（一作王建宫词）》[⑪]均有“延英引对碧衣郎，江砚宣毫各别床”等。这种情况的出现，在于《全唐诗》编排时，先按类分卷，又按作者分卷。为此，

---

① 《全唐诗》第18卷，中华书局1960年版，第183页。
② 《全唐诗》第80卷，第868页。
③ 《全唐诗》第99卷，第4067页。
④ 《全唐诗》第17卷，第170页。
⑤ 《全唐诗》第418卷，第4605页。
⑥ 《全唐诗》第19卷，第201页。
⑦ 《全唐诗》第393卷，第4426页。
⑧ 《全唐诗》第29卷，第426页。
⑨ 《全唐诗》第314卷，第3530页。
⑩ 《全唐诗》第302卷，第3439页。
⑪ 《全唐诗》第423卷，第4647页。

每1组按1次进行统计。如此,这39组中"床"字实际次数就应为39次。4组几乎相同者,如:姚合《咏破屏风》"残雪飞屋里,片水落床头"[①]和章标《破山水屏风》"残云飞屋里,片水落床头"[②],仅一字之差,但其中的"床"均确指"睡床",故将其按4次统计。

我还特别关注了"床"作"井床,即井上的围栏"或"辘轳架"讲的22首诗,并对《全唐诗》中出现的"床"字词组进行了详细统计与整理。如"石床"61次,"床前"41次,"绳床"34次,"禅床"26次,"象床"25次,"银床"19次,"匡床"17次,"玉床"13次,"胡床"13次,"东床"11次,"藜床"10次,"书床"7次,"印床"7次,"糟床"6次,"琴床"5次,"笔床"4次,"浴床"2次,"茶床"2次,"药床"2次,"砂床"2次,"酒床"1次。在这些词组中,又重点考探究了绳床、胡床、银床、书床、糟床等,尤其是"银床"作"井床,即井上的围栏"解的12首诗词。

综上所述,"床"在《全唐诗》中共计957次,除去重复的44次和《静夜思》中的1次,还剩912次。关于"床"的意义,《辞海》中"床"字词条:(1)供人睡卧的用具。如"床铺""床位"。《诗·小雅·斯干》:"乃生男子,载寝之床。"古时亦指坐榻,如"胡床"。古乐府《孔雀东南飞》:"阿母得闻之,槌床便大怒。"(2)安置器物的架子,如"笔床""琴床"。(3)水道的底,如"河床"。(4)井上围栏,如古乐府《淮南王篇》"后园凿井银作床,金瓶素绠汲寒浆"[③]以及《汉语大字典》《古汉语常用字字典》和《现代汉语规范字典》相关"床"字词条。据上述释义,我在明确了"床"字在其所属诗中的确切含义后把这912个"床"字分成了四大类,详细数据见表1。

表1　《全唐诗》"床"字用法的四大分类

项目	解释为"坐、卧具或睡床"	解释为"放置器物的架子"和"河床、河道"	解释为"井床(即井上围栏)、辘轳架"	"床"作量词
次数	803	85	21	3
占912次的百分比(%)	88.05	9.32	2.30	0.33

① 《全唐诗》第502卷,第5708页。

② 《全唐诗》第506卷,第5755页。

③ 夏征农:《辞海》,上海辞书出版社1990年版,第956页。

续表

项目	解释为“坐、卧具或睡床”	解释为“放置器物的架子”和“河床、河道”	解释为“井床（即井上围栏）、辘轳架”	“床”作量词
出现次数较多的相关例词	石床、绳床、禅床、象床、匡床、玉床、胡床、东床、藜床、银床	书床、糟床、笔床、琴床、茶床、药床、印床、酒床	银床、金床、象床	两床、十床、数床

四、《全唐诗》“床”字用法具体分析与数据统计

现就《全唐诗》“床”字四大用法的具体分析与统计数据阐述如下：

（一）“床”解释为“坐、卧具（睡床）”的，共计803次

《说文解字》：“床，安身之坐者也。”[①]按此解释，“床”当为“坐具”无疑。但“床”是不是仅指坐具呢？答案是否定的。《释名·床帐》：“人所坐卧曰床。床，装也，所以自装载也。”[②]意思是：安放人的器具就是床，这就不仅仅指坐具，还包括卧具。故未将“坐、卧具”分开，而是合为一类进行分析。

在此，又将理解为本义项的“石床”“绳床”“禅床”“银床”等作了数据统计，其中“绳床”“匡床”“胡床”“东床”又据《辞海》相关词条加以分析与说明（详细数据见表2）。

表2　“床”解释为“坐、卧具（睡床）”

项目	石床	绳床	禅床	象床	匡床 筐床	胡床	玉床	东床	藜床	银床
次数	53	34	26	25	17	13	13	11	10	7
占803次的百分比（%）	6.60	4.23	3.24	3.11	2.12	1.62	1.62	1.34	1.25	0.87
占912次的百分比（%）	5.81	3.72	2.85	2.74	1.86	1.43	1.43	1.21	1.10	0.77

① （东汉）许慎：《说文解字》，中华书局1963年版，第121页。

② 刘熙：《释名》，中华书局1965年版，第285页。

1.“坐、卧具”之所以不分开统计，是因为卧具本身就是在坐具功能的基础上发展而来的。况且，睡床亦可以坐。汉代刘熙《释名·床帐》云：“人所坐卧曰床。床，装也，所以自装载也。”可见“床”在古代是一身兼二任的，既可睡，又可坐。其坐姿是：人在床上两腿相盘，坐在自己的脚上。今天北方农村的老太太们还保持着这种坐炕的习俗。

2.《辞海》：“绳床，即交椅。《晋书·佛图澄传》：‘坐绳床，烧安息香。’也叫‘胡床’。”[①]《辞海》：“胡床，亦称‘交床’‘交椅’‘绳床’。一种可以折叠的轻便坐具。”[②]还有一种观点认为：“交椅和绳床”就是我们农村现在常说的太师椅，有靠背，可坐可倚。因此，我认为“胡床”与“绳床”严格意义上而言，应该都属于坐具，而不是笼统地归入到坐卧具当中。

3.《辞海》：“匡床，亦称‘筐床’，方正而安适的床。”[③]故将“筐床”(1次)与“匡床”合并为17次，便于统计。

4.《辞海》：东床，典故见《晋书·王羲之传》“坦腹东床”，后人因此称女婿为“东床”。[④] 由此可见，东床的“床”最初是理解为“睡床”的。故此，我也延续这一用法，并未单独把它分为一大类。

由上可知，“床”解释为“坐、卧具(睡床)”共计803次，占总数912次的88.05%，而石床占5.81%，绳床占3.72%，禅床占2.85%，等等。因此，可断言：《全唐诗》中“床”为“坐、卧具(睡床)”的意义占绝对优势。即在唐代人的话语系统中，“床”的主要意义还是“坐、卧具(睡床)”，并且一直流传至今，而其他的含义逐步消失，只保留在古籍当中。

(二)“床”解释为“放置器物的架子”和“河床、河道”，共计85次

在此类中，又详细探究了“书床”“糟床”“笔床”“琴床”“茶床”“药床”“印床”“酒床”(详细数据见表3、表4)。

---

① 《辞源》(修订本)，商务印书馆出版1980年版，第1179页。

② 《辞源》(修订本)，第504页。

③ 《辞源》(修订本)，第167页。

④ 《辞源》(修订本)，第46页。

表 3　“床”解释为“放置器物的架子”和“河床、河道”

项目	放置器物的架子	河床、河道
次数	77	8
占 85 次的百分比(%)	90.59	9.41
占 912 次的百分比(%)	8.44	0.88

表 4　放置器物的架子分类统计

项目	放置器物的架子								总计
	书床	印床	糟床	琴床	笔床	药床	茶床	酒床	
次数	7	7	6	5	4	2	2	1	34
占 85 次的百分比(%)	8.24	8.24	7.06	5.88	4.71	2.35	2.35	1.18	40
占 912 次的百分比(%)	0.77	0.77	0.66	0.55	0.44	0.22	0.22	0.11	3.73

由表 3、表 4 知:“床”在整个唐代,被理解为“放置器物的架子”和“河床、河道”的用法高居第 2 位。至于书床、印床、糟床等的详细数据见表 4。另外,以往学者对《静夜思》“床”字研究成果,并无一人认为“床”该解释为“放置器物的架子”和“河床、河道”,在此观点上他们是一致的。因而,对研究与探讨《静夜思》“床”字的用法也就无太大的参考价值。何况,“床”被理解为“放置器物的架子”时,其前都有定语,构成定语词组来使用,如:“书床”“药床”“茶床”等。鉴于此,不再赘述。

(三)“床”解释为“井床(即井上围栏)、辘轳架”,共计 21 次

在本类中,“银床”作为“井床(即井上围栏)、辘轳架”理解的有 12 次。鉴于研究的需要又将其分成两小类:(1)“银床”作为“井床(即井上围栏)、辘轳架”理解的 12 次放在一起分析;(2)“床”作为“井床”理解的 9 次除去重复的 1 次罗列到一块分析,详细数据见表 5。

表 5　　“床”解释为“井床(即井上围栏)、辘轳架”

项目	井 床、辘轳架	“银床”解释为“井床”	其他
次数	21	12	9
占 21 次的百分比(%)	100	57.14	42.86
占 912 次的百分比(%)	2.30	1.32	0.99

由表 5 可知,“床”解释为“井床(即井上围栏)、辘轳架”在整个唐代所占比例甚少,仅为 2.3%。况且,“银床”承担这一义项就占了 57.14%,一半还多。而其他可解释为“井床”的仅为 0.99%。为详细说明此问题,下面就这两小类作进一步阐述:

1.“银床”作为“井床即井上围栏、辘轳架”,共计 12 次,如下:

(1)玲珑映玉槛,澄澈泻银床。①

(2)宝帐垂连理,银床转辘轳。②

(3)梧桐落金井,一叶飞银床。③

(4)风筝吹玉柱,露井冻银床。④

(5)银床梧叶下,便觉漏声长。⑤

(6)不收金弹抛林外,却惜银床在井头。⑥

(7)石鱼岩底百寻井,银床下卷红绠迟。⑦

(8)独立傍银床,碧桐风袅袅。⑧

(9)井梧花落尽,一半在银床。⑨

(10)笑呼明镜上遥天,醉倚银床弄秋影。⑩

① 《全唐诗》第 65 卷,第 753 页。
② 《全唐诗》第 79 卷,第 862 页。
③ 《全唐诗》第 171 卷,第 1758 页。
④ 《全唐诗》第 224 卷,第 2387 页。
⑤ 《全唐诗》第 509 卷,第 5791 页。
⑥ 《全唐诗》第 539 卷,第 6178 页。
⑦ 《全唐诗》第 567 卷,第 6561 页。
⑧ 《全唐诗》第 630 卷,第 7227 页。
⑨ 《全唐诗》第 786 卷,第 8866 页。
⑩ 《全唐诗》第 671 卷,第 7680 页。

(11)前槛兰茗依玉树，后园桐叶护银床。[①]

(12)好风吹桃花，片片落银床。[②]

可见，“银床”解释为“井床”(即井上的围栏)或“辘轳架”时，前后都有语境的交代或暗示，如(5)(10)(11)(12)。有些前后文直接就出现“辘轳”，如(2)(8)；还有些前后文出现与“井”字相关的词组“金井”“露井”“井头”“寻井”“井梧”，如(3)(4)(6)(7)(9)；还有的题目本身就明示写井，如(1)题目就是《咏井》。这也进一步证明了前文中的推测是正确的。

2. 其他“床”字解释为“井床”，共计 9 次，如下：

(1)郎骑竹马来，绕床弄青梅。[③]

(2)玉壶初下箭，桐井共安床。[④]

(3)怀余对酒夜霜白，玉床金井水峥嵘。[⑤]

(4)前有昔时井，下有五丈床。[⑥]

(5)高艳遮银井，繁枝覆象床。[⑦]

(6)井上辘轳床上转，水声繁，弦声浅。[⑧]

(7)薜荔垂书幌，梧桐坠井床。[⑨]

(8)碧井床空天影在，小山人去桂丛疏。[⑩]

(9)鸡人报晓传三唱，玉井金床转辘轳。[⑪]

由此可知：“床”作“井栏(即井上围栏)、辘轳架”讲时，受具体语境的限制。凡“床”字表示“井床，即井上的围栏”这一义项时，其前后文必有语言的交代或暗示。如(9)“鸡人报晓传三唱，玉井金床转辘轳”前有“玉井”，后有“辘轳”，而《静夜思》中却没有这种语言的交代和暗示。

---

① 《全唐诗》第 731 卷，第 8369 页。
② 《全唐诗》第 826 卷，第 9307 页。
③ 《全唐诗》第 26 卷，第 359 页；《全唐诗》第 163 卷，第 1649 页。
④ 《全唐诗》第 60 卷，第 711 页。
⑤ 《全唐诗》第 178 卷，第 1820 页。
⑥ 《全唐诗》第 184 卷，第 1874 页。
⑦ 《全唐诗》第 362 卷，第 4090 页。
⑧ 《全唐诗》第 392 卷，第 4419 页。
⑨ 《全唐诗》第 672 卷，第 7690 页。
⑩ 《全唐诗》第 731 卷，第 8367 页。
⑪ 《全唐诗》第 798 卷，第 8791 页。

(四)“床”字作量词的用法，共计 3 次

在本类中，仅占 912 次的 0.33%，如下：

(1)两床菰席一素几，仰卧高声吟太玄。[①]

(2)内人对御分明看，先赌红罗被十床。[②]

(3)千袭彩衣宫锦薄，数床御札主恩偏。[③]

列举此用法，仅为说明数据统计的完整性，故不再赘述。

综上所述，“床前明月光”中的“床”，不具备解释为“井栏”的必要条件，前后文和具体语境的暗示与限制也不能规定“床”的意义必须是“井栏”。因此，“床”表示“井床，即井上的围栏”对于“床前明月光”的“床”来说只是一种可能，且这种可能性相对于解释为“坐具、卧具或睡床”的可能性来说要小得多，还应以解释为“坐具、卧具或睡床”为宜。

五、结论

通过上述分析，把“床前明月光”的“床”解释为“井床”或“井上的围栏”没有必然的理由，还是应以解释为“坐、卧具”“睡床”符合唐诗语境，也最切合原诗意境。

《静夜思》中的“床”解释为“坐、卧具”，尤其是“睡床”，诗中已有语言的交代与暗示。一处是题目《静夜思》中的“静夜”两字，诗人既言夜静，则说明月夜已经很深。按照常理，诗人只能在“睡床”上安歇而不是“井床”上。另一处是诗句中的“疑”字。《汉语大字典》中“疑”是“不相信、怀疑或不确定”的意思。如果说诗人未就寝，而是因思乡徘徊于庭院“井床”周围，则对月光的感知就不会难于确定，也就不会无故怀疑自己的视力，自然也就不可能“生疑”。既已“生疑”，则说明诗人早已就寝安歇了，甚至睡着了。在似睡似醒中，一低头看见“床前”的月光便疑心是下的寒霜。第三处是“床前明月光”的“前”字。既然诗人说了是“床前”，就肯定不是“床四周”。如果诗人是在绕“井床”徘徊，那“前”字就没有特意写出来的必要了。

总之，根据对《全唐诗》中“床”字的分析与探究，《静夜思》之“床”只能是“睡床”义，没有必要另作他诂。在古汉语教学过程中，还是按“睡床”讲解好。此乃抛砖引玉之言，愿闻方家明教。最后，借用清代张燮《唐诗三百首》

① 《全唐诗》第 616 卷，第 7102 页。

② 《全唐诗》第 798 卷，第 8791 页。

③ 《全唐诗》第 837 卷，第 9437 页。

结尾："床前，则人已睡矣，'疑是地上霜'，则披衣起视矣。'举头望明月，低头思故乡'，则不能安睡矣。一夜萦思，踟蹰月下，静中情形，描出如画。"[1]此言可谓中的。

（曲阜师范大学文学院2008级汉语言文字学专业硕士研究生　汤海鹏）

① 《唐诗三百首》，张燮注疏，孙孝根校正，东海文艺出版社1957年版，第156页。

唐宋禅宗文献"自×"类词的历史形成[①]

在唐宋禅宗文献里，有"自后""自外""自余"之类的词，为便于叙述，我们称之为"自×"类词。本文主要根据五代南唐泉州招庆寺静筠禅师所编、现存最早的禅宗史《祖堂集》，与宋释道原所编、成书于北宋景德元年(1004)的禅宗语录《景德传灯录》等，对唐宋禅宗语言的"自×"词加以分析。以此为基点，追溯这类词的起始时代，并探求其形成方式或来源，由此揭示汉语史上某些词的词化类型。

一、唐宋禅宗语言的"自×"类词

如前所说，唐宋禅宗文献里的"自×"类词有"自后""自外""自余"。从表面上看，这类词在组合形式上有一致性，即均由"自"跟在后的"后""外""余"构成。这里首先基于实例调查作出分析，并作为讨论诸如其历史来源、形成方式等问题的基础。

1. 自后

"自后"表示时间，有"以后，后来"的意思；一律用在谓语前，应看作时间副词。

(1)史山人自后烦讨论心地，乃至出家为道。(南唐·静、筠禅师《祖堂集》)[②]

(2)自后闽王钦敬，请住安国，阐扬宗教矣。(南唐·静、筠禅师《祖堂集》)

(3)自后为僧志慕上乘，直造大寂法会。(南唐·静、筠禅师《祖堂集》)

---

① 此文发表于《齐鲁学刊》2006 年第 3 期。

② 静、筠禅师：《祖堂集》，日本京都花园大学禅文化研究所 1994 年影印本。

(4)我在江西时曾见一僧，自后不知消息。（宋·释道原《景德传灯录》）①

(5)自后应沩仰之悬记，出世聚众。（宋·释道原《景德传灯录》）

"自后"大约兴起于中古汉语：

(6)太子不悦，然自后游出简差。（晋·陈寿《三国志·魏志·高堂隆传》）

(7)及王莽窃位，托疾杜门。自后贼暴从横，残灭郡县……（南朝宋·范晔《后汉书·逸民传》）

2. 自外

"自外"表示在某一或某种范围之外，有"其他，余外"或"其余"的意思；用作主语。例如：

(1)自外未睹行录，不知终始。（南唐·静、筠禅师《祖堂集》）

(2)自外具载别录。（南唐·静、筠禅师《祖堂集》）

(3)自外枢要不一，故不尽彰。（南唐·静、筠禅师《祖堂集》）

《景德传灯录》未见。"自外"也初见于中古汉语，大约产生于南北朝时期。如：

(4)武成好内，并具其员。自外又置才人、采女，以为散号。（唐·李延寿《北史·后妃传论》）

(5)自武平之后，令萱母子势倾内外矣，庸劣之徒皆重迹屏气焉。自外杀生予夺不可尽言。（唐·李百药《北齐书·恩倖传》）

3. 自余

"自余"表示在某一范围之外或者在某一范围之外的人及事物；用做主语或名词修饰语。有"其他，其余"的意思。例如：

(1)……珍假花果等，积渐已多，堂里铺列不尽之余者，总在库贮见在。自余诸道州府官私施主每年送者不可胜数。（[日]慈觉大师·《入唐求法巡礼行记》卷三）

(2)自余未睹行录，不决化缘终始。（南唐·静、筠禅师《祖堂集》）

(3)自余化缘终始，备陈实录。（南唐·静、筠禅师《祖堂集》）

(4)自余法要及化缘之事，多备仰山行录。（南唐·静、筠禅师《祖堂集》）

(5)自余应机对答，广彰别录矣。（南唐·静、筠禅师《祖堂集》）

① （宋）释道原：《景德传灯录》，东京日本禅文化研究所1990年。

(6)自余亲属皆不能见。(宋·释道原《景德传灯录》)

(7)自余同参之流无敢徵诘。(宋·释道原《景德传灯录》)

(8)自余语句,各随门弟子章及诸方徵举出焉。(宋·释道原《景德传灯录》)

(9)自余之辈合作么生?(宋·释道原《景德传灯录》)

例(1)出自日本僧释圆仁(794～864)入唐求法的行记。"自余"跟"自外"意义、功能有重合处,所以"自余未睹行录"又作"自外未睹行录"。最早大约起自晋南北朝时期,如:

(10)碑字所存惟此,自余殆不可寻。(北朝北魏·郦道元《水经注·阴沟水》)

(11)自余群士,咸标懿德。(北朝北魏·房玄龄等《晋书·孝友传序》)

由此可见,唐宋禅宗文献的"自后""自外""自余"是承继晋南北朝汉语而来的一类词。到宋代之后、尤其是后期近代汉语里,这类词就由其他词所取代而退出了汉语的历史舞台。以《祖堂集》《景德传灯录》为例,它们的出现频率也有差异:"自后"《祖堂集》10例,《景德传灯录》2例;"自外"《祖堂集》5例,《景德传灯录》无例;"自余"《祖堂集》11例,《景德传灯录》9例。由此可以看出,"自×"类词在禅宗文献里,也是随着时间的向后推移而逐渐衰落。在更后的几种禅宗文献里,这种趋向表现得则更为明显:《虚堂和尚语录》[①]"自后""自余"各1例,无"自外"例;《碧岩录》[②]"自后"2例,无"自外""自余"例;《从容庵录》[③]均无例。表明"自×"类词即使在禅宗文献里,也依然反映出其衰退的轨迹。一般认为,禅宗语言有很强的传承性,难以体现语言的真实变化;从"自×",类词来看,未必尽然。

二、"自×"类词的来源

现在讨论"自×"类词的来源及形成问题。表面上看,"自×"类词是由"自"跟"后""外""余"组合成的双音词。但用语素(词素)分析法来看,"自"却又毫无构词理据可寻。因此,"自×"类词的构成就未必是由两个词素组合的复音词,而且"自"也不属于任何附加成分;那么,它的来源就有可能是非词汇构词,也就是说"自×"类词不是通过词素之间的组合、词与附加成分的组合而形成的。根据笔者的考察,从总体上看,"自×"类词正是发源于

① 《虚堂和尚语录》,东京日本禅文化研究所1990年。

② 《碧岩录》,东京日本禅文化研究所1991年。

③ 《碧岩录》,东京日本禅文化研究所1991年。

"自"字短语的词化。

1."自后"的词化

在上古以至近代汉语里，介词"自"经常参与组合成一类时间短语。例如：

(1)自屈原沉汨罗后百有余年，汉有贾生。(《史记·屈原贾生列传》)

(2)自是之后言《诗》，于鲁则申培公，于齐则辕固生，于燕则韩太傅。(《史记·儒林列传》)

(3)自是之后，民信吴起之赏罚。(东汉·王充《论衡·慎小》)

(4)自简子后，七世至武灵王。(南朝宋·刘义庆《世说新语·纪妖》)

(5)敦谓鲲曰："余不得复为盛德之事矣！"鲲曰："何为其然？但使自今已后日亡日去耳。"(南朝宋·刘义庆《世说新语·规箴》)

(6)师曰："自此一别后，应难得相见。"对曰："难得不相见。"(南唐·静、筠禅师《祖堂集》)

(7)自兹已后，门人更不取闭。(南唐·静、筠禅师《祖堂集》)

(8)自尔之后，兀兀延时，依依放旷。(南唐·静、筠禅师《祖堂集》)

为称述方便，这里把"自…后"或"自…(已/之)后"间的词语记作"Y"，则以上用例分别是"自Y后"或"自Y已后""自Y之后"式"自"字短语。显然，"自"是介词；Y所代表的词语可以是动词或名词词组，也可以是代词，表明时间的起点；"自Y后/之后/已后"，表示"自某事(或某人)以后的时间"，用来作为下面句子的时间修饰语。

从句法环境看，如果Y所代表的人物或事件已经在上文出现，那么"自Y后/之后/已后"短语里的Y就有另外两种可能：一是用代词，如例(2)、(3)及(7)和(8)；二是不显现。如果走b的路线，"自Y后/之后/已后"就直接变为了"自后"，如：例(1)"自屈原沉汨罗后百有余年，汉有贾生"作"屈原沉汨罗，自后百有余年，汉有贾生"；例(6)"自此一别后，应难得相见"作"此一别，自后应难得相见"。另外一个重要方面是，Y在"自"字短语里用代词，实际上是承前指代，因此这样的代词自然可以不显现，那么这类"自"字短语更易于向"自后"变化，例(2)、(3)及例(8)、(9)的"自是之后""自兹已后""自尔之后"均可略去代词(起引介或连接作用的"之""已"失去作用，随之消失)，成为用于后面句子之前的时间副词"自后"，如例(2)作"自后言《诗》，于鲁则申培公……"，例(7)作"自后门人更不取闭"。因此，唐宋禅宗文献里多见、产生于中古汉语里的时间副词"自后"，是来源于在一定的句法环境里"自"字时间短语的省缩词化。

2.“自外”“自余”的形成

禅宗文献里“自外”“自余”的来源问题更复杂一些，但是也可能跟“自后”的形成有某种关系。

首先，与“自后”一样，“自外”由语素组合角度无法探知其构成形式。因此，“自外”的“自”跟“自后”的“自”大概原本都是介词。那么，“自外”就不排除有跟“自后”一样是来源于“自”字介词短语的可能。从古代汉语到近代汉语里，都有由方位词参与组合的“自”字短语，不过常见的是跟“上(已上)”“下(已下)”组合。例如：

(1)自公以下，苟有积者尽出之。(《左传·襄公九年》)

(2)彼自丞尉以上遍置私人。(《汉书·贾谊传》)

(3)自孔子以下，至汉之际，有才能之称者，非有饱食终日无所用心也。(《从容庵录》)

(4)原过从，后至于王泽，见三人，自带以上可见，自带以下不可见。(《从容庵录》)

(5)谢公欲深著恩信，自队主将帅以下，无不身造，厚相逊谢。(南朝宋·刘义庆《世说新语·简傲》)

(6)趋走之吏，自长史司马已下数十人。(唐·韩愈《赠崔复州序》)

(7)自此已下简暗证者。(宋·释道原《景德传灯录》)

例中“上”“下”及前述“自Y后”的“后”都是方位词，按说“自外”的“外”也是方位词，依上例推理，“外”也应该可以组合成“自Y外(以外，而外)”的短语。以下是迄今为止调查到的1例，时间在中古汉语范围，但出自萧齐永明年间中天竺(中印度)法师求那毗地所译《百喻经》，属汉译佛经文献：

(8)大家先付门、驴及索，自是以外，非奴所知。(《百喻经·奴守门喻》)

此例Y所指的内容出现于上文，在“自”字短语里用代词“是”，所以代词可直接隐去成为“自外”，则上例作：“大家先付门、驴及索，自外非奴所知”。不过，像这样的例子尚未另见，令人怀疑如此罕见的用法能否省缩及语法化为汉语史上某一时期内习用的词。

此外，由方位词“后”“上”“下”构成的“自”字短语在意义上是有差别的：“自Y后/上/下”是包括性的，“自Y”表示起点；“自Y外”是排除性的，“自Y”表示分界点(Y不在外之内)。这大概就是“自Y外”罕见的原因。而“自余”的“余”语义特点跟“外”相似，难以构成“自Y余”的形式，所以迄今尚未调查到这样的例子。那么，“自外”“自余”的形成就都有可能源于语言的“类推”机制：由“自Y后”可以类推出“自Y外”或者“自Y余”，由“自Y后”省缩变化为“自后”可以类推出“自外”“自余”。尽管由于语义上的因素，“自Y

外/余”的语言实例难以形成，但是由于类推机制的存在，“自外”“自余”这样的词还是能够形成的。下面是吕叔湘举过的两个例子[①]：

(9)中国之画，自肖像而外，多以意构。(图画)

(10)我国造像：自如来袒胸，观音赤足，仍印度旧式外，鲜不具冠服者。(雕刻)

(9)、(10)两例均出自蔡元培《文明与奢侈》。显然，这是现代汉语书面语(具文言色彩)的例子。这种历史语言罕有的“自”字短语的使用，不能不说是有作者使用语言时类推作用的因素。

三、结语

唐宋禅宗语言的“自后”“自外”“自余”之类的词，已见于中古汉语，它们的词化或形成过程相关、但可能并非一致：“自后”是由“自 Y 后(已后，而后)”之类短语省缩词化，其句法环境条件是 Y 所指的内容已出现于“自”字短语前；“自外”“自余”虽然不排除也由“自 Y 外(已外，而外)”“自 Y 余(之余)”经过跟“自 Y 后”短语同样的变化成词，但是在汉语历史上罕见实例。因此，“自外”“自余”很有可能是受相关“自”字短语及“自后”成词的类化而形成的。[②]

(曲阜师范大学文学院汉语教研室　王群)

① 吕叔湘：《中国文法要略》，商务印书馆 1982 年版，第 350 页。

② 沈家煊：《语法化研究综观》，《外语教学与研究》1994 年第 4 期。

《醒世姻缘传》副词“白当”来源探析[①]

一、问题的提出

成书于明末清初的以山东方言为背景的小说《醒世姻缘传》[②]中有“白当”“百当”,它们是同一个词的不同书写形式。其中“白当”一形出现4次,例为:

(1)你一些好事不做,专一干那促掐短命的营生,我久知你不得好死!我还承望你死在我后头,仗赖你发送我,谁知你白当的死在我头里去了!(醒·20·290)

(2)昨日这伙子斫头的们只是不听我说,白当的叫他带累的我吃这们一顿亏!(醒·21·317)

(3)他浑家说道:“多大的羔子,就这等可恶!从那一遭去考,我就疑他不停当;你只说他老实,白当叫他做出来才罢。万一长出一身疮来,这辈子还成个人哩!”(醒·40·584)

(4)我说的话你白当不听!我这们再三的说,凡事别要太过,已是够他的了,你拿着我的话当狗臭屁,可吃他这们场亏!(醒·66·946)

“百当”一形出现7次,例为:

(5)狄婆子说:“我教这孩子们笑杀我了!你就递呈子去罢。”这狄希陈百当不曾进房吃饭。(醒·45·658)

(6)也一连撞了两次,谁知这薛教授的夫人更是个难捉鼻的人,石头上踏了两个猛子,百当踏不进去。(醒·68·972)

---

① 此文发表于《中国语研究》(日本)2007年第49期。

② (清)西周生:《醒世姻缘传》,上海古籍出版社1981年版。文章在引其例句时,为避免烦琐,均以“醒”简称,后面两个数字分别代表回数、页码,以便检核。本书下同。

(7)凡是丈夫,没有不骂说:“臭淫妇!贼歪辣!整日上庙烧香,百当烧的这等才罢!你倒就替我吊杀,没的活着还好见人不成!”(醒·73·1043)

(8)素姐道:“我怕他生气,我就不说了!我正待叫他生气哩!依着我的主意,那昝只不叫他留下这祸根不好来?百当叫他桶下这羔子,恨不杀人么!”(醒·76·1081)

(9)百当还合他说了,叫他来京里像风狗似的咬了一阵去了。(醒·78·1119)

(10)饱饱的一肚才学,顺天府考了几遍童生,只是命运不好,百当没得进学。若论他本事,命运好时,连举人进士也都中了,还在这里写状哩!(醒·81·1160)

(11)弟子赶了他这一路,赶的人困马乏,百当没得赶上。(醒·86·1225)

通过对比可以看出,副词“白当(百当)”的书写形式以“百当”为主,而《醒世姻缘传》中又有由“百当”参与构成的四字语“一了百当”,例为:

(1)苏、刘二人走到自己班房,脱了衣服,换上小帽、两截子,看着人扫厅房,挂画挂灯,铺毡结彩,遮帏屏,搭布棚,抬铜锣鼓架子,摆卓调椅,拴卓帏,铺坐褥,真个是一了百当。(醒·5·73)

(2)晁老虽算得科考的日子还早,恃了有这个“一了百当”的儿子,也可以不用那个邢皋门。(醒·16·236)

(3)他虽也不能如主母一了百当,却也不甚决裂。(醒·56·813)

这样,就易于在“百当”与“一了百当”之间建立联系,认为副词“百当”是截取“一了百当”同时又转化用法而形成的。事实上,这是字形误导的结果。又由于对“白当”的来源问题缺乏清晰认识,而导致对“白当”语义的理解也存在偏差。[①] 下面我们就副词“白当(百当)”的来源问题展开讨论。

二、“白当(百当)”的来源

1.“白当”语义分析

《醒世姻缘传》中“白当”的11个用例有6个用于肯定句,5个用于否定句。但是,“白当”所表示的语法意义并没有完全受到肯定和否定句法环境的影响,都在句中表示强调。其中有10例“白当”强调某一事件或结果必然性地产生了。如例(1)“白当”强调在“你一些好事不做,专一干那促掐短命的营生”这一条件下,必

① 如《近代汉语词典》中“白当”被解释为“平白无故”。

然性地产生了结果“死在我头里去了”;例(2)“白当”强调在“不听我说”的条件下必然性地产生了“叫他带累的我吃这们一顿亏”的结果;例(3)强调在“你只说他老实”的条件下必然性地产生了“叫他做出来才罢”的结果。只有例(4)中“白当”侧重于表示对事件的确信程度。从替换的角度看,以上各例中的“白当”都可以用现代汉语副词“到底”“高低”代替。不同的是,“白当”修饰的对象都是说话人认为不好的或不希望发生的事情。

2.“白当”与“白”

《醒世姻缘传》中亦有表示确认、强调意义的语气副词“白”,出现6例:

(1)晁夫人道:“我倒也想他的,白没个信儿。”(醒·49·718)

(2)来开房门,门是锁的,百推晃不开,只得开了后墙吊窗。(醒·48·703)

(3)狄员外寻人看视,百不见好。(醒·66·947)

(4)看来看去,百不中意。(醒·75·1069)

(5)寄姐道:“一家子说,只多我穿着个袄,我要把我这袄脱了,就百没话说的了!”(醒·79·1125)

(6)你只叫他有口气儿,我百没话说;要是折堕杀了,察院没开着门么?(醒·79·1129)

有趣的是,6个用例中只有1例字形是“白”,其他5例的字形为“百”。但是我们不会在语气副词“白(百)”和词语“百”之间建立联系,因为形容词“白”的“无色彩”意义蕴含有“单一”的意义,由“单一”意义进一步虚化表示确认、强调的意义是极为自然的事情。[①] 而且,在成书时期稍早的《金瓶梅词话》[②]中也有表示强调、确认意义的语气副词“白(百)”,例如:

(1)西门庆道:“卓丢儿我也娶在家,做了第三房。近来得了个细疾,白不得好。”(金·3·43)

(2)西门庆已是走出来,被花子虚再不放,说道:“今日小弟没敬心,哥怎的白不肯坐?”(金·13·149)

(3)那小玉开了里间房门,取了一把钥匙,通了半日,白通不开。(金·46·582)

(4)雪娥道:“原来是你。教我只顾认了半日,白想不起。既是旧儿女,怕怎的?”(金·90·1342)

---

① 汉语中有着类似变化的词语如:“只”“干净”。

② (明)笑笑生:《金瓶梅词话》,人民文学出版社1985年版。文章在引其例句时,为避免烦琐,均以“金”简称,后面两个数字分别代表回数、页码,以便检核。本书下同。

(5)郑家那贼小淫妇儿，吃了糖五老座子儿，百不言语，有些出神的模样，敢记挂着那孤老儿在家里？（金·58·769）

《金瓶梅词话》中的34例表示强调的语气副词“白(百)”中只有1例字形作“百”。

与《醒世姻缘传》中“白当”出现的句法环境不同，《醒世姻缘传》《金瓶梅词话》中的“白”都出现在否定句中，而且侧重于表示对已有论断的确信程度。[①] 而在成书于清初的同样以山东方言为背景的《聊斋俚曲集》[②]中，我们发现“白”用于肯定句的一例：

张讷又拉过来，看了看手上那泡，掉下泪来，说：“你总不听，白死的转下了。”（聊·慈·917）

上例“白”用于肯定句中，表示强调，与《醒世姻缘传》中“白当”的语义相当，强调在“你不听”的条件下产生了“死的转下了”的结果，也可以用现代汉语副词“到底”“高低”来替换。

由以上种种情况可以看出，“白当”与“白”在表示强调、确认的语义上有着内在的一致性。

3.“白当”与“只当”

无独有偶，我们在《醒世姻缘传》中检得“只当”一词：

计氏说道：“晁爷还裂着嘴笑哩！还说：‘该！该！我说休去。只当叫人说出这话来才罢了！’这就俺公公管教儿的话了。”（醒·2·19）

例中“只当”与“白当”的语义完全相同，只是《醒世姻缘传》中只有这一例。而在《金瓶梅词话》中我们检得16例“只当”用作语气副词表示强调的用例：

(1)妇人在旁便道：“我说别要使他去，人自恁和他合气。说俺娘儿两个霸拦你在这屋里，只当吃人骂将来。”（金·11·118）

(2)正该！镇日跟着这伙人乔神道，想着个家？只在外边胡撞。今日只当弄出事来，才是个了手。（金·14·156）

(3)因奴拙夫不听人言，把着正经家事儿不理，只在外信着人，成日不着家；今日只当吃人暗算，弄出这等事来。（金·14·157）

(4)你成日放着正事儿不理，在外边眠花卧柳，不着家，只当被人所算，

① 只有《醒世姻缘传》中例(5)、例(6)用在假设关系的复句中，表示对估计或推断情况的确信程度，与现代汉语副词“一定”的用法相当。

② 蒲松龄：《聊斋俚曲集》，上海古籍出版社1986年版。文章在引其例句时，为避免烦琐，均以“聊”简称，并注明曲目简称、页码，以便检核。本书下同。

弄成圈套，拿在牢里，使将人来对我说，教我寻人情。（金·14·161）

（5）慌的玉楼搀掇西门庆不迭，便道："我说教你进他房中走走，你不依，只当弄出事来。"（金·19·226）

（6）今日也推在院里歇，明日也推在院里歇，谁想他，只当把个人儿歇了家里来。（金·20·234）

（7）月娘听见，说道："就是仪门首那堆子雪。我分付了小厮两遍，贼奴才，白不肯抬，只当还滑倒了。"（金·21·259）

（8）金莲便说道："陈姐夫，你好人儿，昨日教你送送韩嫂儿，你就不动。只当还教你小厮送去了。且和媳妇子打牙犯嘴，不知甚么张致！等你大娘烧了香来，看我对他说不说。"（金·24·289）

（9）月娘道："我说六姐笑的不好，只当跌下来。"（金·25·294）

（10）向来旺道："我教你休去，你不听，只当暗中了人的拖刀之计。"（金·26·309）

（11）你在他家干坏了甚么事来？被人纸棺材暗算计了你。你做奴才一场，好衣服没曾挣下一件在屋里。今日只当把你远离他乡算的去了，坑得奴好苦也！（金·26·316）

（12）好个怪浪的淫妇！见了汉子，就邪的不知怎么样儿的了。只当两个把酒推倒了才罢了。（金·46·575）

（13）我说且不教孩儿来罢，恁强的货，只当教抱了他来。（金·48·610）

（14）那李瓶儿越发哭起来，说道："我的哥哥，你紧不可公婆意，今日你只当脱不了，打这条路儿去了。"（金·59·790）

（15）妇人道："我那等说着，他还只当叫起你来。"（金·73·1060）

（16）我说这淫妇，死了你爹，原守着住。只当狗改不了吃屎，就弄砦儿来了。（金·86·1297）

以上各例"只当"均用在肯定句中，强调在某一条件下必然性地产生了某一结果，而且与"白当"相同，"只当"修饰的对象也是说话人认为不好的或不希望发生的事情。

三、结论

《醒世姻缘传》中的语气副词"白当（百当）"与四字语"一了百当"之间是不存在任何联系的。一方面是因为我们在相关语料中检索到相关语气副词"白""只当"，它们可以用作语气副词表示强调，与"白当"表示的语法意义相同；另一方面是因为"一了百当"表示办事妥当、彻底，"一了"和"百当"构成连动式，其中“当”意为“妥当”。而“白当”“只当”中的“当”为助动词，并且“白当”“只当”的修饰对象之所以多是“不好的”或是“说话人不希望产生的结果”也是“当”意义影响的结果。“当”用作助动词，在近代汉语中也常常单用①，《醒世姻缘传》中也有用例，如：

(1)晁大舍道：“待我奉一杯，即当依命。”(醒·4·57)

(2)只为着几十文钱，当使不使，弄了个大没意思。(醒·13·200)

(3)晁源道：“承老父母过称，明早当专奉，老父母当自己开尝，不要托下人开坏了酒。”(醒·14·207)

(4)那些不忠不孝，无礼无义，没廉没耻的顽民，看了严列星与那老婆赛东窗的恶报，也当急急的改行从善，革去歪心。(醒·28·410)

例中“当”表示“理当”“应当”。“理当如此”蕴含有不为人的主观意愿所左右的意义，而人们希望发生的令人满意的好的事情是与人的意愿紧密结合在一起的，往往是在经过主观努力行为之后可以实现的。因此，与“当”语义配搭的是客观上不可避免地与人的主观意愿相悖的不好的或不希望发生的事情。

通过以上分析可以得出这样的结论：语气副词“白当”是由语气副词“白”与助动词“当”形成的合成副词，属于重新分析复合式，与汉语副词“不过”“单管”的形成方式相同。② “只当”也是由语气副词“只”加助动词“当”形成的合成副词。③ 只是并非所有“只当”连用的情形都构成合成副词，如：

(1)狄员外只是极得碰头磕脑的空躁，外边嚷叫；他只当是不闻。(醒·63·903)

(2)奴出娘胞儿活了二十六岁，从没干这营生。打紧我顶上这头发，近来又脱了奴好些，只当可怜见我罢！(金·12·139)

(3)苦苦哀怜，苦苦哀怜，狠杀地动叫皇天。他虽然叫达达，也只当听不见。(聊·富·1301)

以上各例“只”与“当”虽然连用，但并未形成一词——“只”是限定副词，“当”是动词(意为“当作”“看作”)。

(曲阜师范大学文学院汉语教研室　王群)

① 如[日]香坂顺一：《白话语汇研究》，江蓝生、白维国译，中华书局1997年版，第194页就列举了《水浒传》中的用例。

② 参见杨荣祥：《近代汉语副词研究》第三章、第四章，商务印书馆2005年版。

③ 《金瓶梅词话》《醒世姻缘传》《聊斋俚曲集》中都有“只”用作语气副词表示强调的用例。

《醒世姻缘传》“浑身”副词用法的形成[1]

《醒世姻缘传》[2]是以山东方言为背景写成的白话文献资料，是进行汉语方言语法研究的重要语料，同时对其中某些特殊语法现象的分析又可以深化汉语语法理论研究。本文即以《醒世姻缘传》中的副词“浑身”为主要研究对象，通过与相关词语的比较分析，就“浑身”副词用法的形成，谈一些粗浅看法。

一、“浑身”在《醒世姻缘传》中的使用情况

《醒世姻缘传》中“浑身”的副词用法共出现 17 例，其中 3 例以“浑身”一形出现：

(1)嫂子，你是也使了些谷，浑身替你念佛的也够一千万人。（醒・32・473）

(2)留着咱秋里阴枣麸，也浑身丢不了。（醒・32・475）

(3)那婆娘有二十二三罢了，那汉子浑身也有二十七八。（醒・41・598）

更多的则以“浑深”的形式出现，共有 14 例：

(4)我们这两家姑娘可是不怕人相，也难说比那月里红鹅，浑深满临清唱的没有这们个容颜，只是不好叫大官人自己看的。（醒・18・261）

(5)我破着活不成，俺那汉子浑深也不饶过你，叫你两个打人命官司。（醒・19・283）

(6)我得空子赶上，浑深与你个没体面！（醒・58・840）

① 此文发表于《中国语研究》(日本)2006 年第 48 期。

② (清)西周生：《醒世姻缘传》，上海古籍出版社 1981 年版。

(7)罢呀怎么！浑深我还死不的，等我起来看手段！（醒·60·866）

(8)素姐到此也便不敢怎么，只说得几声："你去，你去！浑深你的妗子管不得你一生，你将来还落在我手里！"（醒·61·872）

(9)这会说书，浑深又是一顿好打。（醒·66·945）

(10)你要说不下这事来，你浑深也过不出好日子来。（醒·68·976）

(11)他狄家浑深也有碗饭吃，累不着你甚么！（醒·68·979）

(12)你有银就一一的还了老公，老公见咱没饭吃，自然有别的生意看顾咱，浑深舍不的冻饿着你。（醒·70·1006）

(13)浑深待不的几个月就选出官儿来，你就穿袍系带，是奶奶了。（醒·72·1031）

(14)我也有房屋地土，浑深走不了我。（醒·80·1148）

(15)他也浑深不会土遁的。（醒·80·1148）

(16)要检不出伤来，破着捞一捞，再不，再搉一二百搉，浑深也饶了我。（醒·81·1159）

(17)这浑深不是你晁家做的，你也做主烧了罢？（醒·92·1317）

由于"浑深"与"浑身"使用频率相差悬殊，因而容易引起误解，即认为"浑深"是原形，"浑身"是异写形式，对于"浑身"的来源也就难以得出一个令人信服的结论。

二、"浑身"的来源

1."浑身"的语义

从《醒世姻缘传》中的具体用例可以看出，"浑身"与"横竖"的意义和用法基本相同，都表示"不管怎样、无论如何"的意思。由于两者意义相同，加之对"浑深"原形的错误认识，有观点认为"浑身"是"横竖"的音变形式。[①] 我们认为其实不然。

2.相关同义副词分析

"横竖"表示排除任何条件（即在任何情况下都是这样）的肯定语气，在同样以山东方言为背景而成书时期较早的《金瓶梅词话》[②]中也见使用，只是词形有所不同，其中有1例作"恒数"，3例作"恒属"：

(1)促织不吃癞蛤蟆肉，都是一锹土上人。你恒数不是爹的小老婆，就罢了。是爹的小老婆，我也不怕你！（金·24·291）

① 徐复岭：《〈金瓶梅词话〉注释、校勘拾误》，《济宁师范专科学校学报》2003年第1期。

② （明）笑笑生：《金瓶梅词话》，人民文学出版社1985年版。

(2)你这等推干净，说面子话儿！左右是左右，我调唆汉子也罢，若不教他把奴才老婆汉子一条提，撵的离门离户也不算，恒属人挟不到我井里头！(金·29·346)

(3)乐三道："如今老爹上边既发此言，一些半些恒属打不动两位官府。须得凑一千货物与他。其余节级、原解、缉捕，再得一半，才得勾用。"(金·47·599)

(4)你们千差万差来人不差，恒属大家只要图了事，上司差派，不由自己，有了三叔出来，一天大事都了了。(金·69·972)

从溯源的角度来看，"横竖"是由一对反义词构成的，"横竖"一经形成，就是作为副词存在的。对其副词用法的形成过程可以解释如下："横"和"竖"是事物两种不同的存在形式，在一定意义上"横竖"概括对象的全部(两种相对的存在形式)。由此，"横竖"处于状位，概括情况的全部——"横"也如此，"竖"也如此，任何情况都是如此。

与"横竖"构成相同的副词还有"左右""高低""好歹"等词，在明末清初的山东方言中都有使用，《金瓶梅词话》《醒世姻缘传》《聊斋俚曲集》[①]中各词的使用情况如下表所示：

	《金瓶梅词话》	《醒世姻缘传》	《聊斋俚曲集》	总计
横竖	4 例	0 例	0 例	4 例
左右	47 例	4 例	1 例	52 例
高低	0 例	6 例	1 例	7 例
好歹	100 例	14 例	9 例	123 例

《金瓶梅词话》《醒世姻缘传》《聊斋俚曲集》在时间上形成历时关系，但是以上 4 个词语的使用情况并没有形成由无到有、由少到多的变化过程。如"横竖"一词只出现在《金瓶梅词话》中，其他两种文献中没有用例。由此看出，《金瓶梅词话》《醒世姻缘传》《聊斋俚曲集》三种文献除了反映山东方言的历时变化外，还体现了地域性特征。

3.相同语义的不同形成途径——"浑身"的语法化

"浑身"的副词用法是由其相应的实词意义发展来的。从结构形式来看，"浑"与"身"是定中关系，"浑"是形容词，意为"全""满"，"身"为名词，所以"浑身"即"全身""满身"，这一用法在《醒世姻缘传》中出现 31 例，如：

---

① 蒲松龄：《聊斋俚曲集》，上海古籍出版社 1986 年版。

(1)直到那掌灯的时节，渐渐的省来，浑身就如捆绑了一月、打了几千的一般痛楚，那脸上胀痛得难受，日间的事一些也不记的。(醒·11·161)

(2)外面将计巴拉浑身搜检，那里有一些影响？(醒·11·164)

(3)一片没良心的寡话，奉承得那典史抓耳挠腮，浑身似撮上了一升虱子的，单要等晁源开口，便也要卖个人情与他。(醒·14·206)

(4)却说晁源披了头发，赤了身子，一只手掩了下面的所在，浑身是血，从外面嚎啕大哭的跑将进来。(醒·20·289)

(5)这不今年你二十岁了，破着我再替你当四五年家，你浑身也历练的好了，交付给你，也叫我闲二年，自在自在。(醒·36·535)

从词类的角度看，“浑身”是名词性成分，那么它是如何语法化为副词呢？在谈论这一问题之前我们先来看一下与“浑身”相关的副词“浑”的形成过程。

“浑”作为形容词，虚化为副词是极有可能的，而语言实际中也确实如此，如“浑”的强调程度高的意义用法，在《金瓶梅词话》《醒世姻缘传》《聊斋俚曲集》中都有用例：

(1)孤眠心硬浑似铁，这凄凉怎捱今夜？(金·12·127)

(2)两心中便结下死生缘，一载间浑如胶漆坚。(金·46·573)

(3)怯怯娇花着露，浑如妆卓氏的丰神。(醒·12·179)

(4)其余那些人家浑如大锅里下扁食的一般。(醒·29·420)

(5)快活浑如在天边外，荣华不似居人世间。(聊·富·1277)

(6)脚儿一挪头上银花颤，一朵能行白牡丹，脸儿浑似在画中看。(聊·富·1289)

“浑”的这一用法是由其形容词意“全”发展来的——“浑”概括一定范围内的所有对象，蕴涵量度大的意义，因此用在“如”“似”等词前面，强调程度大、高。同样与“浑”的总括对象范围意义紧密相连，“浑”又产生了另外一种语法意义，《醒世姻缘传》出现3例：

(1)店婆凶万状，过卖恶千端；泥灯浑是垢，漆箸尽成瘢。(醒·55·791)

(2)俺闺女养汉来！没帐！浑是问不的死罪！(醒·72·1028)

(3)寄姐道：“浑是不像你，情管倒穿不了！”(醒·83·1186)

以上3例中“浑是”构成一个词，与“横竖”的意义相同，表示“不管怎样、无论如何”。

上面谈到“横竖”等由反义词构成的副词的形成是由于它们概括了一定范围内的所有状况。“浑”的总括对象意义在概括“所有”这一点上与其是相同的，所以“浑”可以用于表示“任何情况下都是这样”的肯定语气。“浑是”与“横竖”的结构是不同的，但是“概括所有”的共同语义基础使得它们沿着不同的途径产生了相同的语义。

与“浑是”形成相类似的还有《金瓶梅词话》的“恒是”一词。“恒是”《金瓶梅词话》中出现4例：

(1)月娘道："孩儿，你起来，不消哭。你汉子恒是问不的他死罪，打死了人还有消缴的日子儿。贼强人，他吃了迷魂汤了，俺每说话不中听，老婆当军，充数儿罢了。"(金·26·311)

(2)恒是看我面，不要你利钱，你且得手使了。到明日，做了官，慢慢陆续还他，也是不迟。(金·31·369)

(3)你老爹他恒是不稀罕你钱，你在院里老实大大摆一席酒，请俺每耍一日就是了。(金·67·923)

(4)他好胆子，恒是杀不了人，难道世间没王法管他也怎的！(金·89·1328)

“恒”作形容词意为“永久、持久”，某种事件永久地处于某种状态，言外之意即任何情况下都是如此，于是，“恒”产生了表示“不管怎样、无论如何”的语法意义。“是”是加强肯定语气的，于是在双音化趋势的影响下，“浑”“恒”分别与“是”构成合成副词。

“浑身”与“浑是”“恒是”的形成过程是大体相似的。“浑身”作实词，指“全身”，也蕴涵总括对象全部的意义。当“身”由实指“身体”转化为虚指事件所处的周边情况和状况时，以“浑”为意义基础，“浑身”便转而指所有的情况条件，在句中加强肯定语气，副词“浑身”由此形成。

《醒世姻缘传》中另有“通身”一词，同样由名词性用法产生了副词用法和意义。

“通身”的实词意义也是指“全身”，《醒世姻缘传》有14例，如：

(1)晁大舍送客回来，刚刚跨进大门，恍似被人劈面一掌，通身打了一个冷噤。(醒·1·13)

(2)又一个张南轩，老年来患了走阳的病，昼夜无度，也还活了三年方死，入殓的时节，通身透明，脏腑筋骨，历历可数，通是水晶一般。(醒·27·392)

(3)把个狄希陈倒累得通身是汗，喘的如使乏的疲牛，渐渐后脚跟不上前脚，只是打软腿。(醒·69·989)

(4)响声已住，狄希陈说通身就似去了千百斤重担的一般，住了恶心，也不眼黑。(醒·95·1362)

“通身”在概括全部的意义基础上产生了加强确定语气的用法和意义，《醒世姻缘传》中有3例，其中1例作“通深”：

(1)合那刑房张瑞风明铺夜盖的皮缠，敢是那刑房不进去，就合那禁子们鬼混，通身不成道理！(醒·43·631)

(2)每次过后，也知道自己追悔；到了其间，通身由不得我。(醒·80·1135)

(3)相栋宇道：“这事，我通深不知道，外甥也没合我说。”(醒·76·1099)

以上3例中，“通身”显然不是名词性词语“全身”，而是在句中加强肯定语气，这就进一步验证了上述我们对“浑身”论证的合理性——名词性成分在一定的语义基础和句法环境下同样可以语法化为副词。

《金瓶梅词话》中也有“通身”一词，虽然只有4例，但用法意义却更为复杂。例如：

(1)八仙捧寿，名显中通；七圣降妖，通身是火。(金·42·531)

(2)西门庆道：“且待二月间兴工动土。连你这边一所，通身打开，与那边花园取齐。前边起盖山子卷棚、花园耍子去处，还盖三间玩花楼。”(金·16·183)

(3)戏子他那里叫来，俺这里少不的叫两个小优儿答应便了。通身只三两分资。(金·77·1155)

(4)一个汉子，你就通身把拦住了，和那丫头通同作弊，在前头干的那无所不为的事，人干不出来的，你干出来。(金·75·1108)

例(1)“通身”意为“全身”；例(2)“通身”在句中表示总括；例(3)“通身”后有数量词语，意义与“总共”相同，当归入统计副词；例(4)“通身”在句中加强肯定语气，与《醒世姻缘传》副词“通身”意义相近。

三、结论

上面我们对“浑身”的形成进行了分析，在论述的过程中涉及“横竖”“浑是”“恒是”“通身”等相关副词。相关副词的研究可以验证我们关于“浑身”形成的分析。

“不管怎样、无论如何”的语法意义，在汉语中常常采取单音节反义词复合的方式，如“横竖”“左右”“高低”“好歹”“反正”等。但是，在汉语实际中，也存在其他途径形成的表示相同语义的副词，如“浑是”“恒是”“浑身”“通身”等，它们或是形容词虚化而来，或是由名词性结构虚化而来，它们都蕴涵一个共同的语义基础——概括所有。

(曲阜师范大学文学院汉语教研室　王群)

试论“没的”的语法化

一、“没的”在《醒世姻缘传》[①]中代表了四种不同的结构形式和意义

(一)“没的”是动词“没”加结构助词“的”构成的“的”字结构

《醒世姻缘传》中此类“没的”29 例,另有异写形式“没得”17 例,后加词缀“家”11 例,如:

(1)计大官道:“妹夫,你没的说!”(醒·9·132)

(2)你能有几顷地? 能卖几个两顷? 只怕没的卖了,这两把老骨拾还叫他撒了哩!(醒·52·755)

(3)只说家中没的搅用,都变卖了钱来收起。(醒·53·774)

(4)这样人也没得吃的年成,把那钱粮按了分数,定了期限,三四十板打了比较。(醒·32·463)

(5)那沈裁他便没得落去,不过下剪的时候不十分扯紧,松松的下剪罢了。(醒·36·529)

(6)刘振白对差人道:“我又没得款待,远送当三杯罢。”(醒·81·1153)

这类“没的”的共同特点是其后都是动词性词语。其中“没的家”的 11 个用例都修饰动词“说”,如:

(7)众人齐道:“您两个就没的家说! 十分的,人就这们没良心了?”(醒·22·332)

以上“没的”的反义词语是“的”字结构“有的”。

① (清)西周生:《醒世姻缘传》,上海古籍出版社 1981 年版。

（二）"没的"是由动词"没"加后缀"的"构成的否定动词，意同"没有"

(8)姜副使说："要是这等，再没的话说了。如今那光棍哩？"（醒·46·671）

(9)你说我只没的甚么补报奶奶。（醒·51·747）

(10)岂不就如那六科给事中一般，没得人管束。（醒.8.115）

(11)谁知他住在船上没得事做，将那配袍的绣裙一条一条的剪将开来。（醒·87·1234）

此类"没的"《醒世姻缘传》中共出现13例，其中"没的"5例，异写形式"没得"8例，结构形式上的特点是"没的"后为名词。

（三）"没得"表示"没有"，但与上一类"没的"不同，其后为动词或动词短语

此类"没的"共出现33例，只有1例作"没的"，其他32例都作"没得"，如：

(12)你可是喜的往上跳，碰的头肿得像没揽的柿子一般，疼得叫我替你揉搓，可就没的来，又扯上那一遭有客哩！（醒·21·317）

(13)高四嫂道："我从头里要出去看看，为使着手拐那两个茧，没得去。"（醒·8·123）

(14)上了炕，又待要捞豆儿吃；没得捞着豆子，心里就有些不足的慌了。（醒·2·329）

(15)众人又说道："想是没得赶上，所以递这状，指望老爷动文书提他回来的意思。"（醒·89·1266）

(16)我昨日又打听出一件事来，还没得向你告诉，却也不知是真是假。（醒·98·1393）

以上五例中"没的"与否定副词"没有"意义相同。

（四）"没的"用作语气副词

《醒世姻缘传》中此类"没的"用例最多，如：

(17)计氏说："俺娘没的敢合他强一句么？极的慌，挤着眼，往别处吊两眼泪就是了。"（醒·2·20）

(18)狄婆子说："你媳妇儿关你在外头；没的是你丈母教他关你在外头来，你恼你丈母？"（醒·45·658）

(19)老侯两个说："他既是知不道好歹，惹得奶奶心里不自在，咱没的看得上么？说不的咱大家替他告饶。"（醒·69·988）

(20)萧夫人道："你没的是怪我么？怎的见我来了就去？"（醒·11·157）

(21)我说："是怎么？没的是待打他？"（醒·43·631）

(22)我说:"再没人来,只有小玉兰来走了一遭,没的就是他?"(醒·48·699)

(23)你老本本等等另娶个正经亲家婆,叫他出来随人情当家理纪的,留着他在家里提偶戏弄傀儡罢了,没的叫他出来做甚么!(醒·11·157)

(24)他去倒没的替他长志哩!(醒·40·584)

(25)且是他回山东去了,倒没的想杀我罢了哩!(醒·75·1072)

例(17)至例(19)中"没的"用于反诘句中加强反诘语气;例(20)至例(22)中"没的"用于测度问句中加强疑问语气;例(23)至例(25)"没的"用于陈述句中起强调作用。以上9例中"没的"虽出现于不同的语境,但都是起加强语气的作用,我们统称之为"语气副词"。其中"没的"的第一类用例最多,大约有161例,后两种用例有40例。

二、"没的"的语法化

通过对以上四种"没的"的列举分析,可以看出,第一类"没的"是短语结构,不是一个单纯词语,而是由词根加词缀构成的合成词。至于它们之间的关系,我们认为由否定动词、否定副词至语气副词形成了"没的"由实而虚的一条虚化链,是同一个词语不断语法化发展的结果。

(一)"没的"由否定动词到否定副词的发展

汉语中由否定动词向否定副词的发展是极自然的,譬如否定词"没"就发生了由动词到副词的变化。因此,"没的"由否定名词性成分到否定动词性成分的发展是符合汉语发展的一般规律的。

但是从"没的"作为否定副词的表意功能来看,却与现代汉语中的"没能"相当,都是表示对客观可能的否定。如在上文所举(12)至(16)各例中,"没的"若以"没能"替换,意义是没有任何变化的。事实上,这也正是汉语中否定副词"没"的主要语法功能,例句中的"没的"以"没"替换,其意义同样是没有任何变化的。因为汉语中无论是"没V"还是"没能V"都是对"V"的否定,而"能V"的否定只能是"不能V"。由此也可以看出,"没能V"的结构层次是"没能‖V","没"与"能"的结合是非常紧密的。具体到"没得(的)"一词,"没"与"得(的)"结合也是非常紧密的,是很容易凝固为一个词语的。

由此可以看出,语言的发展是错综复杂的,在没有其他更为有力的解释之前,我们暂且保留这两种发展的可能性,即认为否定副词"没的"有两个不同的来源,其表意功能是相同的,都是对客观情况的否定。

(二)“没的”由否定副词到语气副词的发展

上文曾提到,“没的”用作语气副词可以出现于不同的语言环境中,包括反诘疑问句、测度疑问句等等。反诘语气、测度语气并非是由“没的”来表达的,“没的”只是起加强语气的作用。“没的”为什么可以用于其中加强语气,这就需要从“没的”自身的语义基础以及其出现的语言环境——反诘疑问句及测度疑问句的性质、表意功能特点两方面寻求解释。

1.反诘疑问语气副词“没的”的产生

第一,反诘疑问句并非是真性询问,而只是以疑问句的形式表达确定的意义内容。是非问句、特指问句及选择问句都可以以反诘的形式表达确定的内容。反诘疑问句实际上是这样一种疑问句:不需要作出回答,或者说是没有答案的疑问句。是非问句形式的反问句属于前一种情况,即不需要作出回答。一般的是非问句是问话人在不知情的情形下要求对方作出肯定或否定的回答,如:

—你到过北京吗?

—是的,我到过。/没有到过。

而是非问句形式的反问句则蕴含这样的语境:

—我到过北京。

—你到过北京吗?

“你到过北京吗”是对“你到过北京”的怀疑,也就是说说话人认为“你到过北京”这一事件存在着对立面,言外之意是我认为“你没有到过北京”。正是由此造成了反问句以肯定的形式表达否定的意义,而以否定的形式表达肯定的意义。后一种情形如“这儿不是家吗”,是以否定的形式表达了肯定的意义“这儿是家”。

特指问和选择问形式的反问句是属于没有答案,也就是无法回答的一类。如:“谁知道呢”,带上反问语气,语义就是“没有人知道”;“那算什么稀奇”,用反问的形式表达时,“什么”是没有答案的,即什么稀奇也不是,言外之意是“那不算什么稀奇”。选择问形式的反问句与此类似,即是供选择的两项或几项都不是答案,以此来表示与它们相反的意义,如“你是道了一声劳驾还是说了一声多包涵哪?这算赔不是啦”,言外之意是“道了一声劳驾”和“道了一声多包涵”两者都不是答案,即没道劳驾,也没道一声多包涵。

由此可以得出,反诘疑问句是一般疑问句(包括是非问句、特指问句、选择问句)与反问语气相结合产生的,是以疑问的形式来表达确定的内容。无论是以肯定的形式表达否定的意义,还是以否定的形式表达肯定的意义,都是表达与形式相反的意义。

第二，"没的"用作否定副词时表示对动作行为的否定，这与反问句表达与形式相反的意义是类似的。因此，像下面三例反诘疑问句可以用"没的"变换成为一般陈述句：

(26)俺娘敢和他强一句么？(俺娘不敢和他强一句)

(27)是你丈母教他关你在外头来，你恼你丈母？(不是你丈母教他关你在外头来)

(28)咱看得上么？(咱看不上)

(29)俺娘没的敢和他强一句。(俺娘不敢和他强一句)

(30)没的是你丈母教他关你在外头来。(不是你丈母教他关你在外头来)

(31)没的咱看得上。(咱看不上)

显然，例(29)至例(31)中的"没的"是否定副词，表示对命题的否定。那么"没的"又是如何能够出现于例(17)、(18)、(19)中而起加强语气作用的呢？"没的"由否定副词到语气副词发生了怎样的变化呢？我们把"没的"的这一变化概括为否定意义的弱化，或者说是否定意义的中和淡化。这一转变是在反问句这一语境中完成实现的。"没的"表达与反问句相同的意义，即都表达与表面形式相反的语义，所以"没的"可以出现在反问句中，两者相结合，但是结果不是"负负得正"(即不是表达与形式一致的语义)，而是负与负的相互强化，这样就由一方来承担反义的表达，而另一方"没的"起辅助强化作用，进而"没的"所表示的否定意义淡化发展，于是"没的"也就成为了单纯加强反问语气的语气副词。

第三，"没的"这种在反诘疑问句中变化发展的语言现象在汉语中还有类似的情形，譬如，我们非常熟悉的"难道"一词，它是由偏正式动词性短语"难道"语法化而来的，它与"没的"有着相同的变化机制。动词短语"难道"与否定副词"没的"一样也表示对事件的否定，如"难道他不来"，意义是不好说他不来，即说话人认为"他来"的情形是存在的，"他会来"。"难道"的语法化，我们同样可以通过以下例句来解释：

(32)难道我看不见。(我看得见)

(33)我看不见么？(我看得见)

(34)难道我看不见么？(我看得见)

例(34)中的"难道"也可以理解为动词性短语，但是意义发生了变化："难道我看不见么"的相对意义就是"不难道我看不见"，也就是"我看不见"，结果是动词性"难道"与反问的结合产生了"负负得正"的结果，如此是不会产生语气副词"难道"的。只有当"难道"与反问形式并列叠加于语句时，其否定意义才产生了淡化的倾向。

2. 测度疑问语气副词“没的”的产生

上文解释了“没的”由否定副词到加强反诘语气的变化发展现象。按照语言发展的一般规律，“没的”在其否定意义淡化发展的前提下，进而用于测度疑问句中加强测度语气的现象。历时的语料告诉我们“没的”的语气副词的用法最早用于反诘疑问句中，《醒世姻缘传》书中“没的”才较多地用于测度疑问句，这就进一步验证了“没的”泛化发展的推论。但同时我们发现，“没的”由否定副词直接发展到用于加强测度语气也是符合汉语发展的实际的，因为汉语中存在类似的变化，那就是禁止副词“别”的变化。下面先来看一个例句：

(35)别是光线不好，没有看明白吧？

例(35)中“别”不是禁止副词，“别”在句中并不表示否定的意义，而是起加强语气的作用，是一个语气副词。“别”为什么会有这种变化呢？通过分析会发现，例(35)是一个疑问句，并且与一般是非问句不同，句中蕴含着这样一个意义：说话人有所判断，但是具有不确定性，因而要求对方作出肯定或否定的回答，也就是说，这是一个测度疑问句。测度疑问句已经包含了说话人的一种主观判断，再如下面两例：

(36)要下雨吧？

(37)不是要下雨吧？

例(36)虽是疑问句，也要求对方作出回答，但是却表达了说话人的主观认识，即说话人认为要下雨，只是不能确定，因而要求对方回答。例(37)同样也表达了说话人的一种主观认识。依据常理来推断，事件的不发生是不需要推测的，说话人的判断不会是“不下雨”。说话人在询问“不是要下雨吧”时主观上作出了与例(36)同样的判断，即认为要下雨，而之所以用否定的形式来表达，是要体现自己不愿意事件发生的主观意愿。因此，例(37)表达了这样几层语义：说话人主观上不愿意下雨，但是判断要下雨，又不能确定，进而询问对方要求作出回答。从整体来看，“不”已不表示纯粹的否定意义。“别”出现于测度问句中也是如此，如：

(38)别是要下雨吧？

此例中，“下雨”是不能被禁止的，“别”在这里的禁止意义已经淡化，仅仅表达说话人的一种主观感情色彩，起到加强测度的语气。

“没的”用在测度问句中与“别”一样，受测度语气的影响，其意义发生了变化，不再表示纯粹的否定，在表现说话人主观意愿的同时，辅助测度语气的表达，即“没的”只起加强语气的作用。

3.“没的”用在陈述句中，也可以表达某种语气

通过分析发现，这种“没的”一般是出现在意料之外或具有推论性质的表示不良后果的句子中。前者如例(23)，后者如例(24)、(25)。意料之外以及不良的后果都是与说话人的意愿相左的。在这一语境中，“没的”的否定意义弱化，而倾向于表现说话人的主观感情色彩——不情愿事件的发生。

三、结论

否定副词“没的”在反诘问句、测度问句以及某些陈述句中，意义发生了变化，变化都是由“没的”否定意义的弱化而引起的。但是弱化的否定意义并没有消失，而是转化为说话人主观性的表达，即表示说话人不希望事件发生或事件在意料之外。这种变化是“没的”自身的语义基础和语法环境共同作用的结果。

（曲阜师范大学文学院汉语教研室　王群）

“才”和“就”语义变化的双向性和不平衡性[①]

“才”和“就”的句法语义特点都呈现出非常复杂的现象，所以，研究者向来非常重视这两个词语的研究，而产生了较大影响的专论当始自1956年王还的《“就”与“才”》[②]，直到2005年陈立民的《也说“就”和“才”》[③]，这一工作持续了近50个年头了，从语言事实的描写和说明到现象的解释，研究者力图对不同语境中“才”和“就”的语法意义作出统一的解释。[④] 但是，对于“才”和“就”的语法意义还未能取得一致认识。如近年来较有影响的张谊生《现代汉语副词研究》[⑤]、张宝胜《副词“才”的主观性》[⑥]、陈立民《也说“就”和“才”》[⑦]，他们都试图给“才”和“就”下一个概括性的定义。但是面对共同的语言事实，他们却得出了不同的结论。如张谊生认为“才”具有增值强调和减值强调两种相反的意义，并且两种不同的意义与“才”的两种语义指向是相关联的；而“就”表示减值强调，所以“才”与“就”有同有异；张宝胜认为

---

① 此文发表于《语言科学》2005年第6期。

② 王还：《就和才》，《汉语学习》1956年第12期。

③ 陈立民：《也说“就”和“才”》，《当代语言学》2005年第1期。

④ 其间较有影响的文章如白梅丽《现代汉语中“就”和“才”的语义分析》（《中国语文》1987年第5期）、史锡尧《副词“才”与“都”“就”语义的对立和配合》（《世界汉语教学》1991年第1期）、史金生《时间副词“就、再、才”的语义语法分析》（《逻辑与语言学习》1993年第3期）、陈小荷《主观量问题初探——兼谈副词“就”“才”“都”》（《世界汉语教学》1994年第4期）、张谊生《现代汉语副词研究》（学林出版社2000年版）、张宝胜《副词“才”的主观性》（《语法研究和探索》，商务印书馆2003年版）等。

⑤ 张谊生：《现代汉语副词研究》，学林出版社2000年版。

⑥ 张宝胜：《副词“才”的主观性》，《语法研究和探索》，商务印书馆2003年版。

⑦ 陈立民：《也说“就”和“才”》，《当代语言学》2005年第1期。

“才”是后指的主观负向副词。[①] 陈立民认为“才”和“就”的语法意义可统一解释为“实际偏离预期”，具有一定的解释力，但他同时又认为，“就”和“才”总是指向其前面的时间成分或物量成分，而不指向其后的成分，这一观点与语言实际是不相符合的，而张旭的分析则更符合语言实际。[②] 从这三篇文章来看，对“才”和“就”的语法意义的界定，概括性在逐渐加强，直至概括出一个放之四海而皆准的语法意义——“实际偏离预期”，张旭认为，这是“才”和“就”的核心意义，而且“从语用的立场看，则可以说，‘就’只有一种用法，‘才’也只有一种用法。许多词典和汉语语法著作通常把‘就’和‘才’的词汇意义分析为若干个义项”，这些不同的义项是“就”和“才”的核心意义“在语用过程中所引出的多种语境变体”。[③] 当然，这是语言研究的一个侧面，但是“多种语境变体”也是语言研究的一个重要方面，无论是从学习语言的实际，还是从词义系统研究的角度都是不可忽视的。再者，“才”和“就”语义的统一解释肯定了词义的系统性——词的“多种语境变体”的相关性，但是，统一的语义解释又忽视了词义系统的发展特性。严格地说，对“才”和“就”的语法意义作出统一解释的工作依然是语义特征的描写，而对“才”和“就”的复杂对应关系所涉及的相关现象则较少作出理论的解释。譬如：(1)“才”和“就”都可以表示“相反”的时间关系。[④] (2)“才”和“就”可以出现在相同的句法环境中，既可以表示相同的语法意义，又可以表示不同的语法意义。(3)“就”的句法分布似乎更广一些，而“才”却受到更多的条件限制，对这些现象至今仍没有作出较为合理的解释。我们正是立足于上述语言现象的解释，对“才”和“就”的语义进行对比研究的。

一、“才”和“就”语义变化的双向性

“才”和“就”语义变化的双向性是指副词“才”和“就”表示时间意义时，有语义前指和语义后指两种情形，并且以此为基础沿着两个方向产生了一

---

① 张谊生及张宝胜的相关解释，陈立民在他的文章中都作了简要的评述，我们的相关看法在正文中会谈到，此不赘述。

② 张旭认为“就”和“才”的核心意义是“对实际语境相对于预设语境估价作用的语义值”，同时认为因“就”和“才”估价弱化而导致与“只”近似同义，从而承认“就”“才”语义后指的情形。

③ 张旭：《估价副词“就”和“才”的语用过程分析》，《天津师范大学学报(社会科学版)》1999 年第 2 期。

④ 白梅丽在《现代汉语中“就”和“才”的语义分析》中曾指出现代汉语副词“才”和“就”都表示相反的时间关系，但是对其原因没有作出解释。我们认为“相反”只是一种表面现象，正如陈立民在 2005 年所指出的“同一个语言成分表示两种相反的意义，这是令人奇怪的”，这是由于基本义与派生义蕴含相反的量度义造成的不恰当认识。

系列新的语义，正是由于“才”和“就”语义变化的双向性，“才”和“就”在相同的句法环境中，既可以表示相同的语法意义，又可以表示不同的语法意义。

（一）“才”和“就”的基本语义

一般词典在列举“才”和“就”的义项时，最先提到的是“才”和“就”所表示的与时间相关的两个义项。如《现代汉语八百词》①关于“才”列了 5 个义项，其中第一项是“刚刚。表示事情在前不久发生”，第二项是“表示事情发生或结束得晚”。关于“就”列了 7 个义项，其中前两个是与时间相联系的：“表示很短时间以内即将发生”与“强调在很久以前已经发生”。“才”和“就”与时间表达相关的这两个义项就是它们的基础义，而“才”和“就”的第一个义项则更具有基础性，因为“才”和“就”的后一义项是由前一义项发展而来的。关于这一点我们将作以下解释：

副词“才”“表示事情在前不久发生”，即表示事情发生的时间短；而副词“就”“表示很短时间以内即将发生”。由此可以看出，“才”所修饰的是已经发生的动作（事情），“就”所修饰的是即将发生的动作。也就是说，“才”表示时间短，只能修饰已经存在的动作，用于表示过去的语境中；“就”表示时间短，只能修饰未曾发生的动作，用于表示将来的语境中。② 如：

（1）他才来。

（2）他就来。

副词“就”是由动词“就”语法化而来，但是原实词意义不仅在语法化后的副词语义上有所体现，而且在它们的具体用法上施加了一定的限制。“就”作动词，其意为“趋就、靠近”，如：“我行而就之。”“昔有一人，行来渴乏，见木桶中有清净流水，就而饮之。”如果“就”后接动词，如“就来”，则意为靠近“来”这一动作（显然“来”是未发生的动作）。语言的应用过程中，交际人经过推理则极易理解为“来”在短时间内“即将”发生。“才”本意为“草木之初”，草木存在的时间短，在隐喻的作用下，“才”用于修饰动作，表示动作存在时间短。而当副词“才”“表示事情发生或结束得晚”，副词“就”“强调在很久以前已经发生”时则没有过去与将来的限制。

因此，副词“才”和“就”“表示时间短”的义项与实词“才”和“就”的关系更为直接。同时，“才”和“就”表示时间短时，修饰位于其后的谓语动词，语义是后指的。

---

① 吕叔湘：《现代汉语八百词》，商务印书馆 1980 年版。

② 关于“就”和“才”的这一区别白梅丽《现代汉语中“就”和“才”的语义分析》、陈立民《也说“就”和“才”》都是认可的。

（二）“才”和“就”语义双向性的形成

我们前面提到副词“才”和“就”的基础语义是表示时间短，如例(1)和例(2)。时间短是从时段的角度对事件的时间特性进行描述的，如果要指出事件也就是从时点的角度对事件的时间特性进行描述，则是：

(3) 他1950年才到北京来。

(4) 他1950年就到北京来了。

以上两句中“才”和“就”的语义前指，并且都指向句中时间状语“1950年”，“才”表示时点（时间位置）“1950年”晚，“就”表示时点（时间位置）“1950年”早。这样就形成了“才”和“就”语义可前指、可后指的双向特点。

对于“才”和“就”语义双向性现象有两个问题需要我们作出解释：一是“才”和“就”语义指向转变的动因是什么？一是同样是以时间短为语义基础，为什么“才”产生了时间晚的语义，而“就”却产生了时间早的语义？

第一个问题是与“才”和“就”的话语功能相联系的。“才”和“就”虽然不能确定话语的焦点，但是有突显信息焦点的作用，也就是说，“才”和“就”的语义指向跟它们所在语句的信息焦点是一致的。语句信息焦点的转变引起了“才”和“就”语义指向的变化，从而引起“才”和“就”语法意义的变化。当然这种变化不会脱离“才”和“就”的既有意义——时间短的基础语义，正是由于基础语义的制约，“才”在语义指向转变时产生了时间晚的义项，“就”则产生了时间早的义项。①

“才”既表示时间短，又表示时间晚，所以有观点认为“才”表示相反的时间关系。其实不然，时间短和时间晚分别是从时段和时点的角度对事件的时间特性进行描述的，两者并不形成对立关系，而是存在密切联系。时间晚的语义是由时间短的语义发展来的，两者之间是可以沟通的。如图1所示：

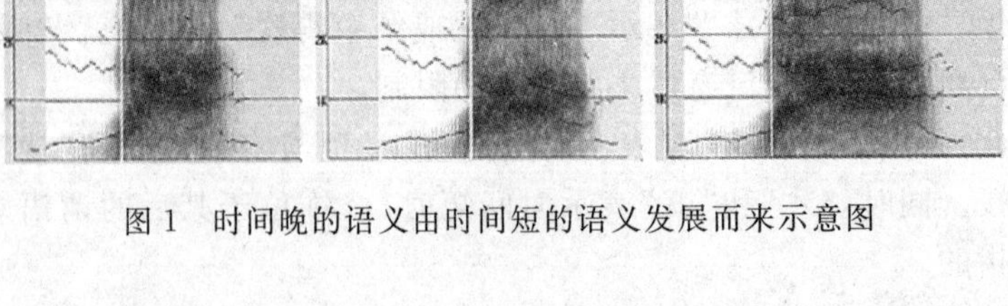

图1 时间晚的语义由时间短的语义发展而来示意图

① “他从来就不抽烟”“他原来就不抽烟”以及“他后来才不抽烟”中“才”和“就”不能互换就是因为“才”表示时间晚，而“从来”“原来”则是极端早的时间；“就”表示时间早，而“后来”则是极端晚的时间。

图中长箭头表示时间链，T_0 是时间参照点——现在(说话时间)，T_0 的左边代表过去的时间，T_0 的右边则代表将来的时间。T_1、T_2 代表时间链上的两个时间点。

位于时间链上的时间点 T_1 和 T_2 中，T_1 与 T_0 之间的时间段落短，T_2 与 T_0 之间的时间段落相对要长。从对比的角度，“才”表示时间短(事情在前不久发生)时修饰的动作应发生于 T_1 的位置上。而我们在用时间早与时间晚来衡量时间点 T_1 和 T_2 时，总是倾向于把与 T_0 间时段长的 T_2 和时间早联系，与 T_0 间时段短的 T_1 和时间晚相联系。因此，发生于 T_1 位置上的事件 M，对于它的时间特性我们可以有两种不同角度的描述：M 发生的时间距离现在短；而相对于发生时间距离现在长的事件，M 发生的时间位置就相对要晚。因此，“才”由时间短的意义产生了时间晚的意义。

“才”表示时间短，用于修饰已经存在的事件动作，所以在过去语言环境的限制下“才”由时间短的意义产生了时间晚的意义。但是，“才”表示时间晚，又可用于未发生的事件，如下面一例：

(5) 足球比赛明天才开始。

出现这种现象的原因是：“才”虽然在过去的语境中发生了由时间短到时间晚的变化，但是时间晚在语用的过程产生了泛化现象。泛化发展使得它能够用于将来的语境中。

“就”与“才”一样有着相互联系的两个义项，所不同的是，“就”的两个义项“时间短”与“时间早”不会形成像“才”那样的反差，如：

(6) 足球比赛明天就开始。

下面仍然用图 1 来说明“就”由时间短发展出时间早语义的原因：

图 1 中箭头表示时间链，T_0 代表参照点——说话时间，T_1 和 T_2 代表一前一后的两个时间位置，“就”所指向的动作是在 T_1 的位置上发生(“就”表示时间短，用于修饰即将发生的事件，所以是在 T_0 的右边)，因为 T_1 与 T_0 之间的时间段相对于 T_2 与 T_0 之间的时间段要短。而从时点的角度看，在 T_1 位置上发生的动作要比在 T_2 位置上发生的动作早。由此，“就”由时间短产生了时间早的意义。

由此可以看出，虽然同样是以时间短为语义基础，但是由于两者存在过去与将来的区别，从而使“才”产生了时间晚的语义、“就”产生了时间早的语义。

通过上面的分析，我们解释了“才”和“就”都可以表示“相反”时间关系的问题。“相反”只是一种表面现象，“才”和“就”表示的两种时间关系是存在密切联系的，是由一种意义向另一种意义的引申。下面我们仍然以“才”

和“就”语义发展的双向性来解释第二个问题:“才”和“就”可以出现在相同的句法环境中,既可以表示相同的语法意义,又可以表示不同的语法意义。

(三)“才”和“就”的右向发展

“才”和“就”语义后指(右向)时意义是相同的,即都表示时间短的意义,所以“才”和“就”以时间短为语义基础,而且在语用推理的作用下都发生了从具体到抽象的变化,即由单纯表示时间距离的短小到表示带有普遍性的量少。如:

(7) 我才(就)看了一遍。

(8) 他才(就)要了三张票。

(9) 他才(就)喝了一杯酒。

以上三例中“才”和“就”语义指向核心是相同的,都是句中的数量词语,表示的语义也是相同的,与“只”相当。

当然,“就”的右向发展还不止于这一意义,关于这一点我们将在“才”与“就”语义发展的不平衡性一节讨论。

(四)“才”和“就”的左向发展

1.“才”的左向发展

“才”表示时间晚时语义是前指的,指向用作状语的表示时间位置的词语,以此意义为基础又产生了新的意义。我们首先来看几个例子:

(10) 这张桌子三个人才能抬动。

(11) 有困难才派我们去。

(12) 昨天那场球才精彩呢!

(13) 你才瞎说。

(14) 我才不去呢!

以上五个用例选自《现代汉语副词研究》《现代汉语八百词》和《现代汉语虚词例释》[①],它们的解释是:例(10)“表示三个人多”,例(11)“表示条件紧、要求高、标准严”,例(12)“主要强调程度高”,例(13)“表示辩驳的语气”,例(14)“表示不屑一顾”。前两例的解释与“才”表示主观量大的观点是一致的,我们认为这只是“才”意义的一个方面的表现。至于例(12)至(14)则不能用主观量大来概括,而且“主要强调程度高”“表示辩驳的语气”以及“表示不屑一顾”的解释更不是“才”本身的意义。

事实上,以上各例中的“才”可以概括为一种意义:限制对象范围,排斥

① 北京大学中文系1955级、1957级语言班编:《现代汉语虚词例释》,商务印书馆1982年版。

其他。不同的是，例(12)、(13)的这一意义已有弱化现象，倾向于表示确定语气。例(14)的情况则更为复杂，下面逐一解释。

通过考察分析会发现，以上各例中“才”的语义指向核心都存在一个对比项或比较项，首先来看例(10)。[①] 事实上，此例可以出现于下面两种语境中：

(15)a. 这张桌子两个人能抬动。

这张桌子三个人才能抬动。

b. 这张桌子几个人能抬动？

这张桌子三个人才能抬动。

从补出的语境可以看出，在(15)a中“三个人”的对比项是“两个人”，“才”的作用是在两者中限制一个对象——“三个人”，而排斥另一个对象——“两个人”。在(15)b中，“几个人”构成一个范围，“才”的作用是在这一范围内限制一个对象，而排斥其他。现实语境选择了“三个人”，同时又排斥其他。由于“才”语义前指时最初是表示时间晚，蕴含有量多的意义，所以在一定范围内限制一个对象时，它所限制的往往是范围内的量度大者。因此(15)b中所蕴含的“三个人”的对比项是“一个人”或“两个人”，在量度意义上要比限制的对象“三个人”量少。因此，从这一点来看，“才”似乎是“表示三个人多”，但实际上这一意义是由语境推导出来的，“才”的意义仍是限制对象范围、排斥其他。

例(11)中“才”指向“有困难”，“才”的意义是在种种情况中限制一个，同时排除其他。例(12)“昨天那场球”是“才”的语义指向核心，语境中突出“昨天那场球”的对比项时，句中“才”的意义仍是限制对象，排斥其他；而当其对比项不突显时，“才”表示确定语气。例(13)中“才”并不表示辩驳语气，而且“你才瞎说”一句也不一定是用在辩驳的语境中，像例(10)一样，可以出现于不同的语言环境中：

(16)a. 你瞎说。

你才瞎说。

b. 谁瞎说？

你才瞎说。

(16)a是辩驳语气，(16)b是一般陈述语气，“才”的意义都是限制对象，排斥其他，强调“你”是合乎“瞎说”的唯一一个，而(16)b加强确定语气的作

① 正是由于这个原因，在“光回收废品一项，他们就给国家节约两万元”此类表示极端小量的用例中“就”是不能用“才”替换的。

用稍为明显一些。

例(14)可以出现在不同的语言环境中表达不同的意义：

(17)a. 你以为他不去！我才不去！

b. 你让我去，我才不去呢！

因此，例(14)代表表层形式一致而深层语义不同的两个句子。两者中“才”的语义均指向“我”，不同的是，(17)a 中“我”是信息的焦点，(17)b 中“我”和“不去”都是突显信息，在话语中都需要重读。(17)a 中“才”不能用“就”替换，替换后意义发生了变化；(17)b 中“才”可以用“就”替换，意义不发生变化，只是“就”以不用“呢”为常。也就是说，在(17)b 的语境中，“才”的限制作用完全消失，“才”的功能发生了变化，与加强确定语气的“就”相同。

为什么(17)a 与(17)b 中“才”的功能会不同呢？变化的机制是什么呢？

事实上(17)a 与(17)b 存在肯定意义和否定意义的不同。(17)a 中“我不去”并不是对“我去”的否定，并非严格意义上的否定句，而是对“他不去”的反驳。从韵律的角度看，是“我‖不去”，在这里“不去”所表示的更近于一种属性，“去”的动作性已弱化，同时，句中的“我”是信息焦点所在，而“不去”是已知信息，于是“才”语义指向句中的信息焦点“我”，在句中限制对象范围，排斥其他。(17)b 中“我不去”表示的是对“我去”这一命题的否定，从韵律的角度看是“我‖不‖去”，“不去”是新信息。[①] 而“我”是已知信息，是动作行为“去”和“不去”的唯一施行者，不存在比较和对比的对象；同时，“我”又是说话人突出强调的对象，和“不去”都是句重音的承载者。由于“才”所表示的限制对象的作用就是对对象的强调突出，所以可以出现在“我‖不‖去”中，语义指向“我”，对“我”加以限制突出，同时“我”的唯一性使其不可能有排斥其他对象的意义。在“才”自身的语义基础和外在的语言环境的双重作用下，“才”的意义发生了变化，表示确定语气。

《现代汉语八百词》曾指出，这类“才”主要用于否定句，“肯定句少用”，这也从一个侧面证实了我们的论证：“才”的排他性在否定的环境中弱化消失了。是否在肯定的语境中也有这种变化呢？《现代汉语八百词》所举的一例肯定句是：

(18) 我才懒得管呢！

例(18)中没有否定词出现，从表面看与肯定句形式是一致的。但是从语义来看，“懒得管”等同于“不管”，表达的是否定的意义，这是因为“懒得”

① 沈家煊在《不对称和标记论》中指出，否定句提供的信息是“在听者可能相信 P 或熟悉 P 的情况下否认或反驳 P”(P 代表一个命题)，所以否定部分的内容往往是信息的焦点。

一词本身蕴含着否定义素。汉语中的这种词语本身蕴含否定义素的现象是很多的，其他譬如“省得”“免得”等等。因此，像例(18)这类情况从内容本质上来看仍是否定句。

综上所述，“才”由时间晚的义项在左的方向上产生了两种新的语法意义：一是限制对象的范围，一是加强确定的语气。

2.“就”的左向发展

“就”以时间早为基础也产生了限制用法，可以与“才”出现在相同的语境中，如：

(19)这张桌子三个人就能抬动。

此例也可以出现在两种语境中：

(20)a.这张桌子四个人能抬动。

这张桌子三个人就能抬动。

b.这张桌子几个人能抬动？

这张桌子三个人就能抬动。

但是与“才”不同的是，“就”的作用是确定对象，即在众多合乎条件的对象范围内指明一个，并不排斥其他。(20)a体现得最为明显，对“三个人”的确定并不意味着对“四个人”的排斥。(21)b则是在合乎条件的“三个人、四个人、五个人……”中指明一个。再如：

(21)老赵就学过法语，你可以问他。

(22)他家就在这胡同里头。

例(21)言外之意是“学过法语的人是很多的，老赵只是其中的一个”。例(22)表示“这胡同里的住家很多，他家是其中之一”。

此类意义的“就”还可以用在以下的语境中：

(23)只要努力钻研就能攀登科学高峰。

(24)他毕了业，就到别的地方去工作了。

(25)如果他去，我就不去了。

(26)为了赶时间，就少休息一会儿。

以上各句，“就”分别用于表示条件、顺承、假设、目的关系的复句中，有关联作用，但细分析后就会发现“就”仍有确定范围的意义。如果把上面各句中的“就”换成“才”，通过比较会发现，两者的区别仍是排他性与确定性的不同。

3.“才”和“就”左向发展小结

“才”和“就”语义前指时，“才”产生了限制对象范围和加强确定语气两种意义，“就”则只有一种意义，即限制对象范围。同样是限制对象范围，

"才"和"就"又存在唯一性的区别。这种唯一性区别是由"才"和"就"的"时间晚"和"时间早"意义的不同造成的。时间晚是与时间早相对应的，如果用量度意义来衡量，则时间晚含有量多的意义，时间早含有量少的意义。因此，在诸多的条件下限制一个对象时，"才"所选择的对象是符合高标准、高要求的，而那些符合其他（低）标准和要求的对象便被排除在外。于是"才"由时间晚产生了限制对象、排斥其他的意义。"就"选择的对象是符合低标准和低要求的，当然那些符合高标准和高要求的对象不会被排除在外。例如同样是对例(27)进行反驳，用"才"和用"就"答案是不同的。(28)a"才"限制的对象是符合更高要求的，所以把比较项"三个人"排斥在外；而(28)b"就"把对象限制为"两个人"时，比"两个人"量大的对象同样是符合条件的，所以也就不会被排除在外：

(27) 这张桌子三个人能抬动。

(28)a. 这张桌子四个人才能抬动。

b. 这张桌子两个人就能抬动。

二、"才"和"就"语义变化的不平衡性

"就"在时间短的方向上与"才"有着相类似的变化，也产生了量少的意义，如上文所举例(7)至(9)中的"才"都可用"就"来替换，而意义不变。我们来看下面两例：

(29)他才喝了一杯酒。

(30)他就喝了一杯酒。

张谊生在《现代汉语副词研究》中指出以上两句"表层语义一致，但深层含义不同"，例(29)"着重强调数量，表示量少"，例(30)"着重限制范围，排斥其他"。张文的分析没错，但是不够全面。例(30)可以表达两种意义：一是"就"语义指向"一杯"，表示量少；一是语义指向"酒"，"着重限制范围，排斥其他"，"意味着他只喝了一杯酒，没有吃其他任何东西"。因此，"就"在取前一种意义时是与"才"同义的，但是"才"没有"就"的后一种用法。"就"的后一种用法也是由前一种用法发展来的，即对一定的范围加以限制，选定一个、排斥其他是合乎量少的要求的。又如：

(31)我就喜欢游泳。

(32)昨天就他没来。

以上两例"就"分别指向"游泳"和"他"，表示限制范围，排斥其他，都不能用"才"替换。理论上，某一对象如果存在对比项或比较项，都可以用"就"来限制，表示排他的意义，如：

(33)他就能听懂这几句英语。

说话人在表达时如果把“听懂”作为句重音的承载者，把“听懂”置于与“读准”的对比中，那么“就”的作用就是在两者中限制一个而排斥另一个。但是，“就”管辖范围内的成分如果没有对比项或比较项，也就是说这一个对象自成一个范围，那么“就”的排斥意义就会消失，同时对对象的限制意义转化为确定意义，如：

(34)你们不让我干，我就要干。

(35)我就不信我学不会。

以上两例中“就”的限制对象均没有比较项。“就”在句中起加强确定语气的作用。

综上，“就”在右的方向上又产生了限制对象范围和加强确定语气的语法意义，这两种意义都是由“就”的时间短的意义发展而来的。“才”虽然也表示时间短的意义，但是在这个方向上却受到更多的句法限制，如“才”右向表示限制时必定指向具有明显数量特征的成分，只有表示量少的意义，不具排他性；同时，“才”右向时没有加强语气的功能，所以例(34)、(35)中的“就”是不能用“才”替换的。这正体现了汉语内部发展的不平衡性。从理论的角度说，“才”在时间短的意义基础上是有可能产生限制对象范围和加强确定语气的用法的，实际语言中是存在类似的变化的。譬如英语中的“just”一词，它既可以表示时间短（与“才”相当），又有限制和加强语气的用法（与“就”相似）。汉语中“才”之所以没有类似变化是由汉语内部的系统性和协调性造成的，即汉语选择了“就”来表示限制和加强语气的意义，“才”则主要用于修饰数量词语，表示量少。

三、结论

通过以上分析，我们可以把副词“才”的语义系统[①]概括为：

语义后指：时间短——限制意义（量小）。

语义前指：时间晚——限制意义（排斥其他）——加强确定语气。

副词“就”的语义系统可以概括为：

语义后指：时间短——限制意义（量小、排斥其他）——加强确定语气。

语义前指：时间早——限制意义（量小）。

① “才”和“就”语义前指时，由于在复句中广泛应用，它们的篇章关联作用得到了发展。但是，正如张谊生2000年所说，“现代汉语中的关联副词都是兼属的”，如文中在分析例(23)至(26)“就”“才”的限制意义时也曾提到“关联作用”，所以在语义系统的概括中不再列“关联”一项。

由此也可以看出，“才”与“就”均是沿着不同的方向变化而产生了新的意义，但是却存在着发展程度的不同：“才”在时间晚的方向上发展得比较充分，而“就”则在时间短的方向上发展得比较充分。从“才”与“就”所表示的不同的语法意义来看，可以将“才”与“就”分为三个：时间副词、范围副词、语气副词。

现代汉语副词“才”和“就”的语法意义有同有异，这是由“才”和“就”语义发展的双向性和不平衡性造成的。“才”和“就”的语义是成系统的，它们的各个义项之间都存在着发展演变关系，相互之间是有密切联系的。在对“才”和“就”进行语义的比较研究时，理清其语义的发展演变关系对于它们所呈现的纷繁复杂的现象是有较好的解释作用的。

（曲阜师范大学文学院汉语教研室　王群）

浅析“的”字词义演变

现代汉语中，使用频率最高的字就是“的”字。1982 年我国第一本现代汉字字频统计著作《语体文应用字汇》统计“的”字出现 29592 次；1977 年《汉字频度表》统计“的”字频为 830302 次；1988 年的《汉字频度统计表》统计“的”字频 830322 次。虽然具体数字有变化，但是“的”字位居高频字首的情形始终未变。“的”字在现代汉语中常做虚词，应用面极为广泛。虚词所表示的主要是语法意义，对虚词的研究可以归入语法范畴，但虚词毕竟也是整个词汇系统的一个重要部分，所以关于虚词的研究也可以放到词汇研究中来谈。而且从历史发展来看，许多虚词都是从实词转化来的。我们要了解“的”字问题，有必要对其词义演变做些分析。

一、实词“的”(di 去声)

蒋绍愚先生将词义分为 6 类：理性意义、隐含意义、社会意义、感情意义、连带意义、搭配意义。我们这里讨论的词义是指理性意义，即词典中所记录的词义。《汉语大字典》[①]列出“的”字古今义项及用法条目 20 个，《古今汉语字典》[②]列出 17 个。从这些条目中，我们可以看到“的”字作为实词和虚词的意义及用法。

在词义发展过程中，词的本义占有十分重要的地位。汉字是表音文字，往往可以借助字形分析而推知字的本义。本义是词义引申的出发点，掌握本义就可以提纲挈领地掌握一个词的多种引申义。在甲骨文和金文中都没有发现“的”字。最早可见的是其小篆形体。《说文解字·日部》：“的，明也，

① 汉语大字典编辑委员会：《汉语大字典》，四川辞书出版社、湖北辞书出版社 1988 年版。

② 商务印书馆辞书研究中心编：《古今汉语字典》，商务印书馆 2003 年版。

从日勺声。都历切。”段玉裁注：“者，白之明也，故俗字作的。”“的”小篆写作，吴润仪说：“指鲜明，明亮莫过于太阳，故的从日。又因勺为舀取东西的工具，舀时必须看明确即有明的意味。”①“的”的形体经隶书、楷化，将“日”误做“白”，后归入白部。从字形分析得知“的”字本义是“鲜明，明亮”。这个意义在古代应用普遍。例如：

(1)眉联娟以蛾扬兮，朱唇的其若丹。（宋玉《神女赋》）

(2)小人之道，的然而日亡。（《礼记·中庸》）

(3)明月珠子，的皪江靡。（西汉·司马相如《上林赋》）

(4)玉盘的历矢白鱼。（唐·韦应物《横塘行》）

(5)颜的砾以遗光。（东汉·张衡《思玄赋》）

一个词在刚开始产生的时候大多是单义的，在使用中有关的意义也逐渐用它来表达，于是它就变成了多义词，“的”字即是如此。语言所要表达的意义总是在不断增多，让一个词兼表几个意义而不必另造新词，这是符合经济的原则的。“的”字由本义引申出“白色”，这个意义应该与其形旁“日”有关。古代表示颜色的词大多从实物中取象，清代朱骏声在《说文通训定声》说：“白象日光。”造字者以日光表示白色。《庄子·徐无鬼》：“虚室生白。”司马彪注：“白，日光所照也。”太阳发光明亮，因而照射到的地方白亮而清楚。《广雅·释器》：“的，白也。”《周易·说卦》：“其于马也，为善鸣，为的颡。”孔颖达疏：“白额为的颡。”“的”表示白色意义用例也不少，如：

(6)的脰鸟，拂朱雀，还与吴。（《南史·侯景传》）

(7)亲咏《关山月》，归吟鬓的霜。（唐·黄滔《送友人边游》）

由本义“鲜明”又引申出“箭靶的中心”，因为射箭时射手看得最清楚鲜明的就是箭靶的中心。这个意义最早见于《诗经·小雅·宾之初筵》：“射夫既同，献尔发功，发彼有的，以祈尔爵。”毛传：“的，质也。”《玉篇·白部》：“的，射质也。”又如：

(8)论之应理，犹矢之中的。（东汉·王充《论衡·超奇》）

(9)控弦破左的，右发催月支。（三国魏·曹植《白马篇》）

(10)周谏议湛善射弩，十发十中的。（北宋·范镇《东斋记事》）

这一意义至今仍然保存在一些成语中，如“有的放矢”“无的放矢”“众矢之的”。因为靶心是箭要射到的地方，于是“的”又引申出“目的、目标”的意思。例如：

① 吴润仪：《汉字详解字典》，四川人民出版社2001年版，第156页。

(11)人主之听言也，不以功用为的，则说者多棘刺白马之说。(《韩非子·外储说左上》)

(12)谓学不的古，苦心无益。(明·李梦阳《答周子书》)

射箭要以靶心为准，因此“的”又引申出衡量事物的准则在，“标准”的意思。例如：

(13)章表奏议，则准的乎典雅。(南朝梁·刘勰《文心雕龙·定势》)

(14)淄渑并泛，朱紫相夺，逭呼竞起，准的无依。(《梁书·钟嵘传》)

射箭要瞄准的靶心在远处，所以“的”字由靶心又引申出“远”的意思。《玉篇·白部》：“的，远也，明见也。”“的”字在古代还有一个常用意义，是指妇女用朱色点在面部的装饰。这是由“的”字本义引申出来的，因为着于面部的朱点鲜明清楚，十分醒目。《释名·释首饰》：“以丹注面曰的。”王先谦疏证补引苏舆曰：“的，本妇人饰容之具。”起初这一朱点不为美而为实用。《释名·释首饰》：“以丹注面曰的。的，灼也。此本天子诸侯群妾当以次进御，其有月事者止而不御，重以口说，故注此于面灼然，为使女史见之则不书其名于第录也。”因面有朱点显得更美丽，所以后来就成为一种面部装饰。例如：

(15)税衣裳兮免簪笄，施华的兮结羽钗。(东汉·王粲《神女赋》)

(16)点双的以发姿。(西晋·傅玄《镜赋》)

“的”作为面饰，着于面部而醒目，琴上用于调音的琴徽也鲜明突出，所以“的”由本义还引申出“琴徽”的意义。枚乘《七发》：“孤子之钩以为隐，九寡之珥以为约。”唐代李善《文选》注引《字书》：“约亦的字也，都狄切。的，琴徽也。”

以上是对“的”字一系列实词意义引申情况的分析，其引申如下图所示：

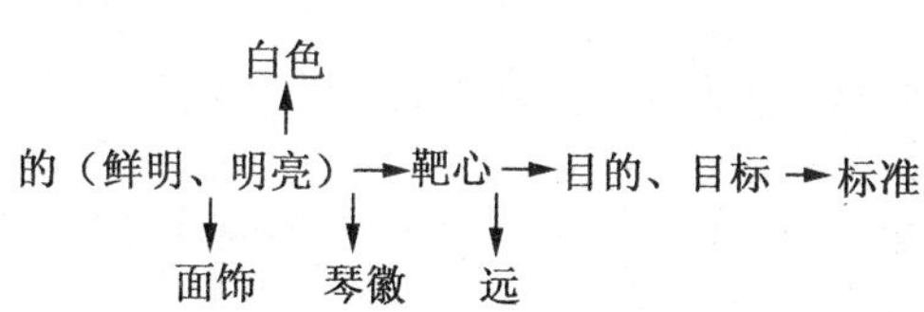

二、副词“的”(di 阳平)

关于词义的发展变化，一般认为有引申、假借两种途径，蒋绍愚先生认为这种说法不正确。他列举出词义发展的7种方式：引申、相因生义、虚化、语法影响、修辞影响、简略、社会原因。我们这里采用蒋绍愚先生的词义观点。如果说“的”字众多实词意义是由本义引申而来的，那么“的”字副词意义的产生方式则可以归入虚化。虚化指的是实词的词汇意义逐渐消失，最后变为表示语法关系的虚词。实词虚化也称为“语法化”。

“的”字作副词，大约始于六朝时期。词义虚化往往伴随语音变化，意义的强弱是连带的，“的”字作实词音 dì，虚化为副词音 dí。声调的不同巩固了词义演变的结果，标志着一个词变为另一个词，我们可以确定实词“的”与副词“的”是两个词。《汉语大字典》列出“的”作副词意义的义项有三个，其中第一个义项是“确实、实在”，这与“的”字本义有关，因太阳照射清晰而事物确实可见。但此时，“的”字意义已经抽象化，它所出现的语法位置发生变化，词类也转化为副词，从而表明“的”字词义开始虚化。《正字通·白部》：“的，实也。”张相《诗词曲语辞汇释》卷四：“的，犹准或确也。”例如：

(1)但请阿郎勿怀忧虑，的无此事。(《敦煌变文集·庐山远公话》)

(2)掩妆无语，的是销凝处。(北宋·贺铸《点绛唇》)

(3)杜丽娘有踪有影，的系人身。(明·汤显祖《牡丹亭·圆驾》)

(4)这的是，昨贫今富人劳碌，春荣秋谢花折磨。(清·曹雪芹《红楼梦》第五回)

“的”从表示对动作行为的强调、确认，进一步虚化，开始表示对所说事实的肯定，于是“的”又产生了一个义项，即“必定，一定”义。张相《诗词曲语辞汇释》卷四：“的，定也。”例如：

(5)除却朗之携一榼，的应不是别人来。(唐·白居易《出斋日喜皇甫十早访》)

(6)上无皋陶伯益廊庙材，的不能匡君辅国治生民。(白居易《杂言》)

在事情确认肯定之后，再对事情真相追究，“的”字词义又虚化产生了一个义项，即“究竟，到底”义。张相《诗词曲语辞汇释》(卷四)：“的，究也。”表示这个意义时，“的”字多用于谓语前，一般出现在疑问句中。例如：

(7)若言炳之有诚于国，未知的是何事？(《宋书·庾登之传》)

(8)城中太守的何人？林下先生非我身。(北宋·苏轼《光禄庵二首》)

(9)家在吴中处处移，的于何地结茅茨？(南宋·刘克庄《后村居士集·送孙季蕃》)

(10)此诗之作，不知的在何时。(南宋·朱熹《诗集传》)

词义引申多数情况下是由具体到抽象，而词义虚化则常常是在引申的基础上进一步抽象化。“的”字副词意义是由其实词意义虚化而来的，在虚化初期与实词意义关系比较明显，但虚化完成后，其词义与实词意义关系就疏离了。这些意义在现代汉语中只保留了“确实，的确”义。蒋绍愚先生说：“传统训诂学也有把虚化称为引申的，这是因为着眼于实词和虚词间的联系，但这种联系毕竟和引申义与被引申义之间的联系性质不同，它不是两个义位的词汇意义之间的联系，所以我们还是把虚化另立一类，不包括在引申之中。”[①]我们这里即以虚化这一种方式，来看待“的”字副词意义的产生与发展演变。

三、助词“的”（de 轻声）

助词“的”字在现代汉语中最为常用，早期写作“底”。大约从元代开始，“的”字到逐渐代替唐宋时期所用的“底”。助词“底（的）”的演变问题一直是汉语史研究的一个热点。下面我们列举几家代表性观点并对其进行分析。

其一，“底（的）”源于“者”。代表人物吕叔湘，他在《论底、地之辨及底字的由来》一文中指出：“‘者’字很早就有兼并‘之’字的趋势，到了某一时期，笔下虽有‘之’和‘者’两个字，口语里已经只有‘者’一个词，这个词后来写作‘底’。”[②]王力先生在《汉语史稿》中指出，此观点在语音和语法功能上都有困难。其二，“底（的）”源于“之”。代表人物王力，他从音韵上证明，“之”的上古音在文言文和白话里的演变情形。“之”的两种语音形式又各自发展出不同的用法。其三，“底（的）”源于“之”和“者”。代表人物章太炎，祝敏彻。章太炎《新方言》：“今人言底言的，凡有三义：在语中者，的即之字；在语末者，若有所指，如云的，热的，的即者字。”[③]1982 年，祝敏彻比较“之”和“者”的语法功能相似性，得出“底”既来源于“之”也来源于“者”。其四，“底（的）”与“之、者”是词汇替代关系。代表人物冯春田，他认为“底”取代“者”不是语音变化的结果，而是词汇替代现象；他还进一步推测结构助词“底”可能来自指示代词的用法。其五，“底（的）”与“之、者”没有同源关系，它是在特殊的句法环境下，通过语法化，由其原来的指示代词或疑问代词用法独立发展出来的。代表人物石毓智、李讷，他们的观点虽然是对冯春田先生猜想的进一步论证，但却综合考察各家观点，另辟蹊径。

关于助词“底（的）”的来源虽然观点不同，但都承认助词“的”用法来源于“底”。而对于“底”后来为何写成“的”，又有不同看法。吕叔湘先生认为：“底、地两个字本义都是日常应用的字，仍作上声和去声，而他们的结构助词用法则都已经变成轻声。‘的’字是不常用的字，上古是入声，宋元之际入声

① 蒋绍愚：《古汉语词汇纲要》，北京大学出版社 1989 年版，第 88 页。

② 吕叔湘：《汉语语法论文集》，商务印书馆 2002 年版，第 130 页。

③ 吕叔湘：《汉语语法论文集》，第 127 页。

韵尾脱落，与轻声字相似，所以可以借用‘的’。”[①]石毓智、李讷两位先生认为：指示代词“底”受新数量结构类推力量影响而语法化，语音形式随之弱化，失去独立的声调而变成轻声，韵母成为央元音。为了适应语音形式的变化，从15世纪左右，“底”改写为“的”。

由此可见，助词“的”的产生并非是其自身引申或虚化的结果，而是假借，即“的”字借用为助词并替代了助词“底”的用法。一方面是“的”字语音变化。《广韵》：“的，都历切，入锡端，药部。”“的”字上古是入声字，而汉语普通话的入声在14世纪已经消失，入声韵尾脱落，元音因受轻音的影响而趋向央元音。另一方面，“的”字意义逐渐虚化，义项减少，意义变得单纯，而“底”字的实词意义仍然运用广泛，再作结构助词，词义负担重，容易在使用中发生歧义而影响交际。综合这两方面原因，“的”字在15世纪左右替代“底”字，形成了与现代汉语相同的使用情况。

《现代汉语词典》(1996年修订第3版)列举助词“的”字用法共6项，大致可分为两类：结构助词和语气助词。结构助词“的”字可以用在定语和中心语之间，表示修饰、领属等多种关系，如：“铁的纪律”“新的生活”“我的母亲”“别生我的气”。其中，定语多由名词、代词、形容词来充当。在使用过程中，中心词有时省略，这就产生了“的”字结构，如：“菊花开了，有红的，有黄的。”“大白天的，还怕我找不到路。”当充当定语的词类扩大到谓语动词时，“的”字又产生了新用法，用在谓语动词后，强调动作的施事者或时间、地点、方式等，如：“老马发的言。”“你在哪儿念的中学?”这种用法还可以扩展到一些同类词或词组之后，表示“等等”“之类”的意思，如：“破铜烂铁的，他拣来一大筐。”“老乡们沏茶倒水的，热情极了。”口语中“的”字还可以用在两个数量词中间，表示相乘或相加，如：“两个的三个，一共五个。”“这间屋子是五米的三米，合十五平方米。”“五四”前后“的”字用法较广，有些该用“地、得”的地方，有些作品里也写成“的”字，用法同“地”字，例如：

(1)不觉那双手隐隐的疼将起来。(清·吴敬梓《儒林外史》第三回)

(2)树上残叶漱漱的落。(清·刘川鄂《老残游记》第八回)

(3)于是都兴致勃勃的跑到什么园，戏文已经开场了。(鲁迅《社戏》)

用法同“得”字，例如：

(4)俺怎生就住不的山，坐不的关，烧不的药，炼不的丹。(元·关汉卿《望江亭》第一折)

---

① 石毓智、李讷：《汉语发展史上结构助词的兴替》，《中国社会科学》1998年第6期。

(5)怎么几日不见，就瘦的这样了。（清·曹雪芹《红楼梦》第十一回）

现代汉语“的、地、得”3个结构助词用法已经有明确分工，它们分别是定语、状语、补语的标志。虚词“的”字语法位置如果处于陈述句末尾，表示肯定或强调，“的”就成了语气助词。这是由结构助词“的”字用法发展来的，例如：

(6)衣服铁老爷不敢收的。（《古今汉语字典》）

(7)我想他很快就能康复的。（《古今汉语字典》）

在现代汉语中，“的”字使用频率高，主要是用作表示语法作用的虚词。

以上我们分析了“的”字词义演变历程。引起词义变化的因素很复杂，但总的说来，现实现象的变化，人们认识的发展，词义之间的相互影响，都可以引起词义的发展。随着社会和语言的发展，“的”字实词意义大部分已经消失，现代汉语仅在一些成语中保留了“靶心”的含义；同时，它的副词意义保留下来了“确实、的确”义，而助词“的”字则应用广泛。实际上，由于词类、语音、语义的差别，我们用“的”字记录了几类词。

蒋绍愚先生说：“由于近代汉语词汇研究基础比较薄弱，所以更要从一小部分一小部分做起，而最终搞清楚近代汉语各个发展阶段的词汇系统和词汇发展史。”[①]相对而言，近代汉语中的常用词，保留在现代汉语中的要多一些，“的”字即是如此。我们考察“的”字词义演变就是从“一小部分做起”。常用词演变研究不但对建立科学的汉语词汇史来说是一项基础性工作，而且对汉语历时词汇学的建立来说也是如此。此外，从语言类型学的角度看，汉语属于分析性语言，缺乏严格意义上的形态变化。在别的语言中，可以通过其他方式表达的语法意义和完成的语法任务，在汉语中则常常要靠各种虚词来完成。因此，我们还必须重视对虚词的研究。

（曲阜师范大学文学院2006级汉语言文字学专业硕士研究生　魏晓艳）

① 蒋绍愚：《古汉语词汇纲要》，第255页。

“更”字究竟该怎么读

在古汉语教学过程中，经常听到有学生把“更”读为“jīng”，而是不“gēng”。为其纠正时，他们还振振有词地说：“电视上的神探狄仁杰也这么读。”正巧电视剧《神探狄仁杰》正热播，在收看的过程中我发现了该剧中的确存在“更”的两种读音。特撰此文向方家请教！

在《神探狄仁杰第二部》第 7 集中，李元芳带崇州刺史丘静和右威卫李锴固见狄仁杰。为了保险起见，他们商量好初更离开客店：“我们等到初更(gēng)再出发。”当时间到了，李元芳说道：“初更(gēng)到了，我们可以走了。”而在《神探狄仁杰第三部》第 18 集中，狄仁杰却说：“到了初更(jīng)，一切安排就绪。”同一部电视剧，同一个字表达同一个意思，竟然有两种不同的读音，那么“更”字究竟该读什么音呢？为此，我查阅了相关材料：

1.《现代汉语词典》收录“更”字的两种读音：“更[1](gēng)，旧时一夜分为五更，每更大约两小时：打～/三～半夜；更[2](gèng)，另见第 431 页。”①

2.《古汉语常用字字典》：“更　①gēng。夜里的计时单位，一夜分为五更，每更约两小时(后起意义)。李贺《秦王饮酒》诗：‘宫门掌事报一更。’(宫门掌事：指掌管内外宫门的官吏)今有熟语‘夜半三～’。②gèng。更加。《战国策·韩策一》：‘弃前功，而后～受其祸。’”②

3.《说文解字注》：“更，改也。更训改亦训继，改之亦为继。故小雅毛传曰。庚续也。用部庸下曰。庚，更事也。列子云心庚念是非。口庚言利害七年之后，从心之所念庚无是非。从口之所言庚无利害。皆假庚为更。今

① 中国社会科学院语言研究所词典编辑室编：《现代汉语词典》第 3 版，商务印书馆 2002 年版，第 429 页。

② 《古汉语常用字字典》编写组编：《古汉语常用字字典》第 3 版，商务印书馆 1989 年版，第 99 页。

人分别平去二音。非古也。从攴丙声，古孟切又古行切。古音在十部。”[①]

4.《汉语大词典》：“《说文》：‘更，改也。从攴丙声，古孟切又古行切。’（一）更(gēng)　《广韵》：‘古行切，平庚见。阳部。’主要义项有：(1)改变。(2)替代。(3)更换，变易。(4)交替；更迭；轮流。(5)抵偿；报偿。(6)续；相继。(7)秦汉时代轮流更替的徭役和兵役。(8)经历；经过。(9)古代夜间计时单位，一夜分为五更，每更约两小时。(10)旧时计算航程的单位。(11)了解；懂得。(12)经验丰富、身历事故的老年人。(13)善。(1)姓。（二）更(gèng)　作为副词和连词时才读此音。”[②]

5.《现代汉语规范字典》：“更(gēng)：③旧时一夜分成五更，每更约两小时：打更/值更/更鼓/更夫/三更半夜/夜阑更深。更(gèng)：①更加；〈书〉再；又：更上一层楼/百尺竿头，更进一步。”[③]

6.《中华字海》：“更　（一）gēng。①改变；改换：更姓改名/更衣入室。②轮流，交替。张衡《西京赋》：‘秘舞更奏。’③经过；经历。《汉书・张骞传》：‘欲通使，道必更匈奴中。’《辽史・耶律休哥传》：‘身更百战。’④旧时夜间计时单位，一夜分为五更，每更约两小时：三更起床。⑤姓。（二）gèng。①再：更上一层楼。②更加：好上更好。”[④]

此外，《辞源》《辞海》等大型工具书也只收录了“更”的两种读音：“gēng”和“gèng”。然查证有关方言材料，如《汉语方言大词典》《济南方言词典》《北京方言词典》等方言词典中均收录“更”在方言中读“jīng”音的情况。

但《中华人民共和国国家通用语言文字法》第2章第10条“学校及其他教育机构以普通话和规范汉字为基本的教育教学用语用字”和第14条“下列情形，应当以国家通用语言文字为基本的用语用字：(一)广播、电影、电视用语用字”都有明确规定。《神探狄仁杰》作为家喻户晓的电视剧，频繁热播，影响甚广，将“更”读为“jīng”不利于语言使用的规范化，不利于汉字的进一步发展，更不利于在广大学生当中推广普通话。故而，我认为广大学生和该剧演员还是应严格遵守《中华人民共和国国家通用语言文字法》的规定，读“gēng”更好。

（曲阜师范大学文学院2008级汉语言文字学专业硕士研究生　汤海鹏）

---

① 段玉裁：《说文解字注》，浙江古籍出版社1998年版，第124页。

② 汉语大词典编辑委员会编：《汉语大词典》第1卷，四川辞书出版社、湖北辞书出版社1986年版，第20页。

③ 李志红等编著：《现代汉语规范字典》，社会科学文献出版社1994年版，第91页。

④ 冷玉龙、韦一心等主编：《中华字海》，中华书局1999年版，第5页。

词义系统性考察与汉字规范化

——以《聊斋俚曲集》里的“慢”与“漫”为例[①]

一、《现代汉语词典》里的“慢道”“慢说”与“漫道”“漫说”

《现代汉语词典》[②]在词语“慢”与“漫”的下面都分别列有“慢道”“慢说”与“漫道”“漫说”两个词条。“漫道”解释为“同‘慢道’”;“漫说”解释为“同‘慢说’”。显然,词典并不是把“慢道”与“漫道”以及“慢说”与“漫说”看作是同一个词的不同书写形式,因为在词“慢”和“漫”的下面都有“莫;不要”这一义项。由此看来,“慢”和“漫”在这一义项上是同义词。如果是这样,那么“慢”的“莫;不要”义项与其他义项,如“速度低”“从缓”之间应存在发展演变关系;而“漫”的“莫;不要”义项与其他义项如“到处都是”“不受约束”等义项之间也应存在发展演变关系。

在这一问题的考察过程中,我们发现《聊斋俚曲集》里的“慢”与“漫”也表示“莫、不要”的语义,而且两者呈现出更为复杂的对应关系。

二、《聊斋俚曲集》里的“慢”与“漫”

《聊斋俚曲集》[③]包括蒲松龄用当时淄川方言写成的说唱故事 14 种,是进行方言研究和汉语史研究的重要语料。但是在书面上,俚曲集里的异写俗字甚多,形成许多一形多词或一词多形的现象,这就使得我们在进行语法分析和词义的系统性研究时要兼顾字和词的区分问题。当然,有些异写形

① 此文发表于《山东社会科学》2006 年第 1 期。

② 中国社会科学院语言研究所词典编辑室编:《现代汉语词典》,商务印书馆 1996 年版。

③ 《蒲松龄集》,上海古籍出版社 1986 年版。

式是很容易分辨的，如“倒是”又写作“到是”，“只怕”又写作“仔怕”，我们不会把“到是”“仔怕”看作是两个独立的词，而是作者写的别字，或者只是作者对方言词音的记录。[①] 不过，有些异写现象又是较难区分的，以致今天仍然存在错误认识。俚曲集里的“慢”和“漫”就是比较典型的一个实例。

“慢”和“漫”在《聊斋俚曲集》里都可以出现在多种语境中，表示多种意义。首先我们来看以下“慢”的用例[②]：

(1)那虎衔着个人走的慢，被张讷赶上，劈了一斧子。(聊·918)

(2)马儿缓行轿儿慢，一霎时已到门前，火把照满了峡江县。(聊·1173)

(3)二相公无奈何跟他出去，恹头搭脑的，一步一步的慢走。(聊·1055)

(4)你在路上慢慢走，避风的去处好磨陀，到家就是晌午错。(聊·841)

(5)家里财神不供养，把他简慢又蹬开，这是嘲呀可是怪？(聊·842)

(6)各人安排，不可怠慢。我也要去途中埋伏，不在山寨了。(聊·1525)

(7)有国母跪当前，非是我把你拦，恐防失体人轻慢。(聊·1557)

(8)他吃用的嗄都算我的，休要慢待了他。(聊·1589)

“慢”在例(1)、(2)句中分别作补语和谓语，是形容词，与“快”相对，这也是“慢”的基本意义和用法；例(3)、(4)句中“慢”“慢慢”虽然是处于状语的语法位置，但是意义与形容词“慢”没有分别，依然是形容词。例(5)至(8)句中“慢”作为构词成分与其他语素构成合成词。

“慢”的以上用法在现代汉语里都是比较常见的，但是“慢”在《聊斋俚曲集》里还有用法较为特殊、不易理解的用例，如：

(9)江城说：“我说你慢翻错了，我伺候下四指老面条。”(聊·1151)

(10)见了面一眼泪也不落，冷打慢吹说的话，云里雾里，想是你的良心全丧了！(聊·1426)

(11)看他慢慢长裙摆，仿佛一对小金莲，脚儿挪头上银翅颤。(聊·1405)

(12)皇帝说：“二姐，你错相了，穷军家有什么好处？”二姐说：“不然，人眼里慢俗，我却有个小斤称。”(聊·1625)

① 参见冯春田：《聊斋俚曲俚里的一些方言词音问题》，《中国语文》2003年第3期。

② 蒲松龄：《聊斋俚曲集》，上海古籍出版社1986年版。文章在引其例句时，均以“聊”简称，并注明曲目页码，以便检核。

例(9)“慢”处于状语的位置，修饰谓语。从所处的语言环境来看，“慢”在这里表示否定意义，“我说你慢翻错了”即“我说你别翻错了”，并且这也可以由同一语境里的对应语句“老实休要翻错了”得到证实。

“慢”的禁止否定意义是由其形容词意义变化而来的，这种变化是可以得到解释的，是句法、语义、语用三方面条件相互作用的结果。句法上“慢”经常处于状语的位置，作动作行为的修饰语。但如果“慢行”“慢走”用在祈使的语言环境中，譬如我们在送客的时候，忽又想起客人落下了物品，便会说道“慢走”。这时的“慢走”除了表示动作行为的状态缓慢时，同时又蕴含着“使人止步、不要走”的意义。这种隐含意义的规约化便使“慢”产生了禁止否定的意义。因此，禁止否定意义应是词语“慢”的一个义项。

不同的是，例(10)至(12)“慢”的意义似乎与形容词“慢”的意义相差较远，不存在丝毫联系。例(10)“冷打慢吹”是指说话不着边际。例(11)“慢慢长裙摆”中的“慢慢”意义显然与“快慢”之“慢”不同；从整个语境及搭配关系来看，“慢慢”在这里形容裙摆宽大、飘逸，有“轻曼”的意思。例(12)“慢”修饰形容词“俗”，在句中作状语，表示程度高，则应是一个副词。这三例中的“慢”是否也与“慢说”的“慢”一样，都是“慢”的引申义呢？或者说，它们之间是否具有意义的相关性、联系性？回答是否定的。同时，我们发现这三例中的“慢”与词语“漫”是有联系的，并且在《聊斋俚曲集》里又发现了以下例子：

(13)方娘子见他冷打漫吹的，说的都是云里雾里的话，就拭了拭那泪，把脸放将下来恼了。(聊·1312)

(14)这人眼也漫俗，他坐监的时节，人都说方娘子俊的忒也嫩，没厚福；到了此时，人都说方太太又齐正，又福相。(聊·1476)

“冷打漫(慢)吹”和“漫(慢)俗”都有两种不同的形式，这只能作为我们得出结论的旁证，关键还在于它们与词语“漫”之间意义的相关性。“漫”作动词，指“水过满而外流”或“遍布，充满”，蕴含有“满、多”的意义，如“漫山遍野”；由此便产生了“杂乱”“虚浮”的意义，如例(13)“冷打漫吹”的“漫”就是“漫无边际”；“漫”的程度副词用法则是在上述形容词意义上进一步变化产生的——“漫”有量度大的意义，而汉语中有不少程度副词都是由蕴涵量度大意义的形容词演变而来的，如“很”“甚”“大”等，因此“漫”在一定的语言环境中发生这种变化也是自然合理的。由此可以看出《聊斋俚曲集》里“慢”是没有程度副词用法的，例(10)至(12)里的“慢”只是“漫”的异写形式；而“漫”除了其基本的形容词意义用法外，还产生了程度副词的用法。《聊斋俚曲集》里“漫”的其他用例如：

(15)长须惹香烟，漫舞蕉扇，轻敲玉板，歌绕华筵。(聊·1368)

(16)红袖掩朱唇,漫漫将牙儿印。(聊·1186)

(17)俺嫂子漫会唠,我老实不会叨,谁能弄那花花哨。(聊·846)

(18)好眉好眼全不知羞,他漫不觉可叫人怎么抬头!(聊·1226)

其中例(15)、(16)"漫"与"漫漫"是形容词,例(17)、(18)中"漫"都是程度副词,在句中表示程度高。

《聊斋俚曲集》"漫"除了上述形容词及程度副词的用例外,还有与此不同的另外一种意义、用法,我们发现了两例:

(19)诗曰:利害分明漫说陈,是非已听圣明君。(聊·1524)

(20)万岁爷一笔到底,六哥看了看,改的是"也漫说那酒高壶大",第二句是"清香赛过屠苏"。(聊·1582)

通过分析我们发现上面两例中的"漫"在句中用作否定副词,表示禁止否定,与例(9)"慢"的意义是相同的。上面我们解释了"漫"的程度副词用法与形容词意义之间的联系及其发展的合理性,那么词语"漫"与这两例中的"漫"又是什么关系呢?显然例(19)、(20)的"漫"只能是词语"慢"的异写形式,因为"漫"是不具备否定副词变化的意义基础,我们不能在两者之间建立联系。"漫"在与"说""说陈"等动词结合时,按照语言发展的一般规律,我们可以断定,它们的组合意义应是和现代汉语中的常用词语"漫话""漫谈"的意义是相同的,其中的"漫"有"随意"的意义。因此,《聊斋俚曲集》这两例中的"漫"是"慢"的异写形式。

综合上面的论述,可见《聊斋俚曲集》里词语"慢""漫"与字形"慢""漫"的关系是错综复杂的,无论对于它们中的哪一个对象来说都存在一对二的现象:或是一词对两形,或是一形对两词。但是通过对《聊斋俚曲集》中"慢"和"漫"的实例分析,我们可以看出:由于"慢"和"漫"的实词意义是截然不同的,因此在不同的意义基础之上,它们发生了不同的变化,产生了不同的虚化意义:"慢"产生了表示禁止否定的意义,而"漫"产生了程度副词的用法,只是在记录词语的字形上,有时由于读音相同而产生了交叉现象。

三、结论

通过上面对《聊斋俚曲集》里"慢"和"漫"词义系统的分析我们已经知道词语"漫"是不具备产生否定用法的条件的,"莫;不要"这一义项是"慢"所具有的。词典之所以出现这种状况完全是受词形的影响。这种一词两形的现象不同于文字学上的假借字和异体字现象,而更近于通假现象,也就是我们今天常提到的错别字现象,这种现象在作为汉语史研究对象的书面语料中是非常常见的,它与书写者的用字态度和语言文字素养是紧密相关的。有时在某些作品中借用字的使用频率甚至会超过本字，如《醒世姻缘传》[1]中“竟(自)”和“径(自)”的使用同样存在交叉现象，并且词语“径”的异写词形“竟”的使用频率是本字使用频率的两倍多；而由“径”组成的合成词“径自”的异写词形“竟自”的使用频率更是高出本字的11倍。在这一现象的掩盖下，如果不注意词义发展的规律，是很容易造成误解的。

文字作为记录语言的工具，它的重要性是不容忽视的，因此我们的现实中有语言文字规范化的工作，像简化汉字、合并异体字等等。规范的理想的文字体系中是不应有异体字存在的，因此语言文字工作者在这方面做了很多工作。但是有些词语的异写形式由于其使用的普遍性，常常会令人产生误解，从而导致了字与词关系的混淆，如“慢说”与“漫说”。但是这种错误并不是不可避免的，只要抓住语言的系统性、词义发展演变的规律性，这些问题就可以迎刃而解了。因此，语言文字规范化是离不开语言研究工作的，汉语研究的深入发展能够为语言文字规范化工作提供理论支持和依据，并且能够使规范化工作更加深入细致的展开。

（曲阜师范大学文学院汉语教研室　王群）

① (清)西周生:《醒世姻缘传》,上海古籍出版社1981年版。

古文不标点断句的文化阐释[①]

古人写文章为什么不标点断句呢？一般人会认为是古人没有发明标点符号。其实这是一种误解，我国古代有丰富的句读实践，也曾出现过句读符号。古人写文章之所以不标点断句，有更深层的文化之因。

一、语言内的文化之因

古文不标点断句，首先与它所记录的语言有密切关系。也就是说，不是古人不去断句，而是文言语言存在着不用标点断句的语言文化特质。

1. 古文不标点断句，与书面语言产生之初的特点有关

书面语言形成之初，之所以不标点断句，与其特点有密切关系。最初的书面语言，有简略和与口语一致两大特点。简略是早期书面语的主要特征之一。甲骨卜辞是迄今为止发现的我国最早的书面文字，卜辞的内容都很简短，少的仅几字，多者也不过几十个字。到了春秋时期，书面语仍然比较简短，如春秋时成书的《论语》。此书是孔子的弟子及再传弟子编录的，班固在《汉书·艺文志》中就说："当时弟子各有所记，孔子既卒，门人相与辑而论纂，故谓之《论语》。"[②]正是由于这一原因，《论语》才被称为"语录体散文"，"语录"二字，正恰如其分地概括出其语言简短的特点。如果说《论语》是因为多人论纂而语言简短的话，那么《春秋》则是由史官编纂的史书，是典型的专人著述，其中的语言也十分简短，几乎没有大段的记事和描写，只是按时间顺序，记载发生在各诸侯国中的事件。如《春秋·隐公元年》："三月，公及邾仪父盟于蔑。夏五月，郑伯克段于鄢。秋七月，天王使宰咺来归惠公、仲

---

① 此文发表于《徐州师大学报》2005年第2期。

② （东汉）班固：《汉书》，中州古籍出版社1991年版，第869页。

子之赗。九月，及宋人盟于宿。”[①]这种简短的书面语视读起来较为容易，于是便降低了人们对标点断句问题的注意力。

刚产生的书面语另一大特征是与口语基本一致。汉语历史上存在着书面语与口语分离的现象，特别是唐朝以后，人们已基本使用两种形态的汉语，即写文章用文言，说话用白话。这种情况下，阅读书面文字就会有较大困难。而先秦则不同，当时书面语刚产生，与口语应该十分接近。鲁迅先生就曾推测文言是上古口语的摘要。因此，先秦古籍今人读起来很难，但当时的人读，并不觉得难。读着容易理解的文字，往往就意识不到标点断句的重要。现在标点符号已十分完备了，但人们手写书面文字时，常常还不能认真使用标点符号，也是同理。早期的书面语不断句，也有这种因素在里面。

2.古文不标点断句，与汉语的对称性有关

汉语特别是古汉语，有鲜明的对称性。表现在书面上，就是句子对偶。汉语的对称性，乃是古人朴素哲学思想在语言中的反映。我们的祖先，早就有“阴阳并存”的观念。《老子》第二章中就说：“有无相生，难易相成，长短相形，高下相倾，音声相和，前后相随。”[②]这种对立的思想反映在审美上，就是追求对称美。对称的观念，几乎渗透到人们生活的每个领域。建房要有东厢西厢，设官要有左相右相，就是地名，也两两相对，如山东山西、河南河北等。这种意识反映到语言上，表现之一就是句子的对偶。刘勰在《文心雕龙·丽辞》中说：“造物赋形，支体必双；神理为用，事不孤立。夫心生文辞，运载百虑，高下相顷，自然成对。”[③]这段话告诉我们，头脑中的对称观念，来自对自然的观察。人们看到自身的肢体器官如手、脚、耳、目等都是成对的，然后推想到任何事物都不孤立，便产生了对称观念。这种认识作用于语言，也使得文句表现为对偶的状态。

对称性不仅是汉语的一大特性，客观上也起到了标点断句的作用。句式的对偶，除收到修辞方面的效果外，读者还可以根据句式的对偶关系来断句。如《淮南子·览冥训》：“往古之时，四极废，九州裂，天不兼覆，地不周载。火烂炎而不灭，水浩洋而不息。猛兽食颛民，鸷鸟攫老弱。”[④]这段文字就是对偶的，其中先说天怎么样，再说地怎么样，说完火怎样，又说水怎样，即使不加标点，读的人也可根据对偶关系将句子断开。这种句式的对偶，在

① （清）阮元：《十三经注疏》下册，中华书局1980年版，第1713页。

② 《二十二子》，上海古籍出版社1985年版，第1页。

③ 周振甫：《文心雕龙今译》，中华书局1986年版，第317页。

④ （东汉）高诱注：《淮南子注》，上海书店1986年版，第95页。

《尚书》《易经》等古籍中表现得都十分突出，并且得到了后世文人的发扬光大，以致在中古时期出现了专门讲究句式对偶的骈体文。

3. 古文不标点断句，与文言虚词有关

古汉语的虚词数量较多，虚词除起到应有的语法作用外，还起着标点断句的作用。许慎在《说文》中对语气词“兮”的解释即为“语所稽也”（即语言至此有所停顿），清人段玉裁注为“语于此少驻也”[①]，都明确阐明“兮”有断句的作用。的确，许多文言虚词本身就具有标点的性质，直接起着断句的作用。如句尾语气词“也”“矣”“乎”“哉”等常出现在句尾，所以有它们的地方，就常是应该断句的地方。句首语气词“夫”“盖”“其”“唯”等经常出现在句首，有它们的地方，也常常是断句的地方。古人为使文中的语句视读时好断句，也往往采用补加虚词的办法。如《论语·颜渊》“君子之德风小人之德草”[②]，《孟子·滕文公上》引用时，便加上了句尾语气词“也”，使原句变为“君子之德风也小人之德草也”[③]。这样一来，读的人一看便知道应该从哪里断句了。这个例子有力说明，一些文言虚词的确直接起着标点断句的作用。

虚词对标点断句的影响，还体现在理解文言语句含义上。虚词能帮助读者准确理解文意，这就使标点断句在理解文意中的作用减弱，从而使人们忽视断句问题。由于虚词是理解语言的有效成分，所以古人也常用添加虚词的方法来明确文意。如鲁哀公曾将“夔有一足”误解为乐正夔这个人只有一只脚，孔子向鲁哀公解释说：“夔，人也。何故一足？彼其无他异，而独通于声。尧曰：‘夔一而足矣。’使为乐正。故君子曰：‘夔有一，足。’非一足也。”[④]孔子的解说中，“夔一而足矣”一句，就加了虚词“而”“矣”，这样一来，这句话的意思就不会被理解为“乐正夔有一只脚”了。文言虚词能帮助人们理解文意，实际上是暗中起着断句的作用。

4. 古文不标点断句，与汉语的声律有关

汉语讲究声律美。声律美既表现在诗词歌赋中，同时也存在于散文中。其表现形式主要是节奏和押韵。节奏和押韵在诵读诗文时，都能起到标点断句的作用。汉语音节整齐的特点，容易形成鲜明的语音节奏。实际上，诗词歌赋等讲究声律文学样式的形成，四字格成语的广泛流行等，都与汉语的节奏有着密切关系。音节节奏，除了在读与听的过程中收到美的效果外，也

① （清）段玉裁：《说文解字注》，成都古籍书店1981年版，第215页。

② 《四书白话注解》，长春市古籍书店1986年版，第108页。

③ 《四书白话注解》，第194页。

④ 《二十二子》，第1160页。

是断句的一种有效语言因素。如《易经·系辞上》:“天尊/地卑,乾坤/定矣。卑高/以陈,贵贱/位矣。动静/有常,刚柔/断矣。方以/类聚,物以/群分,吉凶/生矣。”[①]这段文字的节奏就十分鲜明,都是“二·二”式的节奏,即每两个音节一个节奏,每句由两个节奏构成。即使不标点断句,诵读的人也可以根据音节节奏把句子断开。

汉语声律美的另一表现形式是押韵。押韵的文字,不但读起来顺口,听起来悦耳,而且利于记忆,便于流传。因此,汉语中格言、俗语、谚语和谜语等,一般都以押韵的形式出现。正是因汉语有这样的艺术手段,所以我国历史上韵文占有相当大的比重,特别是诗词,在唐宋时一度成为文学的主流。先秦时的作品,由于最初是靠口耳相授流传,为便于传诵、记忆,大都也采用押韵的形式。《诗经》这部口头吟唱的诗歌自不必说,就是《尚书》《易经》等作品,也有大量韵语。如《易经·坤》:“坤厚载物,德合无疆(疆,古见母阳部)。含弘光大,品物咸亨(亨,古晓母阳部)。牝马地类,行地无疆(同前)。柔顺利贞,君子攸行(行,古匣母阳部)。先迷失道,后顺得常(常,古禅母阳部)。”[②]这段古文押古韵“阳”部。这种押韵文字,韵脚起着明显的标点断句作用。人们在诵读时,遇到韵脚,便知是断句之处。

二、语言外的文化之因

一种文化现象的出现,既与这种文化生成的内因有关,也与一些外因有关。古文不标点断句,除语言内部因素之外,也与来自社会的一些外因有密切关系。

1. 古文不标点断句,与早期古籍的成书和流传方式有关

早期古籍,一般是靠老幼学者口耳相授才得以广泛流传的,而且在流传过程中,经过多人增补才最后成书。由于口头传授,所以人们学习和传播的只有作品中的语言文字,而不大能涉及断句符号问题。正像现在人们教小孩背诵唐诗宋词一样,教给孩子的只是诗词的语句,而不教句尾的标点。早期重要的古籍,都经历过这种口授流传的过程。如《易经》开始恐怕就是流传于巫师口头的卜筮套语,并不断在巫师中间传习完善,后来才逐渐形成书面文字。据学者研究,这部书殷商时就在巫师中间流传,直到战国后期(一说汉初),才形成现在看到的文字面貌。《诗经》中的许多诗歌最初也是在人们口头上传唱,后来才由采诗官进行收集整理,形成书面文字。班固在《汉

① 周振甫:《周易译注》,中华书局1991年版,第230页。

② 周振甫:《周易译注》,第13页。

书·食货志》中对采诗记载得较详细："孟春之月，群居者将散，行人振木铎徇于路以采诗，献之太师，比其音律，以闻于天子。"《诗经》成书以后，由于当时没有后世这样的书写印刷条件，仍然主要靠口头传习在社会上传播。正因为一些古籍开始是口头传诵，并在口授过程中逐渐完善成书，所以当初人们并没有充分注意到书面语言的断句标点问题。

2. 古文不标点断句，与训诂活动有关

训诂怎么能影响到标点断句呢？断句的一个重要目的，是让读者能顺利视读理解文意。如果词语的意义训释清楚了，依据词序便可顺利视读理解，这样一来，标点断句对理解文意的作用便显得轻微了。也就是说，从某种意义讲，是训诂代替了标点断句。训诂不仅通过对词句的训释引导人们应怎样断句，也直接研究断句问题。古人在训诂中，有时是明确阐明如何断句，有时则是暗示应如何断句。如《左传·昭公三年》："此季世也吾弗知齐其为陈氏矣。"这是齐相晏婴对晋大夫叔向所谈的话，意思是说齐国已经到末世了，别的我不知晓，但我知道齐国恐怕将成为陈姓贵族的天下了。这样看来，"弗知"后面应当用句号断开，即"齐其为陈氏"不是"弗知"的宾语。唐人陆德明的训诂是明确说明在"弗知"后断句，他说："吾弗知绝句。"[①]"绝句"即一句话已完，应断句。晋人杜预注《左传》是暗示这里应断句，他说："不知其他，唯知齐将为陈氏。"[②]这个解释告诉人们，"齐其为陈氏"不是"弗知"的内容，应在"弗知"后断句。这是训诂研究断句问题的典型实例。

由于训诂在一定程度上代替了标点断句，结合他人对一部古籍的训释，人们也能顺利地视读理解古文，这就转移了人们对标点断句的注意力，致使古人在较长的时间里没有充分关注书写书面语言时的断句问题。这是古文长期不标点断句的重要原因之一。

3. 古文不标点断句，与古人思想保守有关

我国古代，思想总的来看是比较保守的，革新意识淡薄，这是古人的性格弱点。历史上虽也有几次轰轰烈烈的改革，但大都以失败告终，鲜有取得彻底胜利的。关于古人保守的思想，较早研究东西文化差异的严复曾论及，他在《论世变之亟》中说："中国贵一道而同风，而西人喜党居世处；中国多忌讳，而西人众讥评。"又说："中西事理其最不同而断乎不合者，莫大于中之人好古而忽今，西之人力今以胜古。"[③]长期的封建统治压抑了人们的个性，形

① 《十三经注疏》下册，第 2031 页。

② 《十三经注疏》下册，第 2031 页。

③ 冯天瑜、周积明：《中国古文化的奥秘》，湖北人民出版社 1986 年版，第 49 页。

形色色的忌讳禁锢了人们的思想，于是形成了“一道而同风”的风气，养成了“好古而忽今”的习惯，这是古人保守思想最集中的体现。

受保守思想影响，古代学界“崇古”之风浓厚，这在经学研究中表现得尤为突出。“义疏”本是适应语言发展出现的新注释形式，但却“疏不破注”，完全按汉代学者的注释来疏通，汉人注错的，也按错的疏，少有创新与突破。学界的崇古泥古，也是古文长期不断句的重要原因。在对待书面语言上，文人受传统思想的影响，把先秦古籍视为“经典”，以致后来形成“十三经”。客观地说，古人对儒家经典的研究，促进了语言文字等学科的发展，对统一人的思想、稳定社会秩序，也起到了积极作用。可是经学家研究经书，或诠释字词，或阐发大意等，而不去为古籍加断句符号。也没人敢这样做，因为经书是古代圣贤的书，圣贤没在上面加文字以外的符号，后人也不敢妄加。如有谁为经书断句，别人还会嘲笑他是“破碎大道”。不仅研究经书如此，而且写文章也要遵从古人的成法，不标点断句。久而久之，写文章不断句，便成了文人写作的习惯和定法，一直沿袭了下来。这是后来文人所写的古文不标点断句的重要原因。

不难看出，古文不标点断句，是各种因素共同作用所形成的一种文化现象。写文章不标点断句，这不是什么优良传统。在新的时代，在标点符号及其用法已相当完善的今天，我们应认真研究古籍，并为之断句标点，以弥补古文不断句无标点的缺憾。

（曲阜师范大学文学院汉语教研室　阚景忠）

第四编

学以致用

源于《论语》的成语古今词义差异

语言是变化发展的。语言的各个方面中，词汇变化最快，旧词不断消亡，新词不断产生，词义不断演变，但词义的演变并不是齐头并进的，有的词语意义发展得快一些，有的慢一些，有的词义甚至自古及今都没有什么大的变化。词语的古今意义既有联系，又有区别。由于语言具有继承性，今义是在古义的基础上发展而来的，所以古今义之间必然要有关系，只是有的关系较为明显，有的关系比较隐晦。有的关系十分密切，容易使人分辨不出古今词义的细微差别；有的关系则相当疏远，容易让人误以为没有关系。

在对待古今词义异同的问题上，难处不在同，而在异；不在"迥别"，而在"微殊"。古代汉语中有相当数量的词语，古今意义之间既有联系，又有发展，既有相通之处，又同中有异，所以要尤为注意。成语是古汉语词汇的重要组成部分，这一词汇群的古今意义同样符合词义发展演变的特点。因此，笔者选取了《论语》中出现的所有成语，归纳出这些成语中古今意义有变化的部分，以《论语》中成语的古今词义差异研究为个例，具体地探讨古今词义的差异问题，并试着提出一些方法。

《论语》是儒家的重要典籍，也是成语来源的重要宝库之一。据笔者统计，《论语》一书共留下了 297 条成语。这些出自《论语》的成语，绝大多数保留了在《论语》一书中的原义，但也有一部分成语的含义在语言历史的发展演变中发生了变化，有的已与最初的意义截然不同，有的则是稍有改变，有词义范围的变动，也有感情色彩的转化。为此，下文对《论语》中出现的古今词义有差异的 30 条成语进行对比阐释。

根据这些成语古今词义的对比分析，可知其词义的改变主要分为以下三大类：

一、词义范围扩大

1.贤贤易色

这个成语出自《论语·学而》："贤贤易色，事父母能竭其力，事君能致其身。"杨伯峻在《论语译注》[①]中，将"贤贤易色"解释为："对妻子，重品德，不重容貌。""易"有"交换、改变"之意，也有"轻视"之意。奴隶社会和封建社会把夫妻间关系看得很重，认为是"人伦之始"和"王化之基"，这里开始便谈到它，不足为奇，然后再谈事父母、事君主，符合一般逻辑。因此，"对妻子重品德不重容貌"是其原义。后来人们则常用它来表达"尊重贤德的人不看重女色"，由最初指丈夫对待妻子的态度发展到后来指贤人对待女色的态度，是词义范围扩大的结果。

2.慎终追远

这个成语出自《论语·学而》："曾子曰：'慎终追远，民德归厚矣。'"现在人们对它的理解一般是谨慎从事，追念先贤。其实这并非它的原义。郑玄在《论语注》中说到"老死曰终"，可见"终"是死亡的内容。至于"慎终"的内容，刘宝楠《论语正义》引《檀弓》曾子的话，是指附身（装殓）、附棺（埋葬）的事必诚必信，不要有后悔。"追远"是指虔诚地怀念祖先，具体就是指祭祀尽其礼。因此，这个成语原义是指"慎重地办理父母丧事，虔诚地祭祀远代祖先"。由对待父母丧事谨慎诚信，到表示从事谨慎，词义范围扩大。例如："千年风云，捍卫中国的不仅是勇士的刀剑，慎终追远的信仰坚守更奠定了华夏历尽风雨日益深厚的文明。"

3.北辰星拱

此成语出自《论语·为政》："譬如北辰，居其所而众星共之。"北辰，北极星；共，同"拱"，"环绕，环抱"的意思。原意是北极星高悬不动，群星四面环绕着它。孔子用这句话来讲述为政的方法，即用道德来治理国政，自己就像北极星一样，在一定的位置上，别的星辰都会环绕它。古时用它来比喻国家如果施行仁政，天下便会归附。后来也用来比喻受众人拥戴的人，如在某篇网络报道中，有这样一句话："做一个对比，亚当·斯科特，另一个北辰星拱的肌肉型美男，估计自己的脂肪为15%。"这也是范围扩大后的词义。

4.成事不说

《现代汉语词典》中对"成事不说"的解释是"已经过去的事情，就不要再

---

① 杨伯峻译注：《论语译注》，中华书局1980年版。

解说了”,“成事”被当作了“已经过去的事”来用。事实上,“成事”的原义不是“已经过去的事”,而是“已做成的事”。这个成语出自《论语·八佾》:“子闻之曰:‘成事不说,遂事不谏,既往不咎。’”邢昺疏:“事已成而不可复说也。”这是极其细微的词义差别,但是“已经过去的事”包括“做成之事”和“未做成之事”,今天的意义范围较之古义已经扩大了。

5.侃侃而谈

这个成语出自《论语·乡党》:“朝,与下大夫言,侃侃如也。”杨伯峻对这句话的解释是:“上朝的时候,(君主还没有到来),同下大夫说话,温和而快乐的样子。侃侃:理直气壮、从容不迫。”《现代汉语词典》对它的解释也是“说话从容不迫、理直气壮”。日常生活中,“侃侃而谈”是个常用成语,除了可以表示讲话理直气壮、从容不迫外,还表示某人学识渊博,对某个问题或某种知识了解透彻,见解深刻而丰富,这是古义中不曾有的,是后来增加和扩大了的词义。如:“他是个寡言少语的人,但是只要提到他喜欢的足球,他就会一改平日的沉默,侃侃而谈。”

6.片言折狱

“片言折狱”现在主要用来指用几句话就断定双方争论的是非,如:“对待学术问题上的分歧和争论,我们切不可片言折狱。”这个成语出自《论语·颜渊》:“子曰:‘片言可以折狱者,其由也与?’”杨伯峻在《论语译注》中对此进行了注释:“‘片言’,古人也叫做‘单辞’。打官司一定要有原告和被告两方面的人,叫做两造,自古迄今没有只根据一造的言辞来判决案件的(除掉被告缺席裁判)。孔子说子路‘片言可以折狱’,不过表示他的为人诚实直率,别人不愿欺骗他罢了。片言,极少的几句话;折狱。判决诉讼案件。”因此这个成语的原意是“能用简单的几句话判决讼事”。由最初的“判定讼事”到“断定争论的是非”,词义范围扩大了。

7.老而不死是为贼

这是古代责骂老而无德行者的话,出自《论语·宪问》:“子曰:‘幼而不孙弟,长而无述焉,老而不死是为贼。’”杨伯峻将其释为:“你幼小时候不懂礼节,长大了毫无贡献,老了还白吃粮食,真是个害人精。”这本是骂人之词,但是因为挨骂的对象是老而无德者,尚可理解,而现代这句话的应用对象被扩大了,一些不孝儿女甚至用这个词来责骂自家的老人,一些素质低下的人也用这个词来随意辱骂老者。在现代社会中,它已经完全演变成了骂人的词语,贬义色彩浓厚,对老人极不尊重。没有了“老而无德”的条件限制,这个词的指称对象范围扩大,词义范围也随之扩大。因此,古汉语学习中遇到这个词时,不能用我们现在的理解和表达去诠释这个成语。

8. 兴观群怨

这个成语出自《论语·阳货》："诗，可以兴，可以观，可以群，可以怨。"杨注："读诗可以培养联想力，可以提高观察力，可以锻炼合群性，可以学得讽刺方法。兴，联想；观，观察；群，合群；怨，怨恨。""兴观群怨"是古人认为读《诗经》可以培养的人的四种能力。现代用这个成语则是泛指诗的社会功能，而不再仅限于那四种能力，词义范围扩大。如："不同的读者对具有兴观群怨的作品可以有不同的选择和爱好。"

9. 枉道事人

这个成语出自《论语·微子》："柳下惠为士师，三黜。人曰：'子未可去乎？'曰：'直道而事人，焉往而不黜？枉道而事人，何必去父母之邦？'"枉，违背；道，正道；事，侍奉。此处"枉道事人"的意义专指"不按正道事奉国君"。后来泛指"不择手段取悦于人"，词义范围比原义扩大了。例如："有些处心积虑往上爬的人，枉道事人，期望达到自己的目的。"

10. 鲁卫之政

语出《论语·子路》："子曰：'鲁、卫之政，兄弟也。'"意思是指鲁是周朝周公的封国，卫是周公之弟康叔的封国，两国的政治情况也像兄弟一样差不多。因此鲁卫之政被用来比喻两国的政治情况相同或相似。现在这个成语用来泛指情况类似，不仅可以指政治情况的近似，还可以指其他情况的相似。如：郭沫若《从典型说起》中有这样一句话："大家都在争夺出版处。'有奶便是娘'，于是便生出了在文化强盗颐使下从事文化运动的滑稽现象。这种滑稽和所谓'官民合办'其实是鲁卫之政。"

11. 在陈之厄

这个成语出自《论语·卫灵公》："在陈断粮，从者病，莫能兴。子路愠，见曰：'君子亦有穷乎？'子曰：'君子固穷，小人穷斯滥矣。'""在陈之厄"一词便是由此得来，指孔子等人在陈国所遭遇到的贫困、饥饿等困境。后来人们用它来泛指饥贫等困境。词义由特指变为了泛指，词义范围扩大了。如："幸亏你们的救援物资及时来到，否则在这冰天雪地里，我们只怕真得有个什么在陈之厄了。"

12. 无为而治

语出《论语·卫灵公》："子曰：'无为而治者，其舜也与，夫何为哉？恭己正南面而已矣。'"杨释此句为："自己从容安静而使天下太平的人，大概只有舜吧？"无为，指顺其自然，不必有所作为，这是古代道家的一种消极的处事态度和政治思想。"无为而治"的原意是舜当政时，沿袭尧的主张，不做丝毫改变。一般儒者认为舜可以做到无为而天下治，是因为他能"所任得其人，故优游而自逸也”。“无为而治”现在泛指以德治民，不单指舜而言了，也可以用来指其他君主的治国之法，现在还可以用来指管理方法。如：“无为而治虽然不是积极进取的管理方法，但却具有‘四两拨千斤’的功效。”特指变成泛指，词义范围扩大。

13.匏瓜空悬

这个成语出自《论语·阳货》：“子曰：‘然，有是言也。不曰坚乎，磨而不磷；不曰白乎，涅而不缁。吾岂匏瓜也哉？焉能系而不食？’”“匏瓜空悬”一词由此而来，孔子用它来比喻自己无法像匏瓜那样系着悬着而不让人食用，应该出仕为官，有所作为。后来人们用这个成语来比喻有才之人却不为世所用，由最初的专指孔子到泛指有才之人，词义范围发生了扩大。

二、词义范围缩小

1.既往不咎

《现代汉语词典》对“既往不咎”的解释是：对过去的错误不再责备，后也说“不咎既往”。如：“不要担心了，老师已经说过既往不咎了，你以后只要好好表现就可以了。”不过，这并非它的原义，词义范围较之古义已经有所缩小了。这个成语出自《论语·八佾》：“子闻之曰：‘成事不说，遂事不谏，既往不咎。’”杨伯峻在注释中对它的解释是：“已经过去的事不便再追究了。”“既往”的意思是“已经过去的事”，既包括过去已经发生了的错误，也包括正确的事，所以不应按照我们现在的理解去认识古代“既往不咎”的意义。

2.敬而远之

这个成语出自《论语·雍也》：“子曰：‘务民之义，敬鬼神而远之，可谓知矣。’”杨释为：“严肃地对待鬼神，但并不打算亲近他。”“远”做及物动词，去声，疏远，不去接近的意思。譬如祈祷、淫祀，在孔子看来都不是“远之”。在现代汉语中，它的词典义也是表示尊重，但不愿接近。但在实际语言运用中，我们发现，“敬”的意思逐渐退去，强调的重点放在了“远之”上。如：“他是个脾气十分暴躁的人，附近的人都对他敬而远之。”可见，它在今天的意思更确切的说法应该是：因厌恶、恐惧等心理因素，为躲避麻烦或伤害而远离某人。较之古义，今义范围缩小。

3.志士仁人

这个成语出自《论语·卫灵公》：“子曰：‘志士仁人，无求生以害仁，有杀身以成仁。’”杨注：“志士仁人，不贪生怕死因而损害仁德，只勇于牺牲来成全仁德。”“志士仁人”在此处的本义是指仁爱而又有节操、意志坚决、能为正义牺牲性命的人。这个成语在近代社会动乱战争年代比较常用，泛指爱国而为革命事业出力的人。若用现代的意义去理解古汉语中的“志士仁人”，就缩小了它原有的词义范围，影响对其古义的正确把握。

三、词义的转移

1. 不亦乐乎

现代汉语中常见到类似的话：“我最近事特别多，简直忙得不亦乐乎。”“不亦乐乎”在这句话中表达的是“非常、达到极点”的意思，这也是它现在最常用的意义。但事实上，这并非它的原义，而是词义转移的结果。“不亦乐乎”源自《论语·学而》：“子曰：‘有朋自远方来，不亦乐乎？’”这句话杨解释为：“有志同道合的人从远方来，不也快乐吗？”“乎”是表反问的语气助词，此处相当于“吗”。这个成语以反问语气来表达“极度、非常、淋漓尽致”等较为强烈的感情意味。它在现代的用法中，“快乐”的意义已经消退，变成了只是表达程度的形容词，原义已经极少使用。

2. 绘事后素

这个成语出自《论语·八佾》：“子曰：‘绘事后素。’”朱熹集注：“绘事，绘画之事；后素，后于素也。《考工记》曰：‘绘画之事后素功。’谓先以粉地为质，而后施五采，犹人有美质，然后可加文饰。”这两处用的都是该成语的原意，都是说绘画之事。而后来逐渐演变为用这个成语来比喻有良好的质地，才能进行锦上添花的加工。比喻义被广泛使用，原义逐渐淡出语言舞台，因此要注意古今词义的不同之处，避免出现错误。

3. 告朔饩羊

这个成语出自《论语·八佾》：“子贡欲去告朔之饩羊。”杨注：“告朔饩羊”，古代的一种制度，每年秋冬之交，周天子把第二年的历书颁给诸侯，这历书包括那年有无闰月，每月初一是哪一天，因之叫“颁告朔”。诸侯接受了这一历书，藏于祖庙，每逢初一，便杀一只活羊祭于庙，然后回到朝廷听政。这种庙叫做“告朔”，听政叫作“视朔”，或者“听朔”。到了子贡的时候，鲁君不但不亲临祖庙，而且也不听政，只是杀一只活羊“虚应故事”罢了，所以子贡想把这个形式也去掉。今天用到这个成语时，只是用来比喻照例应付，敷衍了事，“祭祀”的含义已经失去，词义发生了转移。

4. 文质彬彬

人们现在常用“文质彬彬”来形容一个人文雅而又礼貌，表明其修养好。事实上“有礼貌”的意思是词义转移的结果，原意中并没有这个意思。这个成语出自《论语·雍也》：“质胜文则野，文胜质则史，文质彬彬，然后君子。”根据上下文语境以及杨伯峻的注释，“文质彬彬”的原义应该是形容人文雅和朴实配合恰当，这样才可以算是真正的君子。“朴素”正释“质”字，但这一意义在后来的语言发展演变中也发生了转移，成为了“有礼貌”的意思。

5. 不知肉味

这个成语出自《论语·述而》：“子在齐闻《韶》，三月不知肉味。曰：‘不图为乐之置于斯也。’”杨注：“孔子在齐国听到《韶》的乐章，很长时间尝不出肉味，于是道：‘想不到欣赏音乐竟到了这种境界。’”因此，这里的“不知肉味”指陶醉在美妙的音乐中，因而辨别不出肉味。它的今义则是用来形容人专心致志、废寝忘食地学习，以致吃东西都辨不出味道。也用来形容生活困难、条件艰苦，而无肉可吃，如：“外出求学的这一年，他生活十分节俭，已经几个月不知肉味了。”可见今义已经完全脱离了“欣赏音乐”这个意义，词义发生了转移。

6. 三复白圭

这个成语出自《论语·先进》：“南容三复白圭，孔子以其兄之子妻之。”杨注：白圭的诗四句见于《诗经·大雅·抑篇》：“白圭之玷，尚可磨也；斯言之玷，不可为也。”意思是，白圭的污点还可以磨掉，我们言语中的污点却没有办法去掉。南容把这几句诗读了又读，说明他是个谨小慎微，慎于言行的人。因此，“三复白圭”的原意是：反复地读白圭那几句诗。而现在人们则用它来表示某人慎言慎行，用的是它的比喻义，原义已经失去了作用，只保留在古籍中。

7. 当仁不让

“当仁不让”指遇到可以或应该做的事情，应该积极主动地去做，不退让。这也是现代人们普遍接受和使用的意义，可是它的原义并不是这样。“当仁不让”源于《论语·卫灵公》：“子曰：‘当仁，不让于师。’”意思是面临仁德，即使是老师，也不同他谦让，类似于西方“吾爱吾师，吾更爱真理”这句话。“当仁不让”即以仁为己任，无所谦让。由古今义对比可知，今义保留了“无所谦让”之意，而脱掉了“当仁”之意，词义发生了转移。如：“在2008年北京奥运会上，中国女乒当仁不让，夺得了奥运会首枚团体金牌。”

8. 既来之，则安之

这个成语出自《论语·季氏》：“夫如是，故远人不服，则修文德以来之，既来之，则安之。”既，已经；来之，使之来；安之，使之安。意思是：既然把他们招抚来了，就要把他们安顿下来。“安”与“来”都是古汉语的使动用法，都是主语使别人来，使别人安。而这个成语到了今天，已经完全变成了一个主动的结构，意思是：“既然来了，就要在这里安下心来。”“来”和“安”变成了主语自己的行为和动作，动作的主体改变，词义发生了转移。如：“虽然这里条件不是太好，不过，既来之则安之，适应了就好了。”

9. 学而优则仕

该成语出自《论语・子张》：“子夏曰：‘仕而优则学，学而优则仕。’”优，有余力的意思，所以“学而优则仕”的原意是指“学习了，还有余力，就去做官”。现在“优”则完全按照字面意思“优秀”来使用了，“有余力”的意思消失了，变成了“学习成绩优秀然后就可以提拔做官了”。“学习成绩优秀”和“学有余力”是两个完全不同的概念，由古义到今义，词义发生了转移，古义已经是鲜为人知。

10. 大动干戈

这个成语出自《论语・季氏》：“邦分崩离析，而不能守也，而谋动干戈于邦内。”“干戈”是古代的两种武器，“大动干戈”的原意即是大规模地进行战争，而现在它则多被用于比喻，指大张旗鼓、大张声势地行事。如：“这个机器，没有多大毛病，你却要大拆大卸，何必如此大动干戈呢？”“战争”的意义已被虚化，而用来形容做事，这也是词义转移的结果。

11. 名正言顺

这个成语出自《论语・子路》：“名不正，则言不顺；言不顺，则事不成；事不成，则礼乐不兴；礼乐不兴，则刑罚不中；刑罚不中，则民无所措手足。”杨伯峻对“名不正言不顺”的解释是：“用词不当，言语就不能顺理成章；言语不顺理成章，工作就不可能搞好。”“名”的意义被释为了“用词”，“正”的意义为“得当、正确”，此处“名正言顺”指用语恰当、说话合理，而它在现代汉语中多用来指做某事名义正当，道理上也说得通。“名”的意义是“名分、名义”，“顺”指“合理、顺当”，古义主要侧重指语言表达，今义则在名分、事理问题上有所偏重。

12. 和而不同

这个成语出自《论语・子路》：“子曰，君子和而不同，小人同而不和。”杨伯峻注：“和”“同”，是春秋时代的两个常用术语，“和”如五味的调和，八音的和谐，一定要有水、火、酱、醋等各种不同的材料才能调和滋味，一定要有高下、长短、疾徐各种不同的声调才能使乐曲和谐。杨又认为：“和”与“礼之用和为贵”的“和”有相通之处。因此，杨将“君子和而不同”解释为“君子用自己的正确意见来纠正别人的错误意见，使一切都做到恰到好处，却不肯盲从附和”。现代常用它来表示彼此和睦相处，但允许不同意见或不同个性的存在，它被应用在很多方面，如国际政策、企业文化、个人修养等。“和而不同”代表了宽容博大的胸怀，以及一种容许个性和差异存在的态度，词义发生了转移。如：“企业文化在建设过程中，也应该坚持和而不同的原则，在与行业文化、总公司文化大方向一致的前提下，创造属于自己的独特企业文化，从而让企业文化成为企业的核心竞争力。”

四、古今词义感情色彩的改变

1. 古义褒，今义贬

例如，“温良恭俭让”。此成语出自《论语·学而》：“子贡曰：‘夫子温、良、恭、俭、让以得之。夫子之求之也，其诸异乎人之求之与？’”温和、善良、严肃、节俭、谦逊这五种美德，原是儒家提倡的待人接物的准则。此处指孔子因为有这五种美德，所以他所到之处，总能听到那个国家的政事。而现在人们多用它来形容态度温和而缺乏斗争性，带有软弱和妥协的意味。词义的感情色彩发生了变化，在古代温良恭俭让是儒家提倡称颂的美德，褒义色彩浓厚，而现代的意义则有向贬义发展的趋势，用这个成语表达的是一种否定和不赞成的态度。例如：“人人希望他人是温良恭俭让的典范，自己则能良尽可能善，有利尽可能得，善与利相冲突时则弃善而逐利。”

2. 古义贬，今义褒

例如，“从井救人(仁)”。这个成语出自《论语·雍也》：“宰我问曰：‘仁者，虽告之曰：‘井有仁焉。’其从之也？’子曰：‘何为其然也？君子可逝也，不可陷也；可欺也，不可罔也。’”“从井救人”就是由这句话得来，“从”是“跟从”的意思，“从井救人”即跳到井里救人，用以比喻徒然危害自己而对别人没有好处的行为，这是它的原义，感情色彩偏向贬义。而它现在则多用来比喻冒着极大的危险去拯救别人，有见义勇为的意味，词义已经偏向于褒义，感情色彩发生了改变。例如：“那个孩子落入湍急的河水中，围观的众人都冷眼旁观，只有他不顾危险，从井救人，的确让人钦佩。”

通过以上分析，可以看出，《论语》中的成语古今差异，主要在词义范围和感情色彩这两个方面；具体的方面，有的差异明显一些，有的则十分细微。差别大的，我们要学会分辨；差异微小的，更要注意辨析。成语是词汇中保存古义最丰富的群体，因此我们在学习古汉语中的成语时，更要注意辨析古今词义的差异，把握其正确的意义。需要注意的是，“古”是历史的概念，同样是古代汉语，不同时期可能也是不同的，而且“古”与“今”的界限也并不是特别鲜明。因此，对待成语的古今差异问题，要有认真求实的态度，多查字典、词典、前人旧注等资料，进行科学的对比分析，然后得出正确的词义。积累第一手资料，掌握尽可能多的语言事实，是辨析古今词义最有效的办法，成语的学习是如此，古汉语的其他词汇也是如此。

（曲阜师范大学文学院2007级汉语言文字学专业硕士研究生　游睿）

《左传》"贿""赂"语义语用分析

一、对"贿""赂"的有关解释

东汉许慎《说文解字》:"贿,财也。从贝,有声;赂,遗也,从贝,各声。"段玉裁《说文解字注》:"周礼注曰:'金玉曰货,布帛曰贿。'析言之也。许浑言之,货、贿皆释曰财。"赂,遗也。见《鲁颂大赂传》,笺云:"大犹广也,广赂君及卿大夫也。"按:以此遗彼曰赂,如道路之可往来也。货、赂皆曰物,其用之则有公私、邪正之不同。又遗,亡也。《广韵》:"失也,赠也,加也。"按:皆遗亡引申之义也。

结合许慎《说文解字》、段玉裁《说文解字注》对"贿""赂"的解释以及郭锡良主编的《古代汉语》的解释可知,贿的本义为"财物"。如"以而车来,以我贿迁"(《诗经·氓》)中的"贿"指的是"陪嫁的财物"。"赂"在古代的常用义是"赠送的财物",如"又会诸侯于扈,将为鲁讨齐,皆取赂而还"(《左传·宣公元年》)。同时,"贿""赂"也都可以作为动词,指"用财物赠送别人"。

郭锡良、李玲璞主编的《古代汉语》在分析"贿""赂"的语义时指出:"'贿'与'赂'意义很相近,从《左传》用例来看,'贿'常用为动词,'赂'多用为名词;后世'贿赂'连用,也是动宾结构。"[①]但从我们对收集到的《左传》中"贿""赂"用例的分析来看,"贿"用作名词以及"赂"用作动词的例子也并非少数。关于对"贿""赂"的具体语义及语用,我们将根据它们在《左传》中的用例并结合语境具体分析。

① 郭锡良、李玲璞主编:《古代汉语》,语文出版社2000年版,第133页。

二、"贿""赂"在《左传》中的用例情况

通过检索，我们发现，"贿"在《左传》中共出现了 36 次，"赂"在《左传》中共出现了 69 次。但从具体的内容来看，这两个字的用例都各有重复的地方。

1. 在"贿"的用例方面，其中"器用财贿"共出现了 3 次，"重贿之"共出现了 3 次，"厚贿之"共出现了 2 次，"赠贿"共出现了 3 次。

2. 在"赂"的用例方面，其中"贿器"共出现了 2 次，"求赂"共出现了 3 次，"重赂"（"赂"作名词）共出现了 2 次，"重赂"（"赂"作动词）共出现了 3 次，"纳赂"共出现了 3 次。

另外，《左传》中还出现了"贿赂"二字连用的用例 1 个。对此，我们将文另文分析。

综上所述，除去重复的部分以及"贿赂"连用的用例，"贿"在《左传》中的用例共有 28 个，"赂"的用例共有 61 个。

三、"贿""赂"在《左传》中的语义语用特点

（一）"贿"的具体语义

1. 表示财物、财礼。如[①]：

（1）乃使公孙获处许西偏，曰："凡而器用财贿，无置于许。"（《隐公十一年》）

（2）齐国庄子来聘，自郊劳至于赠贿，礼成而加之以敏。（《僖公三十三年》）

（3）毁则为贼，掩贼为藏，窃贿为盗，盗器为奸。（《文公十八年》）

（4）缙云氏有不才子，贪于饮食，冒于货贿，侵欲崇侈，不可盈厌，聚敛积实，不知纪极，不分孤寡，不恤穷匮，天下之民以比三凶，谓之"饕餮"。（《文公十八年》）

（5）谋其不免也。诛而荐贿，则无及也。（《宣公十四年》）

（6）郑人以子西、伯有、子产之故，纳贿于宋，以马四十乘与师茷、师慧。（《襄公十五年》）

（7）侨闻君子长国家者，非无贿之患，而无令名之难。（《襄公二十四年》）

（8）夫诸侯之贿聚于公室，则诸侯贰。若吾子赖之，则晋国贰。（《襄公二十四年》）

（9）晋国贰，则子之家坏。何没没也！将焉用贿？（《襄公二十四年》）

（10）象有齿以焚其身，贿也。（《襄公二十四年》）

---

① 本文所选例句，有重复的部分只选其中一例作为例证。

(11)公如晋，自郊劳至于赠贿，无失礼。(《昭公五年》)

(12)从善如流，下善齐肃，不藏贿，不从欲，施舍不倦，求善不厌，是以有国，不亦宜乎？(《昭公十三年》)

(13)侨闻君子非无贿之难，立而无令名之患。(《昭公十六年》)

(14)尔有利市宝贿，我勿与知。(《昭公十六年》)

(15)承嗣大夫，强易其贿。(《昭公二十年》)

2. 表示赠送财物，如：

(16)襄仲曰："不有君子，其能国乎？国无陋矣。"厚贿之。(《文公十二年》)

(17)王以巩伯宴，而私贿之。(《成公二年》)

(18)王以为介，而重贿之。(《成公十三年》)

(19)今自王叔之相也，政以贿成，而刑放于宠。(《襄公十年》)

(20)贿荀偃束锦、加璧、乘马，先吴寿梦之鼎。(《襄公十九年》)

(21)先事后贿，礼也。小事大，未获事焉，从之如志，礼也。(《襄公二十八年》)

3. 表示接受、贪求财物，贪财，如：

(22)夏，晋里克、荀息帅师会虞师伐虢，灭下阳。先书虞，贿故也。(《僖公二年》)

(23)叔出季处，有自来矣，吾又谁怨？然鲋也贿，弗与，不已。(《昭公元年》)

(24)吾君贿，左右谄谀，作大事不以信，未尝可也。(《昭公六年》)

(25)平丘之会，数其贿也，以宽卫国，晋不为暴。(《昭公十四年》)

(26)令尹子常贿而信谗，无极谮郤宛焉，谓子常曰："子恶欲饮子酒。"(《昭公二十七年》)

(27)魏戊谓阎没、女宽曰："主以不贿闻于诸侯，若受梗阳人，贿莫甚焉。吾子必谏。"(《昭公二十八年》)

(28)魏戊谓阎没、女宽曰："主以不贿闻于诸侯，若受梗阳人，贿莫甚焉。吾子必谏。"①(《昭公二十八年》)

(二)"赂"的具体语义

1. 表示(赠送的)财物、好处，如：

(29)以郜大鼎赂公，齐、陈、郑皆有赂(此处指第二个"赂")，故遂相宋公。(《桓公二年》)

(30)雍氏宗，有宠于宋庄公，故诱祭仲而执之，曰："不立突，将死。"亦执

① 例(27)、(28)为同一个句子，因为其中出现了两次"贿"，故列为了两个例句。

厉公而求赂焉。(《桓公十一年》)

(31)宋多责赂于郑,郑不堪命。(《桓公十三年》)

(32)数之以王命,取赂而还。(《庄公二十八年》)

(33)以赂求共仲于莒,莒人归之。及密,使公子鱼请。(《闵公二年》)

(34)喜赂怒顽,能无战乎?(《僖公二十八年》)

(35)大子商臣谮子上曰:"受晋赂而辟之,楚之耻也,罪莫大焉。"王杀子上。(《僖公三十三年》)

(36)穆伯请重赂以求复。惠叔以为请,许之。(《文公十四年》)

(37)公使襄仲纳赂于齐侯,故盟于郪丘。(《文公十六年》)

(38)又会诸侯于扈,将为鲁讨齐,皆取赂而还。(《宣公元年》)

(39)宾媚人致赂,晋人不可,曰:"必以萧同叔子为质,而使齐之封内尽东其亩。"(《成公二年》)

(40)楚公子申为右司马,多受小国之赂,以逼子重、子辛,楚人杀之。(《襄公二年》)

(41)浞行媚于内而施赂于外,愚弄其民而虞羿于田,树之诈慝以取其国家,外内咸服。(《襄公四年》)

(42)平王封陈、蔡,复迁邑,致群赂,施舍宽民,宥罪举职。(《昭公十三年》)

(43)雍子自知其罪而赂以买直,鲋也鬻狱,刑侯专杀,其罪一也。(《昭公十四年》)

(44)且此役也,吴可以得志,子恶取赂焉而还,又误群帅,使退其师,曰:"乘乱不祥。"(《昭公二十七年》)

(45)吴将伐齐,越子率其众以朝焉,王及列士,皆有馈赂。(《哀公十一年》)

2.表示赠送(财物)、用(财物)买通别人,如:

(46)郑人囚诸尹氏,赂尹氏而祷于其主钟巫,遂与尹氏归而立其主。(《隐公十一年》)

(47)以郜大鼎赂(此处指第一个"赂")公,齐、陈、郑皆有赂,故遂相宋公。[①] (《桓公二年》)

(48)亦请南宫万于陈,以赂。(《庄公十三年》)

(49)庄公之子犹有八人,若皆以官爵行赂劝贰而可以济事,君其若之何?臣闻命矣。(《庄公十四年》)

(50)骊姬嬖,欲立其子,赂外嬖梁五,与东关嬖五,使言于公曰:"曲沃,

① 例(29)、(47)也是同一个句子,因为其中出现了两次"赂",故也列为两个例句。

君之宗也。"(《庄公二十八年》)

(51)晋郤芮使夷吾重赂秦以求入,曰:"人实有国,我何爱焉。入而能民,土于何有。"从之。(《僖公九年》)

(52)于是郑聘于秦,且谢缓赂,故不及。(《僖公十年》)

(53)晋侯许赂中大夫,既而皆背之。(《僖公十五年》)

(54)赂秦伯以河外列城五,东尽虢略,南及华山,内及解梁城,既而不与。(《僖公十五年》)

(55)先轸曰:"使宋舍我而赂齐、秦,藉之告楚。"(《僖公二十八年》)

(56)卫侯使赂周歂、冶廑,曰:"苟能纳我,吾使尔为卿。"(《僖公三十年》)

(57)齐人赂晋侯,故不克而还。于是有齐难,是以公不会。(《文公十五年》)

(58)六月,齐人取济西之田,为立公故,以赂齐也。(《宣公元年》)

(59)公不与盟,以赂免。故黑壤之盟不书,讳之也。(《宣公七年》)

(60)郑人囚而献诸楚,楚子厚赂之,使反其言,不许,三而许之。(《宣公十五年》)

(61)君之赂臣,不知命也。(《宣公十五年》)

(62)受命以出,有死无霣,又可赂乎?(《宣公十五年》)

(63)齐侯使宾媚人赂以纪甗、玉磬与地。(《成公二年》)

(64)楚侵及阳桥,孟孙请往,赂之以执斫、执针、织纴,皆百人。(《成公二年》)

(65)公赂之,请缓师,文子不可,曰:"君命无贰,失信不立。礼无加货,事无二成。君后诸侯,是寡君不得事君也。燮将复之。"(《成公八年》)

(66)郑子罕赂以襄钟,子然盟于修泽,子驷为质。辛巳,郑伯归。(《成公十年》)

(67)齐侯伐莱,莱人使正舆子赂夙沙卫以索马牛,皆百匹,齐师乃还。(《襄公二年》)

(68)莒人灭鄫,鄫恃赂也。(《襄公六年》)

(69)郑人赂晋侯以师悝、师触、师蠲,广车、軘车淳十五乘,甲兵备,凡兵车百乘,歌钟二肆,及其镈磬,女乐二八。(《襄公十一年》)

(70)宣子逆诸阶,执其手,赂之以曲沃。(《襄公二十三年》)

(71)赂晋侯以宗器、乐器。(《襄公二十五年》)

(72)自六正、五吏、三十帅、三军之大夫、百官之正长、师旅及处守者,皆有赂。(《襄公二十五年》)

(73)陈侯使司马桓子赂以宗器。陈侯免,拥社。(《襄公二十五年》)

(74)子产为政,有事伯石,赂与之邑。(《襄公三十年》)

(75)子大叔曰："国，皆其国也。奚独赂焉？"(《襄公三十年》)

(76)竖牛赂叔仲昭子与南遗，使恶杜泄于季孙而去之。(《昭公四年》)

(77)燕人归燕姬，赂以瑶瓮、玉椟、斗耳，不克而还。(《昭公七年》)

(78)过将去成、景之族，成、景之族赂刘献公。(《昭公十二年》)

(79)齐隰党、公子锄送之，有赂田。(《昭公十四年》)

(80)徐子及郯人、莒人会齐侯，盟于蒲隧，赂以甲父之鼎。(《昭公十六年》)

(81)赂吾以天下，吾滋不从也。(《昭公二十六年》)

(82)祁胜赂荀跞，荀跞为之言于晋侯，晋侯执祁盈。(《昭公二十八年》)

(83)其大宗赂以女乐，魏子将受之。(《昭公二十八年》)

(84)邾人爱其土，故赂以沂漷、沂之田而受盟。(《哀公二年》)

(85)重赂越人，申开守陴而纳公，公不敢入。(《哀公二十六年》)

(86)郑人俘酅魁垒，赂之以知政，闭其口而死。(《哀公二十七年》)

3. 接受(赠送的)财物，如：

(87)会于稷以成宋乱，为赂故，立华氏也。(《桓公二年》)

(88)官之失德，宠赂章也。(《桓公二年》)

4. 受贿得来的(财物)，如：

(89)今灭德立违，而置其赂器于大庙，以明示百官，百官象之，其又何诛焉？(《桓公二年》)

词语在文献语言中的用例，是辨析词语的根本依据，因为词语的语义是在词语的具体运用中体现出来的。由以上分析可知，"贿""赂"为同义词，二者在意义上有很多相似之处，主要表示"赠送财物"或"接受财物"的意思。其中有一点不同之处在于，"赂"有"受贿得来的"这一意义，"贿"在以上例句中没有出现类似的语义。但从"贿""赂"所指的对象来看，二者的语义又有所不同。根据以上例子来看，"贿"主要指的是一般性的财物、财礼，多与钱财有关；"赂"所指对象的范围比较广，可以是土地、城邑、钟鼎玉器，也可以是马牛、人，还可以是官职等。

(三)"贿""赂"在《左传》中的语用特点

通过以上分析，我们可以看出，"贿""赂"都既可以做名词，也可以做动词。通过统计我们得出，"贿"作为名词性成分共出现了 16 次，作为动词性成分共出现了 13 次；"赂"作为名词性成分共出现了 17 次，作为动词性成分共出现了 43 次。由此看来，这和郭锡良、李玲璞主编的《古代汉语》中指出的："从《左传》用例来看，'贿'常用为动词，'赂'多用为名词"的说法有些不同之处。对此，我们将这种说法作为一个问题提出，以供我们今后继续学习和探讨。

四、结语

我们通过对《左传》中含有“贿”“赂”的句子作为相应的语料，试对《左传》中“贿”“赂”二字的语义语用特点进行了具体的分析，以期对古汉语学习者分析古汉语字词提供一些帮助。

（曲阜师范大学文学院 2007 级汉语言文字学专业硕士研究生　杨艳）

《盐铁论》校读琐记

《盐铁论》为西汉宣帝时庐江太守丞桓宽所作。桓宽，生卒不详，字次公，汝南(今河南上蔡)人。《盐铁论》古本罕见，今天我们所能见到的最早版本是明刊本。但自汉至今近两千年的辗转抄刻，书中积误甚多，历代学者多为之作校注，如明张之象，清张敦仁、王先谦、俞樾、卢文弨，近人黄季刚、陈遵默、杨树达、郭沫若等。目前有代表性的今人注本有 1984 年中华书局出版的马非百《盐铁论简注》(以下简称"马校本")、1983 年天津古籍出版社出版的王利器《盐铁论校注》(增订本)(以下简称"王校本")等。我们在阅读《盐铁论简注》和《盐铁论校注》时，发现两校本中仍有多处当校而未校之处，且对旧刻中的讹误亦有沿袭，未能及时吸收前贤时彦的研究成果。这在马校本中尤为明显，安徽大学白兆麟教授曾多次撰文指摘其校勘讹误。当然，这对两校本而言，只不过是白璧微瑕。但我们认为，在前人研究的基础上，校诂是书，拾遗补缺、勘误正谬，对于《盐铁论》的进一步整理研究是有益的。今就相关问题例举若干，以求正于方家。为方便行文，对相关问题的探讨，先简述马校本和王校本两家观点，然后以按语的形式予以说明。为便于读者查证，文中所引原文均出自马校本，句末加括号标明篇名、回数和页码。下从五个方面分述之：

一、讹文举例

1. 故虽无礼义之书，刻骨卷衣，百官有以相记，而君臣上下有以相使。(《论功》· 52 · 372)

马：卷衣，未详。《大典》作"卷木"亦不可通。

王："衣"校作"木"。卢文弨曰："衣，《大典》作'木'。"张敦仁说："华本'衣'改'木'。"

按：卢说是。"衣"当从《大典》作"木"。今谓"卷"，当作"券"，刻也。形近而误。"刻""券"对文，其义自现。《说文解字·刀部》："券，契也。从刀，券声。券别之书，以刀判契其旁，故曰契券。"[①]契，刻也。《诗经·大雅·緜》："爰始爰谋，爰契我龟。"毛传："契，开也。"马瑞辰通释："谓刻开其龟。"《吕氏春秋·察今》："楚人有涉江者，其剑自舟中坠于水，遽契其舟，曰：'是吾剑之所从坠。'"《淮南子·齐俗训》："故胡人弹骨，越人契臂，中国歃血也。"后指符节、凭证、字据等信物。古代契分为左右两半，双方各执其一，用时将两半合对以作徵信，后泛指契约。《老子》第七十九章："是以圣人执左契，而不责于人。故有德司契，无德司彻。"晋王羲之《兰亭集序》："每览昔人兴感之由，若合一契，未尝不临文嗟悼。""契券"亦可连称。《荀子·君道》："合符节，别契券者，所以为信也。""契券"亦作"券契"。《战国策·齐策四》："于是约车治装，载券契而行。"《淮南子·主术训》："券契束帛，刑罚斧钺，其于以解难，薄矣。"《魏书·释老志》："或偿利过本，或翻改券契，侵蠹贫下，莫知纪极。"上引诸例皆证"券""契"同义。今人释"券"，往往取其引申之义，而昧于本义。"刻骨券木"，这是说匈奴把字刻写在骨头或木头上，官员可以用来记事，君臣之间亦可使用(来传递命令)。

2. 汤武全肌骨而殷周治，秦国用之，法弊而犯。(《诏圣》·58·416)

马："全"，当依上文"汤武刻肌肤"作"刻"。

王：此句当有误。上文云"汤武刻肌肤"，盖本与彼同也。案此句即下文"汤武经礼义，明好恶，以道其民，刑罪未有所加，而民自行义，殷周所以治也"之意，不当有误。

按：王校本不采张说，误在不审文意，而惑于文句。此处大夫之意，在于诘难文学："二尺四寸之律，古今一也，或以治，或以乱。"周与秦同样有"刻肌肤"之肉刑，然治乱相异，"其所以然乎？"故下文曰："二者治乱之具，存亡之效也，在上所任。""非二尺四寸之律异，所以反古而悖民心也。"若作"全肌骨"，则文意不谐。马校本得之。《汉书·董仲舒传》："殷人执五刑以督奸，伤肌肤以惩恶。成、康不式，四十余年，天下不犯，囹圄空虚。秦国用之，死者甚众，刑者相望。"与此句意义正相同，可以为证。

3. 匈奴贪狼，因时而动，乘可而发，飙举电至。(《世务》·47·342)

按："可"疑当作"间"，音近而误(上古：可，属溪母歌部歌韵。间，见母元部山韵。都属牙音)。"乘可"指空子，可乘的机会。《国语·吴语》："夫越王

---

① (东汉)许慎：《说文解字》，中华书局1999年版，第92页。

之不忘败吴，于其心也伙然，服士以伺吾间。”韦昭注：“间，隙也。”乘间，指利用机会，趁空子。《汉书·赵充国传》：“内不损威武之重，外不令虏得乘间之势。”《后汉书·苏竟传》：“王氏虽乘间偷篡，而终婴大戮。”《后汉书·寇恂传》：“故狂狡乘间相诖误耳。”宋陈亮《廷对》：“小人乘间而肆言以为公，力抵以为直，陛下亦不能不惑之矣。”《后汉书·南蛮西南夷列传》：“蛮夷见郡无儆备，故敢乘间而进。”《梁书·文学列传》：“虽大风立于青丘，凿齿奋于华野，比其狼戾，曾何足逾。自金行不竞，天地版荡，左带沸唇，乘间电发。”《旧唐书·刘仁轨郝处俊裴行俭列传》：“十三年，将有事于岱岳，中书令张说以大驾东巡，京师空虚，恐夷狄乘间窃发，议欲加兵守边，以备不虞，召光庭谋兵事。”《晋书·江统孙楚列传》：“戎狄乘间，得入中国。”《晋书·桓玄卞范之段仲文列传》：“仄本仲堪党，桓伟既死，石康未至，故乘间而发，江陵震动。桓济之子亮起兵于罗县，自号平南将军、湘州刺史，以讨仄为名。”此处亦疑当作“乘间而发”，“因”与“乘”对文，“时”与“间”亦相对为文，意谓匈奴利用时机而突然发难。

4.民困于下，怠于公乎。（《取下》·41·302）

马：“公乎”，当依张之象本作“公事”。公事，即国家的事。

王：“公乎”作“上公”，据张敦仁说校改。张云：案“公乎”当作“上公”。前《未通篇》“上公之事”两见，盖三家诗《七月》云：“上入执公功。”张之象本“乎”改“事”，非。

按：张敦仁说不明确。他认为“上公”之义为“上至公家也”，似未可作校改之证。其所引三家之诗，今毛诗作“上入执宫功”。“上公”一词史书屡见，一般是对朝廷宰辅大臣的尊称。《周礼·春官·典命》：“上公九命为伯，其国家、宫室、车旗、衣服、礼仪皆以九为节。”郑玄注：“上公，谓王之三公有德者，加命为二伯。二王之后亦为上公。”《汉书·五行志》：“后侍中董贤年二十二为大司马，居上公之位，天下不宗。”《汉书·翟方进传》：“《春秋》之义，尊上公谓之宰，海内无不统焉。”《后汉书·齐武王刘縯列传》：“王莽素闻其名，大震惧，购伯升邑五万户，黄金十万斤，位上公。”《晋书·职官志》：“晋初以景帝讳故，又采《周官》官名，置太宰以代太师之任，秩增三司，与太傅太保皆为上公。”故“上公”之意于此难通。前《未通第十五》两见“上公之事”，亦当为“公上之事”，即“公事”方通。张之象本“乎”改“事”，是。盖二字形近而误。《说文解字·史部》：“事，职也。”[①]公事，即公职。怠于公事，即慢于公

① （东汉）许慎：《说文解字》，第65页。

职，与前文“先公职也”正形成对比。《诗经·大雅·瞻卬》：“妇无公事，休其蚕织。”朱熹集传：“公事，朝廷之事也。”《史记·仲尼弟子列传》：“既已受业，退而修行，行不由径，非公事不见卿大夫。”《史记·货殖列传》：“然任公家约，非田畜所出弗衣食，公事不毕则身不得饮酒食肉。”《三国志·蜀书·刘巴传》：“又自以归附非素，惧见猜嫌，恭默守静，退无私交，非公事不言。”《水旱》第三十六“卒徒工匠，以县官日作公事”以及《击之第四十二》“前议公事，贤良、文学称引往古，颇乖世务”亦可为证。

5. 居五诸侯之衢，跨街冲之路也。（《通有》·3·20）

马：五诸侯，东西南北中五方诸侯。衢，大路。冲，通行的大道。

王：改“五诸侯”为“五都”，指当时的洛阳、邯郸、临淄、宛城、成都。“侯”字因“诸”衍。“衢”与“冲”互乙。说略本陈遵默。

按：陈校“五诸侯”为“五都”，虽引据颇多，然亦有强证之嫌。文中诸侯之数固非止于五，然名都之数亦多于五，且于文义牵强。“五诸侯”之说自不可通，“五都”亦不确。今谓“五诸侯”疑为“五通”之误，盖传写者先讹为“五诸”，后衍“侯”字。《力耕》第二有“街衢五通”之语，正与此相对。《晋书·文苑列传》：“辩方正土，经略建邦，王圻九服，列国一同，连城比邑，深池高墉，康衢交路，四达五通。”另“衢”“冲”互乙，亦无确证，当不乙为好。街冲，指街道交会处。《文选·左思〈魏都赋〉》：“内则街冲辐辏，朱阙结隅，石杠飞梁，出控漳渠 。”李善注：“杜预《左氏传》注曰：‘冲，交道也。’”

二、衍文举例

6. 县邑或以户口赋铁，而贱平其准。良家以道次发僦运盐铁，烦费，邑或以户，百姓病苦之。（《禁耕》·5·39）

马：有些县对于运输，则按户派差。

王：邑或以户，据卢文弨说删。

按：卢说是。良家，汉人对陇西六郡中少数民族的称呼。“六郡良家”常连称复指。《史记·李将军列传》：“李将军广者，陇西成纪人也。其先曰李信，秦时为将，逐得燕太子丹者也。故槐里，徙成纪。广家世世受射。孝文帝十四年，匈奴大入萧关，而广以良家子从军击胡，用善骑射，杀首虏多，为汉中郎。”《汉书·东方朔传》：“八九月中，与侍中常侍武骑及待诏陇西北地良家子能骑射者期诸殿门，故有‘期门’之号自此始。”《汉书·地理志》：“汉兴，六郡良家子选给羽林、期门，以材力为官，名将多出焉。”《汉书·赵充国辛庆忌传》：“赵充国字翁孙，陇西上邽人也，后徙金城令居。始为骑士，以六郡良家子善骑射补羽林。”《后汉书·百官志》：“常选汉阳、陇西、安定、北地、上郡、西河凡六郡良家补。”道，汉代四种县之一种，有蛮夷曰道。《汉书·百官公卿表》：“县大率方百里，其民稠则减，稀则旷，乡、亭亦如之。皆秦制也。列侯所食县曰国，皇太后、皇后、公主所食曰邑，有蛮夷曰道。凡县、道、国、邑千五百八十七。”“良家以道次发僦运盐铁，烦费”，正承上文“县邑或以户口赋铁，而贱平其准”，其顺序是先言县邑而后言良家之道，则再言县邑与前重复矛盾，“邑或以户”必是上文“县邑或以户口赋铁”之错行而衍，似当删之。

7. 言盐铁令品，令品甚明。卒徒衣食县官，作铸铁器，给用甚众，无妨于民。而吏或不良，禁令不行，故民烦苦之。(《复古》·6·42)

马：令品，质量优良。令品甚明，这是大夫对彭祖的话加以肯定，质量优良是很显然的。

王：令品，指有关盐铁的法令条文。

按：王是而马非。马校本谓令品为质量优良，无确证。王注可从。然疑衍“令品”二字。盐铁令品甚明，谓朝廷颁布的有关盐铁的法令条文很严明。“卒徒衣食县官，作铸铁器，给用甚众，无妨于民”正是令品的具体内容。下句“而吏或不良”指出原因在于个别官吏执行差，从反面说明法令是好的。此句正承前章文学所谓“一官之伤千里”而言。“令品”二字疑重出，于此无义，似当删之。

8. 当时之利权，一切之术也，不可以久行而传世。(《复古》·6·45)

马：利权，即“权时之利”的意思。

王：“利”字删。涉下文“善为权利者”讹衍的。

按：马说误，“利”字当删。今谓“当时之权，一切之术”为互文，犹言权宜之计，为其时常语。权，权宜，变通。古代常与“经”对言。《周易·系辞下》：“井以辩义，巽以行权。”王弼注：“权，反经而合道，必合乎巽顺，而后可以行权也。”《公羊传·桓公十一年》：“权者，反于经然后有善者也……行权有道，自贬损以行权，不害人以行权。”《慧琳音义》卷二十九“权现”注引贾注《国语》云：“变通以应时曰权。”《战国策·书录》：“故其辩，扶急持倾，为一切之权，虽不可以临国教化，兵革救急之势也。”唐李翱《帝王所尚问》：“是文与忠、敬，皆非帝王之所尚，乃帝王之所以合变而行权者也。”《诏圣》第五十八：“高皇帝時，天下初定，发德音，行一卒之令，权也，非拨乱反正之常也。”一切，谓权宜，临时。《资治通鉴·魏纪》：“今臣以一切之制。”胡三省注：“一切，谓权宜也。”《后汉书·光武帝纪》：“罪非犯殊死，一切勿案。”李贤注：“一切，谓权时，非久制也。”《战国策·秦策》：“说有可以一切而使君富贵千万岁。”鲍彪注：“一切，权宜也。”《淮南子·泰族训》：“今商鞅之启塞，申子之三符，韩非之孤愤，张仪苏秦之从衡，皆掇取之权、一切之术也。”《汉书·平帝纪》：“赐天下民爵一級，吏在位二百石以上，一切满秩如真。”颜师古注：“一切者，权时之事，非经常也。犹如以刀切物，苟取整齐，不顾长短纵横，故言一切。”《晋书·王廙传》：“是以三载考绩，三考黜陟，不收一切之功，不采速成之誉。”《新唐书·高郢传》：“夫庙犹不越礼而立，况寺非宗祏所安，神灵所宅乎？殚万人之力，邀一切之报，其为不可亦明矣。”“当时之权，一切之术”互文见义，犹言“权宜之计”，故下文言“不可以久行而传世”。

9. 故香饵非不美也，龟龙闻而深藏，鸾凤见而高逝者，知其害身也。夫为乌鹊鱼鳖，食香饵而后狂飞奔走，逊头屈遰，无益于死。今有司盗秉国法，进不顾罪，卒然有急，然后车驰人趋，无益于死。所盗不足偿于臧获，妻子奔亡无处所，身在深牢，莫知恤视。(《褒贤》·19·145)

按：第二个“无益于死”疑为衍文，依上文例而衍。文章先以“龟龙鸾凤”和“乌鹊鱼鳖”面对香饵的不同行为相对比，前者“知其害身”，故能独善其身；后者贪图香饵，故“无益于死”。意义完整。然后指出“今有司盗秉国法”，与前相类比，“进不顾罪，卒然有急，然后车驰人趋”是其行为，“所盗不足偿于臧获，妻子奔亡无处所，身在深牢，莫知恤视”是其后果。意义亦完整。“无益于死”指免不了一死，似指有司获罪见杀，用在“车驰人趋”后，语意似牵强，且后言“身在深牢”，已明言有司因罪下狱，与前不谐。故后一“无益于死”疑为后人妄加。

10. 周公之相成王也，百姓饶乐，国无穷乏，人非代之耕织也。(《授时》·35·270)

马：“穷乏”承上文“穷乏可立而待”句言。“人”字当在“非”字下。非人代之耕织，即《通有篇》“非有助之耕其野而用其地”之意。

王：“乏”字删。“人”字属上句末。据卢、王说校删。卢文弨《拾补》删“乏”字。王先谦曰：“案卢说是也，《治要》无‘乏’字。”张之象本删“穷”字。

按：今疑“人”字衍，当删。全句述周公摄政之事，“非”字前承上省主语“周公”，不当有“人”字。“乏”字不必删。穷乏，指贫困的人。史书屡见。《汉书·食货志》：“又减关中卒五百人，转穀振贷穷乏。”《汉书·王莽传》：“今东方岁荒民饥，道路不通，东岳太师亟科条，开东方诸仓，赈贷穷乏，以施仁道。”《三国志·魏书·张范传》：“救恤穷乏，家无所余，中外孤寡皆归焉。”《晋书·裴楷传》：“虽车马器服，宿昔之间，便以施诸穷乏。”《晋书·孔坦传》：“以岁饥，运家米以振穷乏，百姓赖之。”同时，称贫困的人为“穷人”，在秦汉时期似并未出现。以下为《史记》《汉书》《后汉书》电子文本中检索“穷人”共四例：《史记·乐书》：“人化物也者，灭天理而穷人欲者也。”《汉书·叙传》:“分州域,物土疆,穷人理,该万方。”《后汉书·邓寇列传》:“逐臣者穷人迹,追臣者极车轨,虽楚购伍员,汉求季布,无以过也。”《后汉书·郅恽传》:“无掩人不备,穷人于厄,不得断人支体,裸人形骸,放淫妇女。”这四例“穷”字均为动词,非“贫困”意也。再如:《孟子·万章》:“为不顺于父母,如穷人无所归。”这里的穷人指鳏寡孤独的人。《战国策·楚策》:“惠子穷人,而王奉之,又必德王。”《庄子·秋水》:“当尧舜而天下无穷人,非知得也。”这两例中“穷人”指不得志的人,均非指贫困的人。故此句中若作“穷人”亦不确。

11.今明天子在上,匈奴公为寇,侵扰边境,是仁义犯而藜藿不采。(《备胡》·38·285)

马:藜藿不采,这是借用贤良的原话来形容匈奴入侵,好比山有猛虎,因而边境的藜藿不能采食。张敦仁说“不”字当衍,那么,这采藜藿的人是什么人呢?实不可从。

王:“不”字据张敦仁说校删。张云:案“不”字当衍。贤良引《春秋》“为之不采”,故大夫云尔,正是以采难不采也。

按:张说甚是。当删“不”字。前文贤良引《春秋》所谓“山有虎豹”“国有贤士”则“藜藿为之不采”“边境为之不害”,认为只要国有贤臣则可拒匈奴也。其意在于影射大夫并非贤臣。大夫针对此明确指出然“今明天子在上”,非仅“有贤士”也,匈奴仍敢犯边,“是仁义犯而藜藿”采。这是采用比喻的说法。若作“不采”,则意恰反耳。

12.所谓金城者,非谓筑壤而高土,凿地而深池也。所谓利兵者,非谓吴、越之铤,干将之剑也。言以道德为城,以仁义为郭,莫之敢攻,莫之敢入,文王是也。以道德为胄,以仁义为剑,莫之敢当,莫之敢御,汤、武是也。(《论勇》·51·368)

按:“言”字疑衍。“以”,用。“以道德为城”,指用道德作为内城。句首冠一“言”字,颇感不顺。可能因为前有“所谓”“非谓”二词,后人误加“言”字与之照应。全书“言以”连用处凡三见。除本例外,其他两处为:《论儒》第十一:“今晚世之儒勤德,时有乏匮,言以为非困此不行。”《遵道》第二十三:“今文学不言所为治而言以治之无功,犹不言耕田之方,美富人之囷仓也。”这两处的“言”均为动词,可释为“说”。第一处“以为”是“认为”之意,第二处“以”字通“已”,是“已经”之意。意义均与此不类。《太平御览·兵部·剑》引《盐铁论》曰:“所谓利兵者,非谓吴楚之铤、干将之剑也。以道德为城,以仁义为郭,莫之敢攻,莫之敢入,文王是也。以道德为釉,仁义为剑,莫之敢当,莫之敢御,汤武是也。今不建不攻之城,不可当之兵,而欲任匹夫之役,而行三尺之刃,亦细矣。”正无“言”字。

三、脱文举例

13. 夫丑者自以为姣，故饰；愚者自以为知，故不学。（《讼贤》· 22 · 169）

马：丑者自以为姣，故要求和美人一样地盛装打扮。有人谓“故饰”，当作“故不饰”，与下文“故不学”对文者非。

按：此句依马注释之，于文义颇不契合。上文大夫认为“性有刚柔，形有好恶。圣人能因而不能改。孔子外变二三子之服而不能革其心”，故“子路”“行行尔鄙心犹存”，“宰予昼寝，欲损三年之丧”。并断言：“故良师不能饰戚施，香泽不能化嫫母也。”其意认为内无良质则学必难成。文学据此言立即加以反驳：“（西子）蒙以不洁，鄙夫掩鼻；恶人盛饰，可以宗祀上帝。”面貌丑陋的人盛装打扮就可以祭祀上帝，可见文学对“丑者以饰”是完全赞成的。对于子路、宰予，文学指出“使二人不涉圣人之门，不免为穷夫，安得卿大夫之名？故砥所以致于刃，学所以尽其才也。”并举“觚”“干越之铤”同种物品的不同用途之反差为证，指出学习的重要性。然后从反面指出：“夫丑者自以为姣，故[不]饰；愚者自以为知，故不学。”可“观笑”者正在于“丑者不饰，愚者不学”的不自知者。由此观之，若作“故饰”，前后文意必自相矛盾。因此，“不”字当补。张之象本、沈延铨本、金蟠本正有“不”字。然王校本亦未校。

14. 故民易与适礼，难与适道。（《授时》· 35 · 270）

王：“故”下补“富”字。据《治要》补。“难与适道”删，王先谦以为“涉下而误衍”。《治要》无，今据删。

按：“富”当补于“民”下而非“民”上。“富”作谓语而非定语。依文例，大夫所言：“故民饶则僭侈，富则骄奢。”贤良所言：“易其田畴，薄其税敛，则民富矣。”两句中“民”为主语，“饶”“富”皆在“民”后作谓语。考文意，贤良从周公摄政、百姓富饶而教化可成说起，认为“民”只要富就“知礼”，而欲民富，正是当权者的责任，将矛头指向大夫。并不是说“富民”知礼，而穷人不知礼。《汉书 · 食货志》：“食足货通，然后国实民富，而教化成。”《三国志 · 魏书 · 杜畿传》：“畿乃曰：‘民富矣，不可不教也。’于是冬月修戎讲武，又开学宫，亲自执经教授，郡中化之。”《宋书 · 颜竣传》：“贵货利民，载自五政，开铸流圜，法成九府，民富国实，教立化光。”上引诸例皆谈“民富”与“教化”的关系，可以佐证。“难与适道”与本段意思无关，似当删之。

15. 昔周公处谦以卑士，执礼以治天下。（《崇礼》· 37 · 281）

按：“卑士”于此处前后文意不属。“士”前疑脱一字。今疑脱“下”字。

且“以卑”二字当倒乙。本句当作“昔周公处谦卑以下士，执礼以治[下]天下”。后句所衍“下”字，当属前句脱而错入后句。下士，谓屈身交接贤士。史书屡见。《史记·宋微子世家》：“九年，昭公无道，国人不附。昭公弟鲍革贤而下士。”《史记·吕不韦列传》：“当是时，魏有信陵君，楚有春申君，赵有平原君，齐有孟尝君，皆下士喜宾客以相倾。”《史记·魏公子列传》：“公子为人仁而下士，士无贤不肖皆谦而礼交之，不敢以其富贵骄人。”《汉书·兒宽传》：“宽既治民，劝农业，缓刑罚，理狱讼，卑体下士，务在于得人心。”《后汉书·陈元传》：“陛下宜修文武之圣典，袭祖宗之遗德，劳心下士，屈节待贤，诚不宜使有司察公辅之名。”《后汉书·乔玄传》：“玄性刚急无大体，然谦俭下士，子弟亲宗无在大官者。”“谦卑”当为一词，为文学赞周公之语，且《刺复》第十有“昔周公之相也，谦卑而不邻，以劳天下之士”句，可为互证。《尹文子·大道上》：“齐有黄公者，好谦卑。”《南史·王神念传》：“后为青、冀二州刺史，在政清勤，而谦卑下士，言议未尝及时事，上更以敬重之。”

四、倒文举例

16.齐以其肠胃予人，家强而不制，枝大而折干，以专巨海之富而擅鱼盐之利也。势足以使众，恩足以恤下。是以齐国内倍而外附，权移于臣，政坠于家，公室卑而田宗强，转毂游海者盖三千乘，失之于本而末不可救。（《刺权》·9·67）

按：此处“转毂游海者盖三千乘”句与上下文义颇不契合，疑为错简之误。若移之于“势足以使众”前，始觉顺畅。“转毂游海者盖三千乘”，上承“专巨海之富而擅鱼盐之利”，下引“势足以使众，恩足以恤下”，当为承上启下之句。且后面“失之于本而末不可救”与上文“权移于臣，政坠于家，公室卑而田宗强”相连，语意相贯，句法相合。“本”为根本，即喻指“公室”；“末”为枝节，即喻指田宗。“救”犹“止”也，控制。该句可译为：“丧失了政权，那么家臣就不能控制。”此句正与“公室卑而田宗强”语意相承，紧密相关。

17.今西南诸夷，楚庄之后，朝鲜之王，燕之亡民也。南越尉佗起中国，自立为王，德至薄，然皆亡天下之大，各自以为一州，倔强倨敖，自称“老夫”。（《论功》·52·375）

按：“然皆亡天下之大，各自以为一州”一句，杂入句中，颇感不谐。疑当乙入“老夫”句后，方顺。“皆”为“都”意，总承前“西南诸夷”“朝鲜之王”“南越尉佗”而言，“各自以为一州”，亦指“西南”“朝鲜”“南越”诸地。

18.孔子曰进见而不以能往者，非贤士才女也。（《大论》·59·422）

马：“曰”，当作“因”，形近而误。“以”“能”二字当互倒。这是说孔丘也和商鞅应侯一样，曾因人介绍而进见不少国君，但结果都不能由此而一往无前地获得重用，原因在于孔丘本人不是贤士才女，并不是他人的过失。

王：此句校作"孔子不以因进见而能往者"。原句义不可通。张敦仁曰："华氏本'不以'改'以不'。按《拾补》《大典》'以不'。此有误也。当作'孔子以因进见，而不能往，非贤才也'。今本所误，不可通。"器按：张说未谛。此谓孔子周游列国，不以因进见，如士因士，女因媒，然而能往者，非贤士才女也。这是桑弘羊讽刺孔丘之语。传抄者涉上文有"孔子曰"因改"因"为"曰"，又移"不以"二字于后也。今辄定为"孔子不以因进见而能往者"。

按：诸说所论，要在孔子是"以因进见"还是"不以因进见"，今谓王说至确。可证者有二：一是从前文大夫所论"文学所称圣知者孔子也，治鲁不遂，见逐于齐，不用于卫，遇围于匡，困于陈、蔡。夫知时不用犹说，强也；知困而不能已，贪也；不知见欺而往，愚也；困辱不能死，耻也。若此四者，庸民之所不为也，何况君子乎！"可知，孔子之周游列国，当非因士引见，否则绝不会有此"四者"之遭遇；二是从下文文学所言"孔子生于乱世，思尧、舜之道，东西南北，灼头濡足，庶几世主之悟。悠悠者皆是，君闇，大夫妒，孰合有媒？是以嫫母饰姿而矜夸，西子彷徨而无家。"亦可知，乱世之中"君闇，大夫妒，孰合有媒？"孔子是无人引见的，同时文中"嫫母""西子"对比为喻，亦明确地指出了这一点。如此观前后文意，即知张敦仁之说以及马校本之误。

五、误校举例

19. 宇宙之内，燕雀不知天地之高也，坎井之蛙不知江海之大，穷夫否妇不知国家之虑，负荷之商不知猗顿之富。（《复古》·6·47）

马：宇，四方上下。宙，往古来今。宇宙，比喻天地，指所有的空间和时间。

王：改"宙"为"栋"。《说文解字·宀部》："宙，舟车所极覆也。""宙"没有栋梁之意。《淮南》原文亦当作"宇栋"。古书凡以"宇宙"连文，都是说上下四方的，从未有当作屋檐栋梁看待的，而且不知"宙，栋梁也"之不通也。"宇栋"不幸被传抄者习见"宇宙"，错成"宇宙"了。

按：王校本以"宇宙"是"宇栋"之误，且举《说文解字》为证，殊不知《说文解字》之解并非"宙"之本义，乃其引申义。《说文解字注》对此有精辟论述："然则宙之本义谓栋，一演之为舟车所极覆，再演之为往古来今。"所据亦正是《淮南·览冥训》高注。《淮南子·览冥训》："而燕雀佼之，以为不能与之争于宇宙之间。"高诱注："宇，屋檐也；宙，栋梁也。""宙"之本义为"栋"，已成定论。王校本不明本义，强改为之，非是。然马注亦未达诂。大夫所言，以

“燕雀坎井之蛙”“穷夫否妇”“负荷之商”类比，极言其小，故“宇宙”当为燕雀停栖之所。此处应取其本义：宇宙之内，屋檐房梁之间，方是燕雀之活动场所。

20. 君子多闻阙疑，述而不作，圣达而谋小，人睿知而事寡，是以功成而不隳，名立而不顿。小人智浅而谋大，羸弱而任重，故中道而废，苏秦、商鞅是也。(《遵道》·23·180)

马：“人”字当依张敦仁校衍。谋小，从小处打算。事寡，事业专一，不贪多。

王：改“小”为“大”，删“人”。正嘉本、太玄书室本、倪邦彦本，张之象本都作“大”，今据改正。

按：张校是，“小”不必改。这段话是拿“君子”和“小人”对比。君子“圣达而谋小，睿知而事寡”，故“功成而不隳，名立而不顿”；小人“智浅而谋大，羸弱而任重”，故“中道而废”。“谋小”与“谋大”正形成对比，且“谋小”与“事寡”亦相对为文。另外，从君子的诸多表现——“阙疑”“不作”“谋小”“事寡”等同类排比，若作“谋大”则与其他不类。“谋大”者，必为后人不谙文意且欲尊孔而校，故当作“谋小”为是。此句中“人”字也是涉下文“小人”而衍。

21. 文学不足与权，当世亦无累负之殃也。(《遵道》·23·180)

马：当世亦无累负之殃，是说文学虽然不配与你们商议权变之计，但也没有负累当世的灾祸。

王：本句校作：“文学不足与权当世，亦无负累蒙殃也。”据俞樾说校改。

按：王校不可从。“当世”当属下读。累负，同义复词，可连言并称。《旧唐书·魏元忠韦安石萧至忠列传》：“元忠前后三被流，于时人多称其无罪。则天尝谓曰：‘卿累负谤铄，何也？’”《元史·世祖本纪》：“宋嘉定安抚昝万寿遣部将李立奉书请降，言累负罪愆，乞加赦免。”“累负之殃”亦同《讼贤》第二十二“孔父累华督之难”文例正同，于义可通。若据下篇“负其累而蒙其殃”校改，则未免拘泥。白兆麟先生认为：“根据《简注》的断句标点，‘当世’二字在‘亦无累负’之前，而串讲时却又移到‘负累’二字之后去了，主语竟然变成了定语！这显然是因为注者也觉得原句标点讲不通，而不得不来个大搬家。其实，问题出在断句上，应当把‘与权’后面的逗号移到‘当世’二字之后，上述滞碍也就消除了。”[①]其议亦不确。“当世”非句子主语，而是其状语也。这句话的主语为“文学”，承上省略，甚明。

① 白兆麟：《校勘是训诂的前提》，《安徽大学学报》1994年第2期。

22. 管仲去鲁入齐，齐霸鲁削，非恃其众而归齐也。伍子胥挟弓干阖闾，破楚入郢，非负其兵而适吴也。(《崇礼》·37·283)

王："恃"校作"持"。据明初本、华氏活字本、撄宁斋钞本校改。

按：改之无据。此处两句前后对仗工整，"恃""负"同义对文，依靠凭借也。意至明。《史记·高祖本纪》："后人告高祖，高祖乃心独喜，自负。"应劭曰："负，恃也。"《史记·平原君虞卿列传》："王之所以叱遂者，以楚国之众也。今十步之内，王不得恃楚国之众也，王之命县于遂手。"《史记·游侠列传》："解姊子负解之势。"索隐：负，恃也。"恃""负"义同，亦常对举使用。《后汉书·李王邓来列传》："若负强恃勇，触情恣欲，虽得天下，必复失之。"《三国志·魏书·王毌丘诸葛邓钟传》裴注："若师负势恃众不自退者，臣等率将所领，昼夜兼行，惟命是授。""恃""负"亦可连言用之。《三国志·吴书·周瑜鲁肃吕蒙传》裴注："吾子属当重任，曾不能明道处分，以义辅时，而负恃弱众以图力争，师曲为老，将何获济?"《隋书·文学列传》："每以读书为务，负恃才地，忽略世人。"《旧唐书·元载传》："内侍鱼朝恩负恃权宠，不与载协，载常惮之。"上引诸例"恃"义皆与此同，足可证"恃"不误。

23. 食菽粝者荤茹。(《孝养》·25·193)

马：荤茹，当作"茹荤"。茹，吃。

王："者"字衍。据卢文弨、张敦仁说校删。

按："者"字当删。卢说是。窃谓马校误。其误在于释词不确。茹，此并非动词，而是名词，蔬菜。《广韵·御韵》："茹，菜茹也。"《史记·循吏列传》："食茹而美，拔其园葵而弃之。"《汉书·食货志》："还庐树桑，菜茹有畦。"颜师古注："茹，所食之菜也。"《汉书·王莽传》："虽生菜茹而人不食。"颜师古注："所食之菜曰茹。"《文选·枚乘〈七发〉》："白露之茹。"李善注："茹，菜之总名也。"《资治通鉴·汉纪》："鸡犬菜茹。"胡三省注："茹，亦菜也。"宋叶适《故通直郎清流知县何君墓志铭》："故园有茹兮溪有缗，魂乎归徕兮无怨呻!""荤茹"，就是荤菜，指葱蒜等有气味的蔬菜。与"菽粝"并称，指吃的东西都是粗食素菜。不必乙。

24. 故国病聚不足即政怠，人病聚不足则身危。丞相曰："治聚不足奈何?"(《散不足》·29·247)

马：这里一连出现三个"聚不足"，益足证明本篇题名"散"字及上文"丞相曰愿闻散不足"之"散"字，皆为"聚"字之误。此文标题"散不足"亦当作"聚不足"。

按：马说以此句非题，并云"聚不足，即有余和不足，也就是贫富不均的意思"。盖未得文旨。此句中"聚"非谓"有余"，而是"积聚"之意。"聚不足"

即积聚不足。而这正是“散”，即浪费消耗的后果。文章列举种种现象，本意非指贫富不均，而是通过古今对比，说明社会世俗“散”之奢侈而已。从积聚方面说，是“聚”，从浪费方面说是“散”。此“聚”与“散”相承相对。安徽大学白兆麟教授亦认为：“散”即散列，说“散不足”，是着眼于个体，即各个方面；“聚”是聚合，说“聚不足”，是着眼于总体，即总的方面。[①] 此解亦可通。

25.故古者大夫将临刑，声色不御，刑以当矣，犹三巡而嗟叹之。其耻不能以化而伤其不全也。(《疾贪》·33·263)

马：“其耻”当作“耻其”。上“其”字指大夫，下“其”字指受刑者。

按：不当倒。上“其”字指大夫，故能统领“耻”与“伤”也。若作“耻其”，则二“其”字均应指受刑者。

26.内守其国，外伐不义，地广壤进，故立号万乘而为诸侯宗，周室修礼长文，然国翦弱。(《诛秦》·44·321)

王：“诸侯”处断句。“宗”字属下句首。“室”字删。据陈遵默说删订。陈云：此文截然两层。上言三晋及齐田氏以家臣强大，为诸侯；此言宗周以修礼长文，翦弱不能自存。《诗经·小雅·正月》云：“赫赫宗周，褒姒灭之。”宗周，西周也，多一“室”字，似三晋、田氏为诸侯，宗周室矣。意绪不清，“室”字当衍。

按：窃谓陈校非得文旨。陈云此文截然两层，是。然云上言三晋及齐田氏以家臣强大为诸侯者，非。上言者，非徒诸侯家臣，亦含秦、楚、燕、齐等周之封国。“内守其国”，“其”即指代上述七国。其义言七国以封国、家臣而致万乘强国，威霸诸侯，下段文学言“秦楚三晋号万乘”即其明证。宗，长、尊也。指七国为其他诸侯所尊。则马校本断句合理，“室”字不必删。“周室”又见于《伐功》第四十五“昔周室盛也，越裳氏来献，百蛮致贡”。“周室”一词，史书屡见。《史记·周本纪》：“平王之时，周室衰微，诸侯彊并弱，齐、楚、秦、晋始大，政由方伯。”《史记·楚世家》：“王何不与寡人并力收韩、魏、燕、赵，与为从而尊周室，以案兵息民，令于天下？”《汉书·刑法志》：“齐桓南服强楚，使贡周室，北伐山戎，为燕开路，存亡继绝，功为伯首，所谓善战不败者也。”《后汉书·皇后纪》：“及周室东迁，礼序凋缺。诸侯僭纵，轨制无章。”陈云：“宗周，西周也。”然此处“周”非谓西周，战国时期当为东周。

27.《春秋》曰：“子有罪，执其父；臣有罪，执其君。听失之大者也。”(《周秦》·57·404)

---

① 参见白兆麟：《校勘是训诂的前提》，《安徽大学学报》1994年第2期。

王:“曰”前补“传”字,据《治要》引补。这是成公十六年《公羊传》文。

按:“传”字不必加。综观《盐铁论》一书引用《春秋》《传》之处甚多。作者桓宽,是一名儒生,《汉书·公孙刘田王杨蔡陈郑传》载:“汝南桓宽次公治《公羊春秋》举为郎。”故书中所引《春秋》《传》者,多指《春秋公羊传》。然或言《春秋》,或言《传》者,不一而足。盖其异于引语方式之不同。转引《公羊春秋传》文而称《春秋》者,于文多见。如:《晁错》第八:“《春秋》之法,君亲无将,将而必诛。”《险固》第五十:“《春秋》曰:冬浚洙。”《孝养》第二十五:“《春秋》曰:‘士守一不移,循理不外援,共其职而已。’”《世务》第四十七:“《春秋》刺其不崇德而崇力也。”《险固》第五十:“《春秋》谓之‘取’,恶其无备,得物之易也。”然直接引用《春秋公羊传》者,则多以《传》单称,文中亦多见。如:《本议》第一:“《传》曰:‘诸侯好利则大夫鄙,大夫鄙则士贪,士贪则庶人盗。’是开利孔为民罪梯也。”《晁错》第八:“《传》曰:‘君子可贵可贱,可刑可杀,而不可使为乱。’”《未通》第十五:“《传》曰:‘大军之后,累世不复。’”《执务》第三十九:“《传》曰 :‘予积也。’”《险固》第五十:“《传》曰:‘诸侯之有关梁,庶人之有爵禄,非升平之兴,盖自战国始也。’” 而“《春秋》传”连称者,于文未有。

28.智者有百人之功,愚者不更本之事。(《错币》·4·29)

马:“愚者”下当脱“有”字。

按:“有”字不必补。不,无也。《集韵·勿韵》:“不,无也。”《经义述闻·仪礼·三族之不虞》:“惟是三族之不虞。”王引之案:“不,无也。”《经义述闻·通说下·语词误解以实义》:“不,无也。”《论语·先进》曰:“人不间其父母昆弟之言。言人于其父母昆弟,无非间之言也。”《诗经·王风·君子于役》:“君子于役,不日不月。”郑玄笺:“行役反无日月。”此处“不”字亦作“无”解,“有”“无”对举,其义自现,不必校改。另,《盐铁论》一书中“不”作“无”解者,亦见于《贫富》第十七“隐居修节,不欲妨行,故不毁名而趋势。虽付之以韩、魏之家,非其志,则不居也”。第一个“不”字,《遵道》第二十三有“商鞅有独智之虑,世不独见之证”等句。

(曲阜师范大学文学院2007级汉语言文字学专业硕士研究生　周学峰)

《列女传》注释辨正二则

西汉刘向编撰的《列女传》，作为我国最早的一部妇女专史，具有重要的文学和史学价值，其在语言研究等方面的语料价值也愈来愈引起现代学者和语言研究者的重视。然而，由于该书内容庞杂，涉及面广，又加以诸如历史、政治、思想等其他方面的原因，与同期的经书相比，相关的研究积累仍少之又少。幸赖诸多前贤时秀，如梁端、王照圆、孙诒让、顾广圻、王绍兰、萧道管、陈汉章、张涛、黄清泉、张敬等诸大家学者导夫先路，励耘不辍，方可有今日《列女传》研究之蔚为大观。尽管如此，对《列女传》的研究注释，仍不免有一些不尽如人意的地方。有鉴于此，本人不揣浅陋，依仿前贤札记的形式，仅指出尚有问题的二则，并尝试着分析、解决，希望能为《列女传》的研究注解工作尽一点绵薄之力。

1.《列女传·贤明传·鲁黔娄妻》

> 曾子曰："先生在时，食不充口，衣不盖形，死则手足不敛，旁无酒肉。生不得其美，死不得其荣，何乐于此而谥为'康'乎？"其妻曰："昔先生君尝欲授之政，以为国相，辞而不为，是有余贵也；君尝赐之粟三十钟，先生辞而不受，是有余富也。彼先生者，甘天下之淡味，安天下之卑位，不戚戚于贫贱，不忻忻于富贵，求仁而得仁，求义而得义，其谥为'康'，不亦宜乎？"[1]

张涛《列女传译注》注："甘天下之淡味，甘愿去做天下最清淡的事情。"[2]
张敬《列女传今注今译》注："甘天下之淡味，天下的淡味他以为甜。"[3]

① (汉)刘向:《列女传》，刘晓东校点，辽宁教育出版社 1998 年版，第 77 页。

② 张涛:《列女传译注》，山东大学出版社 1990 年版，第 79 页。

③ 张敬:《列女传今注今译》，台北商务印书馆 1994 年版，第 77 页。

谨按：黄清泉先生《新译列女传》谓："甘，意动词，以为甘味。甘天下之淡味，将天下的粗茶淡饭看作美味。"[①]此说法较张涛先生和张敬先生的说法为宜，当依改。

一则，从本段语境来看，上文开头"先生在时，食不充口，衣不盖形，死则手足不敛，旁无酒肉"都是从衣食的角度来说的。紧接着，下文说"君尝赐之粟三十钟，先生辞而不受"，可见先生不贪图口腹之欲，也是从食的角度来说的。因此，总结句"甘天下之淡味"，当依上而来，从食的角度，解释作"将天下的粗茶淡饭看作美味"，才文意贯通。而张涛先生的"甘愿做天下最清淡的事情"的解释则有脱离语境、主观解经之嫌。

二则，对于句中"甘"的释义，《列女传》中尚有类似记载可作佐证，如《列女传·贤明传·楚于陵妻》中"食方丈于前，甘不过一肉"，张涛先生解释作"肴馔丰盛，能感到味美的不过是一小块肉"；黄清泉先生解释作"满桌的酒菜，让你享受到美味的，不过是你吃下去的那一小块鱼肉"；张敬先生解释作"食前方丈，好吃的不过一块肉"。这里"甘"形容"肉"，三位学者分别释为"味美""美味""好吃"，而不是解释作"甜"，凡此皆可与"甘天下之淡味"句中"甘"之意互证。而在"甘天下之淡味"中，张敬先生把"甘"解释作"甜"，将词义范围缩小了。同时，"甘"作为与"淡味"相反的意义，也不应仅仅是"甜"，而应该是"丰美"。

三则，"甘"在古代典籍中往往用"味美"义解，而鲜为用作"甜"义。如：《楚辞·招魂》："此皆甘人。"王逸《楚辞章句》注："甘，美也。"《文选·曹植〈七启〉》："予甘藜藿。"刘良注："甘，美也。"《群经平议·周易一》："甘临"俞樾按："甘，亦美也。"《春秋繁露·五行之义》："甘者，五味之本也。"《希麟音义》卷七："甘脆。"注："甘，美也。"《说文·甘部》："甘，美也。"《说文·甘部》徐锴《说文解字系传》："甘，味道之腴，物之甘美也。"《说文·甘部》段玉裁《说文解字注》："甘为五味之一，而五味之可口皆曰甘。"《说文·甘部》朱骏声《说文通训定声》："甘者，五味之美。"《说文·羊部》："美，甘也。"段玉裁《说文解字注》注："甘者，五味之一；而五味之美皆曰甘。"《广雅·释诂一》："甘，美也。"

综上不难看出，"甘天下之淡味"解释作"将天下的粗茶淡饭看作美味"较宜。

① 《新译列女传》，黄清泉注译，陈满铭校阅，台北三民书局2003年版，第110～111页。

2.《列女传·母仪传·卫姑定姜》

卫姑定姜者，卫定公之夫人，公子之母也。公子既娶而死，其妇无子。毕三年之丧，定姜归其妇，自送之，至于野。恩爱哀思，悲心感恸。立而望之，挥泣垂涕，乃赋诗曰："燕燕于飞，差池其羽，之子于归，远送于野。瞻望不及，泣涕如雨。"送去，归泣而望之。又作诗曰："先君之思，以畜寡人。"君子谓定姜为慈姑，过而之厚。①

张涛《列女传译注》注："过而之厚，给予了媳妇厚爱。"②

黄清泉《新译列女传》注："过，给予。过而之厚，她给寡媳以深厚的母爱。"③

张敬《列女传今注今译》注："过而之厚，即使有过仍厚待她。"④

谨按：对于"过"字在此句中的释义，各家聚讼纷纭，莫衷一是，张涛和黄清泉两位先生释"过"为"给予"义，张敬先生释"过"为"有过之过"，即"过失"义，到底哪一个更恰当，在此我们试探讨之。

"过"在古代典籍中多作"过失""失误"义解。

如：《说文·辵部》段玉裁《说文解字注》："过，引申为有过之过。"《广雅·释诂三》："过，误也。"《广韵·过韵》："过，误也。"

又《吕氏春秋·达郁》："上无过举。"高诱注："过，失也。"高诱将"过"释为"失"的例子还有：《吕氏春秋·赞能》："本则过无由生矣。"《吕氏春秋·似顺》："寡人几过。"《战国策·齐策》："君之谋过矣。"《战国策·齐策二》："而齐燕之计过矣。"另，《大戴礼记·曾子立事》："求其过。"王聘珍《大戴礼记解诂》："过，失也。"《吕氏春秋·达郁》："而不爱君之过也。"集释引毕沅《吕氏春秋新校正》："过，当训失。"《论语·里仁》："人之过也各于其党。"皇侃《论语义疏》："过，犹失也。"《论语·雍也》："不贰过。"皇侃《论语义疏》："过也。"

《论语·子路》："赦小过。"朱熹《论语集注》："过，失误也。"皇侃《论语义疏》："过，误也。"《素问·示从容论》："子别试通王藏之过。"王冰注："过，谓过失。"《书·吕刑》："正于五过。"蔡沈集传："过，误也。"《论语·宪问》："以告过者。"皇侃《论语义疏》："过，误也。"《大戴礼记·子张问入宫》："必以其善以赦其过。"王聘珍《大戴礼记解诂》："过，误也。"《汉书·伍被传》："被以为过矣"颜师古《汉书注》"过，误也。"《战国策·秦策三》："是王过举显于天下。"鲍彪注"过，犹误也。"《淮南子·主术》："谋无过事。"高诱注："过，犹误也。"《汉书·蒯通传》："汉王之不危足

① （汉）刘向：《列女传》，刘晓东校点，辽宁教育出版社1998年版，第17页。

② 张涛：《列女传译注》，山东大学出版社1990年版，第20页。

③ 《新译列女传》，黄清泉注译，陈满铭校阅，第26～27页。

④ 张敬：《列女传今注今译》，台湾商务印书馆1994年版，第20页。

下，过矣。”颜师古《汉书注》：“过，犹误也。”《经义述闻·易·大过》：“过以相与也。”王引之按：“过者，差也，误也，不相当之谓也。”《周易·解卦》：“君子以赦过宥罪。”孔颖达《周易正义》疏：“过，谓误失。”

又《庄子·大宗师》“过而弗悔”，其结构与用法与“过而之厚”相同，郭庆藩《庄子集释》引俞樾曰：“过者，谓于事有所过失也。”

因此，基于以上古代典籍佐证，可见“过”在“过而之厚”中作“过失”“失误”义解较宜，由此可证张涛、黄清泉两位先生注释并不合理。那么，张敬先生将“过而之厚”释作“媳妇即使有过，卫姑仍厚待她”又是否合理呢？

本文通篇是讲卫姑定姜的事迹，并没有关于媳妇行为好坏的任何陈述，若按张敬先生的注译，谓“媳妇即使有过，卫姑仍厚待她”显然有些语出无名，与全文文义不甚协调，可见“过”在此句中译作“媳妇即使有过错”并不恰当。那么，“过”所陈述的主语到底是什么呢？我们进一步来讨论：

上文曰：“公子既娶而死，其妇无子。毕三年之丧，定姜归其妇，自送之，至于野。”这段话讲了卫姑定姜将寡媳嫁人的事迹。然而，按照古代礼制，妇女一旦出嫁，丈夫死了，应该守住贞节牌坊，终生不再改嫁。上古文献中正有类似的记载可以佐证：如《列女传·贞顺传·梁寡高行》谓：“窃闻夫人之义，一往而不改，以全贞信之节。”即按照做妇人的准则，一旦出嫁，就终身不能改嫁，以保全贞信的节操。又《列女传·贞顺传·蔡人之妻》谓：“适人之道，一与之醮，终身不改。”即按照女子嫁人的准则，一旦出嫁，成为人妻，就要终身不再改嫁。又《列女传·贤明传·宋鲍女宗》：“妇人一醮不改，夫死不嫁。”即妇人一旦成婚就不能改嫁，丈夫死了要终身守寡。可见，定姜嫁媳的做法，是与传统礼制有所偏差的，即从传统礼制的角度说是有“过失”或“失误”的做法。

可见，君子谓“定姜为慈姑”“过而之厚”，表达了作者对定姜嫁媳一事的看法：定姜是一位仁慈的婆母，虽然于传统礼制有所偏差，但为了厚待媳妇，仍这么做。

综上可见，以上三家注解皆有失准确，“过而之厚”释为“虽然于礼有失，仍厚待媳妇”更宜。

本篇文章简录的注释辨正二则，是笔者在研读王照圆先生《列女传补注》、梁端先生《校注列女传》、张涛先生《列女传译注》、黄清泉先生《新译列女传》、张敬先生《列女传今注今译》等诸学者校注本的过程中择优而作的。尽管如此，由于笔者学力有限，文中肯定有许多诸如持论不允或者立论不足的地方，今姑不揣浅陋，捧将出来，以就正于诸方家时贤。

（曲阜师范大学文学院2007级汉语言文字学专业硕士研究生　刘秀美）

浅析《元朝秘史》词义的演变方式

元代，蒙古族统治中国。蒙古人的文化政策成为使用汉语口语的刺激因素，以当时口语为基础的书面语与蒙古语同时成为元代的官方文言。《元朝秘史》是13世纪时以畏兀儿体蒙古文书写的，记载蒙古族古代历史的珍贵文献史料，原名为《忙豁·仑·纽察·脱察安》（“蒙古的秘史”之意）。明洪武十五年(1382)始，译成汉文，改名为《元朝秘史》。今畏兀儿体蒙古文原文早已佚失，流传下来的只有明代以汉字音写蒙古语的《元朝秘史》。

《元朝秘史》记载了帖木真的谱系、生平事迹和窝阔台统治时期的历史，保留了大量13世纪蒙古语的语言现象。汉译本包括三部分：一是用汉字对译蒙文的音，二是用汉语词对译蒙古词，三是总译各段内容。总译部分采用的是当时生动活泼的口语，应当注意的是译者虽是明代人，但是书中反映的史实和所采用的原始材料都是元代的，多少带有元代语言的痕迹。徐时仪先生《古白话词汇研究论稿》中认为“就一般情况而言，史书中出现的那些白话词，大多是保存前代面貌，较少出自后人改写”。因而，在词汇方面《元朝秘史》较多保留着元明时代的口语成分，在用来研究近代汉语词汇的文献中具有举足轻重的地位。

《元朝秘史》作为一部由蒙古语翻译而成的“直译体”著作，因其语言在词汇、语法等方面的特点明显区别于同期的汉语特点，以及所表现出非常浓厚的蒙古语色彩，在近代汉语词语及汉语史研究中具有极其重要的语料价值。另外，《元朝秘史》，作为一部史书，不仅保存了蒙古族的文化，而且也保存了大量的口语资料。尤其是其中的一些人物对话、信件、奏章等，多为当时口语的实录。因此，这为我们研究《元朝秘史》的词汇提供了一个契机，以下我们便从词汇新义的演变来看词汇变化在《元朝秘史》中的特点。

词语的变化首先反映在其所指代的事物或意义上面，也就是词义的变化。我们在对《元朝秘史》中的新义进行穷尽式调查的基础上，也尝试着对其演变方式进行初步的分析和探讨。

一、词义引申

引申是基于联想作用而产生的一种词义发展方式，同时也是词义演变的一种主要方式。通过这种方式产生的词义我们称之为引申义，与基本义相对，引申义与基本义在意义上有联系。

1. 把住

"守住、守卫住"，《元朝秘史》正用此义。

①初，掳篾儿乞的百姓时，将脱黑脱阿子忽都的妻子与了斡歌台。一半的百姓反去，将台合勒山寨把住。[①]

按：此义项《汉语大词典》[②]卷六第 422 页首引元朝纪君祥《赵氏孤儿》："令人传我的号令去，着下将韩厥把住府门。"《汉语大词典》还有一义："控制住，掌握牢。"《朱子语类》卷二："如实有一物，把住，放行在我手里。"《说文》："把，握也。"《战国策·燕策三》："(荆轲)因左手把秦王之袖，而右手持匕首揕之。"很明显，"守住、守卫住"这一义项应由"控制住、掌握牢"这一义项引申而来。

2. 地面

在《元朝秘史》中有两个意思：(1)地区、地方。

②当初阔勒巴儿忽真地面的主人，名巴儿忽歹篾儿干。[③]

按：此义项《汉语大词典》首引元朝杨景贤《西游记》："大唐国师，去西天取经，从俺地面过，俺索接他去。"

(2)领地、领土。

③也速该回去到扯克扯儿的地面，遇着塔塔儿每筵席，因行得饥渴，就下马住了，不想塔塔儿每认得，说："也速该乞颜来了。"[④]

按：《汉语大词典》未收此义项，《汉语大词典》卷二第 1025 页释义还有：①地表面，《元史·天文志一》："混天仪也，其制以铜为之……以准地面。"②房屋建筑内部及周围的地上用某种材料铺筑的表层。《通雅·宫室》："照阳

① 《元朝秘史》卷九，鲍思陶点校，齐鲁书社出版社 2005 年版，第 133 页。

② 罗竹风主编：《汉语大词典》，汉语大词典出版社 1997 年版。

③ 《元朝秘史》卷一，鲍思陶点校，第 5 页。

④ 《元朝秘史》卷一，鲍思陶点校，第 29 页。

殿以金为仰阳，银为地面。”③当地、本地，引曹禺《日出》中的例子。

3.漫散

在《元朝秘史》中指“散落、散开”。

④王罕得了襖子，大欢喜着说：“你离的百姓，我与你收拾；漫散了的百姓，我与你完聚。我心下好生记着。”①

按：此义项《汉语大词典》卷六第88页首引《水浒传》：“南军漫散，各自逃生。”“漫散”本指播种的一种方法，将种子均匀遍撒。北魏贾思勰《齐民要术·大豆》：“种茭者，用麦底一亩，用子三开，先漫散讫，犁细浅田守而劳之。”除此项外，《汉语大词典》还有：“（漫散）犹散漫。”清戴震《原善下》：“见夺而沮丧，漫散无检押，心任其则也。”

4.抬举

在《元朝秘史》中有两个意思：(1)照料。

⑤比及主儿扯歹回话，忽亦勒答儿说：“我做先锋，久后将我孤儿抬举。”②

⑥王罕应许了，说：“将这儿子休摇动，好生抬举者。”③

(2)重视、看重。

⑦成吉思再对桑昆说：“我与你父是有衣服生的儿子，你是赤裸生的儿子，父亲曾将咱每一般抬举，你心生恐怕我抢在你先，将我疾恶赶了。”④

⑧(成吉思)说：“九十五千户内，选拣的人做我贴身的亲护卫，久后我子孙将这护卫想着，如我遗念一般，好生抬举，休教怀怨，福神般看着。”⑤

按：第一义项乃唐宋旧义，《汉语大词典》卷六第934页引唐朝孙鲂《柳》诗三十：“不是和风为抬举，可能开眼向行人。”第二义项是在第一义项的基础上引申而来。《汉语大词典》未收，而见于《元朝秘史》中的始见义视为新义，所以第二义项为新义。

二、词义转移

原来表示一种客体的词用来表示另一种客体，原义和后起义没有整体与部分、类与种、多类对象与其中一类对象的关系。

---

① 《元朝秘史》卷二，鲍思陶点校，第41页。

② 《元朝秘史》卷七，鲍思陶点校，第104页。

③ 《元朝秘史》卷七，鲍思陶点校，第105页。

④ 《元朝秘史》卷七，鲍思陶点校，第111页。

⑤ 《元朝秘史》卷七，鲍思陶点校，第155页。

(一)所指对象不同而造成的词义转移

1. 怠慢

在《元朝秘史》中指“不严谨，散漫”。

①其臣豁里速别赤说：“……咱军的法度，好生怠慢，莫不是达达的气运来了。”[①]

按：“怠慢”本指“心理上的轻慢不敬，冷淡，轻视”。《汉语大词典》卷七第468～469页引《周礼·春官·小胥》：“巡舞列而挞其怠慢者。”汉刘向《烈女传·有虞二妃》：“不以天子之女故而骄盈怠慢。”《元朝秘史》中指“法律条令松散、不严谨，不能够有效的实施”。

2. 酒局

在《元朝秘史》中当“筵席、酒席”讲。

②少顷，蒙力克领着七子来，帖卜腾格理至酒局西边，才坐，斡惕赤斤将他衣领揪住。[②]

按：《汉语大词典》未收此义。《大词典》卷九第1377页释义为“酒店”。宋代陈善《扪虱新话·酒局清谈》：“当此时，都人士女……而予乃日陪二公坐酒局中清谈，终日语不荣利。”

3. 契合

在《元朝秘史》中指“结盟、结拜”。

③铁木真说：“在前俺的父也速该皇帝与客列亦赤惕种姓的王罕契合，便是父一般。”[③]

④铁木真、扎木合两个到豁儿豁纳黑主不儿地面一同下了，想着在前契合时，交换物的意思，又重亲爱。[④]

按：《汉语大词典》卷二第1533页首引《元朝秘史》中的例子。除这一义项外，《汉语大词典》还有：①投合、意气相投。杜甫《投赠哥舒开府翰》：“策行宜战伐，契合动昭融。”②符合。宋叶适《受玉宝贺笺》：“慰满民望，契合天心。”

4. 艰难

指心里难过，不好受，犹言伤心。

⑤因斡阔台项上中箭，孛罗忽勒将凝住的血咂去。成吉思见了，眼泪流

① 《元朝秘史》卷八，鲍思陶点校，第126页。

② 《元朝秘史》卷十二，鲍思陶点校，第168页。

③ 《元朝秘史》卷二，鲍思陶点校，第41页。

④ 《元朝秘史》卷三，鲍思陶点校，第55页。

着，心里艰难了，便用火将斡阔台箭疮烙了。[①]

按："艰难"本指"困苦、困难"。如：《诗经·王风·谷中有蓷》："啷其叹矣，遇人之艰难矣。"而《元朝秘史》中是指心理上不好受。由于指称对象的变化而产生的新意。《汉语大词典》卷九第 269 页共有 7 个义项，但未收此义项。

（二）伴随词义转移而造成词性变化

词义的转移是指词义反映的客观对象，由甲类事物转移到相关的乙类事物上去了。旧义和新义之间保存着相似或相关的联系。

1. 从马

在《元朝秘史》中当名词讲，义为"跟随的马"。

⑥成吉思整治军马排阵了，自做头哨，教弟合撒儿主中军，斡赤斤管从马。[②]

⑦也速该说："我儿子怕狗，休教狗惊着。"就留下一个从马做定礼，去了。[③]

按：蒙古族人远行或出征都会多带一匹或更多匹，多带的那些叫从马。《汉语大词典》卷三第 1010 页释义为："将马随行，动词。"《史记·匈奴列传》："乃粟马，发十万骑，负私从马凡十四万匹，粮重不与焉。"

2. 典刑

正法，即杀，《元朝秘史》用此义。

⑧（成吉思）又说："……若有违号令者，我认得的，便拿将来。不认得的，就那里典刑了……"[④]

按：《大词典》卷二第 113 页引元代关汉卿《窦娥冤》："我怕连累婆婆，屈招了药死公公，今日赴法场典刑。"《说文解字·丌部》："典，五帝之书也。"泛指经籍，多指记载被尊为准则或规范的古人教训、古代规章制度的书。《尚书·五子之歌》："有典有责，贻厥子孙。"孔安国传："典为经籍。"《说文解字·刀部》："刑，刭也。""刭"就是"断头"的意思，引申为"惩治""刑法"等义项。"典、刑"二字连用，即"典章制度和刑法"，为名词。用为动词，指"依照法令制度处死"，后泛指一般意义的"杀死"。成吉思说："自的正主敢拿的

① 《元朝秘史》卷七，鲍思陶点校，第 106 页。
② 《元朝秘史》卷八，鲍思陶点校，第 127 页。
③ 《元朝秘史》卷一，鲍思陶点校，第 29 页。
④ 《元朝秘史》卷九，鲍思陶点校，第 136 页。

人，如何留得？将这等人并他子孙尽典刑了着。"[1]《汉语大词典》释义还有：①常刑，《尚书·舜典》："象以常刑。"孔安国传："象，法也。法用常刑，用不越轨。"②同"典型"。③掌管刑法，《汉书·叙传下》："释之典刑，国宪以平。"

3. 行

在《元朝秘史》中是虚词，多用在表人或事物的名词之后，表示该名词代表的人或事物为动作行为的对象或受事；用在方位处所名词之后，相当于"……处""……的地方"。

⑨铁木真畏怕，上马走入山林里去，被泰亦赤兀惕看见了，随后赶到帖儿古捏名字的山行。[2]

⑩独撒察别乞、泰出两人，罄身走至迭列格秃口子行，被太祖拿住。[3]

⑪也速该说："……我心里好生不好，你兄弟每行嫂嫂行照觑的你知者，我儿子铁木真，快与我取来。"[4]

⑫又将客列赤惕汪豁真姓的人，就与他两个做宿卫，教带弓箭，饮酒时，又许他喝盏。直至子孙行，教自在快活。[5]

按：《说文》："行，人之步趋也。"读"háng"。名词，道路。"行"在以上各例中的用法已是一个非常纯粹的语法成分，不再具有任何实际的词汇意义。都兴宙在《〈元朝秘史〉中"行"的用法分析》中作了详细论述。

（三）借助修辞而形成的新义

这种新的词义与词语本身的词义有一定的联系，他只是临时的借用，从而使词语产生出一种与语境相适合的意义。

1. 皮肤

在《元朝秘史》中借指"身体"。

⑬其女子忽兰说："……且不必问他，若皇帝恩赐呵，天命父母生得皮肤全有，问我皮肤便了。"[6]

按：这里的"皮肤"指"身体"。忽兰被纳牙所劫，献于成吉思，成吉思不相信她是清白身，故有"问我皮肤便了"，即"用我的身体来验证"。《汉语大词典》卷八第522～523页，还有一义项："身体表面包在肌肉的外部组织"。

---

① 罗竹风主编：《汉语大词典》卷九，汉语大词典出版社1997年版，第137页。

② 《元朝秘史》卷二，鲍思陶点校，第34页。

③ 《元朝秘史》卷四，鲍思陶点校，第70页。

④ 《元朝秘史》卷一，鲍思陶点校，第29～31页。

⑤ 《元朝秘史》卷八，鲍思陶点校，第118页。

⑥ 《元朝秘史》卷八，鲍思陶点校，第131页。

2.气息

在《元朝秘史》中指“迹象、征兆”。

⑭其(塔阳)母古儿别速说:“那达达百姓歹气息,衣服黑暗,取将来要做什么? 教远有者! 若有生得好妇女,将来教洗浴了,挤牛羊乳呵中有。”[①]

⑮那里将塔阳母古儿别速来,成吉思说:“你说达达歹气息,你如何却来?”成吉思遂纳了。[②]

按:“气息”的本义为“呼吸,呼吸出入之气”。《庄子·人间世》:“兽死不择音,气息茀然,于是并生心厉。”引申为“迹象、征兆”,将人的命运、气数比喻为人的呼吸之气,这是一种借用比喻而产生新义的方式。《汉语大词典》卷六第1030页释义有六,但未收此义项。

以上我们可以看出,语言固然有其承继性,以利于人们的交流,但它也处于一个不断发展变化的过程中。语音、词汇、语法是语言的基本构成因素,三者的变化发展推动着语言的变化发展,相对而言,词汇是三者中最活跃的部分。旧事物的消逝,新事物的产生,首先通过词汇在语言中最直接地表现出来。这样,旧词消亡,新词产生,词义演变,使得词汇系统总是处于动态的变化发展之中。

元代,蒙古族入主中原,统治者以蒙古语为官方语言,蒙古语中的一些词进入到汉语词汇之中,这就为汉语补充了新鲜的血液,产生了一些新词新义。各族人民经济、文化交流的频繁使得人们对事物的认识和人际交流有了新的变化。比如:“探马赤”“撒因”(赛因)“胡同”的都是元代时借入的蒙古语。汉语中一些词也进入到蒙古语中,如:蒙古语亲属称谓词中的汉语借词,称呼“父亲的父亲”借用汉语的“爷爷”,称呼“父亲弟弟的妻子”借用汉语的“婶子”,称呼“母亲的妹妹”借用汉语的“姨姨”等。这是语言接触的必然结果,也是丰富词汇系统的一种途径。

《元朝秘史》是一部史书,它真实地记录着当时的语言。这种严谨的文体相对于元明戏曲又从另一方面反映着时代的语言特点。史书要求真实可信,而元明戏曲,除情节上可以虚构外,为了表达生动贴切,可以允许作者创作,综合运用夸张、比喻、借代等修辞手法。因而,研究《元朝秘史》中出现的新义也是很有意义的。

(曲阜师范大学文学院2005级汉语言文字学专业硕士研究生 张旭)

---

① 《元朝秘史》卷八,鲍思陶点校,第121页。

② 《元朝秘史》卷八,鲍思陶点校,第130页。

《经义述闻》修辞惯例训诂

古文的魅力之一，就在于它有丰富的修辞。在对古文进行阅读、校勘时都会涉及文言文修辞问题，理解它们的特点和作用，不仅有利于我们正确地理解古文，而且有利于我们对古文进行校勘、辨析古文的正误。

在《经义述闻》中有很多王氏父子利用文中的修辞特点进行训诂的例子，笔者把它称作"修辞惯例"。也有学者把这种方法叫作"利用辞例语境训释文言词语"。什么是辞例呢？"所谓辞例，是指古人组织文章时遣词造句所采用的某些特殊的格式，它反映了古人的某些共同的行文习惯。辞例构成的语境实际上也属于上下文语境，但因为它有某种独特性，所以我们把它分出来谈。辞例构成的语境对隶属于它的某些词语的语义有着特定的限定。利用这个限定，可以推知言语中词语的具体意义。"①

在古代典籍中，古人又是如何把语境和修辞结合在一起的呢？正如冯广艺先生所说："在讨论一些具体的修辞方式时，古人既注意从宏观角度联系大语境来观察，又注意从微观角度从上下文小语境方面来分析，把修辞方式的运用与语境紧密结合在一起。"②可见，古人在写文章时已经很好地把握了语境和修辞的关系了。因此，我们在校勘古籍时，可以遵循古人的这种语境思想，利用修辞方式，进行训诂。

笔者认为，修辞属于古人特有的行文方式，上下两句话所形成的对文关系，本身就是一种小的语境。

① 张劲秋：《据境索义与文言词语训释》，《安徽教育学院学报》2005 年第 2 期。

② 冯广艺：《语境适应论》，湖北教育出版社 1999 年版，第 45 页。

一、互文

“互文也叫‘互文见义’，或简称‘互见’。其特点是上下文义互相呼应、补充。”①

互文是古人在行文时常用的一种修辞方式。在连贯的话语中，上文省去下文出现的词语，下文也省去上文出现的词语，在理解时必须使上下文义互相呼应、互相补充，说甲就包括乙，道乙则兼容甲。

互文运用得好，可以使行文简约，形成对仗，增强语言的形式美和节奏美。互文这种修辞手段的作用，主要是为了避免行文单调平板，或适应文体（主要是诗歌）表达的需要。

值得注意的是，对于古文中互文这一修辞方式，我们只有把上下文保留的词语结合起来，使上下文互相补充，才能准确地理解原意，如果拘泥于字面，则难以准确而完整地理解，故习惯上称之为“互文见义”。

在《经义述闻》一书中王氏父子运用互文的修辞方式考证了很多有疑点的问题，为我们阅读古籍扫清了文字上的障碍。现举例分析如下：

(1)《周语》：“夫兵戢而时动，动则威，观则玩，玩则无震。”韦注曰：“震，惧也。”家大人曰：“震，亦威也。”上言“威”，下言“无震”，互文耳。下文仓葛曰：“君之武震，无乃玩而顿乎？”《晋语》曰：“车有震武也。”……义亦同也。②

按：此条中，王念孙根据互文的修辞手法，判断“威”和“无震”的意义是相同的，采用的是一种互文的修辞手法，从而纠正了韦注中把“震”解释为“惧”的错误。

变文，是一种互用同义词的互文，为了避免用词重复单调，获得新鲜生动的效果，在同一语言环境中有变化地使用同义词，以协和音响，避免词语的单调、重复。“变文”原本是训诂术语，前人称变文为“文不同，互相通”。在两句以上的话相对应的位置上，甚至在一首诗的两段以上的相对应的位置上，都可以运用变文的修辞方式。

(2)郭曰：“神，未详。”邵曰：“《小雅·信南山》云：‘维禹甸之。’”毛传：“甸，治也。”韩诗：“甸”作“敶”。古者，“甸”“陈”声同，“陈”又转为“神”，其义同也。引之谨案：“陈”转为“神”，于古无据，窃谓《孟子·尽心》篇：“夫君子所过者化，所存者神。”神，治也。言君子所过之地则民化，所在之地则民治。

① 郭锡良等编：《古代汉语》，天津教育出版社1996年版，第877页。

② 王引之：《经义述闻》，江苏古籍出版社1985年版，第477页。

不言“在”而言“存”者，变文协韵耳。其实一也。[1]

按：王引之利用变文的知识，批判了前人“陈”转为“神”的错误观点，正确解释了词义，论证了“神”就是“治”的解释。

二、譬喻

譬喻大体相当于我们今天所说的比喻，我们先来看一下譬喻的定义。“譬喻能使道理通俗易懂、文字生动形象，这种修辞方式为古今中外的文人所乐用。譬喻有明喻、隐喻之别。”[2]

(3)此谓楣机。孔曰：“此取人之要，若门有楣，若弩有机。”家大人曰：“楣”与“机”非一类，古书亦无并言“楣机”者。“楣机”当为“枢机”，“枢”，户枢也，所以利转。机，门梱也，所以止扉。皆门户之要也，故以喻用人之要。《文王・官人》篇：“其貌曲妪”。《逸周书》“妪”作“媚。”故知“楣”为“枢”之误。[3]

按：此例中王念孙以“枢机”来比喻“用人之要”。如果了解了此处的譬喻手法，就不难理解“楣机”应为“枢机”。

类似的例子还有如下：

(4)引之谨案：“弃恶如灌”文义不明，“灌”当为“濯”字之误也。言民之弃恶，如洒濯之去垢也。[4]

三、委婉

对要表述的思想内容不是直截了当地说出来，而是故意把话说得委婉曲折、含蓄有致，这就是委婉。避忌讳就是其中的一种。

对于一些不吉利、不体面、不光彩的事情，古人常常用避讳语来表达。

(5)丧有死之道焉，先王之所难言也。唐石经初刻“所”下有“以”字，改刻删去。而各本皆从之。家大人曰：有“以”字者是也。《正义》曰：言人之丧也，有如鸟兽死散之道焉，先王之所以难言死散之义。若言其死散，则人之所恶，故难言也。“故”字正释“所以”二字。郑注云：圣人不明说，为人甚恶之，亦是释“所以”二字。[5]

---

① 王引之：《经义述闻》，第630页。

② 郭锡良等编：《古代汉语》，第874页。

③ 王引之：《经义述闻》，第300页。

④ 王引之：《经义述闻》，第265页。

⑤ 王引之：《经义述闻》，第326页。

按：此例中，王念孙根据《正义》中的解释："言人之丧也，有如鸟兽死散之道焉，先王之所以难言死散之义。若言其死散则，则人之所恶，故难言也。"因此，"故" 字正释"所以"二字。此处是一种避忌讳的修辞手法。

四、叠字

简言之，叠字是为了修辞的需要，将音、形、义完全相同的两个字连在一起使用的修辞方式。

(6)舍人曰：巂周名"燕燕"，又名"鳦"。孙曰："别三名。"郭以"巂周"为一物。……诗云："燕燕于飞。"一名"元鸟"，齐人呼"鳦"。刑曰：此"燕燕"即今之"燕"，古人重言之。孙炎舍人以"巂周""燕燕""鳦"为一物三名，郭所不取也。①

按：此条中王念孙利用重言这种修辞格式的特点，说明"巂周""燕燕""鳦"并非一物三名，证明了"燕燕"即是"燕"的观点。

五、省略

简单地说，"省略"就是省去某些句子成分的修辞方式。然而有些省略却不是单纯地省略句子成分，往往是一种特殊的用法，与修辞发生了联系。正如郭熙良先生所说："省略本是语法问题，但句子成分的省略，有时也与修辞有关。"②

无论是现代汉语还是在古代汉语中，省略都是语言中常见的现象。然而，古代汉语的省略句要比现代汉语的省略句复杂得多。

王引之在《经义述闻・通说下》中也涉及了省略问题。"古人之文，有下文因上而省者，亦有上文因下而省者。" ③也就是所谓的"蒙上而省"和"蒙下而省"。例如：

(7)"天子三推，三公五推，卿诸侯九推。"家大人曰："三公五推"本作"公五推"。凡《月令》言"三公"者，皆与"九卿"对文。上文"天子亲帅三公九卿诸侯大夫"是也。其言"公"者，则与"卿"对文。上文"赏公卿诸侯大夫于朝"是也。"赏公卿诸侯大夫"，不言"三公九卿者"，蒙上而省也。此文"公五推卿诸侯九推"，不言"三公九卿"，亦是蒙上而省。今作"三公五推"即涉上文

---

① 王引之：《经义述闻》，第 675 页。

② 郭锡良等编：《古代汉语》，第 881 页。

③ 王引之：《经义述闻》，第 781 页。

而误也。[①]

(8)"子臧之服，不称也夫！"《释文》"服"作"及"，云一本作"服"。家大人曰：作"及"者是也，"及"谓及于难，言子臧之所以及于难者，由服之不称也。但言"不称"，而不言"服"者，蒙上文"不称其服"而省也。[②]

六、连及

在古汉语中，有时叙说某一事物时，说甲事物时又连带说及与甲事物有关的乙事物，连带提及另一事物，在句子中实际上不起作用，其意只指甲事物，这就叫"连及"。连及可分为同类连及和反类连及两类。同类连及是指连及的乙事物与甲事物属于相关或同一类别；反类连及是指连及的乙事物与甲事物属于相对或相反的类别。

(9)郭曰："肆，極力。"引之谨案：《尔雅》训"肆"为"力"，不当加"極"字以释之。今案："肆"与"肄"同。……"肄"与"肆"声相近，故连而及之。[③]

按：此例中"肄"与"肆"声相近，故义相通，所以连而及之。这种情况属于同类连及。

(10)"是以先王务脩德音以亨神人。"杜注曰："亨，通也。"陆粲附注曰："刘向《新序》援此文'亨'作'享'。古字亨、享通。"

……引之谨按："亨"当从《新序》读为"享"，杜不读为享者，盖以神可言"享"，人不可言"享"耳。不知古人之文，多有从一而省者。……人固不可言"享"，亦得因神而并称之。襄二年《传》："莱人使正舆子赂夙沙卫以索马牛，皆百匹。"《正义》曰："《司马法》：'邱出马一匹，牛三头。'则牛当称头，而亦云匹者，因马而名，牛曰匹，并言之耳。经传之文，此类多矣。《易·系辞》云：'润之以风雨。'《论语》云：'沽酒市脯，不食。'《玉藻》云：'大夫不得造车马。'皆从一而省文也。"然则"以享神人"，亦是从一而省文耳。襄二十七年《传》："能歆神人。"杜注曰："歆"，"享"也。使神享其祭，人怀其德。彼言"歆神人"，此言"享神人"皆是因神而并及于人也。[④]

按：此条中所提到的"从一而省""从一而省文""并言之""并及"都是指"连及"的修辞方式。王引之引用《易经》中因"雨"而连及"风"的例子、《论语》中以"脯"连及"酒"的例子以及《玉藻》因"车"连及"马"的例子，说明古文

① 王引之：《经义述闻》，第 335 页。

② 王引之：《经义述闻》，第 411 页。

③ 王引之：《经义述闻》，第 639 页。

④ 王引之：《经义述闻》，第 451 页。

中“连及”的情况是非常普遍的。因此，以之论证此例中“人”亦可因“神”而连及的道理，足以证明杜注中把“亨”解释为“通”的观点是错误的。

七、结语

对《经义述闻》修辞惯例训诂的研究，无论是对《经义述闻》语境研究本身还是对修辞学的研究都有大有裨益的。中国古代语言学家的训诂思想和修辞思想博大精深，犹如一座巨大的宝库，里面蕴含了人们取之不尽的资源，而我们对中国古代的训诂学与语境的关系研究还很不够，因此，笔者很希望通过自己的一些浅陋之说，给大家一些启示，以起到抛砖引玉的作用。同时，由于本人能力所限，文中的缺陷和错误在所难免，希望方家能多多批评指正。

（曲阜师范大学文学院2007级汉语言文字学专业硕士研究生　姜蕾）

略论《积微居金文说》的成就与不足

《积微居金文说》是杨树达考释金文的一部著作，全书收文 381 篇，说解了 314 器的铭文。杨氏精通文字、音韵、训诂、语法诸学科，熟悉古代文献，考释字词时思路开阔，考证精细准确，常常能超越前人。此书被中国科学院列为考古学刊甲种第一号，受到当世学人的高度重视。综观全书，总结其成就，大致有五个方面。

一、弥补前人之缺释，纠正前人之误释

《新识字之由来》一文中提到："卷中于前人缺释或误释之字新识得四五十文，通读之字，数亦称是，可谓富矣。"杨树达具有深厚的音韵、文字、训诂功底，他据此考释金文，并与古代文献相互参证，反复推求，其见解往往新颖而又深刻。如《鲁伯俞父簠跋》：

> 铭文中有字，吴荣光释"年"，吴云、刘体智并从其说。方濬益《缀遗斋彝器考释》或释"仁"，或阙释。刘心源《古文审》从吴说释年，后著《奇觚室吉金文述》改释。吴式芬、吴大澄、罗振玉、郭沫若并阙疑不释。余谓吴、方、刘诸家之释皆非是，乃《说文》之"(壬)"字也。《说文八篇上·壬部》云：壬，善也，从人士，士，事也。一曰：象物出地挺生也。按许君二义，后说为是。铭文下二横画象土形，中直画象根，铭文下出，象根深入土中，此较篆文不下出者为长也。[①]

对于吴荣光、方濬益、刘心源等前贤的考释成果，杨树达并没有盲从；对于吴式芬、吴大澄、罗振玉、郭沫若等大家的阙释，杨树达也没有被难字吓

---

① 杨树达：《积微居金文说》，上海古籍出版社 2007 年版，第 137 页。

倒。杨氏精于《说文》,对《说文》及小篆烂熟于心,因此轻而易举地识别了这个文字。

无论是前人误释还是阙释的文字,杨树达都能够运用掌握的材料,综合使用多种方法去考证之,得出的结论往往令人信服。

二、订正《说文解字》

东汉许慎的《说文解字》自问世以来,就被奉为文字学的权威,具有至高无上的地位。长时期以来,《说文解字》在文字学的研究中,一直被认为是神圣不可侵犯的经典,其结论经常被用来作为有关论证的依据。

随着后人研究的深入以及金文、甲骨文等新的文字材料的出土,《说文解字》的缺点也就随之显露出来。《说文解字》最突出的一个问题就是:有的字形、字义说解有误。许慎从字形出发,探求文字本义,但是他以篆文为主,而篆文已经是古文字发展的末流,这就使他立说的基础不够坚实。利用演变后的字形探求造字的本义,不可避免地会带来一些错误。杨树达在《积微居金文说》中就指出了不少《说文解字》这方面的错误。在《叔具鼎跋》中,铭文有"鼎"字,此字上从贝,下从収,乃"具"字也。而《说文解字・収部》云:"具,共置也,从収,从贝省。"小篆"贝"字作"具",具字作"鼎"。"故许云具从贝省,古文则具字直从贝也。"《隰尊跋》:"甲文各字作㕯,象足有所至之形,此当为训至之本字,《说文解字》训异词,非也。"《遂启諆鼎跋》:"启字当从口攴声,许君从攴启声之说为误说。"《筍白大父盨跋》:"'匋'实从勹声,(勹、包音同),而《说文・缶部》云:'匋,作瓦器也,从缶,包省声。'误矣。"

《积微居金文说》不仅订正了《说文解字》字形、字义说解方面的错误,也订正了《说文解字》收字方面的一些错误。"《说文・十一篇下・雨部》云:'霁,雨止也,从雨,齐声。'又云:'霎,霁谓之霎,从雨,妻声。'按二字音义皆同,实一字也,许君误分为二耳。""《说文》日部收昴字,训白虎宿星,而晶部无曐字,得其流而昧其源矣。昴为星名,何缘当从日乎?"

三、据铭文考史

杨树达不仅是语言文字学家,还是一位历史学家。因此,他在考释文字的时候,也就自觉地将其与历史结合起来。他在《积微居金文说・自序》中写道:"彝铭之学,用在考史,不惟文字,然字有不识,义有不究,而矜言考史,有如筑层台于大漠,几何其不败也!"综观《积微居金文说》一书,杨树达在这方面的成就也是非常显著的。有考人名的,如释《姑鹏句镏》之同为"舌庸",

释《蔡子匜》之蔡子旅为蔡侯庐等等。也有考政治文化制度的，如《晋公盦跋》所载：

吴荣光《筠清馆金文》题此器曰“周敦”，定为西周世器，殊为疏谬。余观其铭辞繁靡，字体亦软弱无力，决其非兴国之制。再三紬绎之，有“雉今小子”之文，一见再见，乃悟此为晋定公所制之器，余之所见为不谬也。哀公二年《左传》云：“郑胜乱从，晋午在难。”杜注云：“午，晋定公名。”《史记·晋世家》云：“顷公卒，子定公午立。”铭文作雉，经传作午者，雉从午声，其音同也。晋自悼公之世，大夫渐侈；及其子平公，贤大夫叔向即以政在私门为叹；昭公时，六卿益强，公室益卑；至顷公则六卿以法诛公族祁氏羊舌氏，而晋室益弱；及定公之时，范中行氏竞称兵伐公，公室之不振已极。数世之后，终至为三家所分而晋遂亡矣。[①]

通过此篇铭文，杨树达考证了该器铭的时代，并以《左传》《史记》等文献相互参证，由此可知晋国的衰退。再如：

《效卣》云：“隹四月初吉甲午，王雚于尝，公东宫内（纳）卿（饗）于王。”公东宫纳饗于王者，谓公在东宫纳饗于王也。此铭文记东宫者也。《臣卣》云：“辰在庚申，王饮西宫，烝咸釐。”……此皆铭文记西宫者也。顾未见有南宫北宫之称。盖古之人君向明而治，天子诸侯大夫皆君也，故皆南面而朝其臣。孔子曰：“雍也可使南面。”非独天子也。铭文记臣工见王皆云“立中廷北向”，北向者，君南面，臣北向则面对其王也。朝廷在中，宫室在两旁，故有东宫西宫而无南宫北宫也。[②]

杨树达通过此铭文考证了古代的宫廷文化。

此外，还有很多，如：考《兮甲盘》而知周政之坏，考《王孙遗诸钟》《徐王攮鼎》而知徐器用韵特精，等等。

四、据铭文证文献之误

杨树达具有深厚的文字学和文献学功底，他能够利用文献来考释古文字，也能够利用古文字来订正文献中的错误，如《盂爵跋》：

《周金文存》有《盂爵》，铭文云：“隹王初桒于成周，王令盂宁登伯，宾贝，用乍父宝尊彝。”按《尚书·洛诰》曰：“伻来毖殷，乃命宁予以秬鬯二卣，曰：明禋！”《伪孔》以乃命宁为句。今观铭文宁登伯，与《书》文宁予语例同，《伪传》之误读显然矣。

---

① 杨树达：《积微居金文说》，第 113 页。

② 杨树达：《积微居金文说》，第 433 页。

杨树达在此依据铭文“宁登伯”以及《尚书·洛诰》中的“命宁予”辞例，指出《伪孔》的句读错误。又如《汉临袁侯虎符跋》：

> 汉临袁侯虎符跋铭文云：“与临袁侯为虎符，第二。”凡九字，全文。考《史记·高祖功臣侯者年表》载临辕侯戚鳃以高祖十一年二月乙酉封，《汉书·高惠高后文功臣表》同。按《史记》《汉书》皆作临辕，与符铭作临袁者字异。今考罗振玉《齐鲁封泥集存》有临袁邑丞封泥，字亦作袁，与符铭同，则袁字是，知《史记》《汉书》作辕者，皆为误字矣。

杨氏据铭文“临袁”指出了《史记》《汉书》中的“临辕”为误字。

五、字义考释成就显著

杨树达在《积微居金文说·自序》中写道：“私独好高邮王氏所著书，叹为绝业。”“欲用王氏校书之法治彝铭，每释一器，首求字形之无牾，终期文义之大安，初因字以求义，继复因义而定字。义有不合，则活用其字形，借助于文法，乞灵于声韵，以假读通之。”

杨树达在这里主要是说他利用王念孙校勘古书之法来治铭文的经验，他在这方面的成就也是非常显著的。在《全盂鼎跋》中，他引《尚书·费誓》“徂兹”、《诗经·唐风·绸缪》“子兮子兮”、《毛传》“子兮者，嗟兹乎”、《管子·小称》“嗟兹乎”、《战国策·秦策》“嗟兹乎”、《尚书大传》“嗟子乎”、扬雄《青州牧箴》“嗟兹”、《诗经·小雅·巧言》“曰父母且”、《诗经·郑风·褰裳》“狂童之狂也且”等，证《盂鼎》“𩁹”为叹词，典籍作“嗟”或“且”。《敔殷跋》“南淮夷迁及内”，读“迁”为“窜”；《舍武钟跋》“舍武于戎攻，需昏”，读“需昏”为“令闻”；《效卣跋》“公锡乎涉子效王休贝廿朋”，读“涉”为“世”；《蔡子匜》“蔡子旅自作会匜”，读“会”为“沬”，等等。类似这样精辟、贴切的训释，在《积微居金文说》一书中随处可见。这也是他对金文研究的一大贡献。

当然，《积微居金文说》一书也存在一些不足之处。首先，杨树达在《积微居金文说》卷首《新识字之由来》一文提出的14条辨识古文字的方法存在一些问题。“古文象形会意加形声”“古文形繁”“古文形简”“古文位置与篆文不同”实际上是古文字演变的一些规律，不仅仅是文字考释的方法。其次，个别古文字的考释也有值得商榷的地方。如，在《盂卣再跋》中，铭文有“□”字，罗振玉、吴闿生、于思泊“并释为束，于云：鬯系香草，故可称束。按鬯酒以郁金草为之，鬯非草也，于说失之。余疑“□”象龟有头尾四足之形，当与下贝字连文，谓龟贝十朋也”。从字形分析，《盂卣再跋》中“□”字是“束”字无疑，而“龟”字从无这种写法。再从文义看，鬯既是酒名，也是草名。《周礼·

春官·郁人》“和郁鬯以实彝而陈之”，唐贾公彦疏：“郁金之草，以其和鬯酒，因号为郁草。”杨氏先有了“鬯非草”的成见，进而把“束”字误释为“龟”。杨氏也有疏忽的地方。在《积微居金文说·彧伯鼎跋》中，他将铭文与《说文》进行比较，考证出“戜”为“彧”字，说：“全字为彧，殆无可疑。”既然是从口从土，怎么是“呈”字呢？在《积微居金文余说·国书鼎跋》中，又纠正说：“乃悟此为域字，即古国字也。”前者思考欠周密，实不该轻下结论。但这些缺点无碍于《积微居金文说》在汉语文字学史上的重要地位，它的研究成果对于后来的古文字研究具有积极的借鉴和指导意义。

（曲阜师范大学文学院2007级汉语言文字学专业硕士研究生　刘金红）

《吴越春秋校注》补正两则

张觉先生的《吴越春秋校注》[1]比较充分地吸收了诸版本之长及前修时贤的研究成果，后出转精，自不赘言，然笔者于拜读之闲，发现间有可商可补之处，兹不揣浅陋，简录两则，敷衍成文，以就正于方家时贤。

(1)今吾将复楚辜，以血父兄之耻。[2]

张觉先生注："辜，罪过。"

按：此文"复"谓"报复、复仇"意也。《韩非子·内储说上·七术》："故越王将复吴而试其教，燔台而鼓之，使民赴火者，赏在火也。"[3]又《隋唐·经籍志·燕丹子》卷中："丹尝质于秦，秦遇丹无礼，日夜焦心，欲复之。"故此文"复楚"即谓"报复楚国"。张先生注"辜"为"罪过"，如是，则"今吾将复楚辜"一句语义赘疣。考《通假字典》："辜，通'固'，固定、必定。"清朱骏声《说文通训定声·豫部》："辜，假借为固。"《大戴礼记·夏小正》："鸠则鸣。鸠者，百鹩；鸣者，相命也。其不辜之时也。"俞樾《群经平议·大戴礼记》："辜读作固。"又《汉书·律历志》："六律，姑洗。洗，洁也。言阳气洗物辜洁之也。颜师古注：辜洁，必使之洁也。"故此句中"辜"字，当作"必定、一定"讲。由是可知，"辜"字当属下，"辜以血父兄之耻"犹言"一定要来洗刷父兄的耻辱"。如此，方文通义顺。故此句当断为："今吾将复楚，辜以血父兄之耻。"张觉先生《校注》失之。

(2)走追奔兽，手接飞鸟，骨腾肉飞，拊膝数百里。吾尝追之于江，驷马

① 张觉：《吴越春秋校注》，岳麓书社 2006 年版。

② 《四部丛刊·吴越春秋·王僚使公子光传第三》，商务印书馆 1936 年缩印明弘治邝璠刻本，第 39 页。

③ 以下注释如未标记，均出自《四部丛刊·吴越春秋》。

驰不及。射之暗，接矢不可中。[①]

按：张觉先生《校注》如是作。窃以为"手接飞乌"一句有讹误，考《四部丛刊》本《吴越春秋》及周生春《吴越春秋辑校汇考》等诸刊本皆作"手接飞鸟"是也。古籍中常见"飞鸟"二字连用之文例，如：《礼记·曲礼上》："鹦鹉能言不离飞鸟，猩猩能言不离禽兽。"《吕氏春秋·功名》："树木盛则飞鸟归之。"《韩诗外传》卷三："夫山者万民之所瞻仰也。草木生焉，万物植焉，飞鸟集焉，走兽休焉，四方益取与焉。"盖此文"乌"字乃"鸟"字排版印刷之误。"接"谓"迎射飞动之物"，如《文选·曹植〈白马篇〉》："仰手接飞猱，俯身散马蹄。"李善注："凡物飞迎前射之曰接。" "手接飞鸟"，谓"射技超绝"之意。考《吴郡志·人物》卷二十载此句为："走追奔兽，手接飞鸟。追之，驷马驰而不及。射之，接矢而不可中。"亦为其证，该本可据以正之。

又"射之暗"一句，从语法角度分析，论事理，当言"暗射之"即"悄悄地射他"。如是，细绎文理，犹不甚合文意。今谓"暗"字当属下，"暗"与"闇"通。清段玉裁《说文解字注》："暗者正字，闇者假借字也。"《玉篇·门部》："闇，与暗通。"清朱骏声《说文通训定声·临部》："闇，假借为奄。"如《史记·司马相如列传》："率乎直指，闇乎反乡。"《古文苑·崔瑗〈河间相张平子碑〉》："闇忽迁徂。"章樵注："闇乎，犹奄忽也。"《文选·傅毅〈舞赋〉》："翼而悠往，暗复辍已。"李善注："暗，犹奄也，古人呼暗。殆与奄同。《方言》曰：'奄，遽也。'""遽"谓急速也。《古汉语常用字字典》："闇通奄，忽然。"由上可知，此句句读当作："射之，暗接矢不可中。"犹言：射他，他能急速地接住箭，箭不能射中他。如是，文通义顺，方与文意契合。

（曲阜师范大学文学院2005级汉语言文字学专业硕士研究生　孔燕）

① 《四部丛刊·吴越春秋·阖闾内传第四》，第66页。

“國”字形体演变的文化阐释

汉字是中华传统文化的基本载体，汉字的演变历史也由此成为一部中华文化发展史，认识了汉字就等于掌握了开启中华文化宝库的钥匙。“國”字是汉语中的常用字，更是代表中国文化的典型汉字，所以分析“國”字的形体演变并对其进行文化解读，可以再现汉字演变的历史，了解中国传统文化，认识中国古代社会。

一、“國”字的形体演变过程

殷商甲骨文中没有“國”字。许慎《说文解字》：“國，邦也，从口从或。”又“或，邦也，从口从戈以守一。一，地也。”段玉裁在《说文解字注》中说：“盖或、國在周时为古今字。”甲骨文中确有该字，《中文大字典》释作“國”字的初文，这种观点是大家普遍接受的。

许慎在《说文解字》中将“或”内口下的短横释作“地也”不妥，康殷先生的观点是值得信服的。在金文中，“或”字像双手捧洒祭品与册上，以祭册之形。册是初民崇拜的自然神，是古代灵石之形，设册之处是宗教“圣地”。江苏铜山县丘湾的商代祭册遗址出土的古“册”石，可作一佐证。在我国西南少数民族的一些习俗中也可看到痕迹，如云南西双版纳傣族有一个节日叫“宰曼”(即“寨心”的意思)。宰曼代表全村寨的心脏、灵魂，起着保护村寨神的作用。宰曼的象征物是位于村寨中央的巨石或木桩等，所以“國”字有人围绕而行或守卫此“圣地”“灵石”之意。

古人为书写方便，“口”上短画与“戈”连在一起，这样既提高了书写速度，也使字体显得方正美观。在毛公鼎上，“口”上短画已与“戈”连在一起，只剩下下面的一短画，即现在通行的“或”字。

春秋战国，五侯争霸，七雄并起，是战火纷飞的时代，也是各种思想文化碰撞交融的时代。在百花齐放的时代，文字作为文化的载体肯定会因部落信仰、社会习俗文化取向和思维方式不同产生不同的变化，即同一个汉字有各种不同的结构形式。“國”字在战国文字中作“减”“�”“國”等状。“从记载资料分析，这些不同的书体多以模仿自然形态为基本形式……有着难舍难分的自然情结。”如“减”字，中原地区是典型的大陆文化盛行的地区。华夏先民在黄土地上劳作具有浓厚的崇土情结，所以在聚居地点选择上一般偏向依水傍河、防风向阳处，以有利于人畜饮水和农田灌溉。“减”字生动再现了先民择河而栖的传统习惯。而“洹北中商都城建在洹河北岸面向洹河处；小屯殷都城，又称武丁殷都城，都城的中心——宫殿宗庙区，正是选在洹河南的河湾内，这里三面环水，防风向阳”正是“匧”字状的有力支撑。中国文化尚土，是大陆型文化，春秋时代产生的“國”字，显然外面的环形不是河流，而是另有他指。考古发掘显示，考虑到安全和防御，“早在原始社会末期，一些氏族、部落已意识到了，一般用挖壕沟或筑围墙的办法来保护全体成员的安全”。环绕今西安附近的半坡村的“大围沟”，是五六千年前先人为防范其他部落和野兽侵犯的设施。与西安半坡遗址相类似，在五千年前的辽西红山文化遗址，密集分布于河谷地带的村落，都有一串土城堡聚落而成的防御设施，这都是古人安全防范意识的体现。

随着阶级的分化，中央集权的不断加强，战争得到不断升级，先民的安全防护措施也不断完善。先民不再单一地采用挖壕沟或筑围墙的方式，而是将两种措施相结合，既挖壕沟也筑围墙，也就是深沟高垒。而挖壕沟是筑围墙的一项先序工作，因为挖壕沟不仅具有防御功能，还能作为排水设施，更重要的是能为筑围墙、建宫庙提供土源。“殷墟壕沟是殷都建设过程中不断取土而挖成的。”这保留下来的壕沟就成了后世城墙四周的护城河。随着战争不断升级，城墙的作用逐渐凸显出来并成为防御的最主要屏障，于是“國”字便具有了城墙之意，其字形也向城墙之状靠拢。“从东周后期开始，字形逐渐变方”，经过秦朝的篆书、汉朝前期的隶书，到汉末形成了笔画平直、形态端正的楷体“國”，形如一座城池的俯视图。

二、“國”字形体演变中呈现的文化意义

汉字的创造源于华夏先民对宇宙万物的深刻思考和对生活的丰富体验。形态各异的汉字积淀了汉民族观察探索客观世界及其自身思维成果和心智轨迹，记载了中华民族的历史演进过程，正如美国学者芬诺罗萨（Ernest Fransico Fenollosa，1853～1908）在《论用中国文字作诗之工具》（载于1926年8月《字衡》第56期）中所论：“中国每一字之源流，观此字即知之，虽隔数

千载，而其隐喻进展之迹，犹显而易见，且或存于其字之意义中焉。是故中国字，非若欧字而愈变愈瘪，乃愈积愈丰。”汉字形体（此指古汉字形体）与古代文化具有同构性，对汉字形体的研究是汉字文化研究的本体和核心。分析“國”字的形体演变过程，可为我们开启一扇通向古代文化宝库的大门，深层地昭示了汉民族的丰富文化沉淀。从“國”字的字形演变中我们可以看到以下方面：

1.原始宗教信仰文化

在古代社会，生产力水平低下，大自然充满着神秘色彩，先民对大自然有巨大的依赖性。先民认为自然界的存在是因为有一种巨大的神秘力量在支配，于是发自他们生命深层的渴望，祈求得到这种神秘力量的保佑，便借助某种具体可感的事物作为灵物，加以祭拜。由此可见古人对灵物的崇拜之情，还能看到这种灵物的影子。

古人认为万物有灵，一物死后就会化作他物，人死后还有灵魂，先人灵魂还在保佑着活着的人。灵魂不死直接导致了祖先崇拜现象产生。古人认为祖先的灵魂能行驶保护神的职能，并能在冥冥之中左右自己家族的命运，于是通过陪葬、祭祀的方式安慰先灵，祈求保佑。古代祖先十分重视祭祀。《左传·成公十三年》记载：“国之大事，在祀与戎。”由此古代建都时都把宫殿和宗庙放在一起，加以祭祀与保护。

2.“天圆地方”宇宙观文化

“或”字外加“囗”成“國”（国），可见以自我为中心，划定了方形边界，昭示出古人“天圆地方”的宇宙观念。“天圆地方”是一种直观感觉下的天地模式，这种模式来源于古人的非常态体验，其中包含许多原始认识和虚幻想象。居住在平原地区的先民以自己居住位置为中心，在不断的交往、战争、迁徙中逐渐了解自己所处的大地，对周围世界进行系统观察，呈方形向四方推衍来构想大地。从田地的方形、领地的方形，进而认为居住的环境也应是方形的，从一定程度上说这是对田地方形认识的扩大化。西汉前，人们已有“天圆地方”的认识：“天道日圆，地道曰方，方者主幽，圆者主明。”（《大戴礼·曾子天圆篇》）“圆出于方，方出于矩，天环矩以圆，地和矩以为方，方属地，圆属天，天圆地方。”（《周髀算经》）

3.稳健笃实的民族性格

汉字从线条文字发展到笔画文字，总体呈现为四方块形，最为典型的方块字是口部字，“國”字就是个代表字。“國”字字形犹如一个方阵，笔画平直，不偏不倚，四平八稳，方正端庄。方块字造型深深地体现了中庸思想，“方形形态相对于三角形形态和圆形形态，不似三角形态针芒太甚，却尽显端庄谦和；不似圆形深藏圆滑，却尽显朴素大方”。讲究对称、讲究体式稳健是汉民族文化中的基本审美标准。这种对称美、稳健美是初民在经营农田中得到的体验。农田整齐对称，对于对称美的追求进入了造字心理中。这种对称、稳健美的背后有适度、中和的原则在支配，适度原则是无过不及、恰到好处、内外融合、保持平衡、不走极端。这种思维方式使中华民族形成稳健笃实的民族文化。

4. 保守内敛的民族性格

“或”是“國”的初文，“或”字外加方框成“國”（国）字，划定了边界，强调了一个范围，并用武装力量守卫。中国文化具有尚土情结，是典型的大陆文化，有别于对外扩张的海洋文化。先民在华夏大地上男耕女织，自给自足，安土重迁，繁衍生息，发展定居农业，建立了繁荣的农耕文明。偏安一方的情结深深扎根于人们的头脑中，先民把自己耕作的土地圈起来，尽力经营下去，不轻易变更。农耕文明下的人们仁爱有序，尊德尚礼，重视家庭，以家为本，服从统治，思想上形成根深蒂固的保守内敛性。

5. 爱好和平的民族精神

“國”字从古至今，几经演变，无论怎样书写，都与象征兵器的戈联系在一起。先民们用勤劳的双手，苦心经营自己的家园，划分边界，建造城池，安定祥和。千百年来一直渴望和平，渴望安定，而只有以戈卫国才能永享和平。秦统一中国后建造万里长城就是为了抵御外族入侵，它完全是防御性的建筑，是中国人民爱好和平的象征。

三、结语

汉字既是中国传统文化的基本载体，更是中国古代文化最为有力的原始记录。汉字的外观是静态的，却能昭示出先民丰富生动的文化心态，因为通过分析字形演变可以还原出一个深层动态的文化世界，这对于传承古代文化、发展中国现代文明具有重要的历史教育意义和现实借鉴意义。

（曲阜师范大学文学院2007级汉语言文字学专业硕士研究生　徐振华）

“礼”字意义流变的文化阐释

中国是人类文明五大发源地之一。令人称奇的是，其他四大文明发源地的文字或进入历史博物馆，或已不再通用，唯独汉字沿用至今。这是因为汉字具有其他文字不具备的特殊观念，即文化功能。汉字与汉文化紧密地联系在一起，每个汉字背后都蕴藏着深厚的文化底蕴。诚如陈寅恪先生给沈兼士的信中所说：“依照今日训诂字之标准，凡解释一字即是做一部文化史。”[①]

语言本体论观点强调语言的自主性与自然生长性，肯定人作为语言使用者的主体地位，更重视人的体验与心理。文字作为语言的载体，也应具有同样的性质。具体说，一个汉字的形成发展恰恰反映了先民在自身生存和发展过程中对自身、世界及其之间关系的认识。换句话说，一个汉字的形成发展从侧面反映了某种文化的发展。

本文试图通过分析“礼”字的词义演变，揭示其文化内涵，挖掘其反映的中华先民在自身生存发展中所具有的独特文化。

一、“礼”字的本义及文化阐释

今天我们使用的“礼”是形声字，从示，乙声。其繁体作“禮”，会意兼形声，从示从豊，豊亦声。而“礼”的本字为“豊”，“示”是后来加的意符。这一点从字形演变上看得很清楚。

《说文解字·示部》云：“礼，履也，所以事神致福也。”[②]这里的表述很明显，“礼”有两个意思，“履也”和“事神致福也”，究竟哪个才是本义呢？段玉

① 《沈兼士学术论文集》，中华书局1986年版，第202页。

② （东汉）许慎：《说文解字》，中华书局2001年版，第7页。

裁在《说文解字注》中说："履，足所依也。引申之凡所依皆曰履。礼，履也。"履即有规矩可寻，有习俗可尊，足所依为履，人所依为礼。因此，徐灏《说文解字段注笺》："履为履而行之也，礼之名起于事神。"即是说，礼是人们行为所依据的准则，这种行为开始又是事神的活动。因此，"礼"的本义是事神致福，即古代祭祀活动。

从字形上看，"礼"的古字是"豊"，其甲骨文形体下面是一个器皿，里面盛放着东西。金文大同，小篆则在金文的基础上加义符"示"。学者认为，下面的器皿是豆，古代的一种饮食器，里面盛放的东西是玉。"礼"的本义就是用饮食器盛玉祭祀鬼神，即事神致福。《六书正伪》云："礼即豊古字。礼重于祭，故加示以别之。"王国维据甲骨卜辞认定"豊"上所从之为玉，古人最初行礼以玉。郭沫若对此有相同的看法，说："礼是后来的字，在金文里面我们偶尔看见有用豊，从字的结构上来说，是在一个器皿里盛满两串玉贝以示于神。"

"礼"字与神事联系起来，这是很有文化价值的。祭祀活动的产生有两个重要的因素，即物我混同的原始思维和灵魂观念产生的原始信仰。在人类的童年时代，人们思维简单，富于幻想，对于自然物和一切自然现象都感到恐惧。天上的风云变幻、日月运行，地上的山石树林、飞禽走兽，都被视为有神灵主宰，于是产生了万物有灵的观念。在先民的心目中，人的休咎祸福都与鬼神息息相关，敬神而得福，渎神而取殃，所以就诚敬其心灵，丰洁其物品，千方百计讨鬼神欢心以求得赐福。"礼"字的形成说明祭祀文化已经形成，小篆以"示"作义符则说明周秦时代祭祀的制度化。

此外，"礼"字的形成还是对古代玉文化的很好阐释。从字形上看，古代有以玉祭祀的习惯。古人为何会选择玉作为祭品呢？在缺少金银饰品的古代，玉是十分珍贵的。《说文解字》中是这样解释"玉"的："玉，石之美，有五德；泽润以温，仁之方也；角思理自外可以之中，义之方也；其声舒畅，，尃以远文，智之方也；不挠而折，勇之方也；锐廉而不技，絜之方也。象三玉之连，其贯也。凡玉之屬皆从玉。"[①]从中我们可以看到玉集中了人类所具备的高尚品质——仁、义、智、勇、洁。玉是一种细密、温润而有光泽的美石，是石中的极品，有着不言而喻的质感和美感，因而十分符合古人的审美情趣与伦理道德。古人认为玉是天地精华所成、鬼神所食之器，因而以玉器祭祀鬼神。《周礼·春官·大宗伯》："以玉作六器，以礼天地四方：以苍璧礼天，以黄琮

---

① （东汉）许慎：《说文解字》，第10页。

礼地，以青圭礼东方，以赤璋礼南方，以白琥礼西方，以玄璜礼北方。”文中璧、琮、圭、璋、琥、璜皆为玉器。古人以玉祭祀还是反映出其内心对鬼神的敬畏之情，是其原始信仰的写照。

二、“礼”字的引申义及文化阐释

早在殷商时代，“礼”就开始了词义的引申。“所谓词义引申，是词从本义出发，沿着本义的特性所启示的方向，遵循民族的生活习性，按照思维的联想规律，不断地派生出相关的新义而形成词义系列的词义演进运动。”[①]心理学研究表明，面对一种事物，人们会产生什么联想，受两方面的因素决定：一是人们心目中事物之间关联的强度；二是人们的生存空间，亦即影响着人们的一切事件，尤其是民族的基本生存方式以及由此形成的文化传统。因此，要探求词义引申的真正规律，必须从这两方面入手，透过人们心目中事物之间的关联，发现人们的生存空间，进而透过生存空间发现民族的基本生存方式以及由此形成的文化意蕴。

引申有两种类型：连锁式和辐射式。“礼”属于后者，即从本义出发，向不同的方向引申出几个引申义。

中国向来以“礼仪之邦”而著称，中国是很注重人与人之间的关系的，所以很自然“礼”作为动词由敬神而演变发展为敬人。“礼”字就出现了“礼遇、厚待”之意。这个意思的词语有“礼遇”“礼任”“礼爱”“礼贤下士”等。实际上，大禹建立夏朝时，开始把礼仪从祭祀活动扩大到政权建设中，将人们对鬼神的敬畏之情转嫁到自己身上，使自己与鬼神处于同等的神化地位。

古人祭祀鬼神，目的是为了使自己免受灾难、瘟疫。在当时人们心目中，鬼神是神圣、威严的。因此，每当举行祭祀活动时，人们总是怀着诚惶诚恐的心情，把这种活动搞得既庄严又隆重。于是“礼”便有了“庄严，有威严”之意。《礼记·内则》：“礼帅出，无辞。”孔颖达疏：“礼，谓威仪也。”《尸子·君治》：“秋为礼，西方为秋。秋，肃也，万物莫不肃敬，礼之至也。”

祭祀活动从行礼的场所、器物的陈设、礼器的数量，到行礼的全过程，行礼时的着装和服饰、致辞和言语，直至各种人站立、致礼时的位置，以及行礼的顺序和不同的方式等都有严格的规定。这实质上显示和规范着现实社会的等级、亲疏等社会关系，故“礼”字引申为“社会生活由于风俗习惯而形成的行为准则、道德规范和各种礼节”。如《论语·子罕》：“博我以文，约我以

① 周光庆：《名词“春”的形成发展及其文化哲学意义》，《信阳师范学院学报》2005年第4期。

礼。”又如“礼法”“礼教”“礼节”“礼数”等，还有今天的“敬礼”“行礼”“军礼”“注目礼”等，又如表示与礼法、礼仪有关的的词语“礼官”“礼宗”“礼将”等，再如表示与礼仪、礼法有关的职务、部门词语“礼职”“礼部”“礼堂”等。

祭祀活动年年举行，代代相传，逐渐形成了固定的模式。于是“礼”就有“表示隆重而举行的仪式、典礼”的意思。《周礼》记载，周代统治者按照行礼的性质将礼分为五类，即吉礼、凶礼、军礼、宾礼、嘉礼。礼之事有九，即冠、婚、朝、聘、丧、祭、宾主、乡饮酒、军旅。属于此意的词语有：“婚礼”“丧礼”“祭礼”“礼炮”“礼花”“礼服”等。

人们表达敬意，体现礼节，往往除了靠一定的语言和动作外，还需要一定的实物来表现。在此基础上，“礼”引申为“礼物”之义。但在今天我们理解的“礼物”之前，它还有一个引申演变过程。最初，它是“典礼文物”的意思。后又特指婚娶时准备的礼品。后来才泛指一般的馈赠品。如《礼记·表记》：“无礼，不相见也。”孔颖达疏：“礼，谓贽币也，贽币所以示己情。若无贽币之礼，不得相见，所以然者，欲民之无相亵渎也。”含有此意的词语有“礼金”“礼币”“礼单”“财礼”“寿礼”等。

礼被当作统治阶级工具之后，礼的使用具有一定限制范围。相应地，统治者为了巩固其统治，加强其权威，就要使规范人行为的法则、典章制度、道德规范等有所依傍，也就是要有成文的规定，这样才能更有效，更有力度，更利于代代相传、沿用。“礼”便引申为“礼文、礼书”。《礼记》《周礼》《仪礼》都是古代言礼之书，合称“三礼”。《孟子·公孙丑下》：“礼曰：‘父召，无诺；君命召，不俟驾。’”此类词有“礼经”“礼学”“礼书”“礼籍”等。

此外，“礼”还有一些特殊用法。“礼”作动词偶尔通“理”，表示理睬之意。如《醒世恒言》：“其时同僚们全然不礼。”作为名词，“礼”还通“醴”，即甜酒。如《仪礼·士冠礼》：“礼于祚。”郑玄注：“今文礼作醴”。而“礼酒”是指天子所赐之酒。如《周礼·天官·酒正》：“共宾客之礼酒。”郑玄注：“礼酒，王所致酒也。”“礼”还作姓氏，如《左传》：“卫大夫礼孔。”

“礼”在汉字中是比较特殊的一个，它所承载的文化内涵远不止其词义和引申义所能阐释全面的。其特殊性还表现在你在西方语言中找不到“礼”的同义词。在中国，“礼”是一个家庭准则，管理着生死婚嫁等一切家务和处事。同样，“礼”也是一个政府的准则，统辖着一切内务和外交。“礼”的内涵是极其丰富的。“已故著名礼学家钱玄先生在《三礼辞典·自序》中说：‘其范围之广，与今日“文化”之概念相比，或有过之而无不及。是以三礼之学，实即研究上古文化史之学。’……中国的‘礼’，实际上是儒家文化体系的总称。”①

从“礼”字的产生可以看出，“礼”最初的本义是祭祀鬼神的活动，这实际上是先民宗教信仰的表现，是在极低的生产力下产生的对鬼神的崇拜信仰。所以说，“礼”起源于原始宗教祭祀活动。从“礼”字的词义发展来看，其引申义大都与祭祀活动有关，或者说是先民对祭祀活动中产生的联想的阐发。这也说明两者之间是存在相似性的，因而才会引发人类的联想，而这个相似性就是人与人之间的关系表现。换句话说，先民将祭祀活动中的人际关系应用到现实社会当中，并对其进行修正与改革，形成人类社会中的人际关系。这一改革始于夏朝，成熟于先秦，而真正的表现是在汉朝“独尊儒术”之后。尽管“礼”曾经一度被封建统治者当作工具应用到统治人民上，但从整个人类社会的发展看，它还是起着巨大的积极作用。

（曲阜师范大学文学院2007级汉语言文字学专业硕士研究生　赵翠）

① 谷丽应主编：《礼仪学教程》，西南交通大学出版社2010年版，第6页。

浅析汉字部首“手”的形变

“手”与人类文明息息相关，它的每一个动作几乎都有相关的汉字与之对应，加上其各种各样的形变，数量之多不言而喻。早在东汉许慎的《说文解字》中，仅“手”部汉字就有278个，与“手”有关的汉字则高达1435个，可见其孳生能力之强，同时也可以看出“手”在汉字中起着十分重要的作用。

“手”是个象形字，其金文和篆文都很像一只手的形状，发展到楷书就不大像“手”的样子了。作为独体字，它没有变化；但作为偏旁部首出现在其他汉字中时，就产生了各种各样的形变，给人们的认识带来一定的困难。为方便人们更好地了解汉字，本文以许慎《说文解字》中与“手”有关的汉字为出发点，对“手”的形变作了如下归纳。

一、较常见的“手”部偏旁有两种写法

1. 在字的下部写作“手”

(1)掌，手中也。从手，尚声。诸两切。(《说文解字·手部》)

“掌”是形声字。小篆从手，尚声。“从手”表示手的部位，“尚声”同上声。“掌”本指“巴掌”、手心，如柳宗元《行路难》：“开口抵掌更笑喧。”引申为“主管、掌握，如“掌舵”。

(2)拳，手也。从手，龹声。巨员切。(《说文解字·手部》)

“拳”是形声字。小篆从手，龹声。隶书从手，劵声。“从手”表示手的动作，“龹声”或“劵声”与卷声相近，含有“卷屈”之意。“拳”是手指的拳拢，也指拳起来的手，即拳头。

又如拿、挛、摹等。

2. 在字的左边写作“扌”

(3)拔，治也。从手，发声。北末切。(《说文解字·手部》)

“拨”是形声字。小篆从手，发声。“从手”表示手的动作；“发”本是拉弓射箭，“发声”含有“离去”的意思。“拨”的本义是分开、挑动，如李白《暖酒》：“拨却白云见青天。”引申为“弹拨乐器”，如白居易《琵琶行》：“转轴拨弦三两声。”又引申为“治理”，如“拨乱反正”。“拨”字是声符简化。

(4)拔，擢也。从手，犮声。蒲八切。(《说文解字·手部》)

“拔”是形声字。小篆从手，犮声。“从手”表示手的动作；“犮”是犬跑的象形字。“犬跑”引申为“出去”，故“犮声”含有“出去”的意思。“拔”的本义是“用手把固定或隐藏在其他物体里的东西拉出来”，如“拔剑自杀”。引申为“提拔”，如李白《与韩荆州书》：“甄拔三十余人。”

又如“找”“技”“摇”“指”“挥”等。

二、“手”的两个直接变体

1.竖钩变成撇，即“拜”的左边部件

(5)拜，首至地也。从手，音忽。(《说文解字·手部》)

“拜”是形声字。“从手”表示手的动作，“拜”的本义是“双手合抱表示恭敬的礼节”。引申为“拜访、拜见”，如《论语·阳货》：“孔子时其亡也，而往拜之。”又引申为“授予官职”，如《三国志·蜀书·诸葛亮传》：“拜亮为丞相。”

又如“看”字。

2.将平撇改成一横，竖钩写出了头。即“承”的中下部件

(6)承，奉也，受也。从手，从卪，从収。(《说文解字·手部》)

“承”是会意字。甲骨文上边是屈身的人形，下边是一双手，意思是用双手向上举一人，是拯救的“拯”的古字。承本是“拯救”，又由双手举人引申为“敬奉”的意思，如《礼记·中庸》：“齐民盛服，以承祭祀。”还引申为“接受”，如 “敢不承命”。又引申为“继承”的意思，如 “汉承秦制”。

上文介绍的是直接用“手”作为部首构成新字，这些字仍能看出“手”部。还有很多字也以“手”为构字部件，但现在已无法看出“手”部，其与“手”的联系主要反映在汉字的意义上，这包括代表右手的“又”和其变体、表示两手的“廾”和其变体以及手心向下的“爪”和其变体。

三、又——右手

“又”即右手，《说文解字·说部》：“又，手也。……凡又之属皆从又，于救切。”“又”是象形字，其甲骨文像右手形。“又字”的本义是“右手”，后来假借表示“再”“更”的意思。如白居易《赋得古草原送别》：“野火烧不尽，春风吹又生。”后来，又在此基础上，以“又”为声符，加形符“口”构成形声字“右”。

“又”是部首，在合体字中既能作形符，也能作声符，作形符的居多。作形符表示手的动作，如“叔”是用手拾取，“支”是用手拿竹枝；用“又”作声符的如“叟”。

1.“又”的变体，表现在“祭”“及”“父”等字上

(7)祭，祭祀也。从示，以手持肉。子例切。(《说文解字·手部》)

“祭”是会意字，其甲骨文左上是肉的变形，右上是手形，下是“示”字，会意为手持肉放在神前进行祭祀。“祭”的本义是“用酒肉饮食供奉神前”。如《论语·八佾》：“祭如在，祭神如神在。”又指为死去的人举行仪式，表示追念。如“公祭死难烈士”。

(8)及，逮也。从又，从人。(《说文解字·又部》)

“及”是会意字，其甲骨文是前边一个人形，后边一只手形，会意为用手抓人。“及”字的本义是“逮”，引申为“赶上、追上”，如《左传·成公二年》：“故不能推车而及。”又引申为“到”，如《荀子·王制》：“自古及今，未尝闻也。”还引申为“趁着”的意思，如《战国策·齐策四》：“虽少，愿及未填沟壑而托之。”

(9)父，矩也。家长，率教者。从又举杖。扶雨切。(《说文解字·又部》)

“父”是象形字，其甲骨文像手(又)拿石斧的形状。“父”是“斧”的初文，表示用手拿石斧的意思。母系氏族以后手拿石斧打猎或做其他重体力劳动的人是男人，因而称成年男人为“父”，后又专称父亲为“父”。为区别起见本义，又加形符“斤”构成形声字“斧”。于是“父”字成为表示父亲的专用字。又表示对老年人的尊称，如柳宗元《钴鉧潭西小丘记》：“农夫渔父过而陋之。”

此外，还有一些“又”的比较曲折的形变，表现在“急”“兼”和“秉”等字上。“急”的小篆形体还可以看出手的形状，楷书笔画化后“又”字就变成了“彐”。这一写法在汉字“归”上也有所体现。“又”字的这一变形体，当有竖画与它交叉时，其写法又有变化，即中间一横要出头，如“秉”“兼”等。

2.“又”与其他符号组合，形成新的部首，即“攴”“反”“殳”“支”

“攴”的甲骨文像手(又)持树枝或棍子敲打之形。其本义后来被“扑”字代替，初形“攴”只作偏旁使用，如“敲”字。但在楷书中，以它为偏旁的字绝大多数都将它变成了反文旁。《说文解字》所收“攴”部的文字 78 个，小篆全都写作“攴”字旁；而在《汉语大字典》中，楷书除“敲”字外全写反文旁了。

又如“殳”字，其甲骨文像手(又)持一种长柄勾头的兵器。以它为意符组成的字，其义多与“敲打、撞击”有关，例如“殴”“毁”“殷(击鼓声)”等。由此可见，“殳”与“攴(夂)”有密切联系，同属“又”的变体。

3."寸"——右手的象形

(10)寸,十分也。人手却一寸动脉,谓之寸口。从又,从一。凡寸之属皆从寸。仓困切。(《说文解字·寸部》)

"寸"是指事字。金文从又,下有一笔。"又"是右手的象形,手后腕部的脉窝处到手的距离是一寸,右下的一笔正指脉窝处。小篆将指事的一笔变成横。寸是长度单位,十寸为一尺。比喻极短或极小,如"鼠目寸光"。寸是部首,常作形符。用寸作形符的字,有"法度"的意思,如"耐""辱"等。寸是右手的象形,下面加一点,所以与右手的象形字"又"意义常相通,表示手的动作,如"封"。

(11)封,爵诸侯之土也。从之,从土,从寸,守其制度也。公侯,百里;伯,七十里;子男,五十里。(《说文解字·土部》)

"封"是形声字,其甲骨文从又,从木,从土。会意为用手拿木载入土中。古代封疆界有用土筑墙的,更多的是栽种树木。封字形是用手栽种树木,以表示"封疆"的意思。"封"的本义是加土培育树木,如《左传·昭公二年》:"封殖此树。"又指帝王分封给臣子土地,如《史记·李斯列传》:"使秦无尺土之封。"还引申为"封闭"。

又如"夺""导""寿""尊""射""尉"等。

四、廾——两手并举

1."廾"是左右手并排的合写,也是较常见的构字部件

(12)弄,玩也,从廾持玉。贡切。(《说文解字·炊部》)

"弄"是会意字。小篆从玉,从廾。"廾"是双手对举的形象,"弄"是双手举玉,表示欣赏、玩耍之意,如《汉书·赵尧传》:"高祖持御史大夫印,弄之。"引申为"戏耍、游戏",如《左传·僖公九年》:"夷吾弱不好弄。"又引申为"做、办、搞等动作",如"弄假成真"。又指"小巷、胡同",在这个意义上读作 lòng,如"弄堂"。

又如"弈""弃"等。

2."廾"的变体"大"

(13)奉,承也。从手,从廾,夆声。扶陇切。(《说文解字·手部》)

"奉"是形声字。金文是会意字,用一人双手捧玉,会意为"捧承"的意思。小篆变成形声字,上边是"丰"字,作声符,两侧是左右手捧物形,下边中间又是手形。"奉"是"捧"的本字,本义是双手捧物,如《史记·廉颇蔺相如列传》:"臣愿奉璧往使。"引申为"进献",如《后汉书·班超传》:"贡奉不绝。"又引申为"遵从、遵守",如"奉公守法"。

又如“奏”“樊”“奠”“奥”“奂”等。

3.把“廾”的撇和竖变形成横下的两点

(14)共,同也。从廿廾。凡共之属皆从共。渠用切。(《说文解字·共部》)

“共”是会意字。小篆上边是“廿”,下边是两只手形。20人一起用手,会意为“共同”的意思,如“同甘苦,共患难”。引申为“总共”,如“全书总共10卷”。假借为“供”。如《左传·僖公三十年》:“行李之往来,共其乏困。”

又如“兵”“具”“典”“举”等。

五、爪——手心向下

这一类主要是手心向下的“爪”及其变体。“爪”是象形字,其甲骨文像指甲形,又像手形,指间的两点表示指甲。其金文像兽爪形,人的手指向下抓物时也用此形。爪的本义是手足的指甲,指鸟兽的脚趾,又指抓,如柳宗元《种树郭橐驼传》:“爪其肤,以验其生枯。”现代汉语口语中把小动物的脚叫“爪儿”,这个意义读“zhuǎ”,如“猪爪儿”。爪是部首,常用作形符,以“爪”作形符的字多表示用手抓取的动作。如“爱”“卻”等。

(15)受,相付也。……殖酉切。(《说文解字·叉部》)

“受”是形声字,其甲骨文上下各一只手形,中间是舟形,意思是上边的手交舟,下边的手接舟。“受”的本义是相交接。相交接分化出两个意思:一个是“接”,即“接受”,如《三国志·吴书·吴主传》:“权辞让不受。”另一个是“交”,即“授予、给予”,如《韩非子·外储说左上》:“因能而受官。”后来利用这个意义造形声字“授”。

(16)印,执政所持信也。从爪,从卩。凡印之属皆从印,于刃切。(《说文解字·印部》)

“印”是会意字,其甲骨文上面是一只手(爪),下面是跪踞的人形,手按人跪下,就是印的本义。印是“抑”的本字,意思是“按压”。古代的印玺是下按之物,当印字用作印玺之后,又利用“下压”的意思造了形声字“抑”。“玺”“宝”“章”“印”“记”等统称为“印”,如《史记·封禅书》:“使各配其印信。”引申为涂上痕迹,如“印花布”。

《说文解字》中的手部有278个字,主要收以“扌”作为偏旁的字,这类字多是左右结构,“扌”在左边;而以“又”及其变体为部首的字在《说文解字》中有相当大的数量,达809个之多。这在一定程度上反映了汉字的造字文化。“又”的本意是右手,人们在从事体力劳动或其他工作时都习惯上用右手,这就决定了在造字时采用了能够代表右手意义的“又”及其形变作为构字部件。而当左、右手同时用作其他字的部件时，这类字多含有“恭敬、神圣、虔诚”意，如“典”“奠”“奏”等。这是古代祭祀制度和礼节制度在汉字造字上的反映。

需要注意的是，在汉字整理的工作中有一种重要的方式——换用简单的记号，即用一个很简单的记号代替繁体字中特别繁难的部分，以此构成简化字。这些简化字中有相当多的部首看似与我们前面谈到的“手”部及其形变各部分相同，实则迥异。如“漢→汉、鷄→鸡、戲→戏、鄧→邓、觀→观”等。

（曲阜师范大学文学院 2007 级汉语言文字学专业硕士研究生　甄香兰）

试论会意字的构成方式及其反映的思维特征

汉族先民的思维方式决定了古代汉字的表意特点，同时也融合到古代汉字的形体结构中。会意是汉字结构的一种常见方式，也是一种能产的造字方法。许慎在《说文解字·序》中对会意字的结构方式作了说明："会意者，比类合谊，以见指㧑。"根据一般的理解，会意字把两个或两个以上独体之文拼合在一起，构成一个新字。"六书"的造字思维发展规律是：基础是象形，其次发展为会意，进而为形声。指事是介于象形、会意间的一种过渡；转注和假借只是使用字的方法，是"用"而非"体"。严格地说，最能体现汉字造字思维模式的，莫过于象形、会意和形声。会意字又以象形字和指事字为构件基础。因此，我们说，会意字最能体现汉字的表意特征，也最能展现汉民族特有思维方式的基本特征。本文主要侧重从会意字的构成方式来探讨其反映的思维特征。

一、会意方式

1. 以形会意

会意字中有一部分表示动作行为的字。对于这部分字，造字者一般通过描摹与该动作行为相关的具体事项来表示相关的动作行为。这类会意字其实就是由几个形符组合而成的一幅生活气息相当浓厚的画面。这画面体现的目的和意义是与这几个形符相关的动作行为，用静的画面使人产生动的联想来体现动的意义。如：

（1）即

"即"，表示人即将吃饭。古人席地而坐，"卩"像跪坐的人。"皀"是盛饭的器皿。造字者用跪坐的人和盛饭的器皿两个意象形成一幅画面，告知人们

“即”这一动词的意义。

(2)宿

“宿”,表示人睡在屋里的簟席上。造字者描画了人、簟席、房子三个静的形符,用以表示“宿”这一动作行为的含义。人、簟席、房子这三个事物是与“宿”这一动作行为相关的具体事项。人们通过这几个形符组成的具有生活气息的画面自然联想到“宿”的意义。

(3)得

“得”,表示得到财富。“彳”旁表示道路,“貝”表示钱财,“又”是一只手。通过这三个形符组合加上联想人们就了解了“得”的意义,也就是在“道路上得到钱财”。

(4)寇

“寇”,表示有人执器进屋袭击人。“元”表示人的头部,“攴”表示手里拿着小棍,“宀”是一座房子。造字者通过描画人头、小棍、房子这三个形符将“寇”的意义活灵活现地展现出来。这三个形符都是与“寇”这一行为相关的事项,就像是一幅画面用相关的意象来揭示所要表达的意义。在一座房子里,有人拿着器具正要袭击一个人的头部。造字者用生活气息浓厚地画面淋漓尽致地描画了这一意义。

2.以意会意

(1)意义联想

会意字中有一部分基本上是由两个或两个以上可独立成字的字符组成的。字符在构成字形时,直接用各字符的意义会合联想而产生新字的意义。这类字最大的特点是字符的象形性淡化,由表形转化为表义,是文字发展到一定阶段渐趋成熟的表现。如:

①名

《说文解字·口部》:“名,自命也。从口从夕。夕者,冥也,冥不相见,故以口自名。”造字者将“口”和“夕”两字的意义会合联想而产生新意:黄昏后,天暗黑不能相认识,各以代号称呼对方。

②苗

《说文解字·艹部》:“苗,草生于田者,从田,从艸。”造字者将刚发芽的小草置于田之上,由这两个熟悉事物唤起人们的联想——谷类作物幼小的植株。

(2)叠加会意

构成这类会意字的字符一般是两个或两个以上可单独成字的字符。字符在构成字形后，直接把两字的意义叠加或连读成语来表示新字的意义，无须联想。新字的意义和其中任何一个字符的意义都不相同，这些字往往是后起字或地方俗字。如：

①劣

《说文解字·力部》："劣，弱也。从力少。""少""力"连读成语来表示"劣"这一新意。

②尘

由小和土两个字符组成，小土为尘，指"尘土、灰尘"。

另外，还有少部分会意字通过重叠同一个字符会意，如"森""林""众"等。

二、思维特征

汉语凝结着汉民族的思维成果，蕴含着汉民族的思维方式。思维方式是主体反映客体的相对稳定的形式，是一个民族文化心理的深层结构，也是思考问题的稳定的方式。思维方式是不断演变的，历史上先后出现过原始时代的思维方式、古代的思维方式、近代的形而上学思维方式，唯物辩证的思维方式，西方的思维方式、东方的思维方式，等等。不同民族的思维方式各有自己的特点，它们无形地体现在自己民族的语言符号之中。汉语符号（汉字）是纪录汉语的工具，是表意文字，理所当然地蕴含着特定的思维方式。它反映了汉民族的思维特征——思维的丰富性和多样性。下面我们就结合第一部分讲述的会意字的构成方式来了解一下汉族先民的思维特征。

1. 意象性思维特征

通过对"即""宿""得""寇"这几个字的分析，我们不难看出汉族先民在字素选取时注重构筑画面，营造意境。这样一种"境"及构成它的"象"即指造字者为了表达某字的意义而描摹的具体事项，我们通常将它当作意象来看待。会意字结构中的意象是一种"表意之象"，能引人联想。这种造字思维方式是用具体的形象的事物来说明抽象的事物，人们通过对意象分析，根据意象的特点和意义的要素的组合，设计字形结构，我们称之为意象性思维方式。能体现这种思维方式的会意字还很多，如：

(1)戍

造字者选取了脚趾和武器两个字素为我们描画了一个战士扛着武器守卫边疆的画面。脚趾和武器是这幅画面的两个意象，脚趾是人的象征，武器是战斗、防卫的象征。通过这两个意象勾起联想，使抽象的东西形象化，具体化。

(2)暴

通过“暴”的小篆字体，我们不难看出这个字是由“日”“出”“手”“米”四部分组成的，这也是作者为我们创造的四个意象。由这四个意象我们可以勾勒出一幅生活气息浓厚的画面，即太阳出来了，农民正两手捧着粮食暴晒。造字者在设计字形结构时分析意象特点，选取最能体现本字意义的意象，使后学者简单、易记。

2.联想性思维特征

通过对“名”“甜”“苗”这几个字的分析，我们可以看出构成会意字的这些字素表现的事物是人们所熟悉的。人们对事物某一方面的性质特征非常了解，对事物有着自己的理解。因此，在将这一事物用于构形时，就会唤起人们的相关联想，起到引导意义指向的作用。这种思维方式建立在既有经验的基础上，是对事物间联系的一种认识，我们称之为“联想性思维方式”。如：

(1)男

组成这个会意字的两个字素“田”和“力”都是我们熟悉的事物，并且我们对其特征也很了解。“田”就是耕作的地方，“力”是耕作的劳力，通过联想就可以知道其指“男性”，因为古代是男耕女织的劳作分配。

(2)甜

《说文·甘部》：“甜，美也。从甘从舌。舌，知甘者。”造字者将“舌”和“甘”两字的意义会合联想即用舌头来感觉“甘”这一事物，指像糖或蜜的味道。虽然“舌”和“甘”两字素都是我们所熟悉的，但如果不懂得会合联想，仍得不到其意义。

3.整体性思维特征

会意字由不同的或相同的字素组合而成，而这些字素要组合成一个整体才能形成新字，表达新意；同时，会意字所表达的意义与各字素义相关而不相同，是融合了各字素义形成的，代表的是整体的意义，而不是某一字素的意义。这说明我国先民具有整体性思维特征。这种思维方式贯穿于所有会意字中，所以要了解一个字的意义我们要从整体上去把握，只看到其中的一小部分就下结论是不全面的。像前面提到的“寇”“苗”“众”，我们是将组成该字的所有字素会合才得出其义的。

（曲阜师范大学文学院2008级汉语言文字学专业硕士研究生　姚晓东）

《说文解字·食部》与古代饮食文化

东汉许慎《说文解字》是中国语言学史上的第一部字典，同时也是一部文化学百科全书。许慎的儿子许冲《上〈说文解字〉表》云："天地鬼神，山川草木，鸟兽昆虫，杂物奇怪，王制礼仪，世间人事，莫不毕载。"可见其包罗万象之功用。《说文解字》依照"方以类聚，物以群分。……杂而不越，据形系联"的原则，归纳出540部。其中，《说文·食部》共收字64个(包括两个新附字)。窥斑见豹，从中我们可以探索古代社会的一些饮食文化。《说文·食部》主要涉及食物的种类、制食方式、食物的性状和食后感觉，食物供养等方面。

一、从《说文解字·食部》反映食物种类的字来看古代饮食文化

农业是形成我国古代文化及其鲜明特征的关键性因素。农业的发展，在人们饮食生活中的突出表现就是使食物种类变得更加丰富多样。《说文解字·食部》中表示食物种类的有17个，例如：

食，下面是"簋"的象形字。簋是古人盛黍、粟、稻、粮等主食的器具。上面像一个盖子，用来保温。"食"的产生表明人类饮食已经进入熟食阶段。《说文·食部》："食，一米也。""食"作名词用是一种特指，指用黍、粟、稻、粮等做成的饭食。《周礼·天官·膳夫》："膳夫掌王之食饮膳羞。"郑玄注曰："食，饭也。"《汉书·司马迁传》："粝粮之食，藜藿之羹。"颜师古注曰："食，饭也。"后来泛指一切食物。《荀子·君道》："衣暖而食充。"

饭，《说文解字·食部》："食也，从食反声。""从食"表示食物，声符"反"也有"反复咀嚼"之意。董明铭《说文今释》："饭，煮熟的各类食物。"《庄子·天下》："请欲固置五升之饭足矣。"《礼记·内则》将饮食分为饭、膳、羞、饮四个主要部类。其中饭是古代制熟后的主食。汉无名氏《春秋运斗枢》："粟五

变，以阳化生而为苗，秀为禾，三变而粲谓之粟，四变入臼米出甲，五变而蒸饭可食。"[1]可见，饭是用米粮经过蒸制加工而形成的食物，即今所谓米饭。唐代令狐德棻等撰《周书》记载："黄帝始蒸谷为饭。"把黍米煮熟要上下反转，因而"饭"字从"反"得声。以饭为主食的中国饮食结构，在先秦已经确立。古人煮饭，稍稠一些的叫"饘"，稀而水多的叫"粥"。《说文解字》："饘，糜也，从食亶声。周谓之饘，宋谓之餬。"《尔雅·释言》："餬，饘也。"郭璞注："餬，糜也。"邢昺疏："餬、饘、鬻、糜，相类之物，稠者曰糜，淖者曰鬻，餬、饘是其别名。"《礼记·檀弓上》："饘粥之食。"孔颖达疏："厚曰饘，稀曰粥。"

饼是我国古代面食的总称。《说文解字·肉部》："饼，面餈（同'糍'）也，从食并声。"段玉裁注："面餈者，饼之本意也。《方言》曰：'饼谓之饦，或谓之餦，或谓之馄是也。"声符"并"也表示"夹、压"之意。刘熙《释名》："饼，并也。溲面使合并也。"饼是用麦粉、水和成面后，经过擀、压加工而成的食品。汉史游《急就篇》第二章："饼饵麦饭甘豆羹。"颜师古注："饼，溲面而蒸熟之则为饼。"如贯休《和韦相公见示闲卧》："饼忆莼羹美，茶思岳瀑煎。"饼种类多样而且做法不一，有烧饼、烙饼、蒸饼、汤饼等。用米粉或面粉加糖、枣蒸成的叫"饵"。《方言》卷十三："饵谓之餻。"《说文解字·食部》："餻，饵属。从食羔声。"《说文今释》："餻是用米粉、面粉制成的食品。"宋魏了翁《贺新郎》："餻诗酒帽茱萸席。"

从《说文解字·食部》中表示食物种类的字，我们可以略知古代社会的农业文明程度。随着粮食作物的增多，用粮食制作的成品食物也日益多样化；同时，它们又不断丰富着人们的饮食生活。

二、从《说文解字·食部》反映制食方式的字来看古代饮食文化

《说文解字·食部》不仅可以反映古代食物的类别，还能反映出食物的制作过程以及生熟性质。我们从食物的制作方式和饮食方式两方面来讨论。

《说文解字·食部》涉及食物制作方式的字有"饪""饙""馏"等。从谷物到食物，要经过一个加工的过程。饮食进入文化的范畴要从熟食开始。《礼记·礼运》："（古者）未有火化，食草木之食，鸟兽之肉，饮其血，茹其毛。……后圣有作，然后修火之利……以炮，以燔，以亨，以炙，以为醴酪。"这反映了先民由野蛮到文明的进步过程。烹饪是熟食制作的总称。《说文解

① 李玉洁：《常用汉字形音义》，吉林教育出版社1990年版，第285页。

字·食部》："饪，大熟也。从食壬声。"饪的古文从肉，说明古人非常重视肉食加工。中国古代祭祀煮肉，在生熟程度上有腥、烂、靡、饪四种情况。腥是全生，烂是半生半熟，靡是过熟而烂，饪是熟而不过。用于祭祀时，四种情况都可以入祭。供人食用时，则生熟必须适度，也就是要合乎"饪"的标准。《论语·乡党》有"失饪不食"之说，为什么呢？肉不熟，既难消化，又不卫生；熟得过了，则既不鲜美又失去了营养。从中我们可以看到古人对饮食研究之精深。中国的饮食，追求的是味觉享受与健康养生的统一。"失饪不食"，体现了中国古代饮食文明的进步。馏，是蒸的一种。《说文解字·食部》："蒸，火气上行也。""馏，饭气蒸也。从食留声。"《尔雅》注和《诗经》释文都说："一蒸为饙，再蒸为馏。"《说文今释》："饙，蒸饭半熟，用筲箕漉出，再以甑蒸熟。"朱骏声《说文通训定声》："北方……下水湆之曰饙，再蒸之曰馏。"饙和馏都是蒸，只不过馏达到了全熟。韩愈《南山诗》："或如火熹焰，或若气饙馏。"

《说文解字·食部》表示饮食方式的字有餐、鎌、饗、饫等。《说文解字·食部》："餐，吞也，从食残声。""从食"表示进食，声符"残"也有"残穿"之意，如李白《北上行》："草木不可餐，饥饮零露浆。""兼(古从食)"指的是小吃，与主食相对。《说文解字·食部》："鎌，叽也。从食兼声。"段注："叽，小食也。"明赵宧光《说文长笺·食部》："正饭之后有小饭，如茶点之类。""饗"指与客人一起进食。《说文解字·食部》："饗，饗人饮酒也。从食、从鄉，鄉亦声。"《诗经·豳风·七月》："朋酒斯饗，曰杀羔羊。"从甲骨文字形看，饗像两人面向食具进餐，中间是一个食器装满美味的佳肴。《玉篇·食部》："饗，设盛礼以饭宾也。"足见"饗"时食物的丰盛。古人还非常重视饮食时的心态，"饫"字就反映了这一点。《说文解字·食部》："饫，燕食也。"意思是安逸无事地宴饮。《诗经·小雅·常棣》："饮酒之饫。"这句诗的含义是喝酒喝得很安闲。从与客人饮宴的"饗"到安逸宴饮的"饫"，皆说明我国古代饮食文化之丰富。

从最初简单的烧烤食物到后来的钟鸣鼎食，筵席纷陈，人们的饮食状况不断地得到改进和完善。随着烹饪技术日臻精美，人们也享受着美食所带来的乐趣。

三、从《说文解字·食部》描写食物性状与食后感觉的字看古代饮食文化

《说文解字·食部》中还有一些描写食物性状与食后感觉的字。日本学

者笠原仲二说："中国人原始审美意识，首先来自于关系到食物的味觉美。"[①] 描写食物性状的字中，有描述饭食鲜美的，如"饛、飶、馀"。有描写食物无法保鲜而腐烂变质的，如"餀、餯、饐、餲"。描写人们食后感觉的字有"饱、饶、餍"等。

饛，食物盛在器皿中丰满的样子。《说文解字·食部》："饛，盛器满貌。从食蒙声。"《诗经·小雅·大东》："有饛簋飧。"赞叹簋器中的食物丰满。"飶"字描述食物的香气。《说文解字·食部》："飶，食之香也。从食必声。"《诗经·周颂·载芟》："有飶其香，邦家之光。"赞叹食物的香气多么芬芳。唐李纾《迎俎》："有飶嘉豆，既和大羹。""馀"字是描写食物丰足的。《说文解字·食部》："馀，饶也。从食余声。"即其含义为食物量多充足。农业生产水平提高了，食物有了剩余，但古代的保鲜技术还有限，剩余的食物就可能腐烂。《说文解字·食部》："餀，食臭也。从食艾声。"这说明食物腐败发臭，陆德明《经典释文》："餀，秽臭。"朱骏声《说文通训定声》："经久而味恶曰餲，伤热而馊臭曰餯，伤湿而腐臭曰饐。"《尔雅·释器》："盖析言之为三，统言之则可通借。"《论语·乡党》："食饐而餲。"皇侃义疏："饐谓饮食经久而腐臭也，餲谓经久而味恶。"

人们的饮食享受也渐渐多样化。《说文解字·食部》中饱、餶、饶都是表示人吃饱的状态，但程度有别。段注："则有厌弃之意。""饶，甚饱之词，引申为凡甚之称。"《说文解字·食部》："饱，肙也，从食包声。""包"有实满之意，所以"饱"的含义是"吃得足"。《论语·学而》："君子食无求饱，居无求安。"《说文解字》："饶，饱也，从食尧声。""尧"本是"高"的意思，含有"盛多"意，又表示"丰足"，如《汉书·赵充国传》："今虏马肥，粮食方饶。"饮食要保持一定的限度。古人提倡节制饮食。如果饮食过度，则近与贪婪，《说文解字·食部》："饕，贪也。""飻，贪也。"《广雅·释诂》："饕飻，贪也。"王念孙疏证："贪财、贪食，总谓之饕飻。"

人们结束了"饥则求食，饱则弃余"的生活状态之后，出现了较为稳定的剩余食品，这也体现了我国古代饮食文明的进步。中国的饮食讲究科学性与艺术性的统一。人们在享受美味的同时可以体验到丰富的文化知识。

四、从《说文解字·食部》描写供养、待客、祭祀的字看古代饮食文化

在古代社会，农业对于社会稳定发展有着举足轻重的作用。人们生产

① 林宝卿：《汉语与中国文化》，科学出版社 2003 年版，第 131 页。

农产品不仅为了自给自足、馈赠亲友，还要供给国家各方面所需。《说文解字·食部》中，既有表示人们日常食物供养的字，如“養、飤”，还有表示馈赠、待客以及祭祀的字，如“馈、饷、餽、餟”等。

養，《说文解字·食部》：“供養也，从食羊声。”《原本玉篇》：“養，具珍馐以供养尊者也。”《古今韵会举要·漾韵》：“養，下奉上曰養。”供养尊者当然要挑选好的食物，这从声符“羊”可略知。羊是人们喜爱的食物，而且美味可口，故从羊声。《史记·平津侯主父偃列传》：“孤寡老弱不能相養。”《说文解字·食部》：“飤，粮也，从人、食。”段注：“以食食人、物，本作食，俗作飤，或作饲。”人们之间交往还常以食物相赠。《说文解字·食部》：“馈，饷也，从食贵声。”可见“馈”的含义正是进食物给别人。《周礼·天官·膳夫》：“凡王之馈，食用六谷，膳用六牲。”郑玄注：“进物于尊者曰馈。”饷，本意是“馈赠食物”，《孟子·滕文公下》：“有童子以黍肉饷，杀而夺之。”又引申为军粮。《汉书·严助传》：“丁壮从军，老弱转饷。”《史记·太史公自序》：“卢绾绝籍粮饷。”运送军粮叫“餫”。《说文解字·食部》：“野馈曰餫。”意思是在外运粮馈送人叫“餫”。《左传·成公五年》：“晋荀首如齐逆女，故宣伯餫诸谷。”农业以食物生产为其内容。农业的发展不仅有助于人们的饮食生活，而且还是国家稳定的重要保障。

《说文解字·食部》中还有一些字，反映的是人们日常生活的礼仪，如“馔”“饎”“饯”“馆”等。这些字比较集中地反映了古人的拜谒、送行等礼仪活动。《说文解字·食部》：“馔，具食也。从食算声。”意思是准备或陈列饭食。李白《将进酒》：“钟鼓馔玉不足贵，但愿长醉不复醒。”馔玉连用，足见馔的丰盛，以此来招待客人就非常隆重了。古人在日常生活中，经常相互拜访。《说文解字·食部》：“飴，相谒食麦也。”即此字的含义是相见后请食麦粥。对这种礼俗的叫法还有方言差异，《说文解字·食部》：“飵，楚人相谒食麦曰飵。”“饖，秦人谓相谒而食麦曰　”徐锴《说文解字系传》：“人相谒相见后，设麦饭以为常礼，如今人之相见饮茶也。”款待宾客有时还要饮酒助兴，所以《说文解字·食部》里又有“饎”。《说文解字·食部》：“饎，酒食也。从食喜声。”《诗经·大雅·泂酌》：“可以饙饎。”即可以蒸饭熬酒。如果有朋友出门远行，还要饯行。《说文解字·食部》：“饯，送去也。从食戋声。”《诗经·大雅·韩奕》：“显父饯之。”即周朝大臣显父摆酒送行。王勃《滕王阁序》：“躬逢盛饯。”可见这种礼仪活动普遍存在，上至朝廷官员、文人墨客，下至平民百姓，这已经浸润到人们的习俗当中。国家之间也常常有礼尚往来的交流活动。《说文解字·食部》：“馆，客舍也。从食官声。”馆的本义是接待他国朝聘者，供给食宿的客舍。《周礼·地官·遗人》曰：“五十里有市，市有馆，馆有积，以待朝聘之客。”此处就记载了这种礼制。《左传·襄公三十一年》：“乃建筑诸侯之馆。”其中的“馆”就涉及这种礼仪。

古代社会生产力水平低，人们的认识能力也有限，因此对各种自然、社会现象有一种神秘感，出现了自然崇拜、鬼神崇拜、祖先崇拜等。中国的古礼中，最重要的就是祭祀宗庙、鬼神两方面。《说文解字·示部》：“祭，祀也，从示，以手持肉。”从字形可以看出，祭祀先天就与饮食密切相关。《说文解字·食部》字也很好地反映出古代的祭祀文化，《说文解字·食部》的“餽、餟”等字，都是表示祭祀活动的。各地对于祭祀的称法不同，“餽”是吴人对祭祀的称法，《说文解字·食部》：“餽，吴人谓祭曰餽。从食、从鬼、鬼亦声。”段注：“《方言》：‘餽、餟’，皆曰祭。”《战国策·中山策》：“秦民之死者厚葬，伤者厚养，劳者相饗，饮食餔餽，以靡其财。”高诱注：“吴谓食为餽，祭鬼亦曰餽。”祭祀的方式也有讲究。《说文解字·食部》：“餟，祭酹也。”即“餟”的含义是沥酒在地而祭。《史记·孝武本纪》：“其下四方地，为餟食群神从者及北斗云。”司马贞索隐：“餟，谓连续而祭之。”张守节正义：“刘伯庄云：‘谓绕坛设诸神祭座相连缀也。’”《颜氏家训·终制》：“亲友来餟酹者，一皆拒之。”《说文解字·食部》：“餵，小餟也。从食兑声。”“小餟”即小型的祭祀，其对象往往是山川风雨等自然现象，祭祀时用酒酹地。祭祀作为古人的一种精神寄托，也是稳定社会的重要文化因素之一。祭祀总是同人类的某种祈求心理有关，而这又是以奉献食物为形式，我国古代的祭祀求福都离不开饮食。

我们从以上四个方面分析了《说文解字·食部》所反映出的古代饮食文化，仅见其一斑而已。古人将他们对生活的体验和思考融入汉字的形体结构之中，这就使汉字以生动形象的方式，承载了丰厚的历史文化信息。透过表层静态的汉字，我们可以探索一个深层动态的文化世界。

（曲阜师范大学文学院2006级汉语言文字学专业硕士研究生　魏晓艳）

从训诂对象和训诂材料来看理学对宋代训诂的革新

两宋时期，理学兴起，宋代训诂学在理学思想的影响下，一反汉唐因循守旧的风习，不法古人，大胆疑古，创新多于守旧。例如晋代梅赜伪造的《古文尚书经传》，一直被人认为是孔安国所作，唐孔颖达依“伪孔传”为《尚书》作疏，更使它取得了正统地位。整个唐代，都没有人敢怀疑它是晋人之伪作。朱熹则说：“某尝疑孔安国《书》是假书，比毛公诗如此高简，大段争事。汉儒训释文字，多是如此，有疑则阙。今此却尽释之，岂有千百年前人说的话，收拾于灰烬屋壁中与口传之余，更无一字讹舛！”[①]“伏生所传皆难读。如何伏生偏记得难底？至于易底全记不得？此不可晓。”[②]到了清代初年，阎若璩继续考证，终于证实了朱熹的怀疑。朱熹在注释经书时，也常引用金石铭文资料作佐证，开近代研究方法之先例，是宋代学者在理学思想的影响下，训诂时不法古人、疑古创新的典型。

一、对训诂对象的研究进一步深化与拓展

1. 理学对金石学的催生与推动作用

两宋时期，理学思想是社会的主流思想。理学的一大特质，就是重视伦理纲常和礼法制度的建设。宋代学者在此思想的影响下，重视从经书、史书中寻找重整伦常和礼制的依据。另一方面，宋代学者受理学思想的影响，思想开放，勤于思考、探索，视野更加开阔，把视线转向金石的研究，用金石考证古代礼器及证经补史，如朱熹《诗集传》对《诗经·大雅·既醉》篇中“令终”一词的解释：“令终，善终也。《洪范》所谓‘考终命’，古器物铭所谓‘令终

① （宋）黎靖德编：《朱子语类》卷七十八，王星贤点校，中华书局1986年版，第1985页。

② （宋）黎靖德编：《朱子语类》卷七十八，王星贤点校，第1978页。

令命'是也。"[①]北宋嘉祐年间(1056～1064),欧阳修收集历代石刻跋尾400余篇,编成《集古录》10卷,标志着我国金石学正式出现。同时,刘敞编《先秦古器记》1卷。之后,学者闻风而起。吕大临作《考古图》1卷。赵明诚编《金石录》30卷。薛尚功编《历代钟鼎彝器款识法帖》20卷。洪适编《隶释》27卷等。这些开创性的金石著作,保存了一批古器图形和金石刻辞,并进行了初步研究。金石器物上的文字是十分重要的文献资料,与传世的文献相比,可信度更高。金石学家对金石器物上的文字的研究,进一步扩大了传统训诂学的研究范围,拓展了训诂的领域,在训诂学上具有极其重要的意义。

同时,宋代重视对金石的研究是为了恢复礼制,以巩固政权,这和理学的本质要求是一致的。刘敞《公是集》卷三十六自序云:"三王之事,万不存一。《诗》《书》所记,圣王所立,有可长太息者矣,独器也乎哉?"学者可以赖此"礼家明其制度,小学正其文字,谱牒次其世谥"。吕大临在其《考古图·序》中也说,研究古器,"探其制作之原,以补经传之缺亡,正诸儒之谬误",在古器物中"制度法象之所寓,圣人之精义存焉"。

由此可见,理学和金石学之间存在一种双赢关系。理学精神对金石学的出现起到了催化剂的作用,而金石学的研究给传统训诂学注入了新鲜血液。另一方面,金石学作为训诂学的新生力量,更好地为理学提供了器物和文字依据。

2.理学对经、史、子、集训诂范围的"望远镜"作用

理学之中包含着鲜明的创新意识和探索精神,受理学影响的宋代学者大都勤于思考、勇于探索,在训诂上他们也常常是另辟蹊径,而不蹈袭前人。宋代训诂学者的这种创新与探索,还十分鲜明地表现在他们对传统训诂对象的进一步挖掘与开拓上。传统训诂所研究的对象是经、史、子、集四类经典,宋代训诂学者对这四种古籍的注释研究均有所拓展。如史部的训诂范围也进一步扩大,对于宋代司马光的《资治通鉴》,宋代史炤《资治通鉴释文》,王应麟著《通鉴地理通释》。子部的训诂主要集中在儒家、道家、释家三类。宋以前训诂学者的主要训诂对象是儒家元典,而宋代学者在理学思想的影响下,眼界开阔,不再拘囿于传统训诂的藩篱,这就使得他们的训诂在范围上有了一种向外开拓的巨大力量,训诂涉及面更广了。其中,儒家类,宋人注解《孟子》的兴趣大增,成书数量占了该类的一大半,有孙奭《孟子音义》、游酢《孟子解义》、朱熹《孟子集注》、张栻《孟子详说》等。其次是《太玄》,有司马光《集注太玄经》、徐庸《注太玄经》、僧全莹《太玄略例》等。宋代

① (宋)朱熹:《诗集传》,上海古籍出版社1980年版,第173页。

训诂学者不仅关注儒家学者的著作，而且还把视线转向释、道家著作。道学类对《列子》《关尹子》《文子》《阴符经》《参同契》的训诂增多，如宋代沈该的《阴符经注》等。释家类的注解逐渐增多，除释门高僧作注外，一些大官吏和文人学士也为佛教典籍作注。如宋代王安石注《维摩诘经》、张戒《楞伽集注》等。子部科技类书籍的注解也逐渐增多。如宋代贾宪《黄帝九章算经细草》、苏颂《校本草图经》等。[①] 集部的训诂范围进一步扩大。宋代学者为诗文作注的兴趣大大提高了，他们不但为前代作家的集子作注，而且还为本朝作家的集子作注，如李壁《王荆公诗注》、任渊《后山诗注》(后山，即宋人陈师道)、刘安石《资治通鉴音义》等。

总之，在理学开拓精神的影响下，宋代训诂学者头脑灵活，善于思考，敢于探索，使得宋代训诂学对训诂对象的研究进一步拓展。

二、对训诂材料的使用更加完备与翔实

1. 金石铭文被广泛地用作训诂的材料

两宋时期，金石铭文不仅仅是训诂研究的对象，也是训诂学者用来训释古籍的佐证材料。在理学思想的影响下，宋代学者训诂时，并不局限于使用传统的训诂材料，而是积极、大胆地使用新的训诂材料，金石铭文就是他们发现并广泛使用的一种训诂新材料。注书引用金石铭文资料作佐证，在宋代十分常见。如朱熹著《诗集传》，就多次引用铭文印证经传文字。

> 《诗经·大雅·行苇》："酌以大斗，以祈黄耇。"朱熹集传："'以祈黄耇'，犹曰'以介眉寿'云尔。《古器物款识》云：'用蕲万寿'，'用蕲眉寿，永命多福'，'用蕲眉寿，万年无疆'，皆此类也。"[②]

> 《诗经·大雅·江汉》："虎拜稽首，对扬王休。"朱熹集传："言穆公既受赐，遂答称天子之美命，作康公之庙器，而勒策王命之词，以考其成，且祝天子以万寿也。古器物铭云：'郝拜稽首，敢对扬天子休命，郝用作朕皇考龚伯尊敦。郝其眉寿，万年无疆。'语正相类。但彼自祝其寿，而此祝君寿耳。"[③]

这就把训诂学与金石学结合起来，使传统的训诂有了新的气象。后世出土文字增多，特别是甲骨文大量出土之后，人们广泛运用出土文字考证史实，成为一种普遍运用的治学研究方法。

---

① 冯浩菲：《中国训诂学》上卷，山东大学出版社 1995 年版，第 56～57 页。

② (宋)朱熹：《诗集传》，第 193 页。

③ (宋)朱熹：《诗集传》，第 216 页。

总之，理学思想中鲜明的创新意识和探索精神激励着宋代学者在学术研究中进一步深入思考，他们在开创性地把金石铭文作为训诂对象的同时，又巧妙地利用金石铭文作为训释古籍的佐证材料，创造性地丰富了训诂材料，开拓了传统训诂的新局面。

2. 目验材料在训诂中的广泛运用

两宋时期，理学思想占统治地位。人们在理学思想的影响下，好学深思，敢于探索。这时期的学者，读书求解，不拘泥于前人旧注等书面材料，重视研究当代的风俗习惯和民间口语，依靠实地调查，凭借目验来证成词义。例如庞元英《文昌杂录》卷二：

> 余昔知安州，见荆湘人家，多以草竹为卜。《楚辞》云："索琼茅以筳篿兮，命灵氛为余卜之。"其注曰：琼茅，灵草。筳，小破竹，楚人名结草。折竹而卜，曰篿录氛。古时吉凶者，盖因遗俗之旧也。[1]

这里，庞元英通过"余昔知安州，见荆湘人家，多以草竹为卜"，指出楚人"折竹而卜，曰篿录氛"，"盖因遗俗之旧也"，就是经过调查，利用民间风俗以论证词义。

杜甫《饮中八仙歌》："天子呼来不上船，自谓臣是酒中仙。"曾经有人作注称："蜀人谓襟领为船。"吴曾则反对这种说法：

> 唐范传正作《李太白墓碑》云："明皇泛白莲池，公不在宴。皇情既洽，召公作序。时公已被酒于翰苑中，乃命高将军扶以登舟，优宠如是。"杜子美《八仙歌》云："天子呼来不上船，自称臣是酒中仙。"盖谓此也。《王立之诗话》以夏彦刚云："蜀人以襟领为船。"不知何所据也。谢逸作《遗轩》诗云："太白列仙人，名缀云房籍。"又云："朝衫不上船，拜舞堕巾帻。"皆承彦刚之误也。[2]

宋代庄绰进一步说：

> 诗人拘于声律，取其意而略其义也。……故两船字，或者遂谓"不上船"为蜀人以衣襟为船。余尝自舟中问土人，则不然。后见范传正《太白新墓志》云，玄宗泛白莲池，召公作序。时公已被酒于翰苑中，命高力士扶以登舟。杜之所歌盖此事尔。[3]

庄绰正是在"余尝自舟中问土人""后见范传正《太白新墓志》"实地调查的基础上否定了这种说法。

---

① (宋)庞元英:《文昌杂录》卷二，学津讨原本，第 11 页。

② (宋)吴曾:《能改斋漫录》卷五，墨海金壶本，第 9 页。

③ [宋]庄绰:《鸡肋编》上卷，琳琅密室丛书，第 9 页。

唐代张继的《枫桥夜泊》："姑苏城外寒山寺，夜半钟声到客船。"宋代欧阳修《六一诗话》认为"三更不是夜钟时"，"诗人贪求好句"，而写出"理有不通"的"夜半钟声到客船"。吴曾引用前代文献，利用别人的目验材料，指出了欧阳修的谬误：

> 陈正敏[①]《遁斋闲览》记欧阳文忠公《诗话》，讥唐人"夜半钟声到客船"之句云："夜半非钟鸣时，疑人偶闻此耳。"且云："渠尝过姑苏，宿一寺。夜半闻钟，因寺僧，皆曰：分夜钟，曷足怪乎？寻闻他寺皆然，始知夜半钟，惟姑苏有之。"以上皆《闲览》所载也。考唐诗，知欧公所讥，乃唐张继《枫桥夜泊》诗。全篇云："月落乌啼霜满天，江枫渔火对愁眠。姑苏城外寒山寺，夜半钟声到客船。"此欧公所讥也。然唐时诗人皇甫冉有《秋夜宿严维宅》诗云："昔闻玄度宅，门向会稽峰。君住东湖下，清风继旧踪。秋深临水月，夜半隔山钟。世故多离别，良宵讵可逢。"且维所居正在会稽，而会稽钟声亦鸣于半夜。乃知张继诗不为误，欧公不察。而半夜钟亦不止于姑苏，如陈正敏说也。又陈羽《梓州与温商夜别》诗："隔水悠扬半夜钟。"乃知唐人多如此。[②]

吴曾引范正敏《遁斋闲览》所谈就是利用别人的目验材料来证明姑苏寺庙有夜半鸣钟的事实，再加上唐诗《秋夜宿严维宅》与《梓州与温商夜别诗》的材料，证明唐代确实有半夜鸣钟的事实，由此得知，张继的诗是写实，并非"贪求好句"。由此可见，人们已经不局限于直接的目验材料，有的时候也利用别人观察的结果来证明前代文献。

目验材料为训诂学提供了活语言材料，进一步丰富了训诂材料，开拓了训诂学的新领域。在这一过程中，宋代训诂学者在理学影响下的开拓创新精神不可忽视。

传统观点认为，两宋时期，理学盛行，在理学思想影响下的宋代训诂，好务高远精微之论，而少扎实深厚之功，是训诂学史上的中衰阶段。但不容忽视的是，在理学思想的影响下，宋代学者富于创新、探索精神，敢于摆脱传统训诂的束缚，对训诂对象的研究进一步深化与拓展，对训诂材料的使用更加完备与翔实，使得宋代训诂呈现出一派崭新的局面，这些都是值得肯定和赞扬的。同时，这种探索创新精神，激励着学者进行学术发明创造，亦值得肯定和赞扬。

（曲阜师范大学文学院05级汉语言文字学专业硕士研究生　梁艳秋）

---

① 《遁斋闲览》作者为范正敏，而不是陈正敏，吴氏误记。

② ［宋］吴曾：《能改斋漫录》卷三，墨海金壶本，第22页。

《汉语大词典》相关词条修订意见六则

《汉语大词典》是一部大型的、历史性的汉语词典巨著。这部词典的编纂质量较高，成为我国辞书史上的里程碑，成为中华民族文化发达的象征。因此，我在教学实习过程中经常翻阅《汉语大词典》。不过，发现其中六例，或多或少存在问题，现总结如下，以期对中学文言文教学和《汉语大词典》的修订尽一份绵薄之力。不足之处，愿闻方家明教！

1. 柍桭[1]

《汉语大词典》为单独义项：

> 半檐。柍，通"央"。《汉书·扬雄传上》："列宿乃施于上荣兮，日月才经于柍桭。"颜师古注："服虔曰：'柍，中央也；桭，屋梠也。'柍，音央。桭，音辰。"王先谦补注引王念孙曰："柍当作央……桭与宸同，《说文》'屋宇也'，即今人所谓屋檐。央桭，谓半檐也。"晋左思《魏都赋》："旅楹闲列，晖鉴柍桭。"

按：《汉语大词典》的释义引用了颜师古注引"服虔"的解释，引用了王先谦的注引和王念孙的解释，转来绕去，无非就是想说明"柍桭"就是"半檐"，却只字未提"半檐"究竟是什么。迷惑之余，查"半檐"[2]部的2个读音，6个义项，208个词条中却未收录"半檐"，真是"踏破铁鞋无觅处"啊！

修订意见：屋端。《汉书·扬雄传上》："列宿乃施于上荣兮，日月才经于柍桭。"注引服虔："柍，中央也；桭，屋梠也。柍，音央。桭，音辰。"清王念孙认为："柍当作央，桭与宸同，谓屋檐；柍桭，谓半檐也。"[3]

① 罗竹风：《汉语大词典》(缩印本)上卷，汉语大词典出版社1997年版，第2532页。

② 罗竹风：《汉语大词典》(缩印本)上卷，第299页。

③ 《辞源》修订组修订：《辞源》(修订本)第2卷，商务印书馆出版1979年版，第1550页。

2.妹夫[①]

《汉语大词典》义项：

> ①妹妹的丈夫。……②妓家称嫖客。元关汉卿《救风尘》第一折："赵盼儿：'我道是谁，原来是妹夫！你那里来？'"

按：义项②误。"妹夫"一词，从无此义，所引例证中赵盼儿称安秀实为"妹夫"，是因为与安秀实相好的妓女宋引章是赵盼儿的结拜妹妹之故。这在关汉卿《救风尘》中说得很清楚："（外扮安秀实上，云）……小生姓安，名秀实，洛阳人氏。自幼颇习儒业，学成满腹文章，只是一生不能忘情花酒。到此汴梁，有一歌者宋引章，和小生作伴。当初她要嫁我来，如今却嫁了周舍。他有个八拜交的姐姐，是赵盼儿，我去央他劝一劝，有何不可？赵大姐在家么？（正旦扮赵盼儿上。云）妾身赵盼儿是也。听的有人叫门，我开门看咱。（见科，云）我道是谁，原来是妹夫。你那里来？"足可证明。元杂剧中存在大量妓女称嫖客为"姑老"[②]（亦作"孤老"）的实证，但无称嫖客为"妹夫"的例子。

修订意见："妹夫"这一词条仅保留义项①"妹妹的丈夫"，删除义项②"妓家称嫖客"。

3.汉王[③]

《汉语大词典》单独义项：

> 秦末项羽入关后给刘邦的封号。《史记·高祖本纪》："负约，更立沛公为汉王，王巴、蜀、汉中，都南郑。"汉班彪《王命论》："汉王长者，必得天下。"晋陆机《辩亡论上》："汉王亦凭帝王之号，师巴汉之民，乘危骋变，结垒千里。"据此，则中国历史上有过"汉王"封号的，仅刘邦一人。

按："中国历史上有过'汉王'封号的，仅刘邦一人"这一结论是错误的，史书告诉我们历史并非如此，历史上有"汉王"封号者大有人在，如：五胡十六国中的刘渊曾称"汉王"，见《晋书·刘元海载记》；宋太宗赵匡义子赵元佐，曾封汉王（死后改封），见《宋史·宗室二》；唐高祖李渊子李元昌封汉王，见《旧唐书》卷六十四《列传》第十四；明成祖朱棣子朱高煦封汉王，见《明史·诸王传》，等等。

修订意见："汉王"这一词条释义不明确，改为："秦末项羽入关后给刘邦的封号。刘邦是历史上最早获此封号的人，后有刘渊、赵元佐等人相继获此封号。"

---

① 罗竹风：《汉语大词典》（缩印本）上卷，第2279页。

② 罗竹风：《汉语大词典》（缩印本）上卷，第2279页。

③ 罗竹风：《汉语大词典》（缩印本）中卷，第3402页。

4. 爸爸[①]

《汉语大词典》为单独义项：

> 父亲。《儿女英雄传》第十四回："连随缘儿都认不出他爸爸来了。"《二十年目睹之怪现状》第六回："忽然一个小孩子走进来，对着他道：'爸爸快回去吧，妈要起来了。'"

按：此义项众所周知。以常用义理解自然不错，但是"爸爸"一词并非只能用于称父亲，它还可以称叔父、祖父，甚至母亲。其中称叔父为"爸爸"涉及的区域较多，如，甘肃《华亭县志》："土住及安抚回民称祖父曰爸爸。"甘肃《海城县志》："叔父曰爸爸，叔母曰婶婶。"又甘肃《华亭县志》："四川徒移汉民称……叔父、叔母曰爸爸、婶娘。"四川《雅安县志》："父之兄曰伯伯，父之弟曰爸爸。"四川《乐山县志》："叔父曰爸爸。"而云南《楚雄县志》则有："母亲称妈、娘娘、奶母、婶娘、伯娘。父亲逝世后，有的称母亲为爸爸。"

修订意见："爸爸"常用义"父亲"。据若干地方县志记载，曾用于称呼祖父、叔父，甚至母亲。

5. 吴板[②]

《汉语大词典》为单独义项：

> 亦作"吴山"。古地名。即虞坂，在春秋虞国（今山西平陆县）境内，又称"颠軨坂"，道狭而险。传说商傅说隐于此。《续汉书·郡国志》："大阳县有吴山，上有虞城。"《文选·刘琨〈答卢谌诗一首并书〉》："昔騄骥倚辀于吴坂，长鸣于良乐（王良、伯乐），知与不知也。"李善注引《古今地名》："置零坂在吴城之北，今谓之吴坂。"置零，一作"颠軨"。唐章孝标《省试骐骥长鸣》诗："力穷吴坂峻，嘶苦朔风生。"前蜀韦庄《和郑拾遗秋日感事》："吴坂嘶骐骥，岐山集凤凰。"参见"虞坂"。

按：查阅《汉语大词典》"虞"[③]部收录的12个义项，39个词条，却未见"虞坂"这一词条。

修订意见：地名，也作"虞阪"，亦名"颠軨坂"。在山西平陆县。传说商傅说隐居于此。春秋时晋献公假道于虞以伐虢，即经此道。参阅《左传·僖公二年》《水经注·四河水》。[④]

① 罗竹风：《汉语大词典》（缩印本）中卷，第855页。

② 罗竹风：《汉语大词典》（缩印本）上卷，第1522页。

③ 罗竹风：《汉语大词典》（缩印本）中卷，第5084页。

④ 《辞源》修订组修订：《辞源》（修订本）第4卷，第2754页。

6. 换马[①]

《汉语大词典》义项①：

指爱妾换马。宋苏轼《戏周正儒二绝》之二："相如虽老犹能赋，换马还就应继二生。"明梅鼎祚《玉合记·调约》："料我郎君虽无粉黛三千，不少金钗十二，尚堪换马，何况赠君！"参见"爱妾换马"。

按：查遍"爱"[②]部收录的12个义项，114个词条却未见《爱妾换马》这一词条。另，《辞源》亦无此词条。

修订意见：指"爱妾换马"。宋苏轼《戏周正儒二绝》之二："相如虽老犹能赋，换马还就应继二生。"明梅鼎祚《玉合记·调约》："料我郎君虽无粉黛三千，不少金钗十二，尚堪换马，何况赠君！"

为什么会出现以上这些情况？《汉语大词典》是由华东五省一市（山东省、江苏省、安徽省、浙江省、福建省、上海市）43个编写组400余人分散编写、分卷出版的一部大型的、历史性汉语词典巨著。全书12卷，共收词目约37万条，5千万余字，历经10余年编纂而成。毕竟参编人员太多，单位分布太广，编纂任务太重。因此，汉语大词典虽有错漏，但是其价值还是值得充分肯定的。希望本文能为今后的古汉语教学和《汉语大词典》的修订提供些许参考。

（曲阜师范大学文学院2008级汉语言文字学专业硕士研究生　汤海鹏）

① 罗竹风：《汉语大词典》（缩印本）中卷，第3645页。

② 罗竹风：《汉语大词典》（缩印本）中卷，第4334页。

图书在版编目(CIP)数据

古代汉语教学与研究/王群主编. —济南:山东大学出版社,2016.1

(国家级高等学校特色专业建设丛书/单承彬主编)

ISBN 978-7-5607-5217-4

Ⅰ. ①古… Ⅱ. ①王… Ⅲ. ①古汉语—教学研究—高等学校 Ⅳ. ①H109.2

中国版本图书馆 CIP 数据核字(2015)第 016787 号

责任策划:李孝德
责任编辑:李孝德
封面设计:张　荔

出版发行:山东大学出版社
社　址　山东省济南市山大南路 20 号
邮　编　250100
电　话　市场部(0531)88364466
经　销:山东省新华书店
印　刷:济南景升印业有限公司
规　格:720 毫米×1000 毫米　1/16
20 印张　346 千字
版　次:2016 年 1 月第 1 版
印　次:2016 年 1 月第 1 次印刷
定　价:28.00 元